沈思儒家：儒學儒教的鉤深致遠

目　次

壹　庶民社會的儒家教化
──從大陸到臺灣

一、面向庶民社會開放的孔孟儒學

當代新儒家第三代知名儒者蔡仁厚先生綜合了《史記・孔子世家》、《左傳》、《論語》、《孟子》諸書而論述孔子生平。蔡先生說：

> 孔子是商湯之後，故自稱殷人。殷商亡後，周立微子啟為宋君，經二百餘年傳到宋閔公。閔公的太子弗父何，就是孔子的十世祖，弗父何讓位於其弟，是即宋厲公。孔子七世祖正考父佐宋戴公、武公、宣公三世，三命為上卿。六世祖孔父嘉為宋大司馬，受穆公遺命，保傅殤公。華父督殺孔父，弒殤君。孔父子孫奔魯，遂為魯人。
> 孔子之父叔梁紇，多勇力，為陬邑大夫。[1]

依此得悉孔子的始祖實為商湯，以血緣而言，孔子是殷人，而且

---

[1]　蔡仁厚：《孔孟荀哲學》（臺北：臺灣學生書局，1984），頁 21-22。

其歷代祖先久為宋的貴族。一直到孔父嘉的子孫奔亡於魯，孔氏
遂為魯人。而孔子的父親叔梁紇雖然仍有大夫身分，可是已經下
落為小小城邑的官員而已。換言之，從叔梁紇起始，孔氏的貴族
性褪去而庶民性增升。

　　蔡先生又說：

> 孔子三歲而孤，由母親顏氏夫人撫養長大。他自稱「少也
> 賤，故多能鄙事」，據孟子說，孔子此時是為貧而仕，做
> 過委吏（庫藏會計）、乘田（牛羊畜牧），都很稱職。[2]

委吏和乘田，依今天話語，都只是在公私立機構或行號裏面的小
職員或小業務員，所以孔子會自稱「少也賤，故多能鄙事」。此
所謂「鄙事」也者，即細碎雜冗而無關大局的平凡事務。由此可
知孔子少年，其身分已屬一般庶民。

　　然而，庶民化的孔子生活成長於民間社會聚落之中，仍然可
以自由進修學習，可見學習知識，在其時已非貴族的壟斷特權。
蔡先生說到：

> 孔子極好學，而「學無常師」，又「不恥下問」，故能無
> 所不學。他自稱「十有五而志於學，三十而立」。此後設
> 教授徒，賢聲日著，並以「知禮」而名動公卿。〔……〕
> 此時，孔子三十四歲。[3]

2　同前注，頁 22。
3　同前注。

只有朝廷而無地方的集權觀念；〔……〕他們要對皇帝而
凸顯出社會、地方。[12]

此段話語最主要的觀點在於：只要是真能體證認同孔子的庶民性
之儒士，他們立足於「岩穴」，就真正能站在地方、社會、庶民
的立場而以仁義之道否定皇帝天縱神聖的荒謬性，也反對統治者
極權中央且專制地方的昏暴之政，真正的儒家向民間和地方開放
認同，因為其一心所向是庶民社會，所以儒家的「岩穴精神」，
從來就是與統治階級對立而給予嚴格的永遠的批判諫諍。

　　儒家既如上面所述，從孔子始創就具有庶民社會性質，然
則，從社會層面看儒家，其實它就是傳統中國人的基本教化之
源，我們稱之為「儒教」。此所謂「教」，牟宗三先生說它其實
是中國人的日常生活軌道，他說：

在中國，儒教之為日常生活軌道，即禮樂（尤其是祭禮）與
五倫等是。關於這一點，儒教是就吉凶嘉軍賓之五禮以及
倫常生活之五倫盡其作為日常生活軌道之責任的。
〔……〕
禮樂、倫常之為日常生活的軌道，既是「聖人立教」，又
是「化民成俗」，或「為生民立命」，或又能表示「道揆
法守」，故這日常生活軌道，在中國以前傳統的看法，是
很鄭重而嚴肅的。〔……〕此中有其永恆的真理、永恆的

意義，這是一個道德的觀念。〔……〕有天理為根據。[13]

儒教在中國傳統廣土眾民的生活世界裏，是日常生活的必須依循的軌道，是從天理而生而有道德崇高性的禮樂、禮儀並及於五倫之規範。古語「吉凶嘉軍賓」，即是人之全盤性整體性之文明生活的禮，它貫穿於五倫之中而發生其功能，社會群體的調節運作，乃憑依此五禮和五倫。換言之，在中國社會裏，儒教既然具此日常生活的禮制的軌道功能，它一方面是庶民社會的教化，一方面也是庶民社會的宗教。此處同時說是教化亦是宗教，並非無據，孔子之禮，一則重仁道之宣講，而同時亦重祭禮之躬行，在經典中所載孔子的言行，在在呈現講學和祭禮。換言之，孔子的庶民性格，實則反映出他承繼的周文之禮樂的基本性格，乃是既有禮樂之教育亦重視禮樂之祭祀。唐君毅先生指出這個結合即是「祠廟」。唐先生說：

> 中國古代祭天地、祭社稷，初只有壇，而無廟宇。祭祖先乃有宗廟。而人在宗廟中，亦可兼祭祖與祭天帝。後來之發展，大約在晚周後，祭五帝之神、太一之神、山川之神，乃各有廟，以後政府祭天地社稷，即成廟宇與壇並存之形勢。[14]

13　牟宗三：《中國哲學的特質》（《牟宗三先生全集》，第 28 冊）（臺北：聯經出版事業公司，2003），頁 97-99。

14　唐君毅：〈中國之祠廟與節日及其教育意義〉，收於氏著：《中華文化與當今世界》（下）（臺北：臺灣學生書局，1975.5），頁 583-593。

孔子在家鄉父老宗親長輩的共同生活裏面，必然是謹執子弟晚輩
之禮，豈有以自身的學問身段以驕宗族鄉親？此處顯示孔子雖是
聖人，其在鄉土之中，卻如同大海裏面的魚，是以自然法爾自在
自如的天性與鄉親父老融洽諧和而為一個共同體，因此當然不會
作意地顯出聖人相以炫耀同鄉和族親，若是如此，就不是聖人，
也不是孔子。

　　王船山說：

> 夫子於鄉黨也，其容則恂恂如也，無所戒而若有所戒，無
> 所懼而若有所懼，樸然一子弟之容焉；其言似不能言者，
> 知焉而不表其能，訥然一子弟之言焉。〔……〕蓋鄉黨之
> 間，本父兄之與處，且在鄉言鄉，無得失治亂之大故，而
> 鄉人者又不足與深言者也，不以聖自居，聖以居鄉矣。[23]

船山反覆再三說到孔子在自己家鄉的社區聚落之生活，是「一子
弟」也，船山確能了解孔子身居鄉土之仁道本即如此，由此同時
也證明只要是中國儒家以及受儒學儒教薰陶之中國人，其在自己
鄉土中面對著父兄長輩時，就與孔子一樣，都是中國大地鄉黨中
的「一子弟」也。再者，船山也詮釋聖人大儒乃至一般儒士，唯
在朝廷政府或儒者社群之層次，才會以高深抽象的哲理表述論說
其觀點，一旦回返家鄉，在庶民社會的聚落之中，與鄉民百姓在
一起，則不應該拿玄言哲理來驕唬鄉黨族親，而是以鄉土親切之
語言來吸引默化鄉黨裏的父老年幼等鄉親群眾，此點區分，在孔

---

[23]　〔明〕王夫之，同前揭書，頁 602-603。

子孟子的經典之記載中是分別得很明白清楚的。直至後世，儒家莫不如此遵循，在運作上，故才有「菁英儒學」與「庶民儒學」的分途演變。

《論語》裏面的孔子，無論在朝在野，他都是依據周禮之文化而生活，故特顯其宗教或崇祀觀念及實踐。時人受科學主義以及現代化中的去神聖性而俗世化的思潮影響，每每拿譬如「敬鬼神而遠之」、「未知生，焉知死；未能事人，焉能事鬼」等孔子話語來證明孔子是一位俗世主義而無宗教和鬼神信仰者，彼等完全忘了孔子乃是兩千六七百年前的上古中國人，是在譬如《大小戴禮記》或《左傳》《國語》等古典中記載認同的人與鬼神一氣整合相通的古典神聖時代之人物，他的心靈當然滿溢彼時的既屬禮制又屬崇祀的信念和從此心靈而發的文化生活。以唐君毅、牟宗三、徐復觀、張君勱等四位當代新儒家共同聯名而發表的《中國文化與宣言》，在其中簡明說到中國的傳統宗教倫理：

> 在中國，則在其文化來源之一本性，中國古代文化中，並無一獨立之宗教文化傳統，如希伯來者，亦無希伯來之祭司僧侶之組織之傳統，所以當然不能有西方那種制度的宗教。〔……〕但中國民族之宗教性的超越感情，及宗教精神，因與其所重之倫理道德，同來源於一本之文化，而與其倫理道德之精神，遂合一而不可分。〔……〕中國《詩》、《書》中之原重上帝或天之信仰，是很明顯的，〔……〕而祭天地社稷之禮，亦一直為後代儒者所重視，歷代帝王所遵行，至民國初年而後廢。而中國民間之家庭，今亦尚有天地君親師之神位。說中國人之祭天地祖宗

之禮中，莫有一宗教性的超越感情，是不能說的。[24]

中國古代典籍如《詩》、《書》等均載有先民對天帝、上帝的崇祀之禮，且在後世從天子以至庶人都敬畏且崇拜天地社稷，雖然五四西化潮流衝擊，傳統文化和禮樂崩潰，國家領導者主持祭天地社稷之禮廢滅，但是廣大的庶民社會一直都有年節祭祀天地祖宗聖賢之宗教禮制。民國以降，一般中國人包括大陸、臺灣以及東南亞和廣大海外華人，在其社區、聚落以及家庭，非常普及存在著中國人的傳統宗教禮俗活動。

　　中國庶民社會的此種宗教禮制之存活，在《中國文化與世界宣言》中之簡明敘述，乃是合於事實。中國傳統庶民社會面向的宗教崇拜之禮，孔子依循之而在鄉土之生活中具體實踐，在《論語》有如此之表現，即：「鄉人飲酒，杖者出，斯出矣。鄉人儺，朝服而立於阼階。」（〈鄉黨篇〉）這段章句記孔子鄉居時參與的社區聚落中的宗教禮制之活動。所謂「鄉人飲酒」，即古時在鄉治中的「鄉飲酒禮」，在鄉村裏，可能在社壇，在既定的節日，邀請鄉中耆老聚宴飲酒，此敬老尊賢之禮教也，而當然在宴會開始前，必行祭神之禮儀，此種庶民社會中的共同體文教禮俗生活，同時是禮樂文教同時也是民俗宗教，兩者是一而二、二而一之庶民文化，而孔子親身參與其中，且鄉飲酒之禮宴結束，孔子必恭謹地等候照顧柱杖之老人長者先行離開，他才離開。又，

---

[24] 唐君毅、牟宗三、徐復觀、張君勱：《中國文化與世界宣言》，此文收入唐君毅：《說中華民族之花果飄零》（臺北：三民書局，2005.1），頁135-136。按此宣言在名義上雖為四位當代新儒家集體撰述，但真正創作此宣言者實屬唐君毅先生一人。

鄉村中會有「儺祭」之迎神賽會，何謂「儺」？學者蔣伯潛詮釋曰：「『儺』是古時一種風俗；即《周禮》方相氏所謂『狂夫四人，蒙熊皮，黃金四目，玄衣朱裳，執戈揚盾，帥百隸而儺』也。意在祛邪逐疫。阼階，東面的階；古禮以此為主人所立之階。『朝服』，即上朝的禮服。孔子遇鄉村裏舉行逐疫的時候，必穿著朝服，去立在家廟的東階之上。《皇疏》曰：『孔子聞鄉人逐鬼，恐見驚動宗廟，故著朝服而立於阼階，以侍祖先，為孝之心也。』」[25]由於受到宋明儒家傾向於強調理性的道德心性層次的孔子形象之影響，我們常常錯以為孔子是一位如同現代科學清明理性人，超脫於他那個時代，而發展成為一個人文主義的理性者。[26]而其實如同蔣氏此處所述，乃合乎依然在禮俗中帶有明顯深厚的宗教性之春秋時代，孔子於其家鄉社區中，與民俗文化及其信仰乃同其土壤，共其呼吸，換言之，在當時中國庶民社會中與鄉民及其鄉俗一起彰著呈顯其生命之存有，鄉民祭祀，孔子也共飲與祭；鄉民儺舞，孔子則朝服立階，這才是活生生有血肉感情的真孔子。

　　或說此只是《論語》中的一條孤證而已。其實，觀諸其他儒家經典，更可看出孔子一直都親身參與社會中的鄉民禮俗和通俗宗教的生活。相同的記載：「鄉人禓，孔子朝服立于阼，存室神也。」[27]此句當然是漢人戴氏從《論語》摘記者，之所以摘記，

25　蔣伯潛：《廣解語譯四書讀本・論語》（臺北：啟明書局，未印年分），頁145。

26　當代新儒家徐復觀先生就有這樣的強烈取向，他在其名著《中國人性論史》中，說到中國上古人文精神的躍動，就採取如是說。

27　〔西漢〕戴德：《禮記・郊特牲》，王夢鷗註釋：《禮記今註今譯》（上冊）（臺北：臺灣商務印書館，1992.10），頁420。

乃顯示古代從孔子時代一直到戴氏時代，鄉人儺舞而人們必須如
孔子一樣立乎祖廟的東階以護祖先，如此之宗教禮俗，已屬中國
庶民社會的文明禮制。而在同一篇中亦載有那個時代中國人的宗
教形式之禮俗生活，其曰：

> 社所以神地之道也。地載萬物，天垂象。取財於地，取法
> 於天，是以尊天而親地也，故教民美報焉。家主中霤而國
> 主社，示本也。唯為社事，單出里。唯為社田，國人畢
> 作。唯社，丘乘共粢盛，所以報本反始也。[28]

「社」即是祭拜土地神的建物，古時是壇不是祠。此處寫出古代
中國或就是戴德戴聖兄弟活著的漢朝，以土地崇祀為農村社區之
中心，全體鄉民在朝廷的規定下，以社祭為宗教禮制而配合農
作，且由此亦看出那個時代因為配合大自然的運行規律，也就是
四季、二十四節氣、七十二候而進行春耕、夏耘、秋收、冬藏的
農業文明之生活方式，農村鄉民是全體一致進行共同勞作的，此
即中國廣大大地上無數農村聚落的共同體（community）之體現。
於此，我們可以了解上古中國的庶民社會是以社祭之宗教性禮制
為聚落空間中心且也是以之為文明的精神、制度和生產之運作中
心。與老莊道家和隱者之遠遁山野不同，孔子既然積極入世，所
以，他在上述的庶民宗教禮俗中存活而行道，是十分自然之事。
由於這樣，所以我們才會真正明瞭孔子在《中庸》的一段宗教祭
祀之話語，孔子說：「鬼神之為德，其盛矣乎！視之而弗見，聽

28　同前注，頁 421-422。

之而弗聞，體物而不可遺。使天下之人，齋明盛服，以承祭祀，
洋洋乎如在其上，如在其左右。〔……〕」（《中庸》）在這裏，
「天下之人，齋明盛服，以承祭祀」，形成為傳統中國千萬庶民
百姓於其社區聚落中的最基本的通俗宗教之禮的文化，此乃孔子
給以後兩千數百年的中國傳統庶民社會裏每一個人之身心得以安
居之資糧。

三、明清儒家的庶民儒學儒教之實施

上面兩章申論的儒學儒教在中國庶民社會中之實踐性，是一
直延續存在於歷代的。在庶民社會聚落中推展儒學儒教，並非今
日習以為是的屬於知識分子之教授、學者、學生耽溺其中的哲學
推理之學院式、知識性儒家學理，而是結合「講會」和「禮祭」
兩者而為一的一套社會德治。

吳震闡明了陽明後學泰州學派之儒家特色就是其講學之對象
主在庶民，其場所多取民間社區聚落，其講法以平易悅樂移風易
俗為主，而且於其講學中，更往往正面表達認同宗教性或密契性
的心性與生命的經驗和內容。吳氏研究顏山農（顏均，1504-1596）
的儒學儒教就充分彰著這樣的性質。他說到：「明代心學家尤其
是泰州後學，一方面有經世主義之傾向，以講學為手段，廣泛涉
入社會，積極推動教化運動；另一方面在個人修養問題上，又普
遍注重在身心上落實道德之踐履，主張在日常生活當中切實把握
良知，以求實現自我的生命意義、道德價值。〔……〕泰州後學
顏山農〔……〕的行為與思想均與其早年的生命體驗密切相關，
此外，山農還抱有積極的社會參與意識以及拯救『溺世』的具體

設想，〔……〕他往往以『神祕』的言說方式及其行為方式涉入社會、張揚自我，〔……〕」[29]上述一段敘述，有幾個核心意思，泰州學派重要代表顏山農的儒學取向，不是菁英、學院的天理心性之形上儒學，而是：1.著重「經世主義」；2.以講學為手段；3.深涉社會，在庶民層推廣儒家德教；4.強調儒家仁道良知不在玄遠高論而是在日常生活中切實實踐；5.融入人的「神祕」之體驗證成。[30]

顏山農的此種儒學儒教之入路，如果引證以孔子之庶民社會性，我們當會發現其實它在儒家傳統中，乃是甚為自然本質之事。孔子之理想的實踐，不就是上述的顏山農所走的儒家在民間踐成的路？就第 5 點而言，孔子在《論語》的記載中，其實亦多有屬於生命和心性中極深刻高遠的神祕體證，此處不欲贅引，只需讀讀《論語》當可得到印證。

而最有意思之處在於顏山農通過他自身的神聖密契，遂澈悟到儒道必須返歸鄉土的社區聚落中具體推展實踐，此方是儒家之大路。這就是他在農村中大力開展鄉土德教德化之緣故，而此即「三都萃和會」之儒家德教式的鄉治。吳震說：

> 「萃和會」的成立經過及其活動情況，據山農自述，是由

---

[29] 吳震：《泰州學派研究》（北京：中國人民大學出版社，2009.11），頁 269。

[30] 「神祕」一詞，臺灣清華大學楊儒賓教授以「密契」一詞代替，其重點是說人在存有之終極性中常有與超越者神聖性在深心中遭逢照面而發生一種奧祕性的融合感應，特別在宗教之活動和修養中，持之以恆常有這樣的默會和契悟，與其稱為「神祕」，不如稱為「密契」。

> 其母親倡議的，她集合家中「眾兒媳、群孫、奴隸、家
> 族、鄉閭老壯男婦，凡七百餘人」，命山農「講耕讀正好
> 作人，講作人先要孝弟，講起俗急修誘善、急回良心」，
> 「如此日新又新，如此五日十日，果見人人親悅、家家協
> 和。〔……〕竟為一家一鄉快樂風化，立為萃和之會」。
> 從其人數來看，不像是顏氏一族的宗會，而應是整個「三
> 都」地區的鄉村組織。〔……〕是屬於鄉村教化的自發性
> 組織，〔……〕其成員可以包括士農工商。[31]

依據上述，顏山農在家鄉成立的「萃和會」，就是鄉土中庶民社
會的儒家推廣德教德化的鄉治。這其實就是孔子之庶民社會性的
理想及其實踐。

　　顏山農在鄉土中的傳播庶民儒學之後繼者是他的弟子何心隱
（梁汝元，1517-1579）。吳震在關於何心隱的研究論文中論及何氏
的「鄉村改良運動」：

> 嘉靖三十二年（1553），心隱在家鄉創建了一個族會組
> 織，取名為「聚和會」。〔……〕概指鄉鄰和睦之意。
> 〔……〕
> 在「聚和會」中分設兩個組織：一是「教」，一是
> 「養」。並且各設「率教」一人和「率養」一人，分別管
> 理會內的教育事務和經濟事務；其下另設「輔教」三人、
> 「輔養」三人，「維教養」四人（「維教維養」各二人），加

31　同注 29，頁 277-278。

上「率教」、「率養」，共十二人，組成了「聚和會」的上層管理部門。心隱親自擔任「率教」。[32]

何心隱的「聚和會」，根本就是在其家鄉的血緣農村社區之教化和養育的共同體組織，據吳氏所述，家鄉族中子弟參加受教，必須食住均在「總宿祠」中，並在祠中聽「率教」、「輔教」、「維教」等教師團之教學開示，同時由「率養」、「輔養」、「維養」等輔導團之食宿照應。總之，這是典型的鄉土裏庶民儒家德教德化的一套教養合一之鄉村自治性禮教文制。雖然吳震之文中沒有提到在此教養鄉中族中的子弟之祠是什麼建物，但相信是他們的宗祠。宗祠既是祖先崇祀之禮堂，也同時是以孔子仁道教養青年族人的場所；講學與崇拜是結合為一的，是帶有神聖性的鄉村家族的德教德化。

　　在另一本著作中，吳震教授闡釋明清時期，大儒如劉宗周或一些不是大儒但在地方上活躍的一般儒者，其著作、言行都表現了儒家式的宗教關懷和實踐，而這種種關懷與實踐，一方面是傳承延續了孔子以降的儒家心性與天道中本有的宗教情操與思想，一方面是落實具現在庶民社會之中，形成庶民社會的儒教式的德化禮制。吳震說：

　　　　理性精神可謂是宋代以來思想文化的主流，然而不可忽視的是，無論是儒家士人還是普通大眾，無論是上層的精英文化還是下層的通俗文化，人們對於古代中國傳統的報應

---

[32]　同前注，頁 293-294。

觀念以及「上帝臨汝」、「鬼神監察」等宗教觀念仍然秉
持著信而不疑的態度，絕大多數儒者仍然相信「神道設
教」具有相當重要的現實意義及其政治意義。[33]

誠然，如吳震上言所述，在儒家遠古傳下的鬼神宗教觀念和信仰
下，中國庶民百姓普遍相信上帝與鬼神洋洋乎如在其上如在其左
右而隨時隨處鑒臨考察著人們的日常道德。善惡必有果報，是社
會的德化式的調控機制，在晚明，地方儒士在庶民社會中闡發推
動結合內在良知和外在善行的社會道德生活，同時也運用「鬼神
之為德其盛矣乎」的儒家宗教訓誥，使一般人民可以常有老天在
上面時時鑒臨考察的警惕敬畏之思而能為善去惡。[34]實則，這種
深入周普於中國庶民社會中的儒家式德教德化的禮制禮俗，已是
傳統中國民間文明中的規約軌則，一直到現代西化浪潮衝擊下才
發生崩解頹壞之勢。

　　中國傳統庶民社會的儒學儒教之德化式規約軌則，如同上
述，是以禮制與宗教兩者合一為一，形成為一套鄉土共同體的結
構與內容，此即傳統中國的鄉約、鄉治。鄉約鄉治，並非明朝方
才實施，北宋呂氏兄弟已在陝西家鄉藍田推行其《呂氏鄉約》，
與此性質雷同的鄉村德教德化之治理，朱子就如此實行。朱子此
類文本甚多，僅舉一二為例說明之。朱子〈示俗〉：

　　《孝經》云：「用天之道，因地之利，謂依時及節耕種田

33　吳震：《明末清初勸善運動思想研究》（臺北：國立臺灣大學出版中
　　心，2009.9），頁69。
34　同前注，頁70。

土（※筆者按：較小黑粗標楷體之文字是朱子之注釋，以下仿此）。

謹身節用，謹身謂不作非違，不犯刑憲；節用謂省使儉用，不妄耗費。**以養父母，**人能行此三句之事，則身安力足，有以奉養其父母，使其父母安穩快樂。**此庶人之孝也。**庶人，謂百姓也。」[35]

朱子所注的儒家經典《孝經》之一小段十分簡單，即「用天之道，因地之利；謹身節用，以養父母。此庶人之孝也」。這種簡易可行的盡孝之方，是庶民的孝養父母之道，其實就是在農耕文明中的農村生活世界中的檢樸節約的孝道，一則是環保一則是孝順。換言之，儒家的庶民社會道德性之實踐初步，就在《孝經》的「庶人之孝」之規約中表示出來，而朱子在民間社會中行政施教，很自然會將儒家的庶民德教德化之傳統予以推行。朱子繼續注解曰：

> 能行此上四句之事，方是孝順。雖是父母不存，亦須如此，方能保守父母產業，不至破壞，乃為孝順。若父母生存不能奉養，父母亡歿不能保守，便是不孝。不孝之人，天所不容，地所不載，幽為鬼神所責，明為官法所誅，不可不深戒也。[36]

朱子藉《孝經》在鄉村社區中推行孝行，他強調奉養父母以及保守家業的重要性，能在世奉養死後保守，方是庶民孝道，同時，

---

[35]　〔南宋〕朱熹：《示俗》，收於郭齊、尹波點校：《朱熹集》（八）（成都：四川教育出版社，1996.10），頁5058。

[36]　同前注。

朱子於此突出天地和鬼神，顯示庶民社會的儒教著重宗教性的禮制，於此可知十分宣達儒家之道德理想主義的朱子其實在民間推行儒家德教時，卻甚傾向儒家的宗教神聖之面向。朱子在此文最後，結論說：

> 以上《孝經‧庶人章》正文五句，係先聖「至聖文宣王」所說。奉勸民間逐日持誦，依此經解說，早晚思惟，常切遵守，不須更念佛號佛經，無益於身，枉費力也。[37]

此結論很有意思，它表達了朱子心中亦有宗教化的孔子，一般言，儒士均敬稱孔子為「大成至聖先師」。如果以「至聖文宣王」來敬稱孔子時，即有聖王之意思，此在傳統中國社會中，是帶有提升孔子為神聖的宗教崇拜的味道，而朱子勸庶民「逐日持誦」《孝經》，此《孝經》雖然大致已知是後儒撰寫之文章，並非孔子親述，亦非四書五經的正統儒家大典，但大儒朱子卻視為孔子之創作，且要求或鼓勵庶民百姓天天虔心一志地恭誦，像極了社會上一般佛教徒或善男信女天天誦讀《阿彌陀佛經》、《心經》或只持唸「南無阿彌陀佛」名號。在朱子，他的想法就是以帶有宗教信念的做法而以庶民孝道來教民化俗使社區聚落只依靠儒家德教就能成就為文雅淳厚之鄉土。

　　當然，朱子除了在庶民社會推行移風易俗的行政之外，若在較為偏遠窮困的鄉縣之區，朱子甚重視其地的縣學或是書院，也很留意表彰當地的故儒，其言行就是真切實踐庶民社會的儒家德

37　同前注。

教德化。這些關懷和踐履，朱子之文本很豐富，振興提倡縣學方面，謹舉一例明之：

> 予聞龍巖為縣斗辟，介於兩越之間，俗故窮陋。〔……〕
> 今數百年，未聞有以道義功烈顯於時者。豈其材之不足
> 哉？殆為吏者未有以興起之也。今二君相繼貳令於此，乃
> 能深以興學化民為己任，其志既美矣。〔……〕夫所謂聖
> 賢之學者，非有難知難能之事也。孝弟、忠信、禮義、廉
> 恥以修其身，而求師取友，頌詩讀書，以窮事物之理而
> 已。〔……〕使吾孝弟、忠信、禮義、廉恥之行日篤而身
> 無不修也，求師取友，頌詩讀書之趣日深而理無不得也，
> 則自身而家，自家而國，以達於天下，將無所處而不當，
> 固不必求道義功烈之顯於時，而根深末茂，實大聲閎，將
> 有自然不可揜者矣。[38]

龍巖縣即今福建省龍岩市地區，此縣在南宋時代是山多田少而十分貧瘠的閩西窮鄉，鄉俗鄙陋粗俗。故縣長的興學振教就變成很重要的施政內容。朱子為彼等撰寫的「學記」，實則十分平實素樸，他並沒有高談儒家形而上的哲理，或玄論天理心性等哲學之議題，他只是啟發之以孝弟忠信禮義廉恥等德目，這即是孔子平日教化弟子和庶民、貴族、王者的平實話語。只需依照儒家道德倫常而為人，就能達到安樂祥和的鄉土理想。

---

[38] 〔南宋〕朱熹：〈漳州龍巖縣學記〉，收入郭齊、尹波點校：《朱熹集》（七），頁 4099-4100。

　　在鄉間建設鄉賢祠，使鄉民可以有所崇敬效法，亦可使庶民的鄉村社區之風俗歸於仁義敦厚。關於庶民社會的儒學儒教之賢良祠之設立和崇祀，朱子亦有其文，茲以一例而陳明之。朱子曰：「崇安，建（按即建寧府）之巖邑，故宮師趙清獻公嘗為之宰，故侍讀胡文定公又其邑里人也。兩公之德，後學仰之舊矣。然數十年之間，為是邑者不知其幾何人，無能表而出之，以化於邑者。今知縣事溫陵諸葛侯始至，則將葺新學校，以教其人，而深以兩公之祠未立為己病，於是訪求遺像，因新學而立祠焉。」[39]此兩公祠，是在今福建省崇安縣（武夷山市），故為建寧府所轄，其地出儒家大賢如趙清獻公、胡文定公，而居然數十年來該地為官者固陋而不知，此即朱子所深深感嘆者也，今幸有好官溫陵人諸葛侯來治，他知興學立教且知應表彰地方上的賢士君子，故亦新建兩公祠以為後儒表率。朱子非常肯定而褒揚。在此記中，朱子說：

> 學則孔孟尚矣，然居是邦，語其風聲氣俗之近，則鄉大夫、鄉先生之賢者，豈可以不知其人哉？惟趙公孝弟慈祥，履繩蹈矩，為政有循良之蹟，立朝著謇諤之風，清節至行，為世標表，固諸公之所逮聞也。至於胡公，聞道伊洛，志在《春秋》，著書立言，格君垂後，所以明天理、正人心、扶三綱、敘九法者，深切著明，體用該貫。而其正色危言，據經論事，剛大正直之氣，亦無所愧於古

39　〔南宋〕朱熹：〈建寧府崇安縣學二公祠記〉，引自同前揭書，頁4032-4033。

人。[40]

朱子表彰了武夷山崇安縣的兩位大賢，其中胡文定公，是南宋的《春秋經》大家，文定公名安國，字康侯，曾任中書舍人兼侍講、寶文閣直學士。諡文定。文定公有子胡宏、胡寅、胡寧，有姪胡憲、胡實，均是南宋著名儒學家。朱子、呂東萊和張南軒三人時稱「東南三賢」，其中朱、呂兩人是胡憲的學生；而南軒則從學胡宏，師徒兩人就是「湖湘學派」的創始者和傳人，而胡宏世稱五峰先生。[41]其實趙、胡兩位大賢之事業均不在崇安，而是離開故鄉遠至朝廷為官，且著有政聲，而文定公甚至在經學和儒學方面，成為一方大家，更能立宗派而傳道。朱子在此重點是在為鄉土社區中的鄉子弟表彰同鄉的大儒大賢，令其等興發起學習效法之向上之心，所以朱子說：「顧念古昔聖賢遠矣，則欲諸君自其近者而達之，是以象兩公於此堂也。諸君自今以來，盍亦望其容貌而起肅敬之心，考其言行以激貪懦之志，然後精思熟講，反之於心，以求至理之所在而折衷焉，庶幾學明行尊，德久業大，果能達於聖賢之事。」[42]朱子的用心全然是為了鄉村社區裏的青年學子，希望他們在新建的縣學中一方面學習孔子仁學，一方面又能夠在同鄉大儒賢士的祠堂中，得仰觀兩公的畫像，並思其高風亮節且學習其經學儒教而果能成就聖賢君子之人格生命。

40　同前注。

41　此段敘述可參考吳仁華：〈胡宏的生平、著作及其思想〉，收入〔南宋〕胡宏：《胡宏集》（北京：中華書局，2009.2），頁 1-23。

42　〔南宋〕朱熹：〈建寧府崇安縣學二公祠記〉，郭齊、尹波點校，同前揭書，頁 4032-4033。

　　總之，鄉賢祠記的性質乃是在庶民社會中立風骨之典型，透過表彰敬祀鄉土大賢而達到民間社區和聚落的德教德化的功效。至於朱子一生十分重視書院的設置和講學，此乃大家皆知之事，而且其重修、新建之書院的教育目的是為社會培養君子賢士甚至聖人，並非為了應付科舉去為皇帝服務。關於朱子對書院的貢獻，此文毋需再多贅言。倒是一般人刻板印象認為朱子是一位宣講天理性理的道德理性主義者，在鄉土庶民的生活世界中，是不是毫無宗教神祕之密契？也就是毫無鬼神觀？其實非是。朱子正面肯定鬼神的話語甚多，在《朱子語類》的卷三，就是朱子與弟子談神說鬼的記載。其鬼神觀基本上是以「氣」之聚散伸縮而言，氣聚是人，氣散人死，死後其氣伸展則為神，其氣歸返則為鬼。大體如此體會，但朱子很肯定生人與鬼神譬如祖先之間並非生死幽明隔絕，如果通過虔誠莊嚴的祭禮，人心是可以與鬼神之心有真切的「感格」的。[43]換言之，朱子並非無神論者，在鄉土裏，他毋寧非常重視祭祀在德教德化的感格作用。朱子在庶民社會的禮治行事中很多祭祀活動，限於篇幅，僅舉兩文以明之。

〈祈雨疏〉

　　丁壯在田，屬農功之既作；陰雲布野，閡時雨之尚愆。由拙政之不修，顧疲民而何罪？肆陳丹悃，仰籲蒼穹。伏願鼓支以雷霆，亟霈為霖之施；澤及牛馬，併銷連死之憂。瞻仰歸誠，吁嗟請命。[44]

43　〔南宋〕朱熹：〈鬼神〉，《朱子語類》（一）（〔南宋〕黎靖德編，北京：中華書局，2004.2），頁33-55。

44　〔南宋〕朱熹：〈祈雨疏〉，郭齊、尹波點校，同前揭書，頁4407。

〈臥龍潭送水文〉

往分靈液，來即祠壇。誠未格於幽潛，澤尚恡於田畝。惟時淹久，懼弗吉蠲。敢奉冰壺，言歸貝闕。別禱餘潤，用弭炎氛。尚神聽之淵冲，鑒惟衷而響答。[45]

以上文章，一篇是祈禱降雨之疏文；一篇是祈禱陂潭送水之疏文。兩者與農耕的田水息息相關，換言之，乃是由於當地其時久無甘霖，而陂潭之積水亦恐乾涸而缺水灌田。在在反映了南宋廣大農村最關庶民之生計者，蓋是否有足夠灌溉而養禾之水源。朱子的關懷完全在乎農村百姓之生活和生命，其撰述疏文向天地神明祈雨求水，我們可以感覺到他的發乎真心誠意而非虛假的一種愚民手段。總之，具有宗教的神聖韻味的庶民社會之儒學儒教，在朱子的社會倫常之實踐中，充分呈現而無餘。

陽明心學的「心即理」不同朱子理學的「性即理」。但兩人邁入並身在庶民社會時，他們對於庶民施展的儒家德教德化，其運作形式和內容卻是一樣的。觀諸《陽明全書》，大體會發現王陽明在鄉村和邊城，一定興學校、書院，為地方的庶民延聘老師前來住居講學。於此不多徵引，僅提及陽明著名的〈南贛鄉約〉稍有敘明其庶民儒學之主旨。按南贛就是今天江西贛州，為贛南首府，而贛南為多山崎嶇之地理環境，往南延伸，就是武夷山脈，越過山頭就進入閩西，亦屬山多田少的環境較差之地區，此地理區民窮而暴，且多有少數民族混居，故文教一向不振，庶民多不習禮義，風氣鄙俗。王陽明晚年在此區用兵平亂，遂於南贛

---

[45] 同前注。

正式制訂「鄉約」，頒行於地方社區聚落，希望地方民人均可依
儒教而變化氣質和人格。於此鄉約中的起始，陽明明白指出這個
地區真是無教無品且多為亂的惡劣社會，於是約定：

> 凡爾同約之民，皆宜孝爾父母，敬爾兄長，教訓爾子孫，
> 和順爾鄉里，死喪相助，患難相恤，善相勸勉，惡相告
> 戒，息訟罷爭，講信修睦，務為良善之民，共成仁厚之
> 俗。〔……〕人之善惡，由於一念之間，爾等慎思，吾言
> 毋忽！[46]

這一段話清楚地宣講儒家道德倫常，基本就是「弟子入則孝，出
則弟，謹而信，泛愛眾，而親仁」的實踐規條。再者，他也告知
一般庶民切切必由良知來知善知惡而亦能為善去惡。此種在庶民
社會實施的儒學儒教，從孔子到朱子再到陽明，實在沒有任何不
同。它的道理十分簡易樸實，不必高論或研幾究竟是性即理呢？
還是心即理？

　　最有意思的在於〈南贛鄉約〉的規條許多，不外是社區聚落
的居民要遵守循行的道德約定，大家依此約定來為善去惡。而其
中最後一條規定當地社區須設一會所，定期聚集居民開會，此場
地稱為「約所」。他們的活動大概分為數個階段，

　　當會前一日，知約預於約所灑掃，張具於堂，設「告諭

---

[46]　〔明〕王守仁：〈南贛鄉約〉，收於《王陽明全集・王陽明奏議，卷
　　九》（臺北：考正出版社，1972.5），頁 58-59。

牌」及香案南向。當會日，同約畢至，約贊鳴鼓三，眾皆詣香案前序立，北面跪聽「約正」讀「告諭」畢。「約長」合眾揚言曰：「自今以後，凡我同約之人，祗奉戒諭，齊心合德，同歸於善；若有二三其心，陽善陰惡者，神明誅殛！」眾皆曰：「若有二三其心，陽善陰惡者，神明誅殛！」皆再拜，興，以次出會所，分東西立，「約正」讀鄉約畢，大聲曰：「凡我同盟，務遵鄉約！」眾皆曰：「是！」[47]

社區聚落中的居民在「約所」定期集會，會之一開始先由領導人「約長」率領全體與會居民朗讀誓辭，其內容既要求真心勸善戒過，而且也警告如果虛偽其心表面善良裏面卻十分險惡，則天地神明必定降罪誅殛。陽明在庶民社會實施儒教，是以集會之形式，會中以道德和鬼神之合一性來推展其教化。於此可見，不需等到泰州學派才開始實踐庶民儒學儒教，王陽明就已如此，而且整合心性道德律和宗教鬼神說來推展民間之德教德化，本來從孔子就是這樣做的。

在約所進行集會，宣讀誓辭畢，則在會場之堂上，先設「彰善位」，上陳「彰善簿」。再由「約贊」請「約史」出來主持彰善表揚大會，他揖迎善者上臺立乎「彰善位」，再與會眾一起宣揚表彰善者做了哪些善事，「約史」將善者的善事一一寫入「彰善簿」中，再由「約長」舉酒杯向會眾正式頌揚善者之善行，同時，將彰善簿慎重其事地頒贈給受大會表揚稱頌的善者，而善者

47　同前注，頁 60-61。

也舉杯表示誠惶誠恐、戒懼謹慎之意，在會上發表了一段感言。
如此行禮如儀，全體會眾一起喝酒共慶，結束彰善；撤彰善位，
再設「糾過位」於階下，陳「糾過簿」，由「約正」呼「過者」
出列，由「約史」說出「過者」之各種過錯，並且書之於「糾過
簿」，「過者」跪稱知錯而悔，一定痛心改過向善云云，然後酌
酒自罰而飲之。糾過之禮結束。[48]

　　上述是社區居民大會的第二階後，是大會的本體，其主體十
分清楚乃是社區聚落的庶民日常生活的德行檢討和表揚大會。這
種透過鄉約來達成德教德化的鄉治，讀明朝社會史或家族史，都
能證明不止陽明以及其後學是在庶民社會中推展，其實明朝的朝
野以及地緣村或血緣村都是如此實行地方社區聚落的德教型之鄉
治。而王陽明在贛南以及廣大的閩西、粵桂等邊區透過「十家牌
法」而實施的儒家教化的鄉治，是在這個社會教化體制中特別突
出的顯例，〈南贛鄉約〉即是此結構中的一個最出名的文獻，具
有憲章的地位。[49]

　　檢討和表彰之禮完成之後，與會大眾一起會餐，餐畢，「約
贊」起鳴鼓三，唱申戒，眾起，「約正」中堂立，揚言曰：

　　　嗚呼！凡我同約之人，明聽申戒，人孰無善？亦孰無惡？
　　　為善雖人不知，積之既久，自然善積而不可掩；為惡若不
　　　知改，積之既久，必至惡極而不可赦。今有善而為人所

---

[48] 同前注，頁 61。

[49] 關於明朝庶民社會的鄉約鄉治，可參閱常建華：《明代宗族研究》（上
海：上海人民出版社，2005.2）。此書從明朝之族制度及其禮制操作論
到鄉約鄉治。

彰，固可喜；苟遂以為善而自恃，將日入於惡矣。有惡而
為人所糾，固可愧；苟能悔其惡而自改，將日進於善矣。
然則，今日之善者，未可自恃以為善，而今日之惡者，亦
豈遂終於惡哉？凡我同約之人，盍共勉之！[50]

在鄉約中，上言雖然是出自「約正」之口，但其實即是王陽明的
思想，此段敘述，並非在書院對菁英而說，也非對高官顯爵而
說，而是在民間社會的會所對鄉村庶民說的，此說甚簡易，它僅
僅點醒鄉民時時讓良知作主，應為善莫為惡，且須隨時警覺惡念
甚可畏，人心之受污染很容易，莫讓自己一念不察而陷墮，且惡
人亦可隨時良知喚醒，即時歸善。依此所述，王陽明的〈南贛鄉
約〉實則呈現了中國庶民儒學一則是以仁心良知之人本性善的孔
孟正統儒學為根基，一則在對鄉民的教化之技術層面上，則是走
群眾會講隨機警醒的普及常識化之教學。此種落實在庶民社會中
的儒學儒教，在陽明之後的明朝之廣大社會中，它逐漸發展且運
作於各種鄉村的場所，譬如鄉約會所或家族宗祠甚至於佛寺神廟
均可進行在庶民社會帶有鄉約性質的儒學儒教之開講，此種鄉村
教育，錢明稱之為庶民的「社學和講會」。[51]

---

[50]　〔明〕王守仁：〈南贛鄉約〉，同前揭書，頁62。

[51]　錢明：〈中晚明的講會運動與陽明學的庶民化〉，《儒教文化研究》
　　　（國際版），第十八輯（首爾：成均館大學儒教文化研究所，
　　　2012.8），頁241-256。

四、臺灣儒學儒教在庶民社會之傳統

在鄭成功開臺的西元一六六一年之前，浙東儒者沈光文就已漂流至臺灣。沈氏為鄞縣人，字文開，又字斯菴。他生逢南明之亂世，先是避清於金門，挈家浮舟，遇大風遂漂流到臺灣，荷蘭人安置善遇之，一六六一年，鄭成功來臺，尊沈光文為耆老，以田宅相贈，成功薨，沈氏移居臺南邊地羅漢門山，鄉居不出，教授當地土著西拉雅族以及漢人，且以醫術濟世，康熙二十二年清治臺後，沈氏在諸羅（今嘉義）、臺南一帶與來臺眾多文人儒士結社，稱「福臺新詠」，卒於諸羅，葬於善化。全謝山推尊沈光文為「海東文獻初祖」。[52]

浙東寧波的儒士沈光文，被尊為海東初祖，意謂他就是以平民身分而在臺灣初創鄉村社區的庶民儒學儒教之第一人。

隨鄭成功來臺灣的儒士亦不在少數，臺灣大儒連橫（字雅堂，1878-1936）在其大作《臺灣通史》表彰明鄭遺民，如江蘇華亭人徐孚遠、福建惠安人王忠孝、廣東揭陽人辜朝薦、福建南安人沈佺期、福建金門人盧若騰……等，這些遺民均屬明之儒士，[53]以其風骨而拒絕事清，故隨延平王來臺，他們就是在臺灣始播儒家德教於民間者。連橫說：

> 明亡之季，〔……〕我延平郡王獨伸大義於天下，開府思

52　〔清〕全祖望：《鮚埼亭集・外編・沈太僕傳》，收於〔清〕鄧傳安：《蠡測彙鈔》（臺北：大通書局，未刊年分），頁59-60。

53　連橫：〈諸老列傳〉，《臺灣通史》（臺中：臺灣省文獻委員會，1976.5），頁580-586。

明，經略閩粵。〔……〕而闢地東都，以綿明朔，謂非正
氣之存乎？吾聞延平入臺後，士大夫之東渡者蓋八百餘
人，而姓氏遺落，碩德無聞；此則史氏之罪也。承天之
郊，有閒散石虎之墓者，不知何時人，亦不詳其邑里。途
以為明之遺民也。[54]

明鄭來臺之際，除了上引一些有名有姓的儒者之外，其實依連雅
堂所撰列傳之言，不願降於滿清的儒士，但不知其姓氏者，多達
八百。我們雖不必確信就是八百之人數，但畢竟不在少數，連氏
才會說出這樣的數目。而這一大批隨延平王渡海來臺的儒士，豈
都能做官從政？當然多散居臺灣民間而成為在臺灣之鄉村邊鄙的
社區之內的儒學教化者。這即是臺灣庶民社會的德教德化的播種
者也。

其實此種堅貞固守草野鄉社而於民間建立儒家文化並且推廣
社會儒教之臺灣儒士，連橫的先祖就是如此，連氏曰：

我始祖興位公生於永曆三十有五年。越二載，而明朔亡
矣。少遭閔凶，長懷隱遯，遂去龍溪，遠移鯤島，處於鄭
氏故壘。迨余已七世矣。守璞抱貞，代有潛德。稽古讀
書，不應科試。蓋猶有左袵之痛也。故自興位公以至我
祖、我父，皆遺命以明服殮。故國之思，悠然遠矣！橫不
肖，懼隕先人之懿德，兢兢業業，覃思文史，以葆揚國
光，亦唯種性之昏庸是傲。緬懷高蹈，淑慎其身，以無慚

於君子焉。[55]

原來，連橫先祖興位公就已因為明亡之痛而離開故土漳州龍溪，追隨延平王到臺灣，其家族世世一直懷抱嚴華夷之辨的孔子春秋大節而為庶民，於平民社區以師儒身分而教授庶民以孔孟之道。

從明鄭的遺老到無名姓的士大夫而至連氏世系，這些儒士都避清而到臺灣，他們都在民間草野生活傳道，均顯示了臺灣一開始就播殖了庶民儒學儒教。也由於有如此之文教土壤，所以，我們才能明白陳永華在東寧（東都，今臺南）立聖廟建太學的意義。陳永華奏請鄭經同意「建聖廟，立學校」：

> 昔成湯以百里而王，文王以七十里而興，豈關地方廣闊？實在國君好賢，能求人材以相佐理耳。今臺灣沃野數千里，遠濱海外，且其俗醇；使國君能舉賢以助理，則十年生長、十年教養、十年生聚，三十年真可與中原相甲乙。何愁侷促稀少哉？今既足食，則當教之。使逸居無教，何異禽獸？須擇地建立聖廟設學校，以收人才。庶國有賢士，邦本自固，而世運日昌矣。[56]

西元一六六五年，世子鄭經接受諮議參軍陳永華的建言而在今臺南市首建文廟並且立太學，隨即招生教學。這就是臺灣第一個文廟，也是臺灣第一個國家規制的學校，即是今臺南市內的「全臺

55　同前注，頁586。
56　〔清〕江日昇：《臺灣外記》（臺北：大通書局，未刊年分），頁236。

首學」。康熙二十二年（1683 年），清取代明鄭而統治臺灣，於是陸續在臺灣各縣治之地設立儒學機構，派出儒學教諭、訓導以推展臺灣社會的德治文教，乃是立基於鄭成功、鄭經父子兩代的儒臣陳永華的規劃而建立的文廟和太學之穩固基礎上。

　　臺灣入清之後，治臺官吏之政績往往著重興建書院。清帝極力發揚朱子儒學，而臺灣與福建僅一水之隔，故其儒學儒教之系統乃延福建之朱子儒學之一脈而在臺灣建立發展。臺灣書院之上源是福州的鰲峰書院，康熙四十七年（1707 年），清初理學名臣張伯行時任福建巡撫時創建，祀宋周、程、張、朱五夫子，陪祀以宋明閩中先儒，以講明正學為務，康熙五十五年，著名儒臣陳璸任福建巡撫，甚重視鰲峰書院的教育，禮聘耆儒主講。[57]

　　臺灣儒吏和儒生視福州鰲峰書院為修習正學之楷模，乾隆五年，巡臺御史楊二酉在臺郡（今臺南市）創建「海東書院」，其碑記曰：

> 臺陽海嶠，隸閩之東南郡，相去榕城，約千餘里。諸生一仰止鰲峰，且不免望洋而嘆也！〔……〕意選內郡通經宿儒充教授為良師，允堪作育多士，與鰲峰並峙。[58]

海東書院即清代臺灣置書院之初聲，以朱子儒學為主旨，其設立目的是使臺灣儒生不必遠渡臺海去福州就學，而因為以鰲峰書院

---

[57]　陳谷嘉、鄧洪波：《中國書院史資料》（中冊）（杭州：浙江教育出版社，1998），頁 888。

[58]　〔清〕楊二酉：〈海東書院記〉，收於〔清〕范咸：《重修臺灣府志》（臺北：大通書局，未刊年分）。

為典範的海東書院於臺灣郡城的成立，就顯示了臺灣的儒學儒教的提升和展開於臺灣社會。

　　清初漳浦儒士藍鼎元，於鰲峰書院一成立時，年方二十七歲，就受張伯行禮聘進入書院參與編纂儒典工作，並藉此機會盡讀兩宋大儒著作，成為朱子學的堅定信仰者。[59]藍氏於康熙六十年，因平朱一貴之民變而來臺，他周遊臺灣之各地鄉社都邑，認為亟待振興德學德教，他提出建言：

> 宜廣設義學，振興文教。於府城設書院一所，選取品格端正、文理優通、有志向上者為上舍生徒。延內地名宿文行素著者為之師，講明父子君臣長幼之道、身心性命之理，使知孝弟忠信，即可以造於聖賢。〔……〕臺邑、鳳山、諸羅、彰化、淡水各設義學，凡有志讀書者皆入焉。學行進益者，升之書院為上舍生。則觀感奮興，人文自必日盛。
> 宜設立「講約」，朔望集紳衿耆庶於「公所」，宣讀《聖諭廣訓》、《萬言書》及《古今善惡故事》，以警動顓蒙之知覺。臺屬四縣及淡水等市鎮村莊多人之處，多設「講約」，著實開導，無徒視為具文。使愚夫愚婦，皆知為善之樂，則風俗自化矣。[60]

上述藍氏的建言包含兩層，一是在社區聚落設立「義學」以補儒

59　蔣炳釗：《鹿洲全集・前言》（廈門：廈門大學出版社，1995）。

60　〔清〕藍鼎元：〈與吳觀察論治臺灣事宜書〉，收於氏著：《平臺紀略》（臺北：大通書局，未刊年分），頁49-56。

學、書院等教育機構之有缺。其精神求乎儒學文教在庶民社會的普及；一是在社區聚落實施鄉約之講會，在鄉社村莊中找一會所定期聚合社區大眾來進行鄉約式的儒學儒教。

藍氏的建言內容並非他的發明，也不是清廷之開創，本文前面已經提到如學者吳震、錢明之論文所闡述者或如朱子、陽明、泰州學派的庶民儒教的發揚和實踐，清儒思慮並且實施於臺灣庶民社會的這整套儒學儒教，乃是從宋明時代就已深化普及，而明鄭和清朝在臺灣的文教施為，只是將大陸原鄉的儒家式禮制德教之庶民文教帶到臺灣來而已。

或曰上述無論如何，畢竟是由上而下，是治統的或社統的菁英儒者導引而有的臺灣庶民社會的德教德化，似乎不必然發自於民間之社區聚落。而事實不然。清時在臺灣較晚開發的丘陵地或山地之漢族，彼等自己就有鄉學以教村中子弟，清中葉臺灣貓裏（今苗栗縣）儒士吳子光於其文有云：「由貓裏東行五公里至坪頂山，〔……〕又一里至銅鑼灣，有聚落，〔……〕。由街東行至老雞籠莊，有小村，溪水環繞，左右人煙百餘家，書塾設焉；雖山徑蹊間，然路頗平坦，可以通輻馬者止此。」[61]此文所言老雞籠莊，是地處山間偏遠之區僅有百多戶的小山村，可是在這個小山村中卻設有書塾以教村中學子，其內容當然是從《三字經》、《增廣賢文》、《弟子規》等清朝傳統訓蒙教育的學童教科書而來，其後持續而增的教材，則必屬朱子集註的《四書》。換言之，清中葉臺灣庶民社會中的儒士在其記事之文中已經說出彼時

61　〔清〕吳子光：〈紀諸山形勝〉，收入氏著《臺灣紀事》（卷一）（臺北：大通書局，未刊年分），頁19。

在臺灣的鄉村鄙地都有社區儒教之存在，於此可證，在更發達的城鄉都邑，民間的儒學儒教是具有一定水準的。

儒家的德教在臺灣傳統庶民社會之情形，在各方志中多有載錄。茲舉例以明之，清代修纂的《苗栗縣志》有如下敘述：

> 李緯烈，監生，〔……〕素喜周急。道光六年，漳泉互鬥，以粥賑難民，因而就食日多，舍無隙地，一時賴以活者數百人。行年七十三，預知壽盡，至期，正其衣冠端坐，以「孝友」囑子孫，言畢瞑目而逝。

此記監生李緯烈的一生行誼，即傳統中國社會中鄉治的「施善與教化」之實踐，「預知壽盡」，通常是佛門淨土宗功夫和境界，然而他遺言說「孝友」，且必「正其衣冠端坐」，又有如朱子、曾子臨終時的道德性的身心姿態。可見清朝在臺灣鄉社之小知識分子之生命格調，已屬揉合了儒家和佛教，而在根本的倫常實踐之核心，則屬儒家的人倫。

> 李朝勳，字建初，緯烈子。性孝友，父母兄弟無間言，繼母詹氏，養葬盡禮，稱聲載道。處世善善、惡惡，急公向義；為鄉里排難解紛，抑強扶弱。〔……〕地方有事，率鄉勇保衛，不吝貲財。生平好讀書，尤精醫術。晚築家塾，設學田，延師訓子孫。歲冬，命考家課，別優劣，賞貲有差。〔……〕

此段所述李朝勳的行誼，則屬於傳統中國明清以來的儒學儒教式

的鄉約鄉治之內容，包括他的孝友之德行，在地方社會中領導執
行彰善懲惡之德規以及教誨庶民行善避惡，更辦理鄉勇起而護衛
鄉土社區和聚落，同時，在宗祠中興辦家學，教族中子弟以儒
行。這樣的人格，其實就是明清中國庶民社會的儒士典型。

　　其他人物的記載，茲舉三位謝姓的地方儒士：

> 謝謙，字撝山，附生，〔……〕，性正直，好讀書，口不
> 絕吟，博學多能。事親有孝名。每月朔望，必整衣冠禮拜
> 天地、神祇，為乃親祈年。

傳統儒家，無論上層菁英或底層庶民之儒者，尊德性道問學是其
常道，而且從孝行證成仁心仁德，同時，他們都必參與神聖肅穆
的祭天地、祭聖賢、祭祖宗的三祭之禮儀，這在孔子是如此，在
朱子、陽明亦無例外，而在臺灣的傳統庶民社區的地方儒士亦是
如此。

> 謝廷楨，〔……〕授徒，善誘不倦，時常以「先器識、後
> 文藝」之言為訓。故今出其門者，多正士焉。

於民間草野設帳授徒，是培養天地之間的君子，不是為了八股科
考。此均合乎二程到紫陽夫子的理學門風，也合乎從陸象山到陽
明先生的心學家法。在臺灣的鄉社聚落亦可見到此境界的地方儒
士，不必大儒才是如此。

> 謝佳揚，宿儒，〔……〕事母能孝。兄早逝，視姪猶子。

> 生平喜讀書，不營家計。授徒里中，嘗言：「日對聖賢，
> 倘誤人子弟，其過莫大！」每歲冬，必倡籌經費，以課鄉
> 鄰子弟；而文風蔚起。[62]

　　謝氏是鄉土社會中的老儒，其職業就是一位社區聚落之學舍或私
塾的老師，家窮是必然的，可是安貧樂道，以教人不倦誨人不厭
的孔子精神，期望鄉學中能出聖賢君子。故常倡籌經費教化鄉中
子弟。這不是太學、書院的菁英儒家之教，也不是家族在宗祠中
的族學而是一位平民儒士在鄉村的學舍之庶民儒學儒教。

　　孔子說過：「人能弘道，非道弘人。」無論菁英或庶民之儒
學儒教，其動能是在人。臺灣傳統庶民的儒家德教德化，常以地
方品學與辦事能力兼備的儒者為中心而在鄉社聚落中發生教化昇
揚的影響。謹以清代臺灣後龍和竹塹儒士鄭崇和為例而說明之。

　　鄭崇和本是金門人，遷居於苗栗後龍，後至淡水廳竹塹城
（今新竹市）居住。他於竹塹辦私家書院以教地方子弟。在《淡水
廳志》的〈行誼〉論及其儒學性質曰：

> 晚益好宋儒書，如《性理精義》、《朱子遺書》、《近思
> 錄》諸書，沈潛反復，究極精微。嘗示人曰：「此數書具
> 修齊治平之理，當令子弟於夙興夜寐時，敬讀數行，以洗
> 心滌慮，久之可從此窺見聖賢學源流。」大抵先生之學原
> 本六經，由事以知事；由宋儒書以析理，而其要則歸於踐

62　以上引述的鄉社之儒士，均引自〔清〕沈茂蔭：《苗栗縣志・先正》
　　（臺北：大通書局，未刊年分），頁 202-204。

　　履篤實且夫持身之嚴也；執事之敬也；治家之整肅也；與
　　物之公而恕也；見義之勇於為也；執德信道之耄而不懈
　　也。[63]

依鄭崇和晚輩之臺灣進士黃驤雲所撰的〈鄭崇和先生行誼〉來
看，就如上面所引一段敘述，鄭氏乃是一位深信朱子儒學的道理
而確實在日常生活中依據之而實踐者。他在竹塹教授儒子，根本
目的是想造就聖賢，而不是用八股文教青年人只知隻眼死盯著場
屋僵死之試卷而求取利祿。

　　清人崇奉堅信朱子理學的儒士，其氣質和生活十分嚴肅敬
謹，鄭氏就是此種類型。〈行誼〉曰：

　　嘗言：「聖賢之學自主敬始，主敬之道，自克勤小物
　　始。」居常見器物傾側、几案錯列，曰：「此即不正之
　　端。」必更為整頓，然後即安。〔……〕每日讀書正襟危
　　坐，如面質聖賢。〔……〕家庭肅穆，外言不入，內言不
　　出，自寫《朱氏家訓》一篇，懸於中堂曰：「正家之道，
　　略盡此篇，朝夕晤對，開人心目，他佳圖畫，無以易
　　此。」〔……〕次君用錫以名進士掌教書院，生徒林立，
　　先生嚴誨之，〔……〕謂：「士君子砥行立名，必求居家
　　無愧於鄉，在官不負於國，庶幾無忝所生。」[64]

63　〔清〕黃驤雲：〈鄭崇和先生行誼〉，收於〔清〕鄭用錫：《淡水廳
　　志》（毛筆字影印本，未刊出版者與年分），無頁數。
64　同前注。

鄭崇和身為一名清時竹塹城中之名儒，其思想、信念和踐履大概就如上述之大端，由此敘述，鄭氏乃典型的清朝朱子理學之儒者。他的時代是在乾隆二十一年（1756 年）至道光七年（1827年），在那個盛清時代，與鄭崇和前後約略同一時期，中國儒士有多元性，就國家層級的名儒言，經史子集之大家以至考據學、地理學大家都有，譬如戴震（1724-1777）、惠棟（1697-1758）、焦循（1763-1820）、莊存與（1719-1788）、錢大昕（1728-1804）、洪亮吉（1746-1809）、章學誠（1738-1801）、阮元（1764-1849）、張穆（1808-1849）等，梁啟超在《中國近三百年學術史》[65]中就這些同一時代的儒者有深入闡釋，其最主要的意思是指出清代學者呈現了活潑的治學多元性，其學術內容，與清世衰退之後的雙向死寂的，一則故紙堆中的釘餖考據，一則僵化而淪為「吃人禮教」的御用理學，是大異其趣的，當然彼時中土的朱子儒學多少還維持一定的生命力，譬如較鄭崇和早一代人的「二陸」，即陸隴其（1630-1692）、陸桴亭（1611-1672），他們是朱子理學的信仰者，雖然無法新創，但其學行大體均屬清高。相比較之下，臺灣時屬中國邊陲，故學術主流不湧入臺灣，中土多采多姿的多元而豐富的學問，在竹塹城，當然無法與聞、欣賞、學習。然而，在鄭崇和的行誼中，可以發現他並非拘泥僵硬的腐儒、朽儒、奴儒，雖然他只是邊陲臺灣的庶民社會中的鄉社儒者，卻與當時的身心端正嚴毅的中土朱子學之大家，沒有本質之差別。

　　如上所述，鄭崇和並非八股科考之物，亦不在帝王牢籠之

65　關於清代學術之面向和內容，請讀梁啟超：《中國近三百年學術史》
　　（北京：團結出版社，2006.8）。

中，故其志業都在臺灣當地的社區以及自己的鄭氏家族中實現，依〈行誼〉，鄭氏對於家族各房甚重視其道德規範、子弟教育以及其經濟生活；對於鄉土社區，亦實踐推拓其「施善與教化」的德教德化型的社會工作。苗栗後龍是其來臺之始的舊居，當地靠海，地多貧瘠，鄉民以旱耕商販為業，少讀書，民風粗陋，鄭氏為之勸學設塾延師，且經費由其支持，更提供學子每月米糧膏火，同時又完全負擔塾師的日常食住，故師生盡歡，能全心教學，自此後龍的社區聚落「家絃戶誦，秀文士出焉」。嘉慶戊寅，淡水廳設學校於竹塹，鄭氏首倡興建文廟，竹塹文風斯興。其臨終遺言曰：「一生清白，無累後人；力學積德，節儉謙恭。」[66]

　　總之，鄭崇和是臺灣鄉土中一位傳統庶民儒家的典型，因為竹塹城鄭家是望族，故其名得以顯達。其實，在臺灣的鄉社城鎮，庶民儒家不在少數，其等之名無法傳諸後世，但他們亦參與地方社區的儒學儒教，也參與鄉治的各層面之工作，是傳統時代鄉土民間的領導階層，與清朝派來統治的官吏形成互補之角色，而鄉約鄉治的共同體之核心，往往不在官吏而是在這些生活在鄉土民間的庶民型儒士們。

五、結論

　　孔孟儒家的常道慧命本來就是面向庶民社會而開被的，所謂仁心仁政之關懷之主體不是君王貴胄，而是生活在廣土上的一切

---

[66]　以上所述均依據黃驤雲所撰〈鄭崇和先生行誼〉。

庶民百姓。這個儒家傳統一直都活生生地存在延續於中國鄉土的社區和聚落中，形成中國社會特有的禮制性鄉約鄉治型的德教和德化。

明清時代中國庶民社會愈來愈屬於透過地緣村落會所或血緣村落祠堂而推行鄉土社會自治共同體的「經濟」和「教化」，前者養庶民之身而後者養庶民之心，此在孟子就已構畫了以井田制度為基礎的鄉治藍圖，孟子說：「五畝之宅，村之以桑，五十者，可以衣帛矣；雞豚狗彘之畜，無失其時，七十者可以食肉矣；百畝之田，勿奪其時，數口之家，可以無饑矣；謹庠序之教，申之以孝弟之義，頒白者，不負戴於道路矣。七十者，衣帛食肉，黎民不饑不寒，然而不王者，未之有也。」[67]此段論述，前面著重經濟生產，主旨在於養庶民之身；後面著重道德教化，主旨在於養庶民之心。孟子的養民王道之思想，垂兩千多年，為中國庶民儒學儒教的經典而依之實踐。

再者，孔孟儒家都十分重視禮俗宗教的方便施教，因為帶有神聖意味的禮俗宗教之神道設教，在古代儒家經典中十分豐富，後世的宋明清大小儒家奉行而不替。這種含融仁義之道於禮俗宗教的民間德教德化，形成為中國庶民社會中的禮治型之城鄉文教共同體。

在臺灣從清朝到當代，庶民社會裏一直活躍著透過民間信仰而推展宣揚儒家道德之禮俗，譬如流行在臺灣客家社區聚落中的「鸞堂」，其以關聖帝君或「三恩主」之崇祀為中心，從清朝歷日據時代以至當代，在社會中扮演勸善戒惡、化民成俗的社會調

---

[67]　《孟子·梁惠王》。

節和教化之功能。[68]在當代臺灣的庶民社會，很容易取得流通的宗教教化之書冊，大多數屬於佛教及附佛外道之勸善書，也有屬於鸞堂性質的善書，譬如筆者就有一本小冊子，名《關聖帝君覺世真經》，其文一開始就說：

> 人生在世，貴盡忠孝節義等事，方於人道無愧，可立於天地之間，若不盡忠孝節義等事，身雖在世，其心已死，是謂偷生。凡人心即神，神即心，無愧心，無愧神，若是欺心，便是欺神。故君子三畏四知，以慎其獨，勿謂暗室可欺，屋漏可窺，一動一靜，神明鑒察，十目十手，理所必至，況報應昭昭，不爽毫髮。〔……〕[69]

類似上引勸善書，均以儒家經典的文章訓言為主旨，譬如這篇內容，多有取材於《中庸》者，而「忠孝節義」四大字，更是朱子在嶽麓書院正廳兩壁的墨寶，於此可見庶民儒教包含了先秦儒家和宋儒之學，一貫傳承，在當代臺灣民間還在通行普化，並未因為現代化和西化的衝擊影響而有所衰亡，換言之，當政治層、學術界，好像儒家已經式微淡薄之現代，可是起碼在臺灣的都市鄉村的大小社區和聚落中，庶民儒家的生命依然剛健流行。

---

[68] 黃麗生：〈臺灣客家鸞堂的儒教意識：以苗栗雲洞宮為中心〉，收入氏著：《邊緣與非漢──儒學及其非主流傳播》（臺北：國立臺灣大學出版中心，2010.5），頁 389-440。

[69] 黃玉祥等居士印：《關聖帝君救劫文》（苗栗：統一快印商店，未刊年分），頁 1。

貳　論儒家的傳統民間德教 及其在現代社會的困難

一、前言

　　傳統的儒家群體是透過各種管道，譬如自我薦舉或他人薦舉以及科舉考試，因而得入政治之門，在朝廷為官而替專制政體效命。心志高貴者，則在治統層中為黎民百姓行仁政，此之謂儒政；心志卑污者則只是攀龍附鳳求取腐臭無恥的榮華富貴，墮落成貪官污吏，甚至成為暴政下的鷹犬虎狼。前者才是儒家為政的真實性，而與此行仁政一起，還有一個更核心的志業，即不管在朝在野，儒家必在庶民社會中推行儒學實踐儒教。能夠遵循孔孟之道的真儒，他往往以儒政之便而在地方推行儒家之德教，舉例言之，如周敦頤、程氏兄弟、楊龜山、王陽明等。再者，歷代很多儒者淡泊明志，終其一生或偶而為官但大半生以隱居林野民間為尚，他們的志業就是參與或領導庶民社會的儒家德教，舉例言之，如張橫渠、羅豫章、李延平、朱子、陸象山、孫夏峰、顏元、黃宗羲、王夫之等。

　　所謂儒家民間德教，意指儒者依據孔孟的仁義道德之義理，在民間給庶民百姓推廣啟發常道慧命的教化。真正的儒家民間德

教之實現，是在北宋以後才有。漢朝的社會文教結構與庶民德教
無關，兩漢社會階級尚嚴，一般庶民屬於編戶齊民，其時無有儒
家在庶民社會以民間德教為主的自由講學之體制或風氣，儒家
《五經》，屬於大經師在其學門內之專經研考以及授徒之業，及
至魏晉南北朝的數百年亂世，道佛兩家大為流行，儒學儒教則凋
零頹壞。唐朝是世族門閥的時代，社會階級嚴明；雖有鑽研《五
經》的經學，但屬於經學的治學體系，亦為門閥貴冑之專業，與
德教無關；雖有取士於寒門之途徑，但是以作詩賦為其專門，亦
與道德之學無關，而且皆非面向廣大的庶民世界開放流通。儒家
在庶民社會向眾民講授孔孟的道德倫理，起始於北宋民間書院、
鄉約鄉治的德化教育，至明以後，更從書院或鄉治的講會擴大為
明中葉以後的道德倫常的隨處會講。[1]

　　宋明儒家推展教化，其基本精神有別於漢唐的學術門派的經
學傳承，換言之，宋明的理學心學與漢學唐學的一門傳經的本質
完全不同，漢唐治經者是依知識之範疇而治儒經，是成就知識體
系中的經師而非人師，也就是只成就經學學者，此與庶民生命人
格的教養無關，宋明儒家何以弘揚儒家之道？如果細細閱讀宋明
儒的著作，或亦可直接讀《宋元學案》、《明儒學案》，當可體
悟自宋以後的儒家，體悟孔孟的仁義之學，不是一般見聞，而是
個人、家國和天下的常道慧命，即世人所以成聖成賢的依歸，故

---

[1]　關於本文所論儒家民間德教之著重的時代起始點，落在宋明以後，而不
　　會是五代之前的漢唐，此詮釋之依據，請通讀錢穆：《國史大綱》（臺
　　北：臺灣商務印書館，2014.2，修訂三版）。特別讀其第四十一章：
　　〈社會自由講學之再興起：宋元明三代之學術〉，見該書下冊，頁
　　786-812。

在庶民之中加以傳授實踐，其目的是教人做聖人。聖人不是人人
皆做得到，則起碼要做賢人，為君子。此路向的孔孟之教，當然
著重在道德倫理，而不是知識性之一曲之士之教。教庶民學做聖
人，其實是宋明儒學儒教的基本命題，幾乎每一位治宋明儒學而
關心其儒教之學者，均必然有此定論，茲舉一位當代儒學者在其
專書中之一段論述，當可明之：

> 楊慈湖的人生志向就是成為聖賢。慈湖學生錢時說：「蓋
> 先生之學，以古聖為的。」其實從原始儒家的孔子、孟
> 子，到新儒家的二程、朱子、陸象山等，他們關注的焦點
> 又何嘗離開過「人如何成為聖賢」這一主題呢？孔子說：
> 「聖則吾不能，我學不厭而教不倦也。」子貢說：「學不
> 厭，智也；教不倦，仁也。仁且智，夫子既聖矣。」
> （《孟子・公孫丑上》）可見，成為聖人是孔子的目標。孟子
> 說：「乃所願，則學孔子也。」（《孟子・公孫丑上》）孟子
> 「學孔子」，就是要學做聖人。有人問程伊川：「學者須
> 志于大，如何？」伊川先生說：「志無大小。且莫說道將
> 第一等讓與別人，且做第二等。才如此說，做是自棄，雖
> 與不能居仁由義者差等不同，其自小一也。言學便以道為
> 志，言人便以聖為志。〔……〕」〔……〕朱子也說：
> 「凡人須以聖賢為己任。」陸象山教育他的學生說：「人
> 須是閒時大綱思量，宇宙之間，如此廣闊，吾身立于其
> 中，須大做一個人。」陸象山所謂「大做一個人」，也是

　　　　要做聖賢。[2]

從孔孟之話語中，宋儒得出儒教之根本主旨是為了成己成人，而己與人的所以成，乃是成聖成賢的意思。引文舉了錢時、伊川、朱子、象山的語錄來表顯宋明儒家是以學做聖人為孔孟之道的。其實宋明清以降，程朱陸王之儒學儒教，落實踐履於民間社會，其標的就是追求實現聖賢人格以及總體社會文明之聖賢君子之風。雖然此引文中只解析伊川、朱子、象山之言來加以表明，但在其他宋明甚至清以後的儒家，均可在其等之話語和著作中發現他們要求世人學做聖人的呼籲。當然，宋以後的儒者在民間推廣儒教，並不可能將所有人完全成就為聖賢君子，但所謂「學做聖人」的教化方針，一定會落實在五常倫理之培養，換言之，宋明儒落實在民間的儒教就是儒家的道德倫理教育，故謂之「德教」。

　　本文即是依循上述的理路來闡述中國傳統儒家民間德教，其文脈由大儒之民間德教的行事切入而及於民間教化之設施和推展。但由於現代化都市化，使傳統的儒家民間德教之推行，在現代以後，必須從鄉村而進入現代型都市中推行，鄉村與都市是差異甚大的文化生態之空間結構，儒教之運作面臨很不一樣的態勢，故文末略敘及儒家傳統的民間德教在現代化社會遭逢的困境並約略點出更張之方。

2　　張實龍：《楊簡研究》（杭州：浙江大學出版社，2012.4），頁 15-16。

二、北宋大儒的民間儒家德教傳統

　　《宋史・道學傳》表彰的宋儒，呈顯其儒道的民間性。其〈序〉曰：「『道學』之名，古無是也。三代盛時，天子以是道為政教，大臣百官有司以是道為職業，黨庠術序師弟子以是道為講習，四方百姓日用是道而不知。是故盈覆載之間，無一民一物不被是道之澤，以遂其性。於斯時也，道學之名，何自而立哉？」[3]此處指明儒家之道乃源於中國古代文化歷史的政教傳統之一脈相承貫達。其教化無分於天子臣僚百姓平民，均為一體而傳播之，但動力之源，顯然發自王庭，故說天子以是道為政教，而臣官以是道為職業，故道學發自統治和貴族階級，且庶民百姓只是日用而不知，顯然文教之傳播多只及於統治者和貴族之家。然而，自孔子出，這個古代本由統治者壟斷的道術話語權，透過孔子在平民社會中的傳播、闡揚以及新創，遂逐漸成為民間化的文教。〈道學傳序〉接著說：

> 文王、周公既沒，孔子有德無位，既不能使是道之用漸被斯世，退而與其徒定禮樂，明憲章，刪《詩》，修《春秋》，讚《易象》，討論《墳》、《典》，期使五三聖人之道昭明於無窮。〔……〕[4]

---

[3]　〔元〕脫脫：《宋史》・〈道學列傳・序〉，楊家駱主編：《新校本宋史并附編三種》（十六）（臺北：鼎文書局，1994.6），頁 12709-12710。

[4]　同前注。

孔子無位的意思就是孔子固然亦曾做官為吏，但為期如是短暫，而且本已不是貴族，只是生活行事於平民社會的一位有德有學者，故其最主要的在世成就不是為政而是傳道授徒且與弟子進行整理釋述古典經籍之學術和教育工作。換言之，孔子開儒家民間德教之源，而孔子之生涯範式亦屬於民間形態而非朝廷形態。

　　此種形態是儒家傳統民間德教的基本風格，從孔子以降，直到宋朝，更正面突顯此種基本格式，若就《宋史・道學傳》乃至《宋史・儒林傳》加以審視，宋儒之為宦，有在中央有在地方，官階高低不一，宦期長短有差，但其等恆一而相同之點，則是時時推展儒家德教，這種教化活動，常是民間性者，因為並非在政府體制內的學術和教育機構進行，而是為官之閒暇時，於當地設帳講授儒學，而其對象不拘。茲就史籍所載情形略予陳述。

　　先依宋人度正的《周敦頤年譜》敘述周濂溪之傳道講學。

> 慶曆八年戊子條：先生時年三十二。為郴縣令。知郴州事職方員外郎李初平知其賢，不以屬吏遇之。嘗聞先生論學，歎曰：「吾欲讀書，何如？」先生曰：「公老，無及矣。某請得為公言之。」初平遂日聽先生語，二年而後有得。[5]

此條提到郴州官員李初平恨自己年老卻未讀書求道，問青年賢士周敦頤應如何讀書，周敦頤乾脆自我推薦，天天教授初平以儒

5　〔南宋〕度正：《周敦頤年譜》，收入〔北宋〕周敦頤：《周敦頤集》（北京：中華書局，2010），頁103。

道，周敦頤官職雖為李初平之下屬，但就傳道言，是李氏之老師，此即「道」高過「政」是也。

> 嘉祐二年丁酉條：先生時年四十一。〔……〕九月，回謁鄉士，牒稱為「解元才郎」，今不詳為誰氏子，蓋當時鄉貢之士，聞先生學問，多來求見耳。〔……〕[6]

> 皇佑五年庚子條：先生時年四十四。〔……〕先生在合，士之從學者甚眾，而尤稱張宗範有文有行，故名其所居之亭曰：「養心」，且語以聖學之要。其汲汲於傳道授業也如此。[7]

依上述兩條，那數年，周敦頤任職合州判官，鄉中貢生多來求見問學，士子追隨從學者甚眾，且其中亦培養出既有學問又有德操的優秀儒者，如張宗範，周敦頤就對他深為肯定。在合州數年，與其說周敦頤之主業是判官，毋寧說其志業是在教育地方士子，其教授主旨是儒學德教，換言之，周敦頤的教育工作，不只擔任地方官員之儒師，其傳道之重心實在平民社會的鄉邦青年。儒學德教的真正土壤，是在廣土眾民而非在君王貴冑。

> 英宗治平四年丁未條：〔……〕先生時年五十一。〔……〕是秋，攝邵州事，〔……〕先是邵之學在牙城之

---

[6]　同前注，頁105。
[7]　同前注，頁106。

中，左獄右庾，卑陋弗稱。先生始至，伏謁先聖祠下，起
而悚然。乃度高明之地，遷於城之東南，逾月而成。[8]

邵州的學宮居然設在牙城之中，與監獄和糧倉緊鄰，孟母懂避惡
地而擇仁善之里居住，故有三遷，奈何北宋之地方官僚無學無德
至此地步，此亦顯示當地一般平民和士子之學德水準委實低落。
《年譜》記載此事，主要突顯儒學德教的提升發揚端在君子賢
人，周敦頤一來邵州，立即拜謁聖廟，以此表達重學重教的施政
方向，而發現此地官民之鄙棄聖學聖教，故生悚然敬惕之心，其
首務乃相卜吉地新修文廟學宮，此舉完成，地方上的儒學德教方
能落實而推行。

周敦頤新修邵州文廟學宮，有其釋菜文存焉，其文曰：

維治平五年，歲次戊申，正月甲戌朔，三日丙子，朝奉郎
尚書駕部員外郎通判永州軍州兼管內勸農事權發遣邵州軍
州事上騎都尉賜緋魚袋周敦頤，敢昭告於先聖至聖文宣
王：
惟夫子道高德厚，教化無窮，實與天地參而四時同。上自
國都，下及州縣，通立廟貌。州守縣令，春秋釋奠。雖天
子之尊，入廟肅恭行禮。其重，誠與天地參焉。儒衣冠學
道業者，列室於廟中，朝夕目瞻晬容，心慕至德，日蘊月
積，幾於顏氏之子者有之。得其位，施其道，澤及生民
者，代有之。然夫子之宮可忽歟？而邵置於惡地，掩於衙

---

8 同前注，頁 109-110。

門，左獄右庾，穢喧歷年。敦頤攝守州符，嘗拜堂下，惕
汗流背，起而議遷。得地東南，高明協下。用舊增新，不
日成就。彩章冕服，儼坐有序，諸生既集，率僚告成。
謹以禮幣藻蘋，式陳明薦，以兗國公顏子配。
尚饗！[9]

在一個行政區域，為這個區域慎擇一個最佳地點建立莊嚴肅穆的
文廟學宮，就等於是給該行政區域建立一個神聖中心。如果地方
之文廟學宮居然破敗污朽且位於卑低混雜湫陋的地點和角落，一
則鄙棄了應有的文風德教，一則顯出了神聖中心之晦暗，若兩者
闕如，就呈現此地是一個落後敗壞之人文荒野，一方面是庶民之
恥辱，一方面則是官員之腐敗。周敦頤新修邵州文廟，其功大
矣，他為邵州新建了神聖中心，也同時為當地士子築造了可以憑
式而上求儒家之道的場所，更為當地庶民建設了實質與心靈的依
託效法的基地。儒家之民間德教，認真修建文廟學宮是非常重要
的施作，於周敦頤的新建邵州儒學，可以證明。

　　《年譜》作者度正在結論中鄭重提到一段甚有意義的話語：

先生之學，門人弟子多矣，而二程獨能傳之。二程之學，
門人弟子亦多矣，而謝上蔡、楊龜山、游定夫、張思叔、
侯師聖、尹彥明為能聞之。龜山傳之羅仲素，仲素傳之李
延平，延平傳之晦菴先生。上蔡及師聖傳之胡文定，文定
傳之五峰，五峰傳之張敬夫，敬夫及晦菴相繼稍被召用，

9　〔北宋〕周敦頤：〈邵州遷學釋菜文〉，《周敦頤集》，頁55-56。

　　推明先生之學，所在祠先生於學宮，以興起學者。[10]

此段之言，實為宋理學之「道統之傳」，嚴格講，二程雖曾問學於周敦頤，但其時兩人只是少年，且為時甚短暫，而二程以後之道術乃自我深造有得。真正說來，二程之後的理學道脈譜系，其主幹之源頭，只是二程之道學，而非周敦頤。然而正如《宋史‧道學》中所言：

> （周敦頤）掾南安時，程珦通判軍事，視其氣貌非常人，與語，知其為學知道，因與為友，使二子顥、頤往受學焉，敦頤每令「尋孔顏樂處，所樂何事」，二程之學源流乎此矣。故顥之言曰：「自再見周茂叔後，吟風弄月以歸，有『吾與點也』之意。」侯師聖學於程頤，未悟，訪敦頤，敦頤曰：「吾老矣，說不可不詳。」留對榻夜談，越三日乃還。頤驚異之，曰：「非從周茂叔來耶？」其善開發人類此。[11]

依史之論，宋理學之道脈實亦可說是開端於周敦頤，少年程顥程頤兄弟之儒家心靈，乃得善啟發人的周敦頤之開啟，若無此開啟之緣，中國是否有宋明儒學？大可疑問也。而周敦頤在地方民間之講學傳道的風範典型和常道慧命，後世儒者衷心景仰效法，而在儒家民間德教的教育系統中，濂溪先生自孔孟後遂成為被敬拜

10　〔南宋〕度正：《周敦頤年譜》，收入〔北宋〕周敦頤：《周敦頤集》，頁114。

11　同注3，頁12712。

學習的第一位大儒。

　　二程之父程珦亦是賢儒，史籍中所記除了程珦令其兩子向周敦頤問學求道之外，也載記其在民間的德教施為有二：

　　　　〔……〕知冀州。時宜獠區希範既誅，鄉人忽傳其神降，言「當為我南海立祠」，於是迎其神以往，至冀，珦使詰之，曰：「比過澶，澶守以為妖，投祠具江中，逆流而上，守懼，乃更致禮。」珦使復投之，順流去，其妄乃息。徙知磁州，又徙漢州。嘗宴客開元僧舍，酒方行，人譁言佛光見，觀者相騰踐，不可禁，珦安坐不動，頃之遂定。[12]

程珦以儒家理性清明之道，反對且糾正民間傳統巫術之非，再者，則是本心恆定而不受所謂「佛光」所擾亂。兩者皆呈現程珦的信念是純粹的儒家道德理性之天命心性為主體之觀念。[13]

　　史書又曰：

---

[12]　同注3，頁12713。

[13]　其實佛門雖喜說神蹟神驗，但大乘般若的超越智慧對於這些神蹟神驗之現象，皆視之為生滅幻化的虛假之相，《金剛經》曰：「若以色見我，以音聲求我，是人行邪道，不得見如來。」連如來的三十二相、八十種好，均必須遣之而無執，即對於一切因緣和合之萬法，均應無所執，此種生滅心亦不可執。所以佛來佛斬、魔來魔斬，乃佛門般若工夫，否則不配稱佛子也。就儒者而言，人稱佛光現，其不心動，不必是以因緣法無恆為幻而視之而不動其心，而乃是基於清明之良知，知此為妄，故不為所動，若當時有人起哄說孔子之神靈降臨，程珦也一定斥之為妖異而將眾人喚醒並追究無端製造妖言者以罪。

> 珦慈恕而剛斷，平居與幼賤處，唯恐有傷其意，至於犯義
> 理，則不假也。左右使令之人，無日不察其饑飽寒燠。前
> 後五得任子，以均諸父之子孫。嫁遺孤女，必盡其力。所
> 得奉祿，分贍親戚之貧者。伯母寡居，奉養甚至。從女兄
> 既適人而喪其夫，珦迎以歸，教養其子，均於子姪。時官
> 小祿薄，克己為義，人以為難。[14]

在民間，儒家於家族社會，除了擔負社區庶民或族中親屬的生活
之接濟，亦依己德己力施展其儒家道德教化。程珦之施為，就是
傳統儒者在民間社會以及族黨中的德教內容，其有雙元，一是善
行，一是化育。

程珦的儒行楷模傳諸其子。同一史傳載程顥，有曰：

> 為晉城令，〔……〕民以事至縣者，必告以孝弟忠信，入
> 所以事其父兄，出所以事其長上。度鄉村遠近為伍保，使
> 之力役相助，患難相恤，而姦偽無所容。凡孤煢殘廢者，
> 責之親戚鄉黨，使無失所。行旅出於其途者，疾病皆有所
> 養。鄉必有校，暇時親至，召父老與之語。兒童所讀書，
> 親為正句讀，教者不善，則為易置。擇子弟之秀者，聚而教
> 之。鄉民為社會，為立科條，旌別善惡，使有勸有恥。[15]

據此，程顥為地方官，與其父行事一樣，均發自於孔孟之仁教和

14　同注 3，頁 12713-12714。
15　同前注，頁 12714-12715。

仁政的觀點，其大方向大約有兩端，一是關於人民的養育，他在民間組織伍保，使居民力役相助，有患難共相扶持，社區之民共治其治安，使姦偽不致發生，又照顧安撫孤苦病痛無依之窮困之人，並且也關心流離在外而無家可歸以及在羈旅中病病無告者，令其皆能獲得安頓療治；一是設立鄉校，撥出時間，在學校中與地方父老共同商議推展儒學德教之事，且自己審訂學童之教科書，督考學校教師之德學，不及格不適任者，加以淘汰更替，且揀選可造就的鄉中青少年，使其入學而教育之，冀能為地方養士培才。在地方上組織鄉民社團，助他們設立章程規則，於其中勸善懲惡，使鄉土之風歸於純善。

其實，程顥在民間推展的善政和德教，若推溯古代儒典，則〈禮運大同篇〉就已表達此種理想和理念，而其行事之道與其父程珦甚一致，可謂「不改於父之道」的孝行也者。顥之弟程頤之行誼亦是，《宋史》敘述程頤，說：

> 治平、元豐間，大臣屢薦，皆不起。哲宗初，司馬光、呂公著共疏其行義曰：「伏見河南府處士程頤，力學好古，安貧守節，言必忠信，動遵禮法。年踰五十，不求仕進，真儒者之高蹈，聖世之逸民。望擢以不次，使士類有所矜式。」詔以為西京國子監教授，力辭。
> 尋召為祕書省校書郎，既入見，擢崇政殿說書。即上疏言：「習與智長，化與心成。今夫人民善教其子弟者，亦必延名德之士，使與之處，以薰陶成性。〔……〕」[16]

16　同前注，頁 12719。

依此，程頤心志高遠，不入仕為官，純以民間處士自處。故在民間講授儒學推展德教為其志業。短期入朝廷給皇帝講經，一開始就點明庶民百姓之教育其子弟，都知道延請高德善學的儒士為子弟之嚴師，日夕相處而得潛移默化之教育功效，故民風亦因為民間之重學重教，因而敦厚成俗。史冊復曰：

> 頤於書無所不讀，其學本於誠，以《大學》、《語》、《孟》、《中庸》為標指，而達于《六經》。動止語默，一以聖人為師，其不至乎聖人不止也。張載稱其兄弟從十四五時，便脫然欲學聖人，故卒得孔、孟不傳之學，以為諸儒倡。其言之旨，若布帛菽粟然，知德者尤尊崇之。〔……〕[17]

程頤治學歸宗於《四書五經》，也就是儒家基本經典，其目的是造就一般人成聖成賢。故其一生在民間推展實踐的儒家德教也當然是教化庶民學子以聖人之道。由於儒家聖人之道，就是人之所以為人的日常平實之正路，因此，程頤傳授給弟子們之學，就像是人們維生依賴的布帛菽粟，既十分平常卻也缺少不得。

　　上述北宋程氏三儒的典範和精神，在其他同一個時代的大儒之生命實踐中亦可明白而觀。謹以張載而論之。

　　呂大臨〈橫渠先生行狀〉曰：

> 文潞公以故相判長安，聞先生（按指張載）名行之美，聘以

束帛，延之學宮，異其禮際，士子矜式焉。其在雲巖，政
事大抵以敦本善俗為先，每以月吉具酒食，召鄉人高年會
於縣庭，親為勸酬，使人知養老事長之義，因問民疾苦及
告所以訓戒子弟之意。有所教告，常患文檄之出不能盡達
於民，每召鄉長於庭，諄諄口諭，使往告其里閭。
〔……〕京兆王公樂道嘗延致郡學，先生多教人以德，從
容語學者曰：「孰能少置意科舉，相從於堯舜之域否？」
學者聞法語，亦多有從之者。[18]

張載擔任地方小官，其政教重點依上述，是以敦本善俗為先，且
敬重鄉老，令民間興發養老事長之大義，在郡學講課，亦以道德
教化為其課程內容，期勉學子虔心邁入堯舜聖域為志向。此種在
地方上的政教，亦屬儒家的道德教育。呂大臨說張載：

〔……〕學者有問，多告以知禮成性變化氣質之道，學必
如聖人而後已，聞者莫不動心有進。又以為教之必能養之
然後信，故雖貧不能自給，苟門人之無貲者，雖糲蔬亦共
之。〔……〕[19]

張載教學子以禮，令其等由禮之規範而入聖域，雖由禮入，卻重
心靈之啟動，故學子往往能進其德業。如果有貧而無法生活之學
子，張載必加以照顧，與他一起起居，學子與自己共吃糲蔬，清

---

[18]　〔北宋〕呂大臨：〈橫渠先生行狀〉，收入〔北宋〕張載：《張載集》
　　　（臺北：漢京文化事業公司，1983.9），頁382。
[19]　同前注，頁383。

高之心志遂在淡泊素樸之師生之間傳播繼承。

張載的德教不止於學堂中之講學，其教化是在日常生活中具體而發用者，呂大臨所述行狀有如下一段，謹記如下：

> 先生氣質剛毅，德盛貌嚴，然與人居，久而日親。其治家接物，大要正己以感人，人未之信，反躬自治，不以語人，雖有未喻，安行而無悔，故識與不識，聞風而畏，非其義也，不敢以一毫及之。其家童子，必使灑掃應對，給侍長者，女子之未嫁者，必使親祭祀，納酒漿，皆所以養孫弟，就成德。嘗曰：「事親奉祭，豈可使人為之！」聞人之善，喜見顏色。答問學者，雖多不倦，有不能者，未嘗不開其端。其所至必訪人才，有可語者，必丁寧以誨之，惟恐其成就之晚。[20]

此段敘述甚長，其內容不是論說張載之著書講學之事，其中真正的精神，其實是徵明張載居家在鄉的儒學德教，不止於聚徒講論而已，他是在日常生活中，與家人親族鄉民學子等日夕相處，是在平常的生活倫理之中，不分長幼男女，就如甘泉之浸溥大地，張載將儒家道德綱常傳播推拓至周遭人們之身心，務使人們提撕上遂而為成德之善人。在此處顯示宋儒在民間推展儒家之德教，是以自己的德行為中心，而如光源一般地將道德之光明照映周遭之庶民，使庶民變化氣質，均有高貴德行。此非學堂中只用嘴巴講的口頭上的道德，而是身心實踐在廣土眾民中的道德之教化。

20　同前注，383-384。

　　上述徵引了北宋大儒周敦頤、張載、二程子以及其父程珦的施行儒家之教化，大體上都具有一些共同的特色，首先他們均是師儒遠超過官儒，民間性都甚明著，而且是以高潔的道德人格帶起感動人心的儒學德教，並非口耳之傳的知識之學，其儒學德教亦不僅是在書院學堂中的課業之講解，乃是整個與民間社會的庶民生活世界融合在一起的人性感化和本心提醒的德業。此種德教不是現代純粹知識在學校中傳授甚至販賣的形式和內容，也不是基督宗教和佛教依托在出世得救解脫型的宗教文化，其乃是中國儒家特有的深入普敷於民間的人文道德理想主義的教育和文化形態。

三、鄉約：宋明大儒創設推廣的儒家德教

　　上一章論述宋大儒推廣民間德教，正如《論語》中孔子之言：「君子之德風，小人之德草；草上之風，必偃」，大儒在庶民社會依孔孟道德之訓言而推行儒家德教，其影響所及，當然會產生風行草偃之敷播之效，儒學德教遂於民間實踐具現。在中國民間的德教，於鄉間社區，以「鄉治」的方式而推展，其有禮規或禮制，謂之「鄉約」。具有高度儒家德教的實踐義的鄉約，創於關中張載弟子的陝西藍田呂大鈞，稱《呂氏鄉約》。

　　《宋元學案》曰：

　　　　呂大鈞字和叔。〔……〕先生為人剛直，常言：「始學行
　　　　其所知而已；道德性命之際，躬行久則自至焉。」橫渠倡
　　　　道于關中，寂寥無有和者，先生于橫渠為同年友，心悅而

好之，遂執弟子禮，于是學者靡然知所趨向。橫渠之教，

以禮為先，先生條為鄉約，關中風俗為之一變。[21]

呂大鈞（呂和叔）是關中藍田呂氏兄弟之一，大鈞與其兄呂大忠及其弟呂大臨，均從學於張載。呂大鈞深契於張載之學，體悟儒學德教必須做到一種狀態，即是道德心性之真實乃在於躬行踐履於日用人倫之中，而不是心識之知或聞見之知。因為張載之學重禮之落實，故呂氏兄弟認為儒學德教應該是透過一種禮規禮制來加以具體踐履在日用人倫之際。呂大鈞乃設計了一套「鄉約」，此即《呂氏鄉約》。

據《宋元學案・呂范諸儒學案》所載，《呂氏鄉約》有〈德業相勸〉、〈過失相規〉、〈禮俗相交〉、〈患難相恤〉等四節。各節均有德教之條目。依此四節之條目而使鄉間社區之居民之身心有所依循而能發展出善風美俗的民間生活文化，人們才能是有德之人，根據儒家，人必須有其德行方能成為真正的人。

由於四節條文不少，此處僅引第一節〈德業相勸〉之文予以詮釋：

德謂見善必行，聞過必改。能治其身，能治其家，能事父兄，能教子弟，能御僮僕，能肅政教，能事長上，能睦親故，能擇交遊，能守廉介，能廣施惠，能受寄託，能救患難，能導人為善，能規人過失，能為人謀事，能為眾集

事，能解鬥爭，能決是非，能興利除害，能居官舉職。[22]

以上是關於「德」之踐行於生活之各方面的條目。基本上，已將人之生活世界的一切倫常內容都包括進來，在每一方面均依道德而實踐。

> 業謂居家則事父兄，教子弟，待妻妾；在外則事長上，接朋友，教後生，御僮僕。至于讀書治田，營家濟物，畏法令，謹租賦，如禮、樂、射、御、書、數之類，皆可為之。非此之類，皆為無益。[23]

以上是關於「業」在德行上的重點，是指人之實踐道德於日用人倫時，有內外之分別，亦有落實在事業上應注意的道德之學習和持守。總之，將德與業結合在一起，其內容，正是儒家在民間之人與人相處的規範。

德業的如實踐履是最高原則，若是違逆，則為「過失」，而其中又區分為「犯義之過」、「犯約之過」、「不修之過」，在其中均有敘明，基本上，都是鄉民在日用人倫之中所犯的道德上之過失。德業在生活中的顯現，是禮俗相交之現象，譬如長幼尊卑應有之禮儀；又譬如社區中人們交際應酬以及婚喪禮俗等宜有的進退揖讓之方，均有規定，其內容亦不外乎儒家之生活規約，在《論語・鄉黨》可以見到相似的內容，該篇基本是記載孔子在

22　同前注，頁 365。
23　同前注。

朝、在公門、在鄉、在家的言行之禮範和節規，譬如在朝，「朝，與下大夫言，侃侃如也；與上大夫言，誾誾如也。」在公門，「入公門，鞠躬如也，如不容。立不中門，行不履閾。過位，色勃如也，足躩如也，其言似不足者。攝齊升堂，鞠躬如也，屏氣似不息者。出降一等，逞顏色，怡怡如也。沒階趨進，翼如也，復其位，踧踖如也。」在鄉，「鄉人飲酒，杖者出，斯出矣；鄉人儺，朝服而立於阼階。」在家，「寢不尸，居不容。〔……〕」[24]宋儒學習孔子之禮範節規，而鄉約之規章之精神和原則，不外乎此，此即儒家的道德和修養，於總體生活中的禮儀。同樣的規範，在《大戴禮記》、《小戴禮記》、《儀禮》等經文中也看得見。[25]而人生活在世間不可能沒有災難或困頓，鄉約中亦清楚地指明患難之大端有七：水火、盜賊、疾病、死喪、孤弱、誣枉、貧乏等。而若鄉民逢此七項厄運，儒者基於道德本心的惻隱仁愛，必對之有所濟助。

呂大鈞在其所撰《鄉約》中，表示一個很重要的行事。在第一節〈德業相勸〉、第二節〈過失相規〉、第四節〈患難相恤〉之結語分別敘述如下：[26]

---

24 以上所引見：《論語‧鄉黨》。

25 中國古人的總體生活之禮樂文制，使人們有一套人文教養可以依循，在三禮的典籍中都有很多載記，是儒家道德與宗教之禮樂文制之綜合彙編，宋以降的鄉治之德教，其精神和原則，亦可以說是淵源於此，由於載記的相關文章甚多甚長，本文不適長篇累牘地述說，請讀者自行參閱《大戴禮記》、《小戴禮記》、《儀禮》等經籍本文。

26 以下三段皆見於同注 21，〔明〕黃宗羲：《宋元學案‧呂范諸儒學案》（〔清〕全祖望補修），《黃宗羲全集》（第四冊）（杭州：浙江古籍出版社，2012），頁 365-371。

右件德業，同約之人，各自進修，互相勸勉，會集之日，相與推舉，其能者書于籍，以警勵其不能者。

右件過失，同約之人，各自省察，互相規戒，小則密規之，大則眾戒之，不聽，則會集之日，值月以告于「約正」，「約正」以義理誨諭之。謝過請改，則書于籍以俟；其爭辯不服與終不能改者，皆聽其出約。

右患難相恤之事，凡有當救恤者，其家告于「約正」，急則同約之近者為之告，「約正」命「值月」遍告之，且為之糾集而繩督之。凡同約者，財物器用車馬人僕，皆有無相假。若不急之用，及有所妨者，則不必借。可借而不借，及踰期不還，及損壞借物者，論如犯約之過，書于籍。鄰里或有緩急，雖非同約，而先聞知者，亦當救助；或不能救助，則為之告于同約而謀之。有能如此，則亦書其善于籍以告鄉人。

在這三節《鄉約》的結語中，均有共同的意思，第一，它顯示了鄉村社區的庶民之德治性，有如現代的社團，在《鄉約》的規定下，有一個定期的集會，集會者就是《鄉約》下的鄉村社區的居民群體，而此社團有其組織，其領導稱「約正」，而「約正」亦有其屬僚協助推動依《鄉約》而運作的鄉治，文中所說「值月」即是。在這三段文字的敘述中，我們發現根據儒家之道推展的民間德教，其實質是鄉村社區的全眾一致共同進行的包括了「儒家教化」和「施行善業」的文教和養護合一的民間社區自治共同

體。

　　或懷疑《呂氏鄉約》所言民間的儒學德教之鄉村社區自治，只是紙上談兵而已，但其實非是空談而必有其實作，因為宋明以降，在廣大的中國鄉村的庶民社會大體應是依據儒家的道德智慧而建立其教化。王陽明在江西特別是贛南地區平亂治理時，見當地因屬邊地而動亂多，久而無文缺教，遂根據《呂氏鄉約》而親自制訂了內容更豐富且執行方式更細緻的《南贛鄉約》，且加以頒佈實施。其基本精神屬孔孟德教，其文一開始就說：

> 咨爾民！昔人有言：「蓬生麻中，不扶而直；白沙在泥，不染而黑。」民俗之善惡，豈不由於積習使然哉？往者新民，蓋常棄其宗族，畔其鄉里，四出而為暴，豈獨其性之異，其人之罪哉？亦由我有司治之無道、教之無方；爾父老子弟所以訓誨戒飭於家庭者，不早；薰陶漸染於里閈者，無素；誘掖獎勸之不行；連屬協和之無具；又或憤怨相激，狡偽相殘，故遂使之靡然日流於惡，則我有司與爾父老子弟，皆宜分受其責。
>
> 嗚呼！往者不可及，來者猶可追。故今特為鄉約，以協和爾民。自今，凡爾同約之民，皆宜孝爾父母，敬爾兄長，教訓爾子孫，和順爾鄉里，死喪相助，患難相恤，善相勸勉，惡相告戒，息訟罷爭，講信修睦，務為良善之民，共成仁厚之俗。〔……〕 [27]

---

[27]　〔明〕王守仁：〈南贛鄉約〉，收入《王陽明奏議》（頁 58-62），《王陽明全集》（臺北：考正出版社，1972.3）。

南贛地區，在今江西省贛州市一帶及其以南的廣闊區域，多屬山多田少的地理環境。陽明於正德十一年（1516），四十五歲時，奉旨巡撫贛南閩西一帶，從此，在江西、閩西並且及於粵東、廣西等地區，累年平定匪寇、寧王之亂以及少數民族的叛變，直至世宗嘉靖七年（1528）十一月，逝於南安，[28]他在橫跨贛、閩、粵、桂四省的廣闊南方邊陲之區，用兵講學長達十五年之久，親歷教育之風頹靡不振之當地惡劣環境，認為必須施行以儒學德教，當地庶民百姓方能提升其教養文風，地方治安方能上達，故有《南贛鄉約》之作，[29]擬依據之而在此區的鄉社中實際推行，同時，也在各地推展儒教，建儒學和書院。上引文可說是《南贛鄉約》之〈前言〉，陽明於其中所述之想法，亦不外乎儒家強調的人人須誠意正心齊家，及至乎治國平天下之道德的總體治理和教化。此中突顯的不是個人的修養，而是著重社區全體庶民之集體性道德養育。儒家民間德教的目標在於鄉村社區整體道德之教化和施善，從宋理學家到明心學家，其觀點是一致的。

　　為有效地實施民間儒學德教，陽明更立《十家牌法》的鄉治方式來加以推展。陽明說：「凡置十家牌，須先將各家門面小牌，挨審的實，如人丁若干，必查某丁為某官員，或生員，或當某差役，習某技藝，〔……〕十家編排既定，照式造冊一本，留

28　〔明〕錢德洪：《王陽明年譜》，收入《王陽明全集》（臺北：考正出版社，1972.3），頁 1-111。

29　關於王守仁《南贛鄉約》的推行條目之分析，筆者另有一文〈庶民社會的儒家教化——從大陸到臺灣〉，發表在「全球化視野下的中國儒學研究」國際學術研討會（上海：復旦大學哲學學院，2013.5.25-26）。故在本文不加以重複述論。

縣以備查考，〔……〕一縣之事，如視諸掌。〔……〕」[30]依此，《十家牌法》，很像今天的戶政事務管理，現代的家庭有里鄰門號之規劃，並且有「戶籍謄本」，其內登錄此家姓氏、成員之男女別、生年月日、職業性質等有關資料，而現代公民有「身分證」，其中有號碼、姓名、性別、出生日期、職業、住址等資料，此均是治理地方及社會而需要的家戶和居民之資料之記錄。王陽明治理江西、閩西、粵東等邊陲之區，已發明與現代類似的戶政管理系統，其目的一方面為了管控和治理，但一方面更有藉此《十家牌法》的有效管理而在民間推行儒學德教，所以他說：

> 〔……〕每日各家照牌互相勸喻，務令講信修睦，息訟罷爭，日漸開導；如此，則小民益知爭鬥之非，而詞訟亦可簡矣。〔……〕因是而修之，警其薄而勸其厚，則風俗可淳；因是而修之，導以德而訓以禮，則禮樂可興。〔……〕[31]

借重《十家牌法》的治理效能來推展儒家的民間德教，才是陽明在地方施政的主要目的，因政而施教，使庶民知禮達道、依仁由義，民俗臻乎禮樂之美善，方是在地方推行王道的目標。

然而，僅以《十家牌法》的頒行，尚非儒者在民間推行德教的聚焦之施作。陽明還有其他的方法在地方之民間進行儒學德教。在其全集中，留存不少的在地方民間興學設教的文章。本文

---

30 〔明〕王守仁：〈申諭十家牌法〉，收入《王陽明奏議》（頁 66），《王陽明全集》。

31 同前注。

限於篇幅，故僅舉其兩三篇予以明之。陽明曰：

> 先該本院據嶺北道選送教讀劉伯頌等，頗已得人；但多係
> 客寓，日給為難，今欲望以開導訓誨，亦須量資勤苦。已
> 經案仰該道，通加禮貌優待，給薪米紙筆之資；各官仍要
> 不時勸勵敦勉，令各教讀，務遵本院原定教條，盡心訓
> 導，視童蒙如己子，以啟迪為家事，不但訓飭其子弟，亦
> 復化喻其父兄；不但勤勞於討禮章句之間，尤在致力於德
> 行心術之本；務使禮讓日新，風俗日美，庶不負有司作興
> 之意，與士民趨向之心；而凡教授於茲土者，亦永有光
> 矣。[32]

這是陽明為社學的老師之權益保障而撰就的〈社學教條〉之頒行
而寫者，其教條有哪些條目，今已無存。但此段文章卻顯示了陽
明在地方推展德教之基本用心，因為地方設學，其師資來源甚有
限，經過選擇得到師資，但多為外籍客寓，因此，陽明命各道官
員，也就是各鄉村地方的官員必須禮待這些基礎教育的教師，而
陽明也同時勉勵教師們應本著關愛之心盡己之能力來開啟童蒙之
稚心，使童生不但認知詩禮章句，更能培養善良之本性，同時，
在地方擔任教師，不但負責教導童生，由於地方之民間失學而少
文德，故更需一併地也教化童生的父兄，使其等之父兄亦能受到
儒學德教的化育。

---

[32] 〔明〕王守仁：〈頒行社學教條〉，收入《王陽明奏議》（頁 67），
《王陽明全書》。

在此原則之下，陽明非常鼓舞獎勵儒士到鄉村社區中擔負儒學德教之推展傳播的教育工作。此方面的陽明文章亦有多例，茲引其中一則以明之。

> 看得理學不明，人心陷溺，是以士習益偷，風教不振。近該本院久住南寧，與該府縣學師生，朝夕開道訓告，頗覺漸有興起向上之志。本院又以八寨進兵，前往貴州等處調度，則興起諸生，未免又有一暴十寒之患。看得原任監察御史，今降揭陽縣主簿季本，久抱溫故知新之學，素有成己成物之心；即今見在軍門，相應委以師資之任，除行本官外，仰南寧府掌印官，即便具禮，率領府縣學師生，敦請本官前去新創「敷文書院」，闡明正學，講析義理。各該師生，務要專心致志，考德問學，毋得玩易怠忽，徒應虛文。〔……〕[33]

陽明駐守廣西南寧時，本既已在當地給府縣學的師生開講儒學德教，教學效果甚好，唯其奉命將出征平定八寨之亂，所以，舉薦了儒士季本接繼講座之位，季本本為監察御史，降調廣東揭陽縣主簿，再投在陽明帳下擔任其幕賓。陽明認為季本有溫故知新之學養，亦有成己成物之德操，甚適合在南寧出任儒學講座給當地府縣學的所有師生開講儒家進德之學。所以，陽明特別在南寧設立書院，名「敷文書院」，命季本前往擔任山長以闡明正學、講析義理，而同時，陽明亦提醒府縣學的師生務必在書院中一心向

---

[33]　〔明〕王守仁：〈牌行南寧府延師設教〉，引自同前注，頁85。

學，不得玩忽，務使德學真正有所進步提升。

　　王陽明是方面大員，其在鄉村地區興學設教，有其政治地位的便利，或許評者會說因為陽明有其權位，故方便立鄉約、設十牌法、推社學教條以及設書院延師儒講授儒家德教，一般情形或不如是？但事實不然。讓我們回溯南宋，看看江西陸象山家族在陸氏族中重視儒學德教之情形。《宋史・儒林傳》載陸九齡（子壽）事蹟，陳明九齡學宗二程，時秦檜當國，九齡不仕，在家中與陸家兄弟一起講論儒學。史曰：

> 九齡嘗繼其父志，益修禮學，治家有法。閭門百口，男女以班各供其職，閨門之內嚴若朝廷。而忠敬樂易，鄉人化之，皆遜弟焉。與弟九淵相為師友，和而不同，學者號「二陸」。有來問學者，九齡從容啟告，人人自得。〔……〕34

　　陸九齡的儒學專長在禮學，故百口之眾的陸氏家族，由九齡統而治之，依史所言，其治家之道，乃儒學德教，同時，他一則在陸家與父兄子弟們一起講論儒道，一方面亦教化鄉人，鄉村社區之庶民皆能有所升化而知禮明義，且鄉中有人前來請益問學，亦多能得到啟發長進。

　　〈宋史・儒林傳〉中亦記載陸九韶（子美）事蹟，曰：

34　〔元〕脫脫：《宋史》・《儒林四》楊家駱主編：《新校本宋史并附編三種》（十六）（臺北：鼎文書局，1994.6），頁 12877-12879。

> 九韶字子美，其學淵粹，隱居山中，晝之言行，夜必書
> 之。其家累世義居，一人最長者為家長，一家之事聽命
> 焉。歲遷子弟分任家事，凡田疇、租稅、出納、庖爨、賓
> 客之事，各有主者。九韶以訓戒之辭為韻語，晨興，家長
> 率眾子弟謁先祠畢，擊鼓誦其辭，使列聽之。子弟有過，
> 家長會眾子弟責而訓之；不改，則撻之；終不改，度不可
> 容，則言之官府，屏之遠方焉。[35]

九韶亦不入仕而如九齡隱居鄉山，其有一日三省吾身的日記習
慣，是一位以敬惕之心在世的君子儒。史冊記載九韶之重點，倒
不是表彰他個人之自修自省的工夫，而是著重於九韶負責百口陸
氏家族集體生活的德治之運作，此等聚族而居的大家庭，有如一
個國家，必須在和諧和睦的狀況下生活存在，這種日常管理運行
之大事，乃由九韶總其成，他規約每天清晨由族長率領大家族中
的每小家庭的家長、子弟，在宗祠祖宗神前上香祭拜行禮，再進
行他填詞譜曲的勸德勵志之韻歌的合唱，接著檢討陸家子弟的功
過，有善者賞，有惡者罰，若有過而知錯則善莫大焉，若有過屢
勸不聽，則外送官府，以司法懲之，甚至掃地出門，將之驅出陸
家之門。

　　於此，我們發現陸氏大家族的儒家德教型的治家規範，實與
北宋藍田呂氏兄弟設計而行之的《呂氏鄉約》基本上其精神、原
則和方式，是相同的。學者陶俊在〈陸氏宗族倫理思想探微〉一
文中詳實地說明了陸氏兄弟同心一志地共同治理陸氏大家庭，其

35　同前注，頁 12879。

文曰：

> 陸門六兄弟間，大哥陸九思言傳身教，不以不中舉為恥，
> 而以不識儒家禮儀、不修德為憂，為六兄弟的成德和成
> 才，起了奠基作用，有表率之功。二兄九敘，默默犧牲，
> 把自己的才德貢獻在大家族賴以為生的藥舖經營上，先宗
> 族大家，後小家，在宗族道德上無疑為這個大家族樹起了
> 最高典範。三兄陸九臬，雖科舉不第，但不以個人科場得
> 失為累，為大家族的中興開館授徒，〔……〕且是三位兄
> 弟的啟蒙老師，從學業上影響了「江西三陸」。四兄陸九
> 韶，也以其才學，啟陸學之端，引儒林所重。〔……〕另
> 外，九韶以才高而不考不仕的駭異之舉影響了九齡、九淵
> 的獨立特行，以其「求益不求勝」的學德影響眾兄弟。
> 〔……〕
> 正是兄弟間的相互仁愛、砥礪、幫助，最終促成了陸象山
> 登上學問及為政的頂峰。在陸九淵壯年的鵝湖之會及晚年
> 的荊門之政的兩件大事中，更能看清整個陸氏兄弟的影
> 子。〔……〕[36]

依此所敘，陸氏兄弟的儒學德教，正是在陸氏大家族的結構中，
六個兄弟以融合和諧的仁愛精神，共相提攜教化而推展、進步、
提升，這樣的家族式的儒學德教的推展和發揚，實是《大學》的

---

[36] 陶俊：〈陸氏宗族倫理思想探微〉，收入張立文、〔日〕福田殖主編：
《走向世界的陸象山心學》（北京：人民出版社，2008.10），頁 475-
488。

「齊家」一語的最根本大義，陸氏大家族六昆仲真正地予以踐成，最終則是將陸象山提舉創造為心學大宗師，也因此開啟了有別於朱子理學的宋明心學大體系，影響後世中國乃至東亞的文化與思想極為深遠。

　　綜觀上述，陸氏兄弟的儒學德教也是在民間推行發展之典型。就以最傑出的陸象山而言，在其一生，大多時間實亦是在民間講明孔孟之本心之真義，楊慈湖撰〈象山先生行狀〉曰：

> 其（指象山）始至行都，一時俊傑咸從之遊。先生朝夕應酬答問，學者踵至，至不得寐者餘四十日。所以自奉甚薄，而精神益強，聽其言，興起者甚眾。還里，遠邇聞風而至，求親炙問道者益盛。先生既受徒，即去今世所謂學規者，而諸生善心自興，容體自莊，雍雍于于，後至者相觀而化。猗歟盛哉！真三代時學校也。[37]

楊慈湖指出陸象山一到都城，就有很多儒門豪傑之士登門求學，其人數甚多，使象山居然長達四十多天無法好好地就寢休息。而象山講學，一則其人格風範之感召，一則其弘揚儒道乃直指人人之本心，故聽聞之而感興體悟者甚眾。唯，象山不耐久留都城，故還歸鄉村社區的故里，在故鄉家居，四方來學之學子有增無減，象山因此開帳授徒，盡去繁瑣之學堂規定，其講學論德，必令學子直悟自己之本心，從本心體證生命中的清淨純善，而由此

37　〔南宋〕楊簡：〈象山先生行狀〉，收入〔南宋〕陸九淵：《陸九淵集》（北京：中華書局，2012.2），頁 387-394。

以應天地宇宙萬事萬物。受其啟發感化而能復其原有本心之青年儒士實甚多也。

陸象山在家鄉傳授儒學德教，復又被召出任官職，但其時亦不甚長久，求辭公職返家。楊慈湖記曰：

> 先生既歸，學者輻輳愈盛，雖鄉曲老長亦俯首聽誨，言稱先生。先生悼時俗之通病，啟人心之固有，咸惕然以懲，躍然以興。每詣城邑，環坐率一二百人，至不能容，徙寺觀。縣大夫為設講座於學宮，聽者貴賤老少，溢塞塗巷，從遊之盛，未見有此。貴溪有山，實龍虎之本岡。先生登而樂之，結茆其上。山高五里，其形如象，遂名之曰「象山」，自號「象山翁」。四方學徒復大集，至數百人，從容講道，詠歌怡愉，有終焉之意，於是人號「象山先生」。[38]

此段乃記陸象山再從官場返回鄉里生活，各地學子欣道而來向學，社區民間的年長者也來求道，這些年長者心甘情願俯首曲身而恭敬聽聞象山論說儒家本心常道。象山在故里的一些集鎮墟市，亦被敦請登壇授學，每場人數不下一兩百之眾，遂移寺觀，講堂空間較闊故也。而縣大夫更乾脆在學宮中設講座，請象山講論心學，貴賤老少均來聽講，路途為之堵塞，可見象山的儒學德教感人之深。最後終於到象山之上築屋宇為講堂，作為固定的講學之地。

---

[38] 同前注。

陽明後學特別是泰州學派的顏山農、何心隱、王心齋、羅近溪等人在很多鄉村集鎮推展民間儒學德教之會講，[39]似乎此種地方社區教化始於陽明之後，其實依據上述，民間的儒學會講，早在南宋的陸象山已開其端。

四、傳統地方社區的儒家德教

上論諸大儒推展儒學德教，其著重區是在民間，且以陸氏昆仲為例，說明儒學德教不僅推行於鄉社，且落實在家族之內，形成重禮成德之門風，此是以心學大宗師陸象山為典範而論之，此是否僅屬特例？其實，在中國的家族史中，以家族為單位來延續發揚儒家德教，是一個普及現象。就以明清福建為例來說，除了官宦和富豪之家很重視族內德教之外，一般家族，也會盡力自己開辦學塾、學堂，甚至書院。陳支平提到福建連城新泉的張氏家族，將開辦族塾、族學寫進其族規之中，期使家族的儒學德教成為規範化的永久事業，其中如此敘明：

> 古者家有塾，黨有庠，春秋教以禮樂，冬夏教以詩書，作養多方，所以人才彬彬輩出。今議設義學二所，經師一所，在東山樓；蒙館一所，即在祠內。但束脩諸費無所從出，酌量于各房祖蒸嘗會內摘捐，並好善樂施者助出。或殷實家有捐至十兩以上者，合族以「培植後學」四字匾額

39　關於陽明後學在民間推展儒學德教之相關研究，可參考吳震：《泰州學派研究》（北京：中國人民大學出版社，2009.11）。

　　送至其家以獎之。[40]

　　陳氏徵引這段張氏家族的族規文字，表明張氏家族特別以其宗祠祭祀組織的「蒸嘗會」的經費再加上族人自由樂捐的金錢，合起來辦理家族的義學、經學、蒙館等，地點設在其族中的祠堂內以及東山樓。此福建連城的張氏興辦族學之例，即說明民間的儒學德教在家族中的推展和延續，不必只限於大儒陸象山之門也。族學需有常備經費，所以，許多家族專置學田、書燈田等，其收入之租金，可用以開家塾、聘請塾師，也用以資助族中學子。陳支平又舉連城山區的家族為例，因為山地區域較窮，故更能注重家族儒學，在連城四堡的鄒氏、馬氏兩家族，明末至清，多從事刻書賣書業，兩家族都甚重視族學的建立和推行。就一般家族而言，大多數均鼓勵子弟在家塾啟蒙，較資優者，則進入鄉族組織創立的學堂書院裏繼續進德修業，若能在當地考取生員，則可以升入縣學、府學甚至國學深造，而考中舉人，乃至上京殿試，上升到官紳階級，亦成為推廣儒學德教的力量。陳氏在其文中特別列舉連城四堡的《鄒氏族譜》中的〈家訓〉以及福州雲程林氏家族的《家範》之條文，在在均呈現了其基本精神都是儒學德教強調的人間倫常道德之常規。陳支平說從這些例子可以證明在明清時代福建的家族之儒學德教，「提倡以孝弟忠信為核心的倫理道德，提倡子女對父母的孝道，強調家族內部的上下尊卑倫序。」[41]這種明清時代福建地方的家族教育，無疑就是民間的儒學德教

---

[40]　陳支平：《近五百年來福建的家族社會與文化》（北京：中國人民大學出版社，2011.3），頁150。

[41]　此段論述根據陳支平，同前注，頁152-161。

之實行和弘揚。

如果跳開家族體系，在地方上，傳統儒學德教是否依然可在民間加以施作？試以傳統客家地方為例，可以看到客家庶民在其社區中十分崇文重教。謝重光探索閩西汀州城（長汀）的文教建物，說到小小汀州城中有試院、文廟、書院等，他說：

> 文廟和試院是官方機構，各州各府都有，不足為奇，那麼，書院是古代私人講學的場所，屬於民間教育機構，一個地區有無書院，書院的數量、大小及其教學效果，確實是衡量該地文化水平的重要參數。
>
> 宋代以來，汀州城內的書院有鄞江書院、新羅書院、森玉書院、紫陽書院、東山書院、正誼書院、道南書院、麗澤書院、龍山書院、廣陵書院、觀文書院、覺覺書院、臥龍書院、正音書院等十幾家，從一個側面反映出汀州文教的發達。[42]

宋明的書院多屬地方民間之文教空間，汀州山城擁有十多所書院，證明民間的儒學德教是具有深厚的傳統，且屬自動自發的教育實踐。謝重光又提及城外鄉下的連城縣位居閩西山高谷深之崎嶇地區，但自南宋設縣以來，文教漸興、名儒輩出。在縣東的冠豸山，客家民系入此山區開墾定居，以耕讀是尚，入明之後，此山上的客家人「士知讀書尚禮，俗重登科取名」，在山上建設了成群的書院，有仰止亭、丘氏書院、尚友齋、悠然閣、竹徑書

---

[42] 謝重光：《閩西客家》（北京：三聯書店，2002.9），頁 37-38。

院、樵唱山房、修竹書院、東山草堂、五賢書院、雁門書院等，
陳氏特別提及：

> 仰止亭的歷史最悠久，為文亨羅氏所建，〔……〕南宋
> 初，理學名家羅從彥應連城羅氏宗親之聘，于建炎二年至
> 紹興元年（1128-1131）的四年間，前來仰止亭講學，一時
> 間閩西、閩北群儒匯聚，窮究心性，發明義理，著書立
> 說，啟沃後學，在福建理學發展史和文化傳播史上寫下光
> 輝的一頁。[43]

依此，我們大體上可以明白宋明以降，傳統儒學德教確在地方的
庶民社區中廣闊地傳播發展。引文中說到的羅從彥為誰？《宋元
學案》有〈豫章學案〉，就是闡釋羅從彥的專案，曰：

> 羅從彥，字仲素，南劍人。〔……〕崇寧初，見龜山于將
> 樂，驚汗浹背，曰：「不至此，幾枉過一生矣！」嘗與龜
> 山講《易》，至〈九四爻〉，云：「伊川說甚善。」先生
> （按即羅從彥）即鬻田裏糧，往洛見伊川。歸而從龜山久
> 之。〔……〕
> 先生嚴毅清苦，在楊門（按即楊龜山之門）為獨得其傳。龜
> 山初以「饑渴害心」，令其思索，先生從此悟入，故于世
> 之嗜好，泊如也。〔……〕
> 宗羲案：「龜山三傳得朱子，而其道益光。豫章在及門中

---

[43]　同前注，頁 40-41。

最無氣燄，而傳道卒賴之。先師（按指劉宗周）有云：『學
脈甚微，不在氣魄上承當。』豈不信乎？」〔……〕⁴⁴

羅從彥從學楊龜山，且又特別到洛陽問道於程伊川，再南返追隨
龜山，終於悟道而傳龜山之學，此即在福建延續發揚洛學之德
教。黃宗羲此處所言「龜山三傳得朱子」，其實是指龜山傳儒學
德教給羅從彥，而羅從彥又傳予李延平，朱子是李延平的弟子。
換言之，朱子儒學之大行於中國，至於今依然生生剛健，羅從彥
之功偉矣。

　　所以，閩西連城冠豸山雖地處僻遠，其仰止亭卻有那麼重要
的大儒羅豫章在此講授儒學德教，此事蹟就是一個崇高的明證，
它證明了儒家傳統的道德型教化是在民間深厚紮實地生根茁壯
的。

　　臺灣是華夏文化最後拓展之疆域，其在清代的儒家教化亦無
別於大陸，茲以道光年間修纂的《彰化縣志》之內容略加詮釋。
⁴⁵在臺灣彰化建有「白沙書院」，其建立，史冊如此說明：「白
沙書院，在邑治內聖廟左，乾隆十年淡水同知攝縣事曾日瑛建；
二十四年，知縣張世珍重修；五十一年（按指臺灣中部林爽文之
變），被亂焚燬，知縣宋學顯改建於文祠之西。嘉慶二十一年，

44　〔明〕黃宗羲：《宋元學案・豫章學案》，收入氏著：《黃宗羲全集》
　　（第四冊）（杭州：浙江古籍出版社，2012），頁 559-560。

45　清代臺灣修有府志及各縣之志及廳志，每部志書均記有當地之府縣儒
　　學、儒教以及書院、名儒文章等，是一種平均普及之清朝治臺文教措
　　施，亦是清朝臺灣儒士之儒教實踐。本文以篇幅故，僅舉《彰化縣志》
　　為例而詮釋之。

署縣吳性誠釀貲重新，局制較為恢大焉。」[46]據此，白沙書院始建於乾隆初年，其時甚早，後來陸續有增有損，亦有毀有新，地方儒吏不斷地維持其存在，乃因它就是彰化地區的學子可以學習儒學培育道德之最主要場所。曾任彰化知縣的楊桂森特別為白沙書院創述了一篇《白沙書院學規》，其規條有九，前三條甚能呈現儒學德教的道理和智慧，謹列述於下：

　　一　讀書以力行為先：聖賢千言萬語，無非教人孝順父母，尊敬長上。父母，吾根本也；兄弟，吾手足也。凡讀一句孝弟之書，便要將這孝弟事，體貼在自己身上。〔……〕始初勉強，漸漸熟習，自然天理融洽，自己也就是聖賢地位。〔……〕

　　一　讀書以立品為重：立品莫如嚴義利之辨。〔……〕讀雞鳴而起一章，要想到舜、蹠之辨。有一念爭財謀利之心，便是盜蹠；有一念矜名重節之心，便是聖賢。若口讀詩書，心想銀錢，是盜蹠也。〔……〕欲嚴義利，莫如忍，莫如讓。〔……〕總是我輩念書人，要將氣骨撐得住，毋為銀錢所害，便是身立千仞之上。〔……〕

　　一　讀書以成物為念：讀書人不是單管自己的事。譬如我能孝弟，那些不讀書人，不知孝弟者，都要我去勸導他。見他孝順父母，要誇獎他；見他忤逆父母，要婉言勸戒他；見他愛財爭利，要把聖賢道理解他。他見覽曉得古今

46　〔清〕周璽：《彰化縣志》（臺北：大通書局，未注明出版年分），頁143。

> 興亡得失忠佞之辨，自己便有經濟，臨事自有決斷，有把
> 持。[47]

以上〈白沙書院學規〉前三條規約，是《論語》、《孟子》的精
神的實踐，也是宋明儒家的共同之常道智慧。白沙書院不是學
宮，而是由地方儒吏在轄區與當地士子鄉耆一起努力建設維持的
民間性質之學習儒家之道的文教空間，彰化地方的學子在白沙書
院，若能根據楊桂森所撰的學規之原則和方向，真正誠心一志向
學踐履，則以邊陲臺灣之初闢的彰化，卻必能出儒門賢士君子。
而其實在民間，確能帶出儒學德教的文化風氣。

　　謹就同一志書的《人物志》的敘述列舉四則來看彰化文風已
普及而在地方上已有相當普遍的儒學德教之推行。[48]

> 施世榜，字文標，由拔貢生選壽寧縣學教諭，遷兵馬司副
> 指揮。性嗜古，善楷書。樂善好施，宗族姻戚多所周卹。
> 凡有義舉，靡不贊成。初居臺郡，倡建敬聖樓，募僧以拾
> 字紙，嘗令長子士安，捐白金二百兩，修葺鳳邑學宮；又
> 置田千畝，充為海東書院膏火。其五子士膚，亦以選拔授
> 古田教諭，嘗遵父命，捐社倉穀千石。〔……〕。

> 曾日襄，字亦思，晚字又健，晉江人。〔……〕弱冠隨伯

兄敦澤公渡臺，為蒙館師，越數年，補邑弟子員。時仲兄
老矣，方家居，公歲竭脯脩以入，以為薪水需，而不有私
財。〔……〕生平敦踐履，外嚴內和，質儉惠毅，與人言
無二語。嘗館二林之鹿寮，閩、粵人糾眾將互鬥，荷戈而
從者且千人，公聞而亟馳之，卒為散其眾，弭其隙，而民
獲安堵。〔……〕公寬以處眾，而嚴於教家，訓督子姪
輩，晨雞夜火，功課必嚴。門庭之內，肅肅雍雍，即三尺
童子，一聞命無不拱立而聽者。〔……〕。子維楨經魁，
庶吉士，姪拔萃恩貢。

曾玉音，字文璐，嘉慶癸酉歲貢。賦性淳厚，善事寡母。
林逆之亂，挈眷避賊，旅次喪母，殯葬盡志，見者咸稱其
孝。〔……〕於家則立祠堂，修族譜，置書田，創祀業，
篤宗族，卹親戚；於鄉則建文祠，修橋路，賑窮乏孤寡，
助昏嫁喪葬；於邑則捐修聖廟、文祠、書院、學署、城
寨、倉廒，靡不贊成，多貲弗吝。〔……〕家居惟課子孫
耕讀，年八十餘，猶孜孜筆墨間，嘗手訂《或問大全》，
著《文法大要》若干卷。〔……〕。

林文濬，字金伯，〔……〕嘗為宗族母黨，置祀田卹族中
寡婦無改適，且為延師教其孤。鄉人德之。〔……〕縣城
改建，文昌閣重新，白沙書院學署新建，鹿港文開書院，
〔……〕不吝多貲以成事。〔……〕。

以上徵引的四位清代彰化地區人物，大概只有施世榜會在一般臺

灣史的書中提及，但是在中國大志書或大史籍中，不見施氏之傳
記，另三位則更只是彼時臺灣彰化的民間菁英，較之中國「大知
識分子」，彼等不過屬於地方志書中才能載記之「小知識分
子」，可是，在他們的行誼，我們則可驗證儒學德教的確是在地
方的民間社會中徹底真實地存在永續。這些在傳統社會用其一生
實踐推展儒學德教的民間人物之存在意義，可借《彰化縣志》編
纂人周璽的一段話得其要旨：

> 夫不朽有三，立德為上；上行有百，孝弟為先。儒者束脩
> 自愛，樹德不限於一途。但使生平砥節勵行，有合於聖賢
> 之道，則錄其忠孝節義之實踐，而其人其事可以風矣。至
> 若睦淵任卹，濟困扶傾，補造物之缺憾，救蒼生之顛連，
> 而澤及桑梓者，亦賢豪之流亞也。夫古來富貴而名磨滅
> 者，不可勝道，惟行誼可傳者，乃能聲施於後世。
> 〔……〕。[49]

周璽這一段文章，正是浸潤潛沈於儒家道德倫理之規範與信念中
的思想表達，一方面道出清朝地方官儒兼師儒的倫常觀，一方面
也充分地證成儒家的道德教化在地方民間的尋常性，它在傳統的
中國社會包括較晚開發而當時屬於政教邊陲之臺灣，儒學德教乃
是如魚之水一樣，是中國人民生活世界中不可少的人文之陽光、
清水、土壤。

49　同前注，頁 242。

五、現代化對於傳統儒家德教的衝擊

　　中國傳統的民間儒學德教的實行和普及，有其社會的生態環境。依本文敘述，從宋明理學和心學大儒而至福建閩西、臺灣彰化地區的地方官儒和師儒，他們的儒家教化之踐履和推行，均是在一個較靜態穩定的農業文明之大地上展開，換言之，他們的生活世界是家族聚落、是鄉村社區或是集鎮、城邑。在現代化之前的傳統中國，人在天地之空間中的座標有其固著性和恆常性，因此，傳統儒學德教之實施場所，遂有其安定的棲居點，在廣大的農業大地中，無論是書院、祠堂、會所、學宮、村廟等空間，都能成為中國人薰化以儒家之常道的地方，這是傳統儒學德教的基地或底盤。

　　當代新儒家唐君毅先生（1909-1978）對於中國傳統農業文明有其深入的論述。他說：「在農業生活中，人一方覺其有支配控制自然之力，一方亦覺自然界之每一植物之種子，有人所不能改變之性。又氣候與天時，亦非人力所能控制。由此而人自能節制其對自然之權力欲，同時培養出人與自然或人與天之相輔相成相和協之意識，由此以生出天地對人為有情之直覺。」[50]這一段話語直接的層次是說到中國人的農業生活而引生的人與天地之倫常關係的觀點和信仰，間接的層次亦呈現了儒家的道德心靈之天人感情其實也是如此，不止於中國農人有此心情，中國的儒家從孔孟到宋明儒以迄當代新儒家，大體均有如此心情。

---

[50]　唐君毅：〈中國人之日常的社會文化生活與人文悠久及人類和平〉，收入氏著：《人文精神之重建》（香港：新亞研究所，1955.3），頁512。

　　唐先生又說：「常觀植物之生長，則使人更能相信一自內部開展之世界。〔……〕每一種子本身，有其自性，有其潛伏而要生長發育出的芽、葉、花、果等形式，為其生長發育之事所將表現。此遂使我們可以於一種子中看出生機，看出將自種子內部開展出之一切。亦使我們更能了解世界，不僅有其外表的一方面，且有其內部的一方面；使我們不只從現實上看世界，而從可能上看世界。我們在植物中，看見一生機，看出一自內向外開展之生命歷程，我們即可轉而啟發，印證，我們自己之生機；使我們亦自然趨向於開闢我們自己之內心之世界，實現我們自己深藏之人性，使誠於中者形於外，而成就我們之文化生活。」[51]此段所述透過種子與植物的生機，讓人們體悟生命之由自己內在向外發出的蓬勃生機性，而世界和我們自己的生生不已的生機不也是像種子和植物一樣自己從內在而蓬勃往外成長？唐君毅先生此言其實亦可以在歷來儒家的敘論中呈顯，何以如此？乃因中國傳統的儒家都是生活在一片生機的農耕大地和農業文明之中。

　　再者，唐先生又說：「農業生產主要賴大地，〔……〕大地之整體，終無人帶走，即無人真能佔有之。〔……〕在農業之生產意識中，包含一『不可私有不可佔據之天地之肯定』的意識。人在田野，常見大地之連綿不斷，天上日月星之運轉不已，太虛之遼闊無極，人於此不僅開擴了胸襟，同時亦自然減少了向外逐取，對客觀世界物加以私有佔據之心。」[52]這一段話語指出人在農耕大地上仰觀俯察，能感悟天地之無極，因此心性因而亦能修

51　同前注，頁 512-513。
52　同前注，頁 513。

養而達乎如天地一樣的無限。儒家從效天法地而得其無窮極不佔有之心性境界；通過農耕大地之德而體悟心性之仁的儒家聖賢言，在儒家經典和儒學德教中，甚充分而平實。

復次，唐君毅先生再說：「農業生活使人在空間中，必需有定居之所。〔……〕當人安定於空間時，則其所注目者，將是切近空間中之一定事物在時間中之變化，與變化中的恆常。因而他之時間意識中之時間，不僅具備變化性，且具備綿延性、悠久性，乃有真正之時間意識、歷史意識。〔……〕在人倫關係上，更能追慕祖宗之生命，體念祖宗之意志，以愛護子孫之生命，而感到生命意義之悠久。〔……〕。」[53]此段話語印證大中國的鄉約以及族規，在其中通過鄉社中的尊老護幼以及宗祠中的敬宗祭祖而將文化和道德理想在廣大農耕大地中傳衍不絕。唐氏說農業生活的此段意思，其實也就是中國民間的儒學德教所以推展實踐的意思。

基於上面徵引唐君毅論農業生活的四段啟示，我們明白儒學德教在中國民間之存在和延續，其實是在農耕文明的大地上方有其具體落實的根基與平臺。

但是，現代化之後的世界，此種支持撐托民間儒學德教的基盤平臺，恐怕已經步步地崩解。讓我們看美國學者大衛‧庫爾珀（David Kolb）對於「現代世界」的描述：

> 現代人已斬斷了與傳統價值觀和生活方式之間的紐帶。〔……〕現代，世界已不同於古典的和中世紀的世界。

---

[53]　同前注，頁514-515。

〔……〕。

我們的一個自我形象就是：我們的生活與那些被先前時代，甚至也許還被世界上其他一些社會，視作當然的東西之間，存在一種間距。我們不把因襲傳統看成是件很自然的事。我們不會用社會給予物嚴格地規範自己，這一點與我們認為的我們祖先的做法不一樣。我們拒絕把我們在社會階層、價值、角色以及制度等社會構架中的位置或這種構架本身看成是固定不變的。〔……〕。

〔……〕我們追求先前社會不曾具備的凌駕于物理世界之上的某種力量。我們對這種控制有著嗜好。笛卡爾在其《方法談》中說，我們將成為「地球的主人和主宰」。即使我們決定讓一片土地一直處于蠻荒狀態，我們還是通過這種使其不得不發展的行為對之加了意志與控制。

〔……〕我們也努力想成為社會的控制者和調節者。廣告、經濟干預、教育和再教育以及社會科學建議——所有這些都是想跟我們對自然的控制看齊。〔……〕。[54]

上面所引的論述正是我們生活著的「現代世界」的「現代性」（modernity）與傳統具有本質上的差異，現代人不願與其傳統聯繫，他們不認為有一種從歷史傳承而來的悠久恆一的常規，縱許存在，也不必遵守，他們也不願與同時代的其他地區的價值具有同一性，現代人喜歡表現個體性以及時時變異性，同時，他們強

---

[54]　〔美〕大衛·庫爾珀（David Kolb）著，臧佩洪譯：《純粹現代性批判》（北京：商務印書館，2004.6），頁 21-23。

烈地以其工具理性和功利觀點對自然和社會進行其目標性的干預、改造和控制。

　　現代世界的現代性與本文大篇幅所論述詮釋的中國儒家傳統正好恰恰相對反。本文言及的宋明儒家以及地方民間社會中的鄉約族規的運作原則、方向，乃至於地方上的社區常規秩序，且再及於唐君毅先生論述的中國和儒家所擁有表現的農耕生活與文明中的天人合一和諧性質，儒學德教追尋認同的是在總體整全體中的人與天的合一、人與社區的合一、人與人的合一，所以，在生活運作上，以家族聚落為依歸，以鄉村社區為棲居，無論在朝在野甚至在天地，都是在道德的禮樂文制裏面安頓了個人；在其中沒有現代化下的個人主義（Individualism），在個人主義的現代性中，社會大眾只有「分眾」、「小眾」而無「全眾」，而在傳統鄉村社區中，則其村眾是「全眾」的，如血緣村和地緣村之內，是同族為單一體或同鄉為單一體，前者是同祖之同姓之合村，而後者則譬如移民臺灣的泉州人、漳州人同聚而居為泉籍地緣村或漳籍地緣村。

　　現代世界還有一個特性，就是大都市化，地球愈來愈少自然鄉村以及與自然沒有斷裂的集鎮墟市，而是龐大無比的水泥鋼筋和柏油路團團圍絡的大都市愈來愈多且愈來愈大。世人居住、就業、生活在大都市中，其生命與心靈的「氣場」大有別於傳統的農耕大地之上的鄉村社區以及家族聚落或者那些與自然世界沒有割裂的集鎮。學者汪民安將現代都市與前現代鄉村加以對比，他說：

　　　鄉村生活，屬於「共同體」（Gemeinschaft），而都市，則

是一個「社會」（Gesellschaft）。鄉村這樣的共同體是一個「自然意志」（natural will）主導的禮俗社會；都市則是一個「理性意志」（rational will）主導的法理社會。

鄉村這樣的共同體的標誌，是將先輩和遺產作為共同的根基繼承下來。它是牢牢地立足于地方的、面對面性質的團體。一般來說，鄉村社會是封閉的，內斂的，並飽有一種持久的耐心。鄉村生活被安靜地束縛在一片固定的土地上，人們根據這片土地確定自己的認同，確定自己的語言、風俗和起源。〔……〕

鄉村緩慢、寂靜的整體性生活，同城市生活的碎片一樣的瞬息萬變恰成對照。在鄉村，絕對不會出現「人群中的人」，人面對的是鄰人和家族權威。正是現代性的都市動盪，使得鄉村那些固定的東西——固定的價值觀，固定的生活方式，固定的時空安排，固定的心理和經驗，固定的社會關係——都烟消雲散了。

〔……〕如果說，前現代性主要植根于鄉村生活和宗教生活的話，那麼，現代性，將其全部的實踐力量，部署在世俗化的都市中——現代生活，既是世俗化的，也是都市化的。

如果說，鄉村生活主要被家族權威和宗教品質所銘刻的話，我們也可以說，都市生活主要是世俗性的物質主義生活，是充滿激情的旨在放縱的聲色犬馬生活。

〔……〕現代都市充滿活力地展現了其現代性面貌：瞬息萬變的商品、縱橫交錯的街道、密密麻麻的陌生人群。這些紛亂、喧囂、滾動的都市意象，不斷地將人撕成碎片，

正如鄉村生活總是要將人納入整體中一樣。[55]

這一段徵引的論說有點長，但是其中論述的鄉村與都市之空間和其群體的強烈對比，卻是十分令人驚訝。前現代的由「自然意志」而引生鄉村，所謂「自然意志」，是指鄉村的發生，是在其居住民代代相傳累積的文化、習俗、信仰等傳統之中而逐漸組建而成，是一個整體性的生命生活共同體，是以禮俗為其核心，在其中每一位成員，都是根據其禮俗而參與共同體，所以，他們修築房舍是自己人共同修築；他們耕種農作是自己人共同耕作，他們婚喪之禮的進行是自己人共同進行，而他們既是建屋舍者也同時是耕農田者且又是禮儀一起參與者，他們的身分是鄉民，他們的有機整體的種種能力和資格，來自代代傳承而不需技術學校的學習和畢業，也不需執照契約和法律證件。然而現代的由「理性意志」而引生的都市，則是一個分化性的世俗性社會，是以理法為核心的，所謂「理性意志」，就是從理性而產生的知識專業的分工，所以都市人是各種職業的分工人，他是工匠就不是教師；是教師就不是機師；甚至同樣是醫生，但若是牙醫就不可以是外科醫師，而且他們分化下的專業性，乃是通過理性科技性的學院教育出來的，他們的執業則是依據法律契約獲得證照才有資格執行之。鄉村在傳統價值中凝聚，它是有機的共同體；都市則在現代性中分化，它是無機的數量體。

值得注意的是，傳統儒家在以往推行的民間德教，是鄉村性

55　汪民安：《身體、空間與後現代性》（南京：江蘇人民出版社，2006.1），頁123-124。

的，也就是在全眾型的鄉村，具有共同性價值核心和體系，儒學的道德倫理，容易推廣深植而有效果，於現代性的都市空間和生態中，它不易平順暢遂，因為現代化的都市文明，不再有全眾型市民，且又加上其高度的流動性，故不容易具有共同性價值核心和體系，儒學的道德倫理之教育推展，很難有效地著根。儒家常道是產生於中國傳統農業文明的土地和聚落之智慧，它面對現代化下的都市空間，喪失了一個自然的「氣場」來支撐攤架傳播施教的境域，這點情形很像西方的基督宗教在世俗化浪潮沖蝕下，教堂和教會遭逢急遽衰敗的危機，神職人員的地位掉落，上帝從人間退隱。儒家在現代的都市中，也一樣失去了文廟、書院、學堂、私塾、宗祠、賢良祠等重要的教化空間，也失去了傳統的儒生團體可以在民間擔任儒師以推展德教。換言之，儒家的土壤是農耕文明，是鄉村、是家族，一旦邁入工商業文明，儒家的土壤就被時代狂飆襲捲而去，這是儒家在當代面臨的最大困難和危局。儒學德教如何不再依附於家族聚落以及鄉村社區，而在大都市的流動、變易、分化的空間和人群中能夠發出生生剛健的蓬勃教化之力量，是儒家能否貞下起元的契機，絕不能以為在學術研究上看起來很發達就是儒道的復興，也千萬莫以為儒學在大學的相關學系中有其課程就是儒道的發達，以繁多性小眾和流動性群眾為主體的現代大都市，其生態性質其實不利於傳統的儒教，因此，我們應該認真嚴肅思考如何規劃並且聯合在都市大樓社區中的儒學德教會講的講師和場地，綜合地為社區民眾講說大小傳統中的儒家常道慧命，同時也根據儒家倫理來規劃、舉辦社區的文化活動，讓現代儒者以此方式邁進並參與現代都市的民間動脈而同其呼吸、休戚與共，庶幾才能有成。

六、結語

　　雖然現代化的都市空間結構和社會形態,其分化性、個體性、流動性、世俗性不利於傳統儒家德教之實踐,但我們也必能發現現代化和全球化在全世界產生的人性異化和迷失的嚴重弊病,與全球倫理(global ethics)具有深刻且長遠關係的世界大教,如佛教、基督宗教、儒教、道教、伊斯蘭教等,其等含容具有深刻恆常的宇宙、生命、心性之智慧,也被上言大宗教的哲人以及許多有識之士重新提出,希望經由全球全人類的再啟蒙教育,而能讓世人回歸合一、和平、寬容、理性、道德的本質。[56]而全球倫理中的儒家德教之恆常智慧,對於當代人類和世界之存在意義,就依然有其不可輕忽或拋棄的重要性。譬如就當前愈趨嚴重的環境危機而言,儒家本有的陰陽諧和形態的「天人合一」、「天人一本」的環境倫理,就成為全球文明返本開新的一劑良方。[57]再者,儒家之實踐有三層,一是政治層的儒家,此層是中

---

[56] 關於呼喚並振興全球倫理,同時,在此脈絡中給予傳統儒家智慧和德教一個新的詮釋,是當代新儒家重要儒者劉述先晚近多年來的主要關懷,請參閱劉述先的專著,譬如《全球倫理與宗教對話》(臺北:立緒文化事業公司,2001.4)、《儒家哲學的典範重構與詮釋》(臺北:萬卷樓圖書公司,2010.4)。

[57] 中國三教的空間和環境思想和倫理,是筆者長久關心的議題,最近發表的相關論文有:潘朝陽:〈當代環境危機與中國古代儒家的環境思想〉,收於林建甫主編:《全球化時代的王道文化、社會創新與永續發展》(臺北:國立臺灣大學出版中心,2013.4),頁 73-100。潘朝陽:〈當代世界環境危機與困境的儒家關懷〉,《儒教文化研究》,第 20 輯(首爾:成均館大學儒教文化研究所,2013.9),頁 237-254。

國政道與治道大體以儒家思想為原則，譬如漢武帝復古更化而在國政上獨尊儒術即是；一是社會層的儒家，此層是中國民間社會通過儒家而建立眾民生活的禮俗規範，譬如中國民間的宗族禮制即是；一是個人層的儒家，此層是中國人之心性修養及生命依據的根本信念，以儒家為核心，譬如歷代聖賢和君子之人格風骨即是。隨著全球化和現代化浪潮的劇烈衝擊，上述三層的前兩者，已遭受侵蝕而頹敗，但是第三層，乃是人之所以為人的最核心底層的根本，在儒家之關鍵詞言之，就是仁心、良知，這個核心底層的根本，不必非在傳統鄉村社區才能教化、招喚、提撕，其在都市社區也是隨順而「仁遠乎哉，我欲仁斯仁至矣。」也就是說，個人本有的仁心、良知的自我作主，實在不需要依附一定尺度的空間結構或性質，它是隨時隨地可以予以啟發而振興的。因此，儒家的當代德教之實施，就請從及身周遭的親朋、同事、鄰居的本心本性之啟蒙引導之當機教育做起，以同心圓由內向外層層擴充之方式而貞下起元。

參　中原儒學到客家儒教

　　世人皆謂客家文化甚重耕讀傳家，「讀」的意思是指儒學儒教的推廣、傳播和延續。的確，究諸歷史，客家人不論在「客家大本營」或從此遷出而到其他新的地區開拓定著，他們除了背負祖宗骨骸一起遷徙之外，也會帶著他們的儒家綱常而遠行，在新的土地上重建客家聚落和社區，於是在新的客家區域中，也發展了儒家的文教環境。本文主旨點明客家人的儒教根源在中原，而中原的儒學是在洛陽一帶興起的二程理學，故本文詮釋二程之學的精神，再依歷史源流，敘說洛學南渡入閩，並在閩地西傳影響了閩西的客家人，最後兼述及客家大本營和臺灣的客家儒教，均與洛學具有遠源的，而與閩學具有近水的關係。

一、客家人

　　一般的認知，河南就是中原的中心所在地，依據客家學先進羅香林的說法，客家人是中原士族從中原歷經五次南遷而到今天的贛南閩西粵東地區定著發展而形成，其最初南遷時期可追溯到五胡亂華時期，也就是漢末魏晉。這個贛閩粵地區遂成為客家民

系大本營，居住者稱為客人、客家或客家人。[1]

　　羅香林的客家人源起論，是始創之說，故其思考和判斷難免較單線一元，是中原說又是士族論，同時也有將祖先推到很古代的遠古優越主義觀的想像。

　　晚近學界對客家人的源起，已對羅先生的看法有了修正和增益。本文茲徵引數家論述而綜合之。

(一)房學嘉的觀點

　　房氏說：

> 客家民系的形成不是一蹴而就的。它不是歷史上一次移民運動停息後在短暫的時間內馬上就形成的，而是在長期的歷史歲月裏，經過歷史上幾乎所有的移民浪潮的激蕩、澎湃而形成和發展起來的。〔……〕
>
> 〔……〕現在大家對中原漢人的南遷普遍形成了一致的觀點。認為客家先民的主要遷出地域並不限于中原一隅，而是涉及到長江以北直到黃河兩岸的眾多地區。更為重要的是，除「新生形態的客家先民」基本上是一步到位，即由遷出地一次性遷入後來的客家大本營地區之外，其他各種形態的客家先民，都有一個過渡地帶，即先由遷出地遷入這個過渡地帶，然後又由于另外一次移民浪潮的推動，再由過渡地帶而最終遷入大本營地區。從客家先民南遷的具

---

[1]　請參閱羅香林：《客家研究導論》（臺北：南天書局，1992.7）。原始版於1933.10在廣東興寧發行。

體史實來看，這一過渡地帶主要集中在江淮流域的江蘇、安徽、湖北、湖南和江西等省區。正因為如此，客家文化就不是中原文化的單向、簡單的移植，而是包括了燕趙文化副區、黃土高原文化副區、中原文化副區、淮河流域文化副區、荊湘文化副區和鄱陽文化副區等眾多區域文化在內的多向、複雜整合。[2]

上述關於客家人的說法，其重點一則說客家人不是一步到位就在今天的客家大本營形成，而且也不僅僅只從中原地區南遷，而是先到江淮流域的蘇皖兩湖以及江西等地區，即是在江淮一帶先行居住構成了「過渡地帶」，再隨著歷史變動而又再往更南方移民，最終形成了客家大本營，才真正構成客家人，此客家人的源頭文化是一個多向複合體，包括燕趙、黃土高原、中原、淮河、荊湘、鄱陽等多個副區的文化，其實也就是包括了黃河、淮河、長江的固有文化。

此種客家人源起論的特色是指出客家先民的來源是廣義的北方，其地區不限於狹義的中原河南，而是黃土高原、黃淮平原的華北，這個範圍很大的地理區域就是客家先民的原生區，再者他們往南播遷而先到長江流域中下游的湖盆平原區，也就是長江中下游的華中平原區域，就是所謂的客家人形成之前的過渡地帶，無論是原生區或過渡帶，移居於此者均屬「客家先民」，最後才又再遷移到贛南閩西粵東邊區，才形成客家大本營，在這裏逐漸

---

[2]　房學嘉、宋德劍、周建新、蕭文評：《客家文化導論》（廣州：花城出版社，2002.3），頁129。

發展出「客家人」。房學嘉也在其相關著作中指出從北方逐步南下的客家先民以及以後在大本營的客家人也在遷移過程中與土著相融合，就客家文化言，固然有其原生文化傳統，也包括了融進來的土著文化，因此客家文化是一個綜合體，房氏甚至在其主要著作《客家源流探奧》中認為客家人的血統或族系之成分，應該是本地的土著較多而從江淮和華北來的漢族較少。[3]但無論如何，儒學儒教的文化價值系統則明顯且深入地是客家人的心靈和生活核心。

(二)謝重光的觀點

謝氏的觀點如下所述：

> 客家是漢族在南方的一個民系，它是在漢族對于華南地區[4]的經略基本完成，越海系、湘贛系、福佬系和廣府人諸民系業已形成的情況下，繼續向閩粵贛交界山區經略的結果。約略從唐代中葉安史之亂始，以江淮漢人為主體的北方漢人源源南遷，在華南諸省平原和沿海地區都被開發殆盡的情況下，大批南遷的漢人湧入閩粵贛交界區域的山區

---

3 請參閱房學嘉：《客家源流探奧》（臺北：武陵出版公司，1996.2）。

4 對於華南地區，謝重光有一個地理範圍的定義式說明，他說：「本書所謂華南，與 20 世紀國家一度設立的華南區並不對應，而是按照民族學者和人類學者的習慣，特指江西南部（贛南）、福建、廣東、廣西等省區。由於客家人的基本住地在贛閩粵邊山區，所以我們在華南的範疇裏特別關注閩粵贛邊的情況。」見謝重光：《客家文化述論》（北京：中國社會科學出版社，2008.12），頁 23。

和丘陵地帶，與閩粵贛交界區域的百越種族及盤瓠蠻等業已生活在這一區域的南方民族，經過長期的互動和融合，至南宋時彼此在文化上互相涵化，形成了一種新的文化——迥異于當地原住居民的舊文化，也不完全雷同于外來漢民原有文化的新型文化，這種新型文化就是客家文化，其載體就是客家民系。客家民系是一個文化的概念，而不是種族的概念。〔……〕參與融合的南遷漢人、百越種族和盤瓠蠻等南方民族都是客家先民，他們原有的文化都是鑄造客家新文化的重要構件。客家民系在南宋初步形成之後，元明兩代又有重大發展，約略至明末清初，其分布格局才基本穩定下來，其獨特方言、獨特風俗、獨特社會心理及族群性格才充分發展成熟。[5]

這一段關於客家人的論述，有數重點，其一是認為客家人較華中、華南的其他漢族民系如越海系、湘贛系、福佬系等較晚形成；其一是認為唐末安史之亂引起大批江淮區漢人南遷到今天的客家大本營區域；其一是認為客家先民乃是南遷到贛南閩西粵東邊區的北來漢人與原生的百越和盤瓠蠻等土著民族互動涵化而逐漸形成客家人，漢族和土著民族都是客家先民；其一是指出客家人的初步形成是在南宋，而在元明大發展，在明末清初格局穩定下來。

---

[5] 同前注，頁 23-24。

(三)王東的觀點

王氏提出「客家先民」的四層說：

1. 原生形態的客家先民：兩晉南北朝第一次移民高潮之前就已居住在贛南閩西粵東以及江西東北部的部分居民。

2. 次生形態的客家先民：兩晉南北朝第一次移民高潮中，由中原遷入客家大本營地區，或遷入淮河南北以及長江中下游地區，至唐末再由這裏遷入贛南、閩西者。

3. 再生形態的客家先民：唐代中葉因安史之亂由北方遷入客家大本營地區，或遷入江西中北部，再由此區繼續遷入客家大本營者。

4. 新生形態的客家先民：兩宋之際及宋末元初因宋室南渡及元人南下，而由北方及周邊其他地區遷入客家大本營地區者。[6]

據以上所舉四種客家先民，依時間之前後，最早從兩晉南北朝，歷唐、五代至兩宋、元初，而從北方或淮河、長江中下游、江西中北部等地遷入贛南閩西粵東邊區的客家大本營。故客家先民的南下，據王東之言，也是歷史時間很長，是分成數個階段，雖然有直接遷入者，但多在一些地區停留一陣子之後，才最終遷入客家大本營地區。

這些移民都稱為「客家先民」，而客家人就是以先民為基礎，在大本營經年累月逐漸發展產生的，王東說：

> 客家民系的形成，從總體上來講，是一個動態的歷史過

6　王東：《客家學導論》（臺北：南天書局，1998.8），頁 94-95。

程，這一過程的實現，是以不同形態的客家先民遷入大本
營地區（贛南、閩西和粵東北）為其基本前提的。故而，這一
過程的開端，應該以北方人民大規模的南遷運動基本中止
為標誌，而其完成則當以由大本營地區遷出之居民能夠在
總體上保留其語言文化特色為標誌。從這個角度來講，客
家民系形成的過程，其上限應該在南宋末年及元代初年，
而其下限則在明代中後期。因為，正是從南宋末年至元代
初年開始，中國歷史上大規模的北方人民南遷運動基本終
止，而在明代中期以後，由大本營地區遷入他地的客家人，
無論是內遷至湖南、廣西等國內地區，還是遷往國外，都
能在總體上保留客家民系的基本語言和文化特色。[7]

在客家大本營的客家人完成其群體性之後，由這個區域遷移出去
的人，都會有其相同性，譬如講客語，過客家人的一致性的生
活，也有共同的大傳統和小傳統，前者指儒家之道為核心，而後
者指比方說崇拜伯公。

(四)陳支平的觀點

史家陳支平在《客家源流新論》中，對於客家人之源起和性
質，有其創見。他說：「客家民系與南方各民系的主要源流來自
北方，客家血統與閩、粵、贛等省的其他非客家漢民的血統並無
明顯差別。」[8]他指出客家人與華南其他漢民族一樣的，其先人

7　同前注，頁173-174。
8　陳支平：《客家源流新論》（南寧：廣西教育出版社，1997），頁123。

都是來自華北，而且他們的血統也沒有不同，換言之，不管是客家人或閩南人或廣府人，都是同一民族，源於北方，遷移南方，但不是異族。

北方的漢民族在歷史中陸續地南遷來到南方，有一情形，就是雖然發展成為不同民系，但他們有許多生活方式仍然一樣或相似，譬如圓樓方樓等土樓，有人認為是客家人的專屬民居，其實並不是如此，閩南人亦有土樓。而客家人若在不同的地區，如閩西的客家和四川的客家，其風俗也會有許多差別，因此，如何界定客家民系？陳氏認為依據客家方言是最基本的方式。[9]

於是，陳支平說：

> 可以肯定，不同地區的方言，在宋、元以來的移民史上，起到了很大的作用。筆者在閩粵地區作社會調查時發現：方言區一旦成立，則將在很大程度上決定新移民區的民系歸屬。因為每當人口遷移之時，人們不免要把自己原有的方言和生活習俗帶到新的移民區。有些移民把自己原有的方言和生活習俗帶到新移民區後，生根發展，形成新的派生方言區；而有的移民，雖然把自己原有的方言和生活習俗帶到新的移民區，但隨著時間的推移，自身的方言和生活習俗逐漸被當地的方言和生活習俗所消融，移民的後代也變成了地道的當地人。[10]

---

9 同前注，頁 126-127。

10 同前注，頁 128。

陳氏在此指出移民從原居地遷移到新的地區時，會有兩種發展，一是他們維持了自己本有的方言和生活習俗，使那個新的生活區變成了他們的文化傳統派生的新生地區；一則是他們移到新的區域，其原有的方言和生活習俗不敵當地本有的居住民的方言和生活習俗，因而久而久之，就被當地原居民同化，自己原鄉的文化傳統逐漸消失。陳支平遂以客家民系來說：「客家人向廣東中南部擴展時，在很多地方保持了保持了客家的方言和某些生活習俗，因此他們也認為自己是客家人；而客家人向福建沿海地區遷移，卻無法把自己的方言和生活習俗移植過去，反而被福老系所消融，因而這部分客家人也就成了福老人。」[11]據此，客家民系在一個新地區的保有，是與當地先居住民的文化相較量之後的結果，一是客家文化存在且發展，一則相反，它被消滅融化了。陳支平認為是客家方言之是否保存和延續，乃是決定那個地區的住民是不是客家民系之根本所在。

再者，客家人若從客家大本營往外遷移，也須追蹤遷移出去的客家人會不會改變。他說：

> 客家人向外遷移時，有的繼續成為客家人，有的則成為福老人或南海系人，這些被其他民系融化的客家後裔，既不操客家方言，也無客家生活習俗，我們不能因其血統上的緣故，而把他們界定為客家人。〔……〕同樣，我們也不能因客家某姓氏遷自于某地，而逆推某地為客家區。[12]

---

[11]　同前注。

[12]　同前注，頁131。

關於後項，的確，不能視客家先民的原居地，也就是華北、中原，可以稱為客家區，那些客家先民也不是客家民系，他們是中原或華北的漢民族，但不可能有「我是客家人」的認同意識。甚至也不能認為現在客家大本營周邊的地區，如閩北、贛北、粵中是客家區，雖然客家人的祖先曾居住在那些地方。陳支平就指出羅香林將閩北的將樂、南平、沙縣也當成客家縣，可能是因為客家先民在那些地區始遷於今之客家大本營，但羅氏是錯的，因為客家先民居住過的閩北，既非客家區，這些先民也不能說是客家民系。[13] 再者，關於陳氏所言前項，譬如以臺灣客家史言，有不少桃竹苗客家地區的客家人在臺灣二次移民而遷到閩人多的地區，久而久之，他們的後代失去了客家方言，也失去了客家先祖的生活習俗，所以變成了俗稱的「福佬客」，其實，也就是喪失了客家民系的特性而甚至認同於閩南系。以筆者家族為例，筆者潘氏第十三世文嵩公是於清中葉從粵東嘉應州蕉嶺移民於臺灣苗栗的客家人，移居地是客家人的區域，所以繁衍到筆者已是第十八世，苗栗潘氏當然都是客家民系，操客語，過的是客家人的生活習俗，娶進來的漳泉籍女子，過了一段日子自然就說客家話，過客家人的生活習俗，筆者的曾祖母就是苗栗後龍的閩南人之女兒，嫁到潘家，變成客家潘氏的「頭家娘」。然而，由於宗族日漸繁盛，所以文嵩公派下幾大房中有族人遷移到南投、嘉義、高雄等地，而那些地區是漳州籍或泉州籍的優佔居住區，故彼等的子弟們，早已「福佬化」，已不懂客家話，其生活也不再是客家文化習俗。每年返文嵩公祖墳掃墓，非常明顯，他們帶來的祭品

13　同前注。

之形式已閩南化而不遵潘氏先祖傳下來的客家傳統。甚至於還抗議主祭者何以用客家話「請神」，要求用普通話，理由是他們聽不懂客家話！因此，在潘氏文嵩公祖墳前集聚掃墓的族人，只在血統上相同，源於同一個祖先，但是已經區分為客家民系和閩南民系了。

陳支平且指出所謂「客家」，不是自古就有的，而是明中葉之後的事。他說：

> 唐宋時期，北方人民入遷閩、粵、贛三省交界邊區，衍成族群，但他們並沒有自覺到他們與其他漢人族群有什麼差別，自然也就無所謂「客家人」的名詞及其記載。而到了明中葉以後，隨著人口對于土地的壓力增強以及商品經濟的發展，促使客家人沖破閩、粵、贛三省交界邊區的界限，向廣東南部擴展，從而與這裏原有的漢民發生嚴重的衝突。閩、粵、贛三省邊區居民為了適應外移過程中所發生的矛盾衝突的需要，他們自身團結和族群凝集的意識空前高漲，族群的自我意識和標榜便有了極為重要的現實意義，于是，閩、粵、贛邊區居民索性利用當時逐漸俗成的名詞，自稱為「客家」，從此以後，「客家」這一名詞逐漸見諸于各種文獻記載之中，客家人的群體也從這一時候開始形成。[14]

陳氏此段敘述表達了三個重點，一是客家人是一群從唐至宋逐漸

14　同前注，頁136。

從北方南遷而集居於閩、粵、贛三省邊區的群體，當時無所謂「客家人」的意識和稱謂；一是明中葉之後，在此邊區的這個群體開始逐漸向外擴散移居，他們卻與擴散移居區特別是廣東原有漢民地區的原有漢民如廣府人發生激烈的衝突，故產生明確的「我群」或「我族」意識；一是因為外移衝突而產生了「我群」或「我族」意識，他們就接受了當時俗稱他們的名詞來自我稱呼，那就是「客家」。

綜合上述四位學者關於客家人源起及形成的結論，大體都有一個共識，贛南閩西粵東邊區的客家大本營之客家人之形成，最早是在宋甚至是在南宋以後，甚至是明中葉，而此之前，客家先民是在中國人民歷史長河中的歷次南下遷移中，從北方經過渡地區而步步地南遷，他們是客家人的先祖。客家先民從北方逐步遷入大本營，與當地少數民族經過涵化、同化的歷程，漸漸以漢文化為基底而融進了當地的文化之後，形成了贛閩粵邊區的這個大本營的客家人本質，而且他們的「客家」之自我意識和稱謂，亦是在與其他漢民系接觸衝突之下，由於鬥爭、生存的主客觀情勢下逐漸被逼出來的「我群」或「我族」意識。

但，我們也需了解，客家和閩南系、廣府系或海南系等華南漢民，都是漢民族的民系，雖然與南方土著必定有混血交流，但文化衝突、涵化和同化的作用，就華夏民族的發展史而言，乃是以漢民族的文化為優佔型，所以在華南的這些民系包括客家人，他們的文化小傳統固然有其地方性甚至亦有當地少數民族融入的特色，但其等之文化大傳統則是源於中原的文化體系和內容的華夏文化，它的核心是儒學儒教。

就「儒學」和「客家」兩者的關係而言，中原是客家先民的

源起地之一,是客家人先祖的祖地,而中原又是儒學的新創源起之地,所以,儒學亦是中原地區客家先民的主要文教資源。換言之,河南中原的先民與思想在脈絡系統上,均與客家人有其連結上的關係。而就洛學的傳承之脈絡言,亦顯示了儒學和客家的關聯。兩者在歷史的大結構中的互動,使客家人擁有深厚的儒學儒教之文風。

二、河南二程新創儒家之道

中原是宋明儒學的發祥地,其核心在河南洛陽開封一線,所謂「洛學」是指程顥程頤兄弟以洛陽為中心,於此一帶傳揚復興孔孟之學而新生的儒家常道和慧命,自二程兄弟弘揚儒學傳播儒教之後,中原乃成為理學重鎮,由此向四方擴散,新興的儒學遂形成宋明以降中國的文化和思想主體。

雖然在北宋同一時期,有周敦頤(1017-1073)、張載(1020-1077)等大儒,分別在江西和關中地區新傳孔孟之道,故而二程和周、張之儒學,後世以其等和南宋的朱子儒學並稱為「濂洛關閩之學」,但唯有二程的傳承弟子有南下在南方發揚洛學之理學,南傳學脈遂影響到客家人,而使客家人的思想和精神與儒家具有深厚關係。

茲先闡明二程的儒學和儒教之重點與核心。

(一)程顥(1032-1085)

最接近且最能了解程顥的人當然是他的弟弟程頤。本文引程頤的《明道先生行狀》來闡述程顥的儒家人格及其對於儒學儒教

的貢獻。

　　據《明道先生行狀》（下簡稱《行狀》），程顥很年輕就走上
仕途，大都在各地出任官吏，亦曾擔任京官，在地方上，乃依孟
子王道仁政之訓，盡心盡力於養民教民之政，而在朝廷，則於皇
帝面前言必稱孔孟仁義。總之，程顥在治道上，是根據孔孟儒家
的仁政道統以行之，是勤政愛民的好官。譬如他出任晉城令時，
《行狀》記曰：

> 再期，就移澤州晉城令，澤人淳厚，尤服先生教命。民以
> 事至縣者，必告之以孝弟忠信，入所以事其父兄，出所以
> 事其長上。度鄉村遠近為伍保，使之力役相助、患難相
> 恤，而姦偽無所容。凡孤煢殘廢者，責之親戚鄉黨，使無
> 失所。行旅出於其途者，疾病皆有所養。諸鄉必有校，暇
> 時親至，召父老而與之語。兒童所讀書，親為正句讀，教
> 者不善，則為易置。俗始甚野，不知為學，先生擇子弟之
> 秀者，聚而教之。去邑繼十餘年，而服儒服者蓋數百人
> 矣。
> 鄉民為社會，為立科條，旌別善惡，使有勸有恥。[15]

程顥任晉城令時，年歲尚輕，其治道已甚熟稔孟子王道主張的並
行實踐「施善與教化」的仁政，地方治安必嚴而治之，且盡心養
護救濟當地之孤煢殘廢者，使可憐人能得到社區和公家的庇護。

15　〔北宋〕程頤：《河南程氏文集卷第十一・明道先生行狀》，收入〔北
　　宋〕程顥、程頤：《二程集》（一）（臺北：漢京文化事業公司，
　　1983.9），頁630-639。

又甚重視地方庶民的道德倫理教育，必啟發感召以孝悌忠信，其一方面召集父老而導之以德教，其一方面則親理地方學童啟蒙之基礎教學、教材、教法以及師資。除此之外，鄉約鄉治之實行，亦是程顥的治道重點。

就文化道統的角度來看，程顥的歷史地位不只在於為官而行孔孟治道而已，其重要性是在於為中國重新樹立儒家師道人格和風範，《行狀》說：

> 先生為學，自十五六時，聞汝南周茂叔論道，遂厭科舉之業，慨然有求道之志。未知其要，泛濫於諸家，出入於老、釋者幾十年，返求諸《六經》而後得之。明於庶務，察於人倫。知盡性至命，必本於孝悌；窮神知化，由通於禮樂。辨異端似是之非，開百代未明之惑，秦漢而下，未有臻斯理也。[16]

二程兄弟年少時嘗向周敦頤問學，遂厭倦科舉，而悟讀書有更高尚者存焉，此即仁義之道的追尋。一開始程顥泛濫於諸家，並且出入佛教和道家，幾達十年之久，最終乃迷途知返，而返求儒家《六經》，終於獲得安身立命之大道。[17]程頤點出程顥之有別於佛老兩家，關鍵處是「明於庶務，察於人倫。知盡性至命，必本於孝悌；窮神知化，由通於禮樂。」明察人間庶務和人倫之禮，

16　同前注。

17　許多大儒向學求道，一開始都不是往儒門追尋，往往先泛濫諸家、出入佛老，最後才歸返而肯定孔孟之道。程顥如此，朱子亦是，而陽明也如此，當代新儒家宗師熊十力更是先通唯識後歸大易的大儒典型。

是佛老闕如的，但必須明察人間庶務和人倫之禮，卻是最重要的人之存在以及文明存在的基本性價值。盡性至命的玄理哲思，是通三家的共法，但唯有儒家指出性命之大關鍵端在乎孝悌之盡分的大倫常，而此大關鍵則是佛老兩家無關心者或不能達至者，可是若無孝悌，人間世墮落為禽獸國，然則人既如禽獸，還有什麼性可盡？什麼命可至？同樣之理，窮神知化，亦通三家共法，可是唯有儒家能握其樞機，此即神化之境必繫之於禮樂，否則流於虛玄抽象，則此所謂神化之境與人有何相干？

千百年來，乃是佛老形式的盡性至命和窮神知化之哲學和宗教專擅於中國，到程顥出現於世，仁心之光才告乍現，如慧日之東出，點出本於孝悌，才有真實的盡性至命；通於禮樂，才有真實的窮神知化。「孝悌禮樂」是孔孟之道，程顥宣揚實踐「孝悌禮樂」的盡性至命和窮神知化，這就是讓中國重返以道德心性論為樞軸的儒家形式和內容的中國文化大方向。所以程頤會贊嘆其兄長之成就乃「秦漢以來，未有臻斯理者」，此話之意是說自從孔孟之道衰而不興千百年，到北宋程顥之「泛濫於諸家，出入於老、釋者幾十年，返求諸《六經》而後得之」，也就是孔孟先聖沒後，一直到程顥出世，中國的知識分子才能真正地重返《六經》而歸宗認同儒家的常道慧命之理，由於程顥自己的返歸孔孟六經常道，經由他的講學授徒，儒家之道統才又重新在中國的文化意識中形成為一個常規正途。

程顥的貢獻在於從漢末儒家道衰而佛老興發以降，到他乃能點明中國文化大方向的正途，此正途實為孔孟儒家的道統。《行狀》引程顥之言曰：

道之不明，異端害之也。昔之害近而易知，今之害深而難辨；昔之惑人也乘其迷暗，今之惑人也因其高明。自謂之窮神知化，而不足以開物成務；言為無不周遍，實則外於倫理。窮深極微，而不可以入堯舜之道。天下之學，非淺陋固滯，則必入於此。自道之不明也，邪誕妖妄之說競起，塗生民之耳目，溺天下於污濁，雖高才明智，謬於見聞，醉生夢死，不自覺也。是皆正路之蓁塞，辟之而後可以入道。[18]

程顥在這裏所嚴厲批判者，其實是針對佛老兩家，因為承魏晉六朝再歷隋唐五代，中國人的心靈思想之高明者競趨於佛老，因為兩家之哲理亦實甚富，無論承平或劇亂之世代，佛老之虛靈、高超、灑然以及抖落一切世俗而與天地游或得涅槃之永恆之樂，這些高超遠引的哲理和宗教境界，均很能吸引高級知識分子以及一般庶民百姓。但程顥卻嚴肅指出佛老的出世論和山林氣，都「不能開物成務而外於倫理，故不可入於堯舜之道」，換言之，佛老兩家都是以否定客觀的架構的政教社會而趨入避世和遁世之路，在著重內聖外王而言必稱堯舜聖王之仁政的儒家看來，佛老乃偏至之學說，不足以治世，且再由於儒道之晦暗不明，遂令邪誕妖妄之說橫行泛濫於天下，於是生民耳目為之塗塞，天下人陷溺於污濁中受苦受難。故程顥發憤教化世人以孔孟常道慧命。

程顥最偉大的貢獻不在當官從政，而是肩負儒家的人師，於洛陽一帶民間講授儒家仁學，將沉淪千百多載的孔孟常道在北宋

18　〔北宋〕程頤：〈明道先生行狀〉，《二程集》，頁638。

加以振復興揚。

程顥重建儒家並且加以教化弘揚的功德甚高，其死，宋太師致仕潞國公文彥博為其題墓，曰「明道先生」，葬於伊川，墓名：「大宋明道先生程君伯淳之墓」。程頤序其所以而刻之石曰：

> 周公沒，聖人之道不行；孟軻死，聖人之學不傳。道不行，百世無善治；學不傳，千載無真儒。無善治，士猶得以明夫善治之道，以淑諸人，以傳諸後；無真儒，天下貿貿焉莫知所之，人欲肆而天理滅矣。先生生千四百年之後，得不傳之學於遺經，志將以斯道覺斯民。天不憗遺，哲人早世。鄉人士大夫相與議曰：道之不明也久矣，先生出，倡聖學以示人，辨異端、闢邪說，開歷古之沉迷，聖人之道得先生而後明，為功大矣。於是帝師采眾議而為之稱以表其墓。學者之於道，知所嚮，然後見斯人之為功；知所至，然後見斯名之稱情。山可夷，谷可凐，明道之名亘萬世而長存，勒石墓傍，以詔後人。元豐乙丑十月戊子書。[19]

孔孟之道學不傳，千四百年中國無真儒，明道先生體悟儒家六經之真理，而以之教化眾人，因此聖學昌明，乃能辨異端、闢邪說。此即是說程顥其一生雖如慧星短暫，但其生命之光輝，就是點亮了孔孟儒家之常道慧命，由於程顥的踐履和弘揚，中國才又

19　〔北宋〕程頤：〈明道先生墓表〉，《二程集》，頁639-640。

能恢復為儒家是文化中軸的中國；自明道先生之後，孔孟之道才真正成為中國人的基本精神。

(二)程頤（1033-1107）

朱子作《伊川先生年譜》（下簡稱《年譜》），一開始如是說：

> 先生名頤，字正叔，明道先生之弟也。幼有高識，非禮不動。年十四五，與明道同受學於舂陵周茂叔先生。皇祐二年，年十八，上書闕下，勸仁宗以王道為心，生靈為念，黜世俗之論，期非常之功，且乞召對，面陳所學。不報，閒游太學。時海陵胡翼之先生方主教導，嘗以〈顏子所好何學論〉試諸生，得先生所試，大驚，即延見，處以學職。呂希哲原明與先生鄰齋，首以師禮事焉，既而四方之士，從游者日益眾。[20]

依《年譜》，程頤是一位自幼就能自誠而明的青少年，其有高識，且知書達禮，少年時與兄長程顥（明道先生）一同受學於周敦頤，頗有體證，故以十八歲的青年就有胸懷和膽識而上書勸宋仁宗應行仁政。後來游學於太學，論文令太學教導胡翼之大為嘆賞，故處以學職，而開始名聞四方，追從他來學儒學之士，逐日益增。程頤如此年輕就邁向了一生為儒師之志業踐履。

復依《年譜》，程頤曾中進士，但廷試時未能錄用，遂終身

---

[20] 〔南宋〕朱熹：《伊川先生年譜》，收入《二程集》，頁338-346。

絕意再試，而往來太學，所以有大批的太學生都願拜程頤為師而
向他學習儒家之道。

　　其後，司馬光、呂公著、韓絳等重臣一致推薦程頤入闕為帝
王講授治國之道，雖屢次謙辭，終於還是不得已入朝為哲宗皇帝
講授儒家內聖外王之大道，從此，程頤擔任了一陣子的帝王師，
道統在政統之上的儒家理想現其曙光，然而由於程頤的道德文章
的光輝，自然引起一些小人的嫉妒和厭惡，朱子說：「一時人士
歸其門者甚盛，而先生亦以天下自任，論議褒貶，無所顧避。由
是，同朝之士，有以文章名世者，疾之如讎，與其黨類巧為謗
訕。」因為無品文人以及奸佞劣臣在皇帝和太皇太后跟前的謗訕
和陷構，程頤被逐出朝廷而受到貶斥，此後十數年，歷哲宗朝和
徽宗朝，他一則被放逐編管於涪州、峽州等地，一則放歸洛陽家
中，在這樣被迫害的階段，程頤已非帝王師亦不再涉足政治，而
是完完全全在民間社會從事詮釋、推廣、弘揚、振興孔孟之道的
大儒。[21]朱子曰：

> 崇寧二年四月，言者論其本因姦黨論薦得官，雖嘗明正罪
> 罰，而敘復過優，今復著書，非毀朝政。於是有旨追毀出
> 身以來文字，其所著書，令監司覺察。先生於是遷居龍門
> 之南，止四方學者。
> 五年，復宣義郎，致仕。時《易傳》（按即《易程傳》）成書
> 已久，學者莫得傳授，或以為請。先生曰：「自量精力未

衰，尚覬有少進耳。」其後寢疾，始以授尹焞、張繹。[22]

據《年譜》，已到徽宗崇寧二年，無品文人和奸小依然不放過程頤，甚至由朝廷下旨試圖追毀其文字言論，並且禁絕其著作，這是典型的政治思想迫害。而程頤被迫離開洛陽遷居於龍門之南，他亦不再開堂為來自四方之學子講學，關閉了傳播弘揚儒家之道的程門。只以《易程傳》在家傳尹焞、張繹。

　　以上就是程頤的人生歷程，其最偉大的成就是曾為宋朝皇帝的人師，統治者居內廷擁有政統，而群臣則於外朝為帝王家治理天下而代表治道，故治道嚴格言亦屬於皇帝的治統，可是依據儒家之教，道統由師秉持實施，它通過儒師的身分而超越在帝王之上，以孔孟仁政王道的基本內聖外王大方針來指導帝王發政施仁。程頤擔任了帝王之師，純粹以孟子學教誨勸勉宋朝皇帝，這就是以道統來導引政統，是儒家理想的實踐，可恨為奸佞所害，惜哉！《宋史》曰：

　　頤於書無所不讀，其學本於誠，以《大學》、《語》、《孟》、《中庸》為標指，而達於《六經》。動止語默，一以聖人為師，其不至乎聖人不止也。張載稱其兄弟從十四五時，便脫然欲學聖人，故卒得孔孟不傳之學，以為諸儒倡。其言之旨，若布帛菽粟然，知德者尤尊崇之。嘗言：「今農夫祁寒暑雨，深耕易耨，播種五穀，吾得而食之；百工技藝，作為器物，吾得而用之；介胄之士，被堅

---

[22]　同前注。

執銳，以守土宇，吾得而安之。無功澤及人，而浪度歲
月，晏然為天地間一蠹，唯綴緝聖人遺書，庶幾有補
爾。」於是著《易》、《春秋傳》以傳於世。[23]

史書稱頌程頤是典型傑出的大儒，他不尚玄虛高論，而是博覽群
籍但歸宗於「誠道」，也就是一切問學之根本歸之於仁心，讓道
德心性來導引世間知識，其核心經典就是《四書六經》，也就是
孔孟儒家的大經典，透過他的詮釋和教育，儒家智德並非高妙而
不可攀或玄深而不可測的奧理，它乃如同人們日常維生所必須的
「布帛菽粟」，很平常但卻不可或缺。而讀儒家經典的目的不在
於只一昧追求知識，而是立志發心要成為聖人。他自己立下心志
作聖人，亦通過教化期望儒子們亦能體悟孔孟聖人之言而也一起
成聖成賢。

　　再者，因為程頤的教學貼近人性和生活，令弟子們善能依循
正路而成德，故對程頤都十分尊崇。程頤不僅為經師，更是人
師。

　　程頤強調農、工、商、兵四業之人都盡其功德，唯獨士子，
若無仁心亦無道德言行，那就無功澤及世人，只是浪度歲月，晏
然是天地間一個蠹蟲而已，程頤一方面是立乎儒門君子對於自己
的宗教戒律式之敬謹嚴求，一方面也是莊重地警誡世間千萬讀書
人切莫墮落成無德無學的蛀書蟲。

　　基於道德理想主義的自我期許，程頤雖然命運乖舛，卻不能

23　〔元〕脫脫：《宋史》，據《新校本宋史并附編三種·道學一》（16）
　　（臺北：鼎文書局，1994），頁 12720。

阻止他在京城時期或在編管時期以及在家時期，永無停息的儒學
教化和創述工作，他是典型的民間儒學的倡導者，因為他終身的
講授及闡明孔孟儒學，而終於使儒門的常道慧命有所發揚敷播。
《宋史》說程頤：「平生誨人不倦，故學者出其門最多，淵源所
漸，皆為名士。涪人祠頤於北巖，世稱為伊川先生。嘉定十三
年，賜諡曰正公，淳祐元年，封伊陽伯，從祀孔子廟庭。」[24]伊
川先生是從傳統而新創儒家之道的大儒，乃實至名歸。

　　二程生存活動的時代，開創有宋一代新儒學亦即理學的儒者
還有周敦頤和張載，而兩人時代較二程稍前，是孔孟儒學千百載
沉淪之後，能以道德形上學而加以新創的代表性大儒，然而，包
括了周張二程之北宋諸大儒，其由於生當孔孟儒學之真精神隱晦
不明上千百載之久，所以，在此運會之初陽乍顯時分，他們之入
路乃有其分限，當代新儒家牟宗三先生認為儒家的心性本體論，
從孔子一貫下來到宋明以後，大體有兩條路線，一是《中庸》、
《易傳》所代表的一路，中心在「天命之謂性」一語；一是孟子
所代表的一路，中心思想為「仁義內在」，即心說性。[25]牟宗三
先生進一步闡釋曰：

　　　　孟子堅主仁義內在於人心，可謂「即心見性」，即就心來
　　　　說性。心就是具有仁、義、禮、智四端的心，這一思路可
　　　　稱為「道德的進路」（moral approach）。《中庸》、《易
　　　　傳》代表的一路不從仁義內在的道德心講，而是從天命、

---

[24]　同前注，頁 12722。

[25]　牟宗三：《中國哲學的特質》，收入《牟宗三先生全集》（28）（臺
　　　北：聯經出版事業公司，2003.4），頁 57。

天道的下貫講。這一思路的開始已與孟子的不同，但是它
的終結可與孟子一路的終結相會合。它可以稱為「宇宙論
的進路」（cosmological approach）。[26]

兩條路線有其不同，孟子的路線直指本心，由本心的道德意識而
創生保任天地生命；《中庸》、《易傳》的路線則是高舉超越面
的天命或天道作為一個創造生命心性價值之源頭，人之心性的道
德實踐和生命的存在意義，乃是由於是從天命天道下貫而來。牟
先生指出：

> 了解孟子的性善說，才可了解並從而建立人的「真實主體
> 性」（real subjectivity）。中國儒家正宗是孔孟，故此中國思
> 想大傳統的中心落在主體性的重視，亦因此中國學術思想
> 可大約地稱為「心性之學」。此「心」代表「道德的主體
> 性」（moral subjectivity），它堂堂正正地站起來，人才可以
> 堂堂正正地站起來。人站起來，其他一切才可隨之站起
> 來，人不能站起來，那麼一切科學、道德、宗教、藝術，
> 總之，一切文化都無價值。〔……〕宋明儒中的周、程、
> 張、朱一路大體不是順孟子一路而來，而是順《易傳》、
> 《中庸》一路而來，陸王一系才真正順孟子一路而來。程
> 朱、陸王分別承接了古代對性規定不同的兩路，離開這兩
> 路的當然不是中國的正宗思想了。[27]

26　同前注。

27　同前注，頁 72。

牟宗三先生點出中國思想的正宗是儒學，而心性之學則是其中心，這個「心」指的是道德的主體性，有兩條路線，一是孟子之路，一是《易傳》、《中庸》之路，而北宋諸大儒包括了二程、周、張均屬後面一路，是天命天道下貫的道德主義的宇宙論，而到陸王才是孟子心性學之路。但是雖然如此，北宋四儒還是有其變化上的不同，當代新儒家第三代重要學者蔡仁厚指出北宋儒家之路線，「由濂溪而橫渠而明道，是一步步由《中庸》、《易傳》回歸落實於《論・孟》，至明道而充其極。」[28]但蔡仁厚再指出明道生當北宋，所以還是著眼於《中庸》、《易傳》，尚未純以《論》、《孟》為提綱；然而就是因為著眼《中庸》、《易傳》，因此客觀面的天道性命之提綱才能飽滿無虛欠，且又已經重視《論》、《孟》，於是明道先生是一位承先啟後之人物，在他同時具有充實圓滿的主觀客觀的既是本體宇宙論又是心性論而為一本的儒家之圓頓之教。[29]

　　至於伊川先生，則與其兄程顥有顯然不同的儒家哲思之進路，他不喜歡天道與心性一本圓頓地講，而喜歡撐開天道和心性而作分解表示，因此，程頤體會的天道天命只是形而上的「理」，此「理」只是「靜態的本體論的存有之理」與「存在之然的超越的所以然之理」。於是，先秦儒學中的客觀義的「於穆不已的體」以及主觀義的惻然有感的「仁體」、「心體」、「性體」均無法相應而體證，因而伊川先生的儒家修養之路就提出

28　蔡仁厚：《中國哲學史大綱》（臺北：臺灣學生書局，1988.8），頁214。

29　同前注。

「涵養須用敬，進學則在致知」[30]的後天形式的功夫論，此種功夫論是從氣之心的不斷提掇警戒來去掉生命中的污垢，在戰戰兢兢的整肅和格物過程中，使心從習染的情形中逐漸地恢復其清淨本心。可是程顥的功夫論卻不是這樣，他肯定心本來就是本心，且此心原本就是天，所以他的入路是「只心便是天，盡之便知性，知性便知天，當處便認取，更不可外求」，[31]又說「仁者渾然與物同體。義、理、智、信皆仁也。識得此理，以誠敬存之而已。不須防檢，不須窮索。」[32]類似此種圓頓一本的功夫和境界之話語，充滿流貫於明道的語錄和文章中。[33]二程的儒學進路，如果勉強拿佛門比喻，則明道的進路是接引上根人，如六祖惠能的禪法，著重自心自悟；而伊川的進路是接引中下根人，如神秀佛學或淨土宗，著重後天刮垢磨光之苦功。事實上，二程以後的儒家成為中國人主要的生命之根基以及人生之信念，此兩種進路都一樣重要。

30　〔北宋〕程頤之語，見〔北宋〕程顥、程頤：《河南程氏遺書》，卷第十八，收入《二程集》（一）（臺北：漢京文化事業公司，1983），頁188。

31　程明道曰：「嘗喻以心知天，猶居京師往長安，但知出西門便可到長安。此猶是言作兩處。若要誠實，只在京師，便是到長安，更不可別求長安。只心便是天，盡之便知性，知性便知天，當處便認取，更不可外求。」見〔北宋〕程顥、程頤：《河南程氏遺書》，卷第二上，收入《二程集》（一）（臺北：漢京文化事業公司，1983），頁15。

32　〔北宋〕程顥：〈識仁篇〉，收入《二程集》（一）（臺北：漢京文化事業公司，1983），頁16-17。

33　以上所述，依據蔡仁厚：《中國哲學史大綱》，同注28，又據蔡仁厚：《中國哲學史》（下冊）（臺北：臺灣學生書局，2009.7），頁613-672。

三、洛學南傳入閩

二程的儒教傳播甚廣，陳榮捷說：「程顥、程頤兄弟門人見于《伊洛淵源錄》者四十二人，〈宗派〉卷八有程氏學派數代傳授表。其直傳弟子六十六人，姚明達列程門弟子籍八十七人。」[34]又說：「二程居洛陽數十年，洛陽為西京，學人雲集，故程氏門人來自各方。」[35]又強調程氏弟子來自中國之東西南北，他說：「程門謝良佐（1050-1103）、楊時（1053-1135）、游酢（1053-1133）、尹焞（1071-1142）稱程門四先生，〔……〕謝良佐來自安徽，楊時、游酢來自福建，呂大臨兄弟來自陝西。」[36]

除了弟子來自天下四方之外，程門之風亦甚開闊有生氣，對於儒家之道的發展弘揚甚有助益。陳榮捷有所闡釋：

> 二程理學尚在初期，理氣之思想未完成，仁之觀念尚在發展中。理學在二程為一新世界。于是上蔡、龜山各能以覺或以天地一體言仁，別闢新境。〔……〕程氏兄弟思想〔……〕方向終有不同，故門人不免斟酌比較，而能自找路線。如程頤以仁為穀種，生之性便是仁；明道則以仁者渾然與物同體，觀雞雛可以觀仁。二者思想並無衝突，且可相長相成，畢竟方向不同，于是上蔡與龜山之開展亦異。且北宋異端之說，尚未及南宋之烈，二程雖批評佛

---

[34]　陳榮捷：〈朱門之特色及其意義〉，收入氏著：《朱子門人》（臺北：臺灣學生書局，1982.3），頁 1-27。

[35]　同前注。

[36]　同前注。

老，以其只直內而不能方外，但程氏仍以佛老略見道體，
又與僧人往來，明道嘗至禪寺方飯，見趨進揖遜之盛，嘆
曰：「三代威儀，盡在是矣！」正叔不排釋老，其門游楊
學禪，結果乃使異學之思想，發生激刺之效用，故程門有
新思潮。[37]

依上闡釋，可以見得二程儒教，一方面人才來自四方，且由於二
程思想進路的不同以及寬容的風範以及開放的胸襟，對於原始儒
家之仁，能夠在豐富的想像中而增益以新意義，而且對於佛老異
端亦較能持平式地批判而欣賞，故程門弟子富有新氣度和新創
意。而在文中，陳氏反覆提到的程門高弟有謝上蔡、楊龜山、游
酢等。而與南方的福建的客家人產生儒教關係的則是楊龜山。

　　程門四大弟子之中，楊時和游酢是福建人，隨著北宋滅亡和
中原文化中心南渡，兩人將畢生所學帶回家鄉，於是洛學南渡而
在福建延續傳播發揚。

(一)楊時（1053-1135）

《宋史》曰：

楊時字中立，南劍將樂人。幼穎異，能屬文，稍長，潛心
經史。熙寧九年，中進士第。時河南程顥與弟頤講孔孟絕
學于熙、豐之際，河洛之士翕然師之。時調官不赴，以師
禮見顥於潁昌，相得甚懽。其歸也，顥目送之曰：「吾道

南矣。」四年而顥死，時聞之，設位哭寢門，而以書赴告
同學者。至是，又見程頤於洛，時蓋年四十矣。一日見
頤，頤偶瞑坐，時與游酢侍立不去，頤既覺，則門外雪深
一尺矣。[38]

楊時是福建將樂人，今屬福建省三明市轄，此地鄰閩西客家人分
布地區，因楊時在閩傳播儒學之故，所以客家人亦必接觸到洛學
的孔孟常道慧命。史稱楊時雖然中進士，卻不就官位而北上至河
南穎昌拜明道先生為師，程顥非常器重楊時，楊時南歸福建時，
明道目送之而不禁嘆讚曰：「吾道南矣！」也就是儒家之道終於
往南從中原傳入華南，而與客家大本營的士庶之文風德教發生深
厚的關聯。明道先生逝，楊時再度前往河南在洛陽拜伊川先生為
師，他以最敬重之心向伊川問學求道，史上記載有一冬雪天，與
游酢一起見程頤，恰好程頤靜坐養神，兩人不敢驚擾，恭敬肅立
於側，等程頤醒來，才發現門外大雪已有一尺之深，這就是理學
中最有典範意義的「程門立雪」。

　　《宋史》又說楊時入程門有成，於是：「杜門不仕者十年，
久之，歷知瀏陽、餘杭、蕭山三縣，皆有惠政，民思之不忘。張
舜民在諫垣，薦之，得荊州教授。時安於州縣，未嘗求聞達，而
德望日重，四方之士不遠千里從之游，號曰龜山先生。」[39]楊時
杜門隱居長達十年，後來不得已才出任三縣的知縣，因依孔孟仁
政之治道治民，故有惠政而深得庶民愛戴，在地方州縣，不論歸

---

[38] 〔元〕脫脫：《宋史》，據《新校本宋史并附編三種·道學二》（臺
北：鼎文書局，1994），頁 12738。

[39] 同前注。

隱或治縣，其德望日重，故青年儒子從天下四方前來入龜山之門。此處表示楊時的儒家實踐如同二程，政與教乃偏向後者，主軸在草野民間以傳揚儒道自任。

　　徽宗派遣使臣訪高麗，高麗主居然詢問龜山先生現在哪裏，使臣回稟皇帝，乃引起徽宗的注意，遂從地方上召楊時入朝輔佐國政，此後直至北宋亡，楊時歷徽、欽兩朝，均能盡其忠貞懇摯輔諫宋帝，譬如拒奸佞、主抗敵、求仁政、正人心、褒君子……等等，均愨切陳辭抗諫，惜無法挽北宋之亡。[40]這一階段的楊時如同早年的程頤，是以大儒的身分在皇帝之旁，居國政的執政團隊之一大員，其生命之實踐屬於以儒家道統的信仰來參與皇權政治體制內的經國大業，在儒家而言，這是外王，也就是政道成分多於師道成分。

　　宋室南渡後，高宗依然倚重楊時，除工部侍郎，楊時建言高宗宜重視儒學儒教，故再任命楊時兼侍讀。終以龍圖閣直學士提舉杭州洞霄宮，告老乞休，於是返回民間以著書講學授徒為事，八十三歲終，諡文靖。《宋史》曰：「時在東郡，所交皆天下士，先達陳瓘、鄒浩皆以師禮事時。暨渡江，東南學者推時為程氏正宗。與胡安國往來講論尤多。時浮沉州縣四十有七年，晚居諫省，僅九十日，凡所論列皆切於世道，而其大者，則闢王氏經學，排靖康和議，使邪說不作。凡紹興初崇尚元祐學術，而朱熹、張栻之學得程氏正宗，其源委脈絡皆出於時。」[41]如此之品評甚為尊崇，南渡後的龜山先生豈只是一個楊時南返而已，他是

40　此段敘述均據《宋史・道學二》，頁 12739-12742。

41　同前注，頁 12743。

擔負著二程的洛學而渡江南返，將孔孟仁義之道傳播到南方的，所以，東南學者一致推尊龜山先生是程氏正宗。其實際深造有德處，是在講論推展儒家之道，而非朝廷中做大官的行政成績，在他的教化啟發下，後來的朱子和南軒之學乃能承續之而得二程洛學之正宗，因而孔孟之道在湘閩兩地得以開花結果。

　　蔡仁厚提到程門龍象唯推楊龜山和謝上蔡兩人。伊川先生從涪州（四川）放歸，見學者凋落，獨龜山和上蔡兩人不變，因而嘆曰：「學者皆流於夷狄，惟有楊謝長進。」[42]程頤的感觸甚深甚痛，那是因為他晚年受到政治迫害而遭放逐編管長達近二十年，以前來湊熱鬧的學子們很多都「流於夷狄」，意即是終究堅守不住孔孟仁義之道而紛紛墮落迷失或陷溺於旁門左道，惟獨楊時和謝良佐自始至終都護持保任著二程的洛學之儒家正道而無走失。這樣的品鑒，是兩人人格的判準和肯定。

　　關於龜山先生的儒學思想，據胡文定所說：「吾于謝、游、楊三公，義兼師友，實尊信之。若論其所傳授，卻自有來歷，據龜山所見在《中庸》，自明道先生所授，吾所聞在《春秋》，自伊川先生所發。」[43]胡文定就是胡安國（1074-1138），與楊時為論儒學的莫逆交，故其言可信，龜山先生之儒學，授自程頤，而源自《中庸》。在《宋元學案》中的〈龜山學案〉中引有一段楊時的話語：「《中庸》曰：『喜怒哀樂之未發謂之中，發而皆中節謂之和。』學者當於喜怒哀樂未發之際，以心體之，則中之義自

---

[42] 蔡仁厚：《宋明理學》（北宋篇）（臺北：臺灣學生書局，1979.9），頁456。

[43] 胡文定語見〔明〕黃宗羲：《宋元學案‧龜山學案》，據《黃宗羲全集》（第四冊）（杭州：浙江古籍出版社，2002），頁209。

見。執而勿失，無人欲之私焉，發必中節矣。發而中節，中固未嘗忘也。」[44]蔡仁厚闡釋曰：

> 龜山言「中」，主張驗之於喜怒哀樂未發之際，此是靜復以見體，亦即「逆覺體證」（筆者按「逆覺體證」一詞創自牟宗三，即指人的心性之形上把握，是向內自省修持而得，是無物無執的逆取，不是向外緣物的順取）的工夫。龜山門人羅豫章以及豫章門人李延平，亦皆教人於靜坐中見喜怒哀樂未發氣象。此即朱子所謂「龜山門下相傳指訣」。此中函有一種「本體論的體證」，是體證中體（性體）的工夫，亦即延平所謂「默坐澄心，體認天理」。〔……〕這是順明道體會天理的路而來，故黃梨洲以為，此乃「明道以來，下及延平，一條血路也」。[45]

由此可見，不止是現在的當代新儒家蔡仁厚認為楊時以及他的弟子羅豫章及豫章的弟子李延平的儒學進路是明道一線，黃宗羲的看法也是一樣的。從程顥到楊時再到羅從彥再到李侗，他們的儒學之路，是牟宗三說的「逆覺體證」，亦即「靜復以見體」，而此源於《中庸》而要求觀喜怒哀樂未發前的氣象為何，其實就是孔子說的「默而識之」的默照返觀自己本心的工夫和境界。

　　如果再深入一層看，楊時的儒學實從《四書》而來。《宋元學案・龜山學案》的〈龜山文集〉所徵錄的龜山先生之話語，[46]

44　引自《龜山學案》，同前注。
45　蔡仁厚：《宋明理學》（北宋篇），頁457。
46　見《宋元學案・龜山學案》的〈龜山文集〉，頁204-206。

皆出於孔孟以及《學》、《庸》。譬如：「夫通天下一氣也，人受天地之中以生，其虛盈嘗與天地流通，寧非剛大乎？人惟自梏于形體，故不見其至大；不知集義所生，故不見其至剛。善養氣者，無加損焉，勿暴之而已，乃所謂直也。用意以養之，皆揠苗者也，曲孰甚焉！」此段話分明是體會孟子而來者。又譬如：「夫精義入神，乃所以致用；利用安身，乃所以崇德，此合內外之道也。天下之物，理一而分殊。知其理一，所以為仁；知其分殊，所以為義。權其分之輕重，無銖分之差，則精矣。夫為仁由己爾，何力不足之有？顏淵之『克己復立』，仲弓之『出門如見大賓，使民如承大祭』，若此皆用力處也，但以身體之，當自知爾。」此段話所謂「合內外之道」，既已合矣，就無內與外而渾然為一，正是程顥的一本之論，是明道的儒家進路，而又曰「理一分殊」，則是程頤的儒家進路，而其又提及顏回和仲弓，分明就是從《論語》而來，是孔子的德慧，且其用句亦可看出源乎《易經傳》。再又譬如：「致知必先于格物，物格而後知至，知至斯知止矣，此其序也。蓋格物所以致知，格物而至于物格，則知之者至矣。所謂止者，乃其至處也。自修身推而至于平天下，莫不有道焉，而皆以誠意為主。苟無誠意，雖有其道，不能行。《中庸》論天下國家有九經，而卒曰『所以行之者一』，一者何？誠而已。蓋天下國家之大，未有不誠而能動者也。然而非格物致知，烏足以知其道哉？《大學》所論誠意、正心、修身、治天下國家之道，其原乃在乎物格，推之而已。若謂意誠便足以平天下，則先王之典章法物，皆虛器也。〔……〕」。由此一大段，亦可知楊時融貫《大學》和《中庸》的道理而點出意之誠是道德心的開端，但仁之實現卻有賴乎物格而得到的知致，也就是

主觀的道德理想之實現，必須依賴客觀結構的實學之支持和踐履，比方言，一個具有深厚愛心的醫生不能光有一顆慈悲仁愛之心，他必須依賴進步精密的醫學和醫術才能真正救助病苦之人。依此，龜山表現了宋理學家並非虛玄空幻的冥想者，而是追求心性之本來清淨也同時實現人世的合理合情之存在境界者。

　　總之，龜山先生堅守並且具現了從孔孟而至二程的儒學道脈。而在〈文集〉以及他的著作中，其實多為《四書》之道的發揮，也表現了二程洛學之門的高弟之光輝。

(二)羅從彥（1072-1135）

　　楊時最得其傳的弟子是羅從彥。羅從彥字仲素，南劍人（今南平市），曾以累恩舉而為廣東惠州博羅縣主簿。他聽聞同郡的楊時得河南二程儒學，慨然慕之，及楊時為蕭山令，羅從彥居然徒步往拜楊時為師，學習一陣子，龜山先生熟細地觀察，很高興地宣告：「惟從彥可與言道。」於是日益親近，而龜山先生的學生多達千餘名，沒有人比得上羅從彥。羅氏初見楊時三天，就驚出一身大汗，嘆曰：「不至是，幾虛過一生矣！」嘗與龜山討論《易經傳》，講到〈乾·九四爻〉時，楊時提到程頤的《易》之詮釋甚好，羅氏聽老師這麼一說，就賣田得些盤纏，遠赴洛陽拜見伊川先生，伊川反覆教導，羅從彥答謝而說龜山先生的論述也是同樣的，於是返福建在楊時處學習到畢業。[47]

　　上段所述，在《宋元學案》的〈豫章學案〉幾乎敘述一模一

---

[47]　〔元〕脫脫：《宋史·道學二》，據《新校本宋史并附編三種》（16）
　　　（臺北：鼎文書局，1994），頁 12743。

樣。此敘述很生動地描寫出羅從彥是一位儒家中豪邁擔當而有真性情的君子，他求明師而學道的心如此強烈明白且有道德上的氣魄，一旦聽到楊時之學乃二程洛學，敢不遠千里越山涉水前往拜師儒求真道，且又敢賣田賣地來換得從南方遠走中原向伊川問學的機緣，此種大勇和毅力，不是一般凡夫俗子可為，羅從彥可以稱為儒門俊豪。可是，莫以為羅從彥此種風格很傾向出仕執政，《宋史》又曰：「沙縣陳淵，楊時之婿也，嘗詣從彥，必竟日乃返，謂人曰：『自吾交仲素，日聞所不聞，奧學清節，真南州之冠冕也。』既而築室山中，絕意仕進，終日端坐，間謁時將溪上，吟詠而歸，恆充然自得焉。」[48]由此知羅從彥的道學深奧而人品清節，若依陳淵之贊言，則羅氏幾乎是南劍第一人也，而羅氏不熱中作官，他只願作一平民，常靜坐養心，且如孔子高徒曾點之浴乎沂風乎舞雩詠而歸之樂。於此顯示羅從彥是極賦有儒門顏曾之樂或孔顏之樂的清貧貞亮的處士型儒者。

　　羅從彥逝於高宗紹興五年，學者稱豫章先生。黃宗羲曰：「龜山三傳得朱子，而其道益光。豫章在及門中最無氣燄，而傳道卒賴之。先師有云：『學脈甚微，不在氣魄上承當。』豈不信乎？」[49]最無氣燄以及不在氣魄上承當的意思就是在道德實踐上，儒者人格風範如清潔空氣和清淨流水，亦如五穀菽粟糧食，淡淡然似無味但卻一日不可無之，豫章先生的儒學工夫和境界是從仁心來者，自然素樸，故一點也無造作的氣燄和外鑠的氣魄。這才是真正的孔孟儒家之道，也是二程子之洛學風格。

---

[48]　同前注，頁 12744。

[49]　《宋元學案‧豫章學案》，頁 560。

豫章先生的儒學進路試以下述他說的一段話以明之：

> 古人所以進道者，必有由而然。夫《中庸》之書，學者盡
> 心以知性，躬行以盡性者也。而其始則曰：「喜怒哀樂之
> 未發謂之中。」其終曰：「夫焉有所倚，肫肫其仁，淵淵
> 其仁，淵淵其淵，浩浩其天。」此言何謂也？差之毫釐，
> 謬以千里。故大學之道，在知所止而已。苟知所止，則知
> 學之先後；不知所止，則於學無由進矣。[50]

豫章先生此句話語乃綜合《中庸》和《大學》而表達其儒家進
路，重點在於知止的那個「知」和那個「止」，是以本心而知道
人必須始於仁而止於義，也就是人必須通過不停息的修心養性而
最終止於道德的最高點，也就是從明明德而止於至善。就豫章先
生的話語，喜怒哀樂之未發的中，就是本心，而其終極境界就是
肫肫其仁，淵淵其仁，淵淵其淵，浩浩其天。

四、儒學敷教客家區域

我們不能說北宋時代的中原人士就是客家人，而只能說其時
的中原人士，是後來的閩粵贛客家人的先民，何況進入宋朝以
後，贛南閩西粵東邊區的客家大本營也已初步大體形成，而那個
時代的中原則可稱為客家人的原鄉。二程身為中原人士，亦是中
原的大儒家，當然不宜說二程就是客家人，說他們的儒學就是客

50　同前注，見〈豫章問答〉，頁564-565。

家儒學，可是，站在客家人的文教立場，客家儒教的淵源，說是源自客家先民所在的中原，其思想源流是二程的洛學，並無錯誤。

(一)楊時、羅從彥的儒學教化閩西客家

　　或者評者會說楊龜山和羅豫章祖籍地恐非屬客家地區，兩位大儒大概不能直接認定是客家人。謝重光指出宋代理學與閩西客家的關係，主要是閩學在閩西的傳播，何為閩學？就是於福建，從楊時始傳而歷羅從彥，再歷李延平，最終由朱熹發揚光大的儒學儒教。楊時和羅從彥師徒兩人與閩西客家關係最深。楊時生在南劍州將樂縣，羅從彥亦為南劍州人，有史籍將兩人歸入歸化縣沙陽人，因此後世多有人認為楊羅兩大儒是客家人。但是兩大儒實非客家人，謝氏徵引清人楊瀾《臨汀會考》卷二的〈人物考〉之論述，該書說道：「府志載先儒楊時歸化龍湖人，先儒羅從彥歸化沙陽人，皆非也。龜山將樂有二，一在縣北封山，一在今歸化縣東龍湖。封山為將樂縣鎮山，先生世居山下，因以龜山為號。《將樂志》載縣北門有落星穴，晉熙寧中有長星墜于此，占者謂五百年後當生大賢，故名其地曰「德星坊」。先生實生于此。舊有資聖院，後人即院右拓地創建龜山書院。〔……〕至于先儒羅從彥，宅在延平郡治南羅源里，後徙于沙縣獺溪，羅源故址子孫世居焉，短垣矮屋，過者興嘆，載在省志，一覽可知。」謝氏據楊瀾之論證而說：

　　　　楊瀾的辨正引據確鑿，說理詳明，當無可疑，可以斷定這
　　　兩位大儒並非出生于今之純客家縣——明溪縣（歸化縣後改

名為明溪縣）。但是，他們的出生地都離今日的純客家地區
很近，其活動與客家人士聲氣相通，對于客家地區的學術
文化和社會思潮仍有不容忽視的影響。其中又以羅從彥對
於汀州士習民風的影響更為直接。[51]

南宋時代，依據上一章所言，已經在贛閩粵之交的區域形成客家
大本營，客家人已凝聚形成，當地的儒學儒教，在南宋，必定也
已有相當發展，從洛陽南傳的中原儒家思想在福建，由楊龜山和
羅豫章兩大儒師徒發揚光大，謝氏引用相關的地方史籍證明了龜
山和豫章兩先生雖然不是客家人，但對於閩西客家的儒教影響卻
甚顯著。

　　謝重光探索閩西客家人的汀州城（長汀）的文教建物，說到
小小汀州城中有試院、文廟、龍山書院等，他說：

　　　　文廟和試院是官方機構，各州各府都有，不足為奇，那
　　　　麼，書院是古代私人講學的場所，屬於民間教育機構，一
　　　　個地區有無書院，書院的數量、大小及其教學效果，確實
　　　　是衡量該地文化水平的重要參數。
　　　　宋代以來，汀州城內的書院有鄞江書院、新羅書院、森玉
　　　　書院、紫陽書院、東山書院、正誼書院、道南書院、麗澤
　　　　書院、龍山書院、廣陵書院、觀文書院、覺覺書院、臥龍
　　　　書院、正音書院等十幾家，從一個側面反映出汀州文教的

---

[51]　謝重光：〈宋明理學在客家地區的傳播〉，收入周雪香主編：《多學科
　　　視野中的客家文化》（福州：福建人民出版社，2007.1），頁 3-17。

發達。52

宋明的書院多屬地方民間之文教空間，汀州山城擁有十多所書院，證明當地客家人已具有深厚的儒教傳統。謝氏又提及鄉下的連城位居閩西山高谷深之崎嶇地區，但自南宋設縣以來，文教漸興、名儒輩出。他特別說到縣東的冠豸山，客家人入此山區開墾定居，以耕讀是尚，入明之後，此山的客家人「士知讀書尚禮，俗重登科取名」，在山上建設了成群的書院，有仰止亭、丘氏書院、尚友齋、悠然閣、竹徑書院、樵唱山房、修竹書院、東山草堂、五賢書院、雁門書院等，陳氏特別提及：

> 仰止亭的歷史最悠久，為文亨羅氏所建，〔……〕南宋初，理學名家羅從彥應連城羅氏宗親之聘，于建炎二年至紹興元年（1128-1131）的四年間，前來仰止亭講學，一時間閩西、閩北群儒匯聚，窮究心性，發明義理，著書立說，啟沃後學，在福建理學發展史和文化傳播史上寫下光輝的一頁。53

閩西連城冠豸山雖地處僻遠，豫章先生卻能應羅氏宗親的邀約，而從閩北到閩西客家之鄉的連城之仰止亭設壇講授中原二程儒學，一講就是數年之久，因此對於客家民系的儒家教化，必定深有影響。

52　謝重光：《閩西客家》（北京：三聯書店，2002.9），頁 37-38。
53　同前注，頁 40-41。

　　謝氏再又提到當年豫章先生手書的「壁立千仞」四個大字，就摩崖石刻在講學的連城仰止亭所在之靈芝峰上。而其五世孫羅良凱追尋其先祖，亦來到仰止亭讀書說儒，也手書「名山拱秀」四大字，刻石於乃祖手跡之下方，羅良凱與同樣結廬於冠豸山的本地俊儒丘麟、丘方叔姪時相過從，對於宋儒學在連城以及閩西的客家地區的傳播發揚，起了不小的影響。[54]

　　由上引論所述，閩西客家人的儒教，由龜山和豫章兩大儒引介而來，而兩大儒在福建傳播弘揚的儒家常道慧命則淵源於中原洛陽的二程子的孔孟之道，所以，閩西客家之儒教如同客家人的先民來自中原一樣，其儒家之教化亦遠源自中原。客家人的文化雖然亦融合了地方土著的文化內容，但若是就文化大傳統的教化核心和價值核心而言，當然是北宋河南程氏兄弟從孔孟之道傳承而新創的洛學之理學。

(二)朱子（1130-1200）儒學教化閩西客家

　　本文前引陳榮捷提及洛學弟子遍天下，而其中一支影響華南、臺灣以及往後八百年中國儒家思想甚至韓日越等東亞儒教圈諸國的朱子儒學，正是從楊龜山傳羅從彥，再傳李延平，最後傳朱子，再由朱子之廣博高深的道德和道術而完成。《宋史・道學傳》論述李延平，說到李延平名侗字愿中，福建南劍州劍浦人，年二十四，聽聞同郡羅從彥得河洛之學，遂以書謁而求學於豫章先生。李侗從豫章學累年，受《春秋》、《中庸》、《語》、

54　謝重光：〈宋明理學在客家地區的傳播〉，收入周雪香主編：《多學科視野中的客家文化》（福州：福建人民出版社，2007），頁 3-17。

《孟》。豫章好靜坐，李侗亦靜坐，豫章令靜中看喜怒哀樂未發前氣象，而求所謂「中」者，久之，而於天下之理該攝洞貫，以次融釋，各有條序，羅從彥亟稱許焉。[55]

依史所述，李延平上承龜山和豫章儒家血脈，再下傳朱子。蔡仁厚說：

> 延平之學，承龜山豫章一脈，主靜坐以觀喜怒哀樂未發之大本氣象。這靜坐「觀未發之中」的指點，乃是靜復以見體的路，是超越的逆覺體證。延平樂道不仕，亦不講學，不著書。〔……〕延平示人之大要，約有四端：一、默坐澄心、體證天理；二、灑然自得、冰解凍釋；三、即身以求、不事講解；四、理一分殊、終始條理。[56]

據此，李侗一方面追隨羅從彥的不出仕的庶民儒家之路，這是儒門中顏回和曾點的精神，但其更進一步，根本不開壇講學，亦不著書立說，頗有儒門大隱士的風範。但依蔡氏之論，從〈延平答問〉中可以歸納李侗平日示人之四大端，而此四大端的儒家工夫進路，其實是明道先生之形態，而此形態，基本上，從龜山到豫章以迄延平三位先生，乃是從上游歷中游而至下游的一條共同的儒家大江巨河。

李延平傳朱子，故一般閩學研究皆自然會說朱子之儒學傳承於延平先生。但據當代新儒家大師牟宗三對於延平和朱子之思想

55　〔元〕脫脫：《宋史・道學二》，頁 12745-12746。
56　蔡仁厚：《中國哲學史》（下冊）（臺北：臺灣學生書局，2009.7），頁 693-694。

脈絡之釐清辨正，此中有既是與非是之綜合，牟宗三的論證和詮釋體系龐大，[57]本文茲引其高弟蔡仁厚的簡明扼要之說而陳明之。蔡仁厚曰：

> 朱熹（1130-1200），字元晦，又字仲晦，號晦庵，又號晦翁，後世更以考亭稱之。朱子原籍徽州婺源，而生於福建。先僑寓崇安，晚年居建陽。父名松，號韋齋，師事羅豫章，與李延平為同門友。韋齋卒時，朱子方十四，奉遺命從學於劉屏山、劉白水、胡籍溪。十九歲中進士，二十四歲赴任泉州同安主簿，過南平謁李延平，二十九歲再一見，三十一歲如正式受學，又三年而延平卒。[58]

朱子少年時期從三先生學習，十九歲中進士，可見年少時的朱子仍以舉業為重。而李侗其人，朱子應該早就知曉，因為李侗是其父朱松的同門師兄弟，但朱子一直無緣向李侗問學，到二十四歲出任同安主簿時，才去南平謁見李侗，到二十九歲時又再見面，當面以仁心與中和之道請教李侗，至三十一歲始正式拜李侗為師，而又三年延平卒。因此從時間算來，朱子師事並且向李侗問學的真正歷史並不長久。

---

[57]　朱子對於延平先生的儒學基本理路之從接受到不安以迄他跳越延平一路而上追伊川先生之儒學之路，而信守伊川儒學且發揚光大，牟宗三先生有深邃精密的詮釋與判準，讀者若有興趣，請讀牟宗三：《心體與性體》，收入《牟宗三先生全集》（臺北：聯經出版事業公司，2003）。

[58]　蔡仁厚：《中國哲學史》（下冊）（臺北：臺灣學生書局，2009.7），頁693。

　　蔡仁厚指出延平卒而朱子步入中年之後，其儒學進路和觀點逐漸與延平不一樣。他說：

> 朱子在李延平處接下「觀未發之中」的題目，三十七歲正式參究中和問題，經過幾番出入反覆，到四十歲而有了定論。接著又好幾年的浸潤與議論，他對延平超越的逆覺體證的路，既未能順之而前進，〔……〕亦未能契入。終於依著他自己的心態，自然地向伊川而趨，走上了分解的順取的路，而完成另一系的義理：一、客觀地就「理」說，是本體論的存有系統；就「氣」說，是只以屬於存有之理（不能妙運創生的只存有而不活動的理）而定然之氣化的宇宙論。二、主觀地就「工夫」說，是認知的靜涵靜攝的系統；就「道德」說，雖亦有道德的意義，但卻是他律道德。牟先生名此為主智主義的道德的形上學。[59]

　　此段論述點出朱子到中年以後，終於不走他老師李侗的進路，換言之，在儒學的認知和工夫中，不追隨從程明道到楊龜山而傳給羅豫章，並且最後傳到李延平的這一條向內面默識本心而體證本心之「逆覺體證」的路線。朱子三十七歲，李侗已經過世，而朱子苦參數年，終於在四十歲之後跳越龜山、豫章、延平的明道先生之儒學，轉而去溯源追認伊川先生的儒學進路，此之後的朱子才真正是開創八百年閩學的紫陽夫子。換言之，獨立講學以後的

---

[59]　蔡仁厚：《中國哲學史大綱》（臺北：臺灣學生書局，1988.8），頁226。

朱子是依「涵養須用敬，為學則在致知」的工夫論中開展了他的儒家教育，從福建發出而影響了中國以及東亞，成為八百年中國和東亞的重要倫理價值和政治規範。

陳榮捷說朱子的門生曰：

> 朱門人數之盛，當然與地理有關。朱子門徒（連私淑）之分配，計福建一百六十四人，浙江八十人，江西七十九人，湖南安徽各十五人，江蘇四川各七人，湖北五人，廣東四人，河南山西各一人。此為里居可知者共三百七十八人，可謂來自全國。（按：南宋偏安長江之南，故全國之意思不包括華北以及華中之一部分）朱子整生十九住在福建，生徒自然以福建為最。〔……〕當時福建並非政治中心，亦非文化重地，〔……〕以福建海隅邊區而成一思想中心，中國歷史以來未有如此現象。朱子早于二十餘歲同安任內，吸引學者多人，朱子云，「我官同安，諸生相從者多矣。」漳州任內，從者更多。此後十年在建陽之考亭，從遊者雲集。[60]

由此可見，朱子是一位甚具風格的儒家，其道德和學問必定非常吸引當時的青年學子前往拜師學道，故朱子的儒教之門生遍布全國，甚至有遠從南宋之境外的金國之河南、山西慕名而來者，但畢竟朱子大半生均在福建活動，故弟子以福建最多，同時，朱子

---

[60]　陳榮捷：〈朱門之特色及其意義〉，收入氏著：《朱子門人》（臺北：臺灣學生書局，1982.3），頁11。

亦曾在漳州講學，追隨他的儒子也不少。而漳州鄰近閩西和粵東，因地理之故，其講學必然也影響到客家人。

謝重光提到汀州籍儒者楊方的事蹟，他說：

> 楊方，字子直，號淡軒，隆興元年（1163）進士，清秀篤孝，行己拔俗，中乙科。平昔心師朱文公，調弋陽尉，還，特取道崇安參請數月，面授所傳而歸。楊方獲得朱熹真傳，在朱門弟子中也算是傑出的，當理學被列為「偽學」遭到禁止時，楊方被視為趙汝愚、朱熹黨，罷居贛州，閉門讀書，以立場堅定、修養純粹知名于世。清初汀州名儒雷鋐在一封書信中說，楊方「嘗入武夷，從學朱子，贊朱子興白鹿洞，見朱子自注鹿洞賦中，朱子訂濂溪通書，得其藏本以校，見朱子太極通書序。〔……〕夫朱子倡明絕學，天下英傑萃于一門。汀州惟淡軒一人，與聞至道。其遺風餘韻，足以起衰式靡」。〔……〕楊方的事跡和思想品格，對於汀州後學是一種很好的模範表率，幾百年來一直起到鼓舞人心的作用。[61]

楊方是汀州籍的儒者，是朱子的高徒，他是客家人而入朱子之門成為一位傑出儒者的典範。一個地方既有君子賢儒出世，則此地方必屬儒教已達相當程度，才有可能誕生了不起的儒者，儒教文風所被，謝重光在同一篇文章也提到汀州受楊方的教化，其之後

---

[61] 謝重光：〈宋明理學在客家地區的傳播〉，收入周雪香主編：《多學科視野中的客家文化》（福州：福建人民出版社，2007），頁3-17。

進士輩出，而這些儒士當然也有效地傳播了朱子儒學。換言之，客家人經過儒學之教育和薰陶，也成為儒家道德之教以及忠孝廉節的倫理之鄉。當然，如果我們追溯閩西客家人的儒教文化之淵源，當然應上追到中原洛陽的二程子的儒家之道。因為有中原儒學的新復，才有豫章先生在閩西連城的講授洛學，也才有紫陽夫子的儒學對汀州文風德教之影響。

(三)贛南和粵東的儒家文教

若以較寬廣的空間範圍來加以觀察，其實可以直接說北宋大儒包括周敦頤和程氏兄弟的道德學問，都對客家大本營發生了深厚的教化作用。

關於贛南客家地區的儒學儒教，羅勇有其詮釋。他說：

> 史載，宋代的贛南雖荒服郡縣，必有學。如南安府學，創建于宗太宗淳化年間（990-994）；贛州府學，創建于宋代前期，九所縣學，其中八所創建于北宋前期的太宗至仁宗時期，一所創建于北宋後期的哲宗時期。除府縣學外，建于北宋的書院，贛南有三處，它們分別是石城的琴江書院、大余的道源書院和贛州的濂溪書院。仁宗時，理學始祖周敦頤曾在贛南做地方官，先後講學于南安的道源書院和虔州的玉虛觀，當時的興國縣令程珦把他的兩個兒子送去做學生，這就是程顥和程頤，他們後來都成了理學的重要代表人物。據此，封建時代就有人認為伊洛文獻之傳，

淵源實肇始于此。[62]

北宋初期，當少年程氏兄弟去拜周敦頤問學之時，濂溪先生已在贛南為官並且講學，其講學的場所亦有宋初已建好的書院。而且宋初皇帝重視儒教，所以也於贛南興辦府縣學以教育當地子弟。由此可證，在洛學於河南興盛之前，周敦頤的「濂學」亦已在贛南傳播弘揚。贛南屬於客家大本營的重要區域，北宋之初，其居民是否可以直接認為是客家人，此可商榷，但相信贛南的客家人已漸漸步入雛形，至少客家先民應該已經在此區生活發展，所以，我們說在年輕的二程兄弟在贛州問學於周敦頤，亦即周敦頤勤於講授儒學之際，學生中有客家人實甚有可能，換言之，洛學之先的濂學其實已對客家人推動啟蒙以儒學儒教。

由於如此，羅勇繼而指出兩宋時代，贛南共有進士234人，其中北宋92人，南宋142人。因為儒教推廣深入，所以贛南有太宗和真宗朝的名臣如石城的陳恕、陳執中父子，又有周敦頤甚推崇的贛縣人曾准，另外還有程頤甚賞識的興國人李潛等名儒。[63]他們既是宋時贛南儒者，亦可視為客家人的儒家。

在贛南和閩西的客家人已經推展並弘揚儒教之宋代，粵東亦漸次推展儒教，其核心區梅州，房學嘉提到宋仁宗下令設立州縣學，神宗則頒布《學令》，哲宗設諸路提舉學校司，梅州遂有儒學文教。興寧縣縣學建於宋嘉定年間，長樂縣縣學則始建於宋紹定年間。另外，亦有書院，被蘇東坡譽為「真鐵漢」的劉安世，

[62]　羅勇：《客家贛州》（南昌：江西人民出版社，2004.11），頁50-51。
[63]　同前注，頁52。

於元符元年在梅州創建元城書院，後來，知州劉渙於慶元年間更設立了四所學堂。[64]據上面之敘述，起碼在北宋時期，儒學儒教已經進入粵東。而南宋人王象之編纂的《輿地紀勝‧梅州》說：「梅人無產植，讀書一事耳。」可見南宋時期梅州已絃歌不輟，當然這些梅州人無疑是客家人。寶祐元年，名儒侯安國來梅州開經講學，梅州儒教鼎盛，其門生蔡蒙吉以十二歲應童子科登進士，據元人的《梅州儒學記》，宋代梅州及進士第者有十二人，如北宋的古成之、古宗悅、古革、藍奎、南宋的蔡若霖、蔡定夫、蔡蒙吉等。[65]

　　北宋京城在開封，其實也就是洛學興發的核心，洛學通過政府的興辦州縣之學，當然也就往南而傳到梅州客家地區，北宋時期梅州儒教的拓展，也就證明了中原儒學已經在粵東建立了其教化，客家人當然在彼時就已薰習了二程的孔孟之道。到了南宋，朱子之教化從閩西傳播到粵東，也是十分自然的趨勢。

五、臺灣的客家儒教

　　明永曆十五年（1661），延平王鄭成功渡海收復臺灣，臺灣正式納入中國版圖，次年，時任鄭經的諮議參軍的泉州籍儒士陳永華奏准，明鄭正式在臺南建立臺灣第一個文廟以及太學，於是開啟了臺灣的儒家教化。

　　康熙二十二年（1683），施琅率清水師征臺，明鄭降，臺灣

64　房學嘉、蕭文評、鍾晉蘭：《客家梅州》（廣州：華南理工大學出版社，2009.6），頁233-234。

65　同前注，頁234-235。

歸入清之版圖，屬於福建省轄的臺灣府。自此以後，臺灣就成為朱子儒學傳揚浸溥之儒家文教區。臺灣入清之後，客家民系大批從客家大本營的原鄉渡海來臺，其社區中亦深廣地推展了朱子儒學。

　　臺灣客家人主要分布在北部的桃竹苗之丘陵、谷地平原以及山地區；在南部下淡水河（今高屏溪）谷地的「六堆」地區，包括大高雄市以及屏東縣的客家人居住地帶。南北地區的客家人從大陸原鄉渡海來臺開拓新的鄉土，以自己原鄉的文化大小傳統做為在臺灣新土地上的安身立命之道，故儒教也就在臺灣南北客家區推廣敷播。本文僅以苗栗地區為例加以詮釋。

(一)縣志的敘述

　　清人沈茂蔭纂修的《苗栗縣志》是苗栗最早的地方志，茲舉其〈先正〉、〈紀人〉等節，來彰明苗栗西湖溪谷地聚落的客家人的儒教成就。在〈先正〉中，編修者舉十一位「先正」，也就是「先賢」，其中有四位先賢是居住在西湖溪谷地，他們是李緯烈、李朝勳、吳子光、陳萬青，本文謹舉李氏兩人的敘述內容如下：

　　　　李緯烈，監生，嘉應州長樂縣人。〔……〕徙住貓裏，後
　　　　居銅鑼灣澗窩莊，素喜周急。道光六年漳泉互鬥，以粥賑
　　　　難民；因而就食日多，舍無隙地，一時賴以活者數百人。
　　　　〔……〕以「孝友」囑子孫。〔……〕

　　　　李朝勳，字建初；緯烈子。性孝友，父母兄弟無間言；繼

> 母詹氏，養葬盡禮，稱聲戴道。處世善善、惡惡，急公向
> 義，為鄉里排難解紛，抑強扶弱。〔……〕地方有事，率
> 鄉勇保衛，不吝貲財。生平好讀書，尤精醫術。晚築家
> 塾，設學田，延師訓子孫；歲冬，命考家課，別優劣，賞
> 賚有差。〔……〕光緒十五年，總督卞寶第奏准旌表。
> 〔……〕[66]

上引兩位李姓先賢是父子，從所敘內容來看，基本上就是儒家教化的具現。父李緯烈是監生，以「孝友」之道傳子孫，且慷慨拯濟難民和艱困之人，由此可證他是一位具有儒學儒教之教養、信念的人文精神和社會良知的實踐者。子朝勳更能繼父之道而更加發揚，除了在家中盡其孝友之道之外，在地方鄉里則施善教化，更進一步，還佈施財貨、組織鄉勇以守護鄉邦，且建學塾以教育子弟。這種種表現，乃是儒家理念的實踐。《論語》，子曰：「弟子入則孝，出則弟，謹而信，泛愛眾，而親仁，行有餘力，則以學文。」[67]李氏父子之所以為先正先賢，載入地方志書，就是因為他們畢生實踐孔子的德化之理想。孟子將孔子這個理想加以深廣化，孟子曰：「五畝之宅，樹之以桑，五十者，可以衣帛矣。雞豚狗彘之畜，無失其時，七十者，可以食肉矣。百畝之田，勿奪其時，數口之家，可以無饑矣。謹庠序之教，申之以孝悌之義，頒白者，不負戴於道路矣。七十者，衣帛食肉，黎民不

66　〔清〕沈茂蔭：《苗栗縣志》（臺北：大通書局，未刊年分），頁202-203。

67　見《論語‧學而》。

饑不寒，然而不王者，未之有也。」[68]李氏父子勤儉起家，且知
衣食足之後必須推行教化的儒家理念，孟子之教言，正是李氏父
子盡心之所為。換言之，苗栗西湖溪谷地的客家人，在道光咸豐
以後，由於有李緯烈和李朝勳父子的儒家式施善與教化的社會實
踐，因而證成臺灣客家的儒家德教之成果。

　　另外，在同一縣志的《志餘》之〈紀人〉的內容中，亦載有
苗栗西湖溪谷地客家聚落中的七位儒士，其行誼謹敘述於下：

　　　　吳琳芳，監生。乾隆年間，由內地渡臺，居揀冬之社口，
　　　　其忠信，為土番所見重；墾闢樟樹林等處而家焉。續又以
　　　　長厚聞於官，諭墾石圍墻等處，鄉里愛敬。為人排難解
　　　　紛，不數年虧空數千金，怡如也。〔……〕吳思泉，本嘉
　　　　應之弟子員。與弟琳芳來臺，闢樟樹林而居。嚴氣、正
　　　　性、行不邪視、不返顧。墟市前後浣衣婦女多蹲踞，見思
　　　　泉來，皆起立，其為人嚴憚如此。

　　　　曾在江，監生。銅鑼灣人；原籍梅州。幼失怙恃。素篤友
　　　　愛。弟三傾家財無怨色；弟死，為之撫孤兒，不以產業自
　　　　利。少時，師事鍾國麟先生；一年師亡，為之洗葬；三遷
　　　　其地，擇吉而後安。子肇楨，庠生。

　　　　劉憬南，號晉帆，銅鑼灣人。〔……〕以庠生終。先是，
　　　　地初開未久，胥差多嚇詐鄉人，南一繩以法，無不畏者。

生平抑強扶弱。至綱常名教之重，周不留心，真典型也。〔……〕

劉錫金，附貢生，四湖莊人。友恭兄弟，以勤儉起家。訓子嚴肅，有不率者，雖經遊庠、食餼，不寬鞭撻。家人皆以畏憚之。

邱金亮，高埔人。性孝順，以勤起家，自奉儉樸，而喜周恤貧窮。鄉鄰有營葬其山場者，未嘗與人計較，人於此多之。子光忠、孫國恩，俱武生；國霖，庠生。

吳昌明，別字清；樟樹林人。讀書而兼課武，應試屢困場屋，兩無成名；然未嘗介意，亦奇士也。性沖淡，不較是非；〔……〕。[69]

上述七位人物，均為地方上的知識分子，譬如監生、弟子員、庠生、附貢生等，或非生員身分，無功名，但都是讀聖賢書而有修為有氣象者。他們在西湖溪谷地的鄉街、村莊為地方一方領導階層，其言行以及公私領域的施為，都符合並表彰了傳統儒學儒教。由此亦可看出朱子儒學在臺灣客家民系中的影響。

　　上引邱金亮之敘述，有曰「孫，國霖，庠生」。邱金亮的孫子邱國霖，也是讀書人。連橫在《臺灣通史》中有曰：「吳湯興，粵族也，家於苗栗，為諸生。粵人之居臺者，多讀書力田，

---

[69]　沈茂陰，同前揭書，頁 250-251。

負堅毅之氣，冒危難，不稍顧。而湯興亦習武，以義俠聞里中。乙未之役，臺灣自主，各鄉皆起兵自衛。湯興集健兒，籌守禦。〔……〕遂與生員邱國霖、吳鎮洸等，募勇數營，就地取糧。」[70]這一段關於抗日殉節的吳湯興之敘述，提到了生員邱國霖。此邱國霖就是西湖溪谷地高埔莊邱金亮的孫子，高埔莊與銅鑼灣街只隔著西湖溪，其距離不遠，故吳湯興與邱國霖能夠常聚論志，乃勢所必然。在同一列傳中，連橫又說到：「二十有五日，邱國霖以七百人戰於大湖口，無援而歸。日軍追之，迫新竹。〔……〕」[71]於此可知邱國霖還曾帶著抗日鄉勇七百人在今天新竹縣湖口鄉抗拒由桃園南下的日軍。

依史實，乙未割臺，在臺灣領兵抗日的青年生員，如苗栗銅鑼的吳湯興、苗栗頭份的徐驤、新竹北埔的姜紹祖，都陸續很快地殉難，邱國霖與他們一樣，是武裝抗日的重要領袖，極可能在新竹苗栗彰化的激烈抗日之役中戰歿，惜乎連雅堂沒有對他多所著墨。然而，無論如何，從邱國霖堅貞抗日的事蹟，進一步證明朱子儒學在臺灣對客家人的教化，不但及於日常生活的父慈子孝之倫常的實踐，一旦國家有難，更能奮袂而起犧牲抗敵，踐履了孔子的春秋大義。

再者，上引文所寫的劉錫金之內容甚簡單，但劉氏在西湖溪下游的西湖鄉聚落中，是十分重要的關鍵性人物。劉錫金的開臺祖劉恩寬乾隆中葉隻身渡臺到西湖溪下游，今西湖鄉四湖村開墾，從此建立劉氏家園並且發展為一個相當規模的血緣聚落，且

70　連橫：《臺灣通史・吳、徐、姜、林列傳》（臺中：臺灣省文獻委員會，1976.5），頁784。

71　同前注。

築造了劉家宗祠。恩寬的孫子劉錫金和他的兄弟劉錫詮，於道光九年（1829）在四湖莊的伯公背（小地名），築屋建立私塾性學堂，以教族內子弟，道光二十二年（1842）劉錫鑽獻出山仔頂的一塊土地，重新擴建學堂，並且取名「雲梯書院」，成為四湖莊這個聚落的劉家以及其他子弟讀書受教的文教中心。[72]

　　若就清代苗栗地區客家士子參與科舉的社群言，從道光十四年（1834）始有尖山莊（今苗栗公館）人劉獻廷中舉，十五年（1835）貓裏街（今苗栗市）人吳銘鐘中舉，十九年（1839）貓裏街人陳學光中舉，二十年（1840）尖山莊人劉翰（劉獻廷子）中舉，同治四年（1865）銅鑼灣莊（今苗栗銅鑼鄉）人吳子光中舉，十二年（1873）貓裏街人林洪香中舉，光緒六年（1880）四湖莊（今苗栗西湖鄉四湖村）人劉廷珍恩貢，光緒十一年（1885）尖山莊人謝錫光中舉，十七年（1892）維祥莊（今苗栗市維祥里）人湯樹梅恩貢，十九年（1894）貓裏街（今苗栗市）人謝維岳中舉。前後計 60 年，共有 10 位客家儒士獲得功名，其中 8 位是舉人，2 位是貢生。[73]表示清中末葉，苗栗的客家地區經過一段儒家教化之後，已有相當優秀的科舉成績，證明朱子學在苗栗客家社區中的教育達到一定的功效。

(二)地方史料的敘述

　　本文另外運用地方史料以觀清代苗栗客家之朱子儒學之教

72　詳細的論述，見潘朝陽：〈地方儒士興學設教的傳統及其意義〉，收入氏著：《明清臺灣儒學論》（臺北：臺灣學生書局，2001.10），頁 33-72。

73　同注 66，頁 195-197。

化。客家人從大陸原鄉到苗栗移墾，凝聚家族是十分重要的社會制度，譬如苗栗的嘉志閣莊（今苗栗市嘉盛里），大概是乾隆年間，客家人從原住民道卡斯族嘉志閣社的手上逐漸轉移而建立的漢莊，其中湯姓是大姓，於乾隆五十三年（1788）建立湯氏宗祠，並設置公嘗，其時，來墾的客家人家族如同中國宋明以降的鄉村和宗族自治體，自己推展鄉村和宗族社區的經濟生活和儒家教化。在當時，苗栗河谷平原一帶根本還沒有其他的儒家的文制建物之產生。湯氏宗祠的創立序曰：

> 自元以來，〔……〕溯厥初系自寧化石壁來也，始避亂藍坊牛欄角，一二世移居高思鄉。我
> 始祖約在藍坊仙遊，詳查系譜係湯氏四十七郎。當世混人稀，血食尚少，及後土滿人繁，有移徙他鄉而去者，隻身望臺而去者，因思木本水源，斂嘗立簿，永為享祀。我一姓蕃衍，或登賢書，或薦明經，或由鄉學，代不乏人，無非我始祖陰為叮囑，以至世世簪纓纍纍印綬，鵬等復念少遊海外，追遠猶存，〔……〕
> 〔……〕
> 時
> 乾隆五十三年歲次戊申貳月望日
> 十七世嗣孫廩貢生候選儒學　玉堂　撰[74]

---

[74]　見：《苗栗湯氏宗祠中山堂——祭祀公業湯家祀湯姓嘗》（苗栗：苗栗嘉盛里湯氏宗祠，不注年分）。

其文以湯氏子孫多有讀儒書而考取功名為榮。且執筆者湯玉堂就是一員廩貢生，亦是候選儒學。依此，可以看出粵東高思的湯姓家族，在原鄉就以儒教為其族規的重心，移居到臺灣的苗栗嘉志閣莊之後，仍然以讀儒書在仕途上爭取顯爵來光宗耀祖為念。由此民間宗祠的基本文獻可以證明客家人於清乾隆時代來苗栗開發建莊，最要緊的事情實以耕讀傳家的傳統為重心。

再舉一個例子，在苗栗縣公館鄉的石墻村，於清嘉慶二十二年（1817），由銅鑼樟樹林大業戶吳琳芳奉官方之指示而合股建設的一座防番型的規劃性村莊，稱石圍墻莊。此莊具有武裝防衛的堡寨性質，在其莊中有一廟宇作為神聖暨行政中心，主祀武聖關帝和文聖孔子。

廟額為「揆一樓」。所謂「揆一」一詞出自《孟子》。孟子曰：「舜生於諸馮，遷於負夏，卒於鳴條，東夷之人也。文王生於岐周，卒於畢郢，西夷之人也。地之相去也，千有餘里；世之相後也，千有餘歲。得志行乎中國，若合符節，先聖後聖，其揆一也。」[75]石圍墻莊的文武兩聖廟的主事者，顯然是一位儒者，否則不會知道孟子所舉舜帝和文王的東西之人的對比，而孟子的重點是無論空間之對蹠或時間之懸遠，舜帝和文王作為中國之聖王，他們的法則典範，對於後來的中國人言，都是一樣的。此中有兩個意思，一在空間上言，道德的聖境不分東西南北，一在時間上言，道德的聖境不分上古現今，總之，道德實踐是一貫同一的。將孟子的智言用在揆一樓，就是指文聖孔子與武聖關帝，兩位中國文武聖神的法則典範是一貫同一的。此位主廟的村莊領

75　見：《孟子・離婁下》，第一。

導，由此證明了儒學儒教在清嘉慶年間的苗栗客家地區的成功和深度。[76]

　　臺灣客家人的儒教，近水乃是閩學，也就是朱子儒學，而其遠源則是河南洛陽的二程子儒學，此與贛南閩西粵東邊區客家大本營的客家民系之儒教淵源，在時間上雖有先後，但在本質上並無差別。因為具有從二程而南傳並興發於朱子之德教的儒學思想和意志，所以，臺灣客家區域的文化基礎或本質是朱子儒學帶來的儒教，是十分自然的事實，而在這個道德文化的環境中誕生一位偉大的民族主義實踐者客家籍大儒丘逢甲（1864-1912），也就是必然的儒道之運會。[77]

六、結論

　　儒學儒教是中國文化的思想核心，也是中國人的行動中樞，拉掉儒家的常道慧命，就不會有中國文化和中國人。儒家之道淵遠流長，從孔孟就已創立而為兩千幾百年來的中國之所以為中國的準繩，再經北宋諸子特別是程顥程頤二兄弟在中原洛陽的講學振興，新儒學也就是理學遂從北宋起始成為中國近千年的根本價值核心思想和觀念，由福建籍大儒楊龜山之載道南渡而在福建發

---

[76]　進一步詳實的敘述和詮釋，見潘朝陽：〈石圍墻莊的建莊及其神聖空間〉，《臺灣漢人通俗宗教的空間與環境詮釋》（廈門：廈門大學出版社，2008.10），頁 156-172。

[77]　關於丘逢甲的儒家式詮釋，請參閱潘朝陽：〈丘逢甲在臺灣的儒家實踐〉，收入氏著：《臺灣儒學的傳統與現代》（臺北：國立臺灣大學出版中心，2008.9），頁 115-138。

揚了中原儒學，並傳給羅豫章再傳給李延平之後，更傳給朱子，遂大開南宋往後八百年的朱子儒學儒教的輝煌時代。

客家人亦是「客家先民」從廣義的中原漸次南下，逐步遷入客家大本營，其主要時期亦大體是兩宋至元明朝，客家大本營的客家人形成之同時，也是中原儒學在福建興發並擴展於贛南閩西粵東邊區之時，所以，客家人乃能接受洛學和閩學的儒家之道的薰習教化，亦成為具有孔孟常道慧命之倫理教養的漢民族中的一支優秀的民系。此傳統至清代，亦隨客家人的渡海來臺而在臺灣發展弘揚，臺灣客家人的社會也就成為儒家教化下的文明社會。

肆　儒家文化原則和方向
在臺灣的保存和延續
——牟宗三與徐復觀在臺灣的
儒家實踐之意義

一、保存中華文化原則和方向的臺灣儒家傳統

(一)牟宗三論「文化原則」和「文化方向」

　　當代新儒家牟宗三先生（1909-1995）十分重視「文化原則」和「文化方向」的建立；文化原則和方向攸關國家社會的剛健發展。他點出儒家文化原則和方向，對於中國人而言，就是「體經用經，立人道之常，立人道之極。」[1]此所謂「經」，即是恆常不易的文化原則和方向，若無「經」，則一個國家及其民族必無法立其人道之常極，就無法真正獨立生存。

　　文化原則和方向，對一個民族而言，如果不經心予以護持，則極易喪失，牟先生說：

---

[1]　牟宗三：〈漢宋知識分子之規格與現時代知識分子立身處世之道〉，收入氏著《時代與感受》（臺北：鵝湖出版社，1986），頁236-338。

> 若一民族仍然存在，但它的文化卻不能盡其作為原則並自
> 己決定方向的責任，則此民族的文化就不能算延續下去。
> 不能夠作為原則，不能夠自定方向，則這個文化就只是個
> 材料，而不是形式。〔……〕文化若要延續下去，這文化
> 必須能決定自己的原則和方向，原則、方向即代表一個文
> 化作為形式的身分。[2]

民族的主體存在性，關鍵是在自己能夠自主確立文化原則和方
向，惟有自己主體地確定自己的文化原則和方向，則這個民族的
「文化形式」方能存在，否則就只淪落成沒有主體性的「文化材
料」而已。文化原則和方向，由民族自己主體地建立，方才是活
的，才是這個民族的文化形式；如果民族自己無法主體地建立自
己的文化原則和方向，則就沒有自己主觀和客觀皆能獨立的文化
形式，一旦喪失自己的文化形式，則此民族的文化只能是以材料
而存在，這個文化和民族就是死的。

此種文化主體性的喪亡，史多明徵，近代西方殖民主義興
盛，很多亞非美洲民族的國家或部落被西方殖民主義入侵消滅，
對這些民族言，它們的主體性文化形式，都淪亡了，雖然民族群
體還在，可是自己絕已不能夠主體地確定文化原則和方向，其社
會之文化雖然還在，但已異化為殖民主義支配決定的文化原則和
方向。

牟宗三先生說：「宋儒的學問，純粹是精神教化的文化運
動，他們不只是對著宋朝的政治和立國而言，而是對整個中華民

---

[2]　牟宗三：〈中國文化的斷續問題〉，同前揭書，頁81。

族的文化的發展而言。所以他們強調作為國家民族常數的道統。」[3]此句雖只就宋儒言華夏民族的文化原則和方向，由此說國家民族必須具備的常數之道統。其實亦可指明儒的學問之意義也在此處。宋明儒家之學，就是為宋明以降的中國人樹立國家民族的常數之道統，其文化原則和方向是以儒家的常道慧命來創立貞定。

(二)明鄭、清朝臺灣儒家的文化原則和方向

　　滿清入關滅了明朝，這是異族殺入中土而將中華天下滅掉的大慘劇，明亡於清，豈只是改朝換代，照顧亭林的說法，明亡是亡國也是亡天下。[4]即意謂華夏民族的文化形式亡給異族女真，是自己的文化原則和方向喪失了主體能動性。

---

[3]　牟宗三：〈文化建設的道路──歷史的回顧〉，同前揭書，頁 345。

[4]　晚明大儒顧炎武逢明亡之慘痛，回顧古史，指出魏晉時期，士人、道僧者流競以玄談為尚，蔚為時風，結果「國亡於上，教淪於下，胡戎互僭，君臣屢易。」亭林曰：「有亡國有亡天下，〔……〕易姓改號，謂之亡國；仁義充塞，而至於率獸食人，人將相食，謂之亡天下。魏晉人之清談，何以亡天下？是孟子所謂楊墨之言，至於使天下無父無君而入於禽獸者也。〔……〕自正始以來，而大義之不明，遍於天下。〔……〕何怪其相率臣於劉聰石勒，睹其故主青衣行酒，而不以動其心者乎？是故知保天下然後知保其國。保國者，其君其臣，肉食者謀之；保天下者，匹夫之賤與有責焉耳矣！」見〔明〕顧炎武：〈正始〉《日知錄》，卷十七（臺北：明倫出版社，1970），頁 378-379。據此，中國亡天下就是喪失了儒家禮義道德文制，一旦亡掉，就必亡國，魏晉時代士大夫清談而無廉恥，中國亡入胡人，此即不止亡國，也是亡天下；明末心學空疏，明亡於女真，當時而言，清之易明，豈止是明亡，乃是夷狄入中國而亡華夏，其本質是天下亡矣。

　　鄭成功從廈門渡海來臺灣，就必須從這個立基點來看，方能顯其意義，此即是不願奴事滿人而將中國的儒家文化原則和方向帶到臺灣來加以保存延續。而對臺灣言，則是中華文化真正拓殖臺灣，自此臺灣遂成為以儒家文化形式為主體而發展了中華文化的原則和方向。

　　明永曆十五年（1661），鄭成功（1624-1662）以「明延平王」的身分，統領反清的軍隊和士農工商等人民從金廈揚帆渡臺驅荷，而在臺灣延續明祚，於是「改建臺灣為安平鎮，赤崁城為承天府，總名東都，設一府、二縣，府曰承天府，縣曰天興、萬年。」[5]一六六三年，陳永華奏請鄭經於東都也就是今臺南市建聖廟立太學，開始以儒家之道教育臺民，從此，中華民族以中國的國家形式正式在臺灣建立並展開中國文教內容和生活方式，同時也給臺灣帶來晚明時期特別具有抗拒精神的儒家思想和信念。[6]

　　康熙二十二年（1683），清朝降服明鄭，納臺灣入版圖，從此統治臺灣直至光緒二十一年（1895）日寇竊奪臺灣為止，清朝垂兩百多年以朱子儒學治理臺灣，其儒家道德倫理與明鄭建立的春秋大義型之儒家教化融而為一體，於乙未割臺慘變之際，其抗拒「夷狄」而堅持中華文化原則和方向的儒家信念，遂在當時的臺灣儒者的抗日意識中呈現出來，這些對抗日本殖民帝國主義的臺灣儒者甚多，如前期的丘逢甲、連橫、洪棄生、林痴仙以及後

5　〔清〕蔣毓英：《臺灣府志‧沿革》（北京：中華書局，1985），頁8。

6　以上關於明鄭之敘述，見潘朝陽：《明清臺灣儒學論》（臺北：臺灣學生書局，2001.10）。

期的吳濁流、蔣渭水、賴和以及臺灣文化協會諸君子等。[7]

　　簡要言之，臺灣從明鄭延平王開臺起始，經過清朝兩世紀的儒教之化育，再因痛遭日寇侵佔殖民高壓統治，儒家文化意識在臺灣存在特別的精神，那就是彰著「嚴夷夏之防」的《春秋》之大義，堅持儒家的主體性原則和方向來保存和延續中華文化。

二、一九四九年之後的臺灣儒家教育

　　二次世界大戰結束，中國爆發全面的國共內戰，西元一九四九年中共在大陸建立政權而國府退守臺灣。中華民國在臺灣立穩腳跟後，於文化原則和方向上，特別針對中共的「馬列唯物論」的治國意識形態，而標舉儒家為核心的中華傳統文化之復興，毛澤東在大陸於一九六六年發動長達十年的「文化大革命」，它是全盤反中華傳統文化的政治大鬥爭，蔣中正則在臺灣發起「中華文化復興運動」，以孔孟儒家思想為國家民族的文化復興之主軸。同時，國府退守臺灣之後，在各級國民義務教育上，特別著重儒家的道德倫理之教育宗旨。

　　儒學思想史家黃俊傑指出其時的《國文》和《中國文化史》的課本內容，儒家思想的分量十分重，特別是後者對於古代儒家、漢代經學、宋明清理學，都佔甚多篇幅。除此之外，臺灣的高中學生三年內都必須修讀《中國文化基本教材》，此課程是在《四書》裏面精選重要章句編為道德倫理教育的教本，對高中生

7　以上所述，見潘朝陽：《臺灣儒學的傳統與現代》（臺北：國立臺灣大學出版中心，2008.9）。

青年學子教化以儒家之道。[8]黃俊傑又再指出：

> 除了中小學教科書之外，官方傳播儒家價值的第二個方式
> 是，「中國文化復興運動委員會」所推動的各種社會運
> 動。這個委員會成立於 1967 年 7 月，主要是針對當時中
> 國大陸所展開的文化大革命，而想在臺灣推廣以儒家價值
> 為中心的傳統文化。〔……〕這個以推展儒家倫理為主要
> 任務的半官方機構在過去 25 年間（1967 年 7 月至 1991 年 4
> 月，此後改組為「中華文化復興運動總會」），透過〔……〕社
> 會運動方式傳揚傳統儒家價值。[9]

「中國文化復興運動委員會」或「中華文化復興運動總會」（現
在已更名為「中華文化總會」），在臺灣文化層和社會層，作了很多
面向民間社會的文教、學術、出版工作。它是中華民國體制內的
國民義務教育的儒家道德倫理教育之重要輔翼，除了國民人文道
德教養的儒家形式之正規教育之外，在臺灣的中華民國政府甚至
透過半官方半民間的此種委員會或總會的社會文教和出版活動而
將儒家思想和常規也在臺灣社會中長久地傳播植根。

　　中華民國政府在臺灣如此著重儒家教育，根本處乃是特別針
對當時大陸官方極端的反中華傳統文化和反儒家之道的「馬列主
義」之意識形態而展開的文化原則和方向的對抗運動。換言之，

8　黃俊傑：〈儒家傳統與二十一世紀臺灣的展望〉，收入氏著《戰後臺灣
　　的轉型及其展望》（臺北：國立臺灣大學出版中心，2006.11），頁
　　165-188。

9　同前注。

如果將此儒家式國家政教路線放在從明鄭以降的臺灣儒學精神之大歷史結構中，則可突顯一九四九年之後的國府在臺灣的儒家式教育，也特具有樹立華夏民族本有的文化原則和方向來抗拒外來的「馬列唯物論」的異化型文化原則和方向的意味。

　　黃俊傑在其論文中強調蔣氏父子執政的國府以及中國國民黨在臺灣大力推行的體制內和民間社會的儒家教育，具有很濃厚強烈的官方意識形態之色彩和精神，黃氏顯然對臺灣此種由政府提倡的帶有政治御用的儒學儒教，表示了嚴厲的貶意。[10]但無可否認中國歷代朝廷，只要是上軌道的政權，沒有不依據儒家政道來治理國家的，故統治階層會標榜弘揚推行孔孟仁義之政教，在中國傳統政治上也發生了積極良善之功。而且凡事一旦它自己走出一條客觀的軌轍，辯證發展的結果，往往也會產生另外一個非主觀意志所可完全左右控制的另一種發展。不可諱言，在臺灣的中學教育裏的《國文》和《中國文化史》以及《中國文化基本教材》，固然在課本的「大意說明」、「注釋」的文本中，會有很明白露骨的一種附和，即將儒家忠義之道加在蔣中正總統身上，製造政治威權領袖的神聖完美之道德人格，此種方式與清朝臣民頌呼清帝為「聖天子」是一樣的意識形態。然而，我們也不能忽視教材是死的，傳道授業解惑的老師才是活的，那個時代，在中小學裏有很多國文課、歷史課以及中國文化基本教材課的老師，是根據課文本身來進行教學，他們並不願在課文的講解中去鼓吹政治崇拜之思想，比方說他們講解中國文化基本教材，主要是依據朱子的《四書集注》之說法，或者甚至會弘揚陽明致良知的心

10　同前注。

學。就筆者就讀高中的例子來說，我的高三國文老師歐陽呈瑞先生是一位溫文儒雅的老先生，他教國文課和中國文化基本教材課，從來不曾在課堂上說過任何一句歌頌政治領袖之話語，也絕不拿孔孟儒家之忠孝仁義之道來依附蔣中正，他惟依先聖先賢的教言來解析課文和經典，他是湖南人，但祖籍江西，是歐陽修的子孫，由於中國分裂，一九四九年他與寡母分離隻身來臺灣，當他講授歐陽修所撰〈瀧崗阡表〉時，傷憶大陸的寡母，在課堂上放聲悲泣，讓全班同學大受感動。我們的國文老師是言行一致的傳統儒者，豈會肉麻無恥地給政治人物謳歌恭頌？威權戒嚴統治時期的臺灣之國民教育課堂上會進行政治崇拜的課目，其實只有高三時代必修的《三民主義》，透過研讀被改編過的孫中山先生思想而強迫大家接受蔣中正的思想以及反共之宣傳。但在教育上，那種造作的東西不會在人心中有任何效果。總而言之，中華民國在臺灣實施的《國文》、《中國文化史》、《中國文化基本教材》之體制教育，其內在的儒教精神之傳播弘揚，是成功的，並不會由於政治意識形態而被根本扭曲。

再者，國府治理臺灣，官方尊崇儒家教化，以儒道作為中華民國的國家文化的原則和方向，故於國民教育中明訂必修儒學經典，以儒家道德哲學作為國民的人格涵養之重要內容。國府亦鼓勵民間社會的文化界、輿論界、教育界推廣弘揚儒學儒教，因此，整體言，中國分裂之後的臺灣之民間社會文化和教育，以儒家之道為原則和方向的結構與氣場，是顯著明白的。在此總體情勢下，當代新儒家的牟宗三和徐復觀兩位大儒在臺灣的儒學實踐，遂成為甚重要且有深刻意義的文化現象。本文以下兩章分別就牟宗三先生和徐復觀先生在臺灣實踐儒家原則和方向，加以簡

扼的詮釋。

三、當代新儒家牟宗三在臺灣的儒家實踐

一九四九年中國分裂，當代新儒家的第二代儒者，如牟宗三先生（1909-1995）和徐復觀先生（1904-1982），都離開大陸而遷徙到臺灣。他們不願居留在故土神州大陸，而寧願漂流到完全陌生的海島臺灣，並非依附擁戴國民黨和蔣中正，他們之所以不願留在大陸，是因為不願認同中共從「馬列唯物主義」的以鬥爭為文明社會之綱常之思想，此種以鬥爭為主軸的思想正好與儒家的以和諧為主軸和綱常之觀點和信念背道而馳。

兩位來臺的當代新儒家在臺灣的儒家學術和教育之歷程，對臺灣的儒家文化原則和方向的保存與延續，甚具重要性。

(一)人文友會

牟宗三先生來臺，居住臺北，任教於當時的臺灣師範學院（今臺灣師範大學），於是創立「人文友會」而展開儒家講會。蔡仁厚先生談到「人文友會」說：

> 牟師宗三先生，自民國三十八年（1949）夏秋之間渡海來臺，次年起任教臺灣師範學院（臺灣師大前身）。校中社團有「人文學社」，設有人文講座，經常講習國學、史學與文化思想，青年學子多所興發。唯學校社團不免有所侷限，而社團之活動亦很難免於浮泛。先生有感於此，乃另行發起「人文友會」，本乎開放獨立之精神，採取師友聚

會之方式，進行課外之講學。[11]

這個「人文友會」之精神，基本上是傳統宋明儒家的民間書院形式之講會，也就是由一位師儒為講座，眾弟子圍繞之而聽講座之儒家講學，並且師生共同討論之，每講由弟子記錄之，最後累積形成語錄或專輯。我們說「人文友會」是當代新儒家在臺灣的首創書院式講會，實不誇張，乃合乎精神和事實。

蔡仁厚是當時參與「人文友會」的眾弟子之一，且追隨牟宗三先生從不違離，故其所記最為忠實。他說：

> 人文友會於民國43年8月14日，首次聚會於東坡山莊先生寓所。第二次起，改借師大教室聚會。聚會之期，兩週一次，固定在週末晚上舉行。聚會之人，無分校內校外，自由參加。凡有志趣者，皆敞開心懷，以禮相見。如此，則學校與社會相通為一矣。
>
> 友會之聚會講習，既不同於學校上課，也不同於公開演講，而是藉聚會以提撕精神，激發志趣，凝聚心志。由師友之團聚，進而擴大友道精神；由友道精神之擴大，而通接文化生命，持載歷史文化。[12]

「人文友會」的講會乃是「聚會之人，無分校內校外，自由參加。凡有志趣者，皆敞開心懷，以禮相見。如此，則學校與社會

---

[11] 牟宗三主講，蔡仁厚輯錄：《人文講習錄》（臺北：臺灣學生書局，1996.2），見該書之〈編印說明〉。

[12] 同前注。

相通為一矣。」此即明證牟宗三先生在臺灣師大設立的講會，是一種溝通學校與社會的宋明儒學形式的書院講會，如朱子的書院講會，在武夷山下的各書院或在湖南長沙的嶽麓書院、廬山的白鹿洞書院之講會，無不是開放的將學校與社會結合溝通在一起的自由講論之風格。[13]「人文友會」實即如此。再者，友會聚會講習的宗旨，既不同於學校上課，也不同於公開演講，而是藉聚會以提撕精神，激發志趣，凝聚心志。由師友之團聚，進而擴大友道精神；由友道精神之擴大，而通接文化生命，持載歷史文化。這種講會的方針和意旨，也合乎傳統儒家書院講學論道的精神，因為「人文友會」如同宋明儒學之書院，其講學目的，不在於知識傳播，不在於世俗事情之演講，而是為了儒者的心性之提撕以及友道的擴大，這樣做有一個目的，是為了儒家由個人而增益為儒家團體，才能上接承載文化和歷史的大生命而重新開出國族的文化原則和方向。依此，「人文友會」是國共內戰而中國分裂之後，在臺灣從民間發起而抗拒中共唯物論和共產主義的第一個儒家團體，它是當代新儒家之書院式講會。講會持續了兩整年，共講了 51 次，現存之記錄有 31 篇，今以《人文講習錄》之名出版。[14]

　　牟宗三先生論及成立「人文友會」，有一個使命，就是「轉

13　朱子一生最重要的志業，就是建立書院並且實踐書院的儒學儒教，其精神和內容，成為中國儒家在民間講學論道而傳承並弘揚中華文化的常道慧命之典範。關於朱子與書院的論述不少，《朱文公全書》或《朱熹集》中均有相關記載，在一般中國書院史中亦可讀到，譬如可參閱李國鈞：《中國書院史》（長沙：湖南教育出版社，1994.6）。

14　同注 11。

移風氣」。[15]何以這樣說？那是因為中共在大陸建政，中華民國潰敗，時代板蕩飄搖，人心浮亂，而整體社會氣氛衰敗頹廢，因此，儒家有責任給予扭轉復正，此即「轉移風氣」是也。牟先生提振弟子們的心志，從學術的基本態度和立場切入而曰：

> 我總希望每一位將來在學術上有一地位，共同表現一基本態度與立場，〔……〕真正講來，立場沒有很多的，道二，仁與不仁而已。〔……〕現在只共黨可算是一立場——魔的立場。我們現在是針對魔的立場，而徹底透出正統的立場，以結束三、四十年來流逝中那些不成熟的動態。[16]

所謂「立場」是指國家民族的文化原則和方向的基本立場以及身為中國人的心性的基本主場，這個立場是向上提到最高原點，那就只有兩個對蹠面，一個是「仁」另一個就是「不仁」。將此雙元對蹠性落實在當代中國的政治和文化現實面，就是儒家仁道與共產主義的唯物論的明顯對抗，而就牟宗三先生的儒家仁道立場，共產黨的唯物論，是一種不仁之魔道。人文友會的講學目的，正是要樹立孔孟傳下的儒家常道慧命來對治外來的共產主義。牟先生再說：

> 我們這個友會，可以說是一種文化運動。我們這三、四十

15　牟宗三：〈友會之基本精神與願望〉，收於牟宗三：《人文講習錄》，頁 1。

16　同前注，頁 1-2。

年來，總是向外向下，由浪漫的否定來表現正義與理想。不獨青年為然，即一般知識分子皆然。此種浪漫性的否定，一定是虛無主義，共產黨即由此而來。我們現在要轉移過來而改為向內向上，從正面表現正義與理想，表現其熱忱，或說是浪漫性。那麼，中國才有辦法，中國才可建立起來。[17]

牟先生視人文友會之講學論道，是一種文化運動或文化運動的起源，他將講會看待成文化運動的性質，乃是因為中國共產主義革命運動蜂蟻而起，是一種大否定的虛無主義，是一種向外向下的狂飆，此意思為何？乃是剋就中共革命奪權時，不僅僅是傳統中國歷史上的改朝換代而已，而是挾持一種文化思想本質的政治軍事革命行動，此所謂文化思想本質就是完全地向外依據洋人的馬列唯物主義，而向下根本將中國固有的文化傳統加以否定鄙棄毀滅。「人文友會」是一個貞下起元的文化運動，那就是讓中國人重新歸返中華文化的本位，向內重返儒家真常之軌轍，而向上追溯到孔孟代代相傳的中華文化思想之道統。牟先生繼續說：

我與諸位聚會講習，主要的用心，就是要扭轉這種習氣。我們由向內向上開啟純理想性，自然就接上了孔子的生命與智慧，也自然就了解了中國文化的生命與智慧。這裡是基本原理基本立場的所在。這裡有最根本的肯定。所以由向內向上從正面開啟我們的理想性，才能有正義與理想的

---

[17]　同前注，頁2。

表現。孔子與中國文化不是外在的古董，乃是生命與智慧。只要你用真實生命和他相接，你便接上智慧之路。我們這人文友會，還有一大願望，即關心我們這一民族國家的立國之本。[18]

這一段話語非常清晰明白地說出向上向內的文化方向，就是回歸孔子的生命與智慧。中國文化的根本原則和方向是在孔子之道，換言之，就是在儒家的德性和學問。在這裡方有真實的民族國家的生命智慧，方才是中國的立國之本。五四新文化運動和中共的國際共產主義運動，皆鄙薄中華傳統文化，當然輕侮儒家文化思想，所以他們看待中華文化的傳統以及儒家之道，就有如博物館中的古董或金字塔中的木乃伊。牟宗三先生直截地說孔子儒學是活生生的常道，中華文化的本位也是活生生的。「人文友會」的講會即是講求這個活生生的中華文化之本位性，也就是講求活生生的孔子儒家。

　　中國分裂後的中華民國政府宣稱實施民主政治，當然，自五四運動起始，中國就宣傳「德先生」了，國府退守臺灣，雖然仍然實施威權體制的半調子的民主議會政治，而全盤西化派則在臺灣大肆宣揚鼓吹所謂自由主義而實為資本商業主義的民主代議政治思想，此種思潮全盤反中華文化也全盤反儒家。牟宗三先生說：

　　　　理想成為客觀化，須通過憲法，此為吾人奮鬥之目標，我

18　同前注。

們必須從文化運動上開出這一理想。我們如果單講民主政治，不通文化生命，則國家建立不起來。若只有政治上的民主，而沒有生活上的軌道，則國本不立。〔……〕現在什麼都不在乎，衝破一切，大氾濫。只是一種墮落，站不起來，只是一堆物質。所謂「興於詩，立於禮，成於樂」。一點矩矱體統都沒有，這不表示氣魄，這表示墮落。[19]

牟先生此所謂「理想」是指中華民族的自己主體建立起來的文化原則和方向之理想。此理想，在國家大政上，必須建立民主制度之憲法，才能在政統和治統上確保人民的基本人權，也才能在客觀上護持中華文化。民主制度只是政治架構，此架構讓中國人根據法律而來組織政府來管理自己的國家，在民主架構中沒有統治階級亦無被統治階級，無論你的職分是什麼，大家都是公民。然而，民主架構僅屬於現代化下的人之社會和生活的必要條件，但不是充分條件，什麼才是社會和生活的充分條件？就是牟先生在此強調的文化生命之挺立和實踐。沒有文化原則和方向的民族，就不會有自己的文化生命，光有一套民主架構，卻缺乏文化生命，不能興於詩、立於禮、成於樂，沒有禮樂文制，沒有道德和理性的生活軌轍，就不會有國本，生命與生活毫無矩矱體統，一切肆無忌憚、一切衝決網羅，這是一種大墮落。民國以來直到現代，大陸有文革之大劫以及現階段的商品消費主義化之後的社會虛浮奢華之風，而臺灣則因為西化之風潮影響，加上實施一種從

---

[19]　同前注，頁4。

美國拷貝橫殖過來的俗氣喧囂淺碟式的議會政治，再又受到高度扭曲墮落無品格不誠實的媒體之推波助瀾，總體而言，現代中國人之心靈失落的危機並沒有消除，換言之，剛健的文化原則和方向並無真正客觀地建立起來。

牟宗三先生成立「人文友會」之深心大願即如上述，如同朱子在武夷山下的書院講學弘道，牟先生一方面從「人文友會」出發而在臺灣的大學和社會中宣講儒學，一方面則以儒為宗而會通綜合中外各大哲學和宗教體系之思想而給予判準衡定，其講學和著作的教化之功甚崇高深厚，影響臺灣青年心靈向上向內提撕警醒，其成效無可限量。

(二)牟宗三在臺灣的儒學創作的三大方向

牟宗三先生的主要著作大體皆是避赤而渡海來臺之後完成的。其思想之傳播和教化，最早當然是發生在臺灣，換言之，就儒學和儒教的復振與重生，牟先生對臺灣的文化原則和方向之樹造的盡心盡性，有其無可抹滅的歷史功績。蔡仁厚在其書中闡明牟宗三先生之學，規模宏遠，思理精嚴，其所造而大有功於茲世者，可舉要而約為三端：

1. 牟宗三費盡心力，先後撰著《才性與玄理》、《佛性與般若》、《心體與性體》三書，以釐清中國文化思想巨流中的三教演進發展的義理脈絡，且分判其異同分合之思想系統，使三教之義理價值，煥然復明於世。

2. 牟宗三於大陸淪陷，國遭鉅變之際，發憤撰成《道德的理想主義》、《歷史哲學》、《政道與治道》三書，此三部著作乃牟氏力振孔孟學脈以挺顯內聖外王之弘規，並承晚

明諸儒之豁顯外王大義，而推進一步以解答中國文化中的政道、事功、科學之問題。

3. 牟宗三以十餘年之奮勉，撰述《邏輯典範》、《認識心之批判》二書，以扭轉羅素之歧出，照察康德之不足。二十年後，仍然鍥而不捨，撰成《智的直覺與中國哲學》、《現象與物自身》二書。其主旨乃在抉發中國哲學傳統之奧義，以融攝康德、升進康德並藉之而充實中國文化生命，轉出知性，凸顯認識主體，以開出科學知識。[20]

蔡氏舉出三大端來簡要地點出牟宗三先生的儒家之學術，在於重建中國三教義理之道，並解明當代中國政道、事功以及科學問題，再則融攝升進康德哲學來豐富中國文化生命而能客觀突出獨立的知性主體，由此開出中國人的科學理性。

　　上述的牟先生的儒家思想新創，其重要性關係到中華文化原則和方向之重建，而在他從事於斯之際，中共卻正以極大的國家機器之勢力，進行否定並且摧毀中國傳統文化的政治、文化及教育工程。與大陸相反，牟先生如同在臺灣的明鄭之抗拒型遺民儒家之文化建設志業，他堅持反對馬列唯物主義及全盤西化論的文化本位立場，在臺灣數十年從事儒學以及中國三教之創新之詮釋，並且推展相關的體制內和民間之教化。一方面，這個儒家實踐往上連接了兩條血脈，一是上追宋明儒家並遠溯孔孟；一方面也因為是在臺灣實踐，所以也就連接了明鄭遺民儒家以及清末和日據對抗日本帝國主義之侵略的臺灣儒家先烈先賢之春秋學之志

---

20 蔡仁厚：〈牟宗三先生的哲學與著作編印前序〉，收入氏著《新儒家的精神方向》（臺北：臺灣學生書局，1982.3），頁 323-326。

節與精神。

四、當代新儒家徐復觀在臺灣的儒學實踐

(一)學術與政治之間

　　徐復觀先生在國共鬥爭的劇烈時期，曾受蔣中正重用，在其身邊擔任過「軍委會少將高級參謀」以及「總裁隨從祕書」等重要入幕之賓，直接參與了國民政府和國民黨的黨國大政。[21]然而國民政府潰敗，國事不可為，徐先生決心退出黨政圈而回到民間，故於民國三十七年（1948）十一月中旬攜眷離開南京而抵廣州，三十八年（1949）的二月底、三月初，再赴浙江奉化溪口，蔣中正希望徐復觀先生還能給國民黨提供建設性規劃，但亂局已成，實無濟助，終究從廣州渡臺，定居臺中。[22]

　　徐復觀先生在臺中時期，曾短暫任教中興大學，後蒙沈剛伯向曾約農推薦而轉到東海大學教書。[23]

　　大陸時期的徐復觀先生基本上是一位從政之士，且參與了國政大局，避赤來臺後，從政界急流勇退，重新拾起中國古書苦讀，憑其紮實的家學根柢及深厚的國學素養，很快地在中國傳統義理思想之學術中尋找到安身立命之道，他在這個階段，撰述了

---

[21]　徐復觀：〈末光碎影〉，收入氏著《徐復觀雜文續集》（臺北：時報文化出版企業公司，1981.5），頁341-349。

[22]　徐復觀：〈垃圾箱外〉，收入氏著《徐復觀雜文——憶往事》（臺北：時報文化出版企業公司，1980.4），頁22-46。

[23]　徐復觀：〈感逝〉，同前揭書，頁188-194。

許多文章，於民國四十五年（1956）和四十六年（1957）集結出版
了《學術與政治之間》的甲、乙集。他在〈甲集〉的序言中說：

> 我之所以拿起筆來寫文章，只因身經鉅變，不僅親眼看到
> 許多自以為是尊榮、偉大、驕傲、光輝的東西，一轉眼間
> 便都跌得雲散烟銷，有同鼠肝蟲臂。並且還親眼看到無數
> 的純樸無知的鄉農村嫗，無數的天真無邪的少女青年，有
> 的根本不知今是何世，有的還未向這世界睜開眼睛；也都
> 在一夜之間，變成待罪的羔羊，被交付末日的審判。在這
> 審判中，作為人類最低本能的哭泣、呼號，作為人類最大
> 尊嚴的良知、理性，都成為罪惡與羞辱，不值分文。而我
> 的親友、家園、山河、大地，也都在一夜之間，永成隔
> 世。凡這種種，並非歷史中的神話，而是一個人親身的經
> 歷；則作為「蓋人心之靈，莫不有知」的我，對此一鉅變
> 的前因後果，及此一鉅變之前途歸結，如何能不認真的去
> 想，如何能不認真的去看，想了看了以後，在感嘆激蕩的
> 情懷中，如何能不把想到看到的千百分之一，傾訴於同一
> 遭際下的人們之前。[24]

這一段話語說出為文立論，是為了在這個國共內戰而中國大陸赤
化，馬列主義成為華夏民族的文化形式之大鉅變之亂世而作，然
而，徐復觀先生卻不是為了替政權上的貴冑之成敗得失而作文

---

[24]　徐復觀：《學術與政治之間‧甲集自序》，氏著《學術與政治之間》
　　（新版）（臺北：臺灣學生書局，1980.4）。

章，他一則為此亂世中的無辜無告的中國庶民百姓悲慘的命運而著書立說，一則是基於作人最起碼的良知和理性來記錄這個亂世何以會讓人們漂泊失所、親朋離散。總之，《學術與政治之間》的主旨是效法太史公撰述列傳，將中國分裂赤化的悲劇中的人性、仁道以及學術和政治問題，筆之於文並且提出屬於儒家良知之知識分子的見解。

徐先生貼切著時代與鉅變而寫下來的文章，他深有懷抱，他說：

> 中國古聖先賢，有如孔子孟子，他們對當時君臣們的諄諄告誡，實際就是他們的時論文章。我認為凡是以自己的良心、理性，通過時代的具體問題，以呼喚時代的良心理性的時論文章，這都是聖賢志業之所存，亦即國家命運之所繫。[25]

徐先生認為孔孟兩聖人周遊列國對當時諸侯君臣之諄諄告誡而由弟子記錄下來的語錄和文章，也就是《論語》和《孟子》，就是當時的「時論文章」。但莫小看低估了孔孟的「時論文章」，因為《論語》和《孟子》皆是孔孟以自己的良知、理性，通過時代的具體問題，以呼喚時代的良知理性的時論文章，這都是聖賢志業之所存，亦即國家命運之所繫，所以，徐復觀先生的意思就是指出其《學術與政治之間》的這部著作，其一心之用，乃是如同孔子孟子一般，心繫於國家民族的興衰以及聖賢志業之所存。接

---

[25]　同前注。

著他又說：

> 人類數千年的歷史文化，證明要政治清明，國家強盛，則
> 政治指導之權，必操之於社會。社會指導政治的具體途
> 徑，一為輿論，一為選舉。有真正的輿論，乃有真正的選
> 舉，故輿論又為選舉的先決條件。而所謂輿論，乃係對政
> 治的批評，不是對政治的歌頌，此乃無間於古今中外之常
> 理。假定一個時代，到了由釘死自己的良心理性，進而想
> 去釘死社會的良心理性的阿諛家們，起來取真正的時論者
> 而代之的時候，這正說明此一時代的終結。[26]

徐先生指出從庶民社會發出對於政治之批判，是一個時代政治清
明與否的先決性，對國政的批判，當然須訴諸良知和理性，並非
盲目和扭曲的誣詆誹謗，但亦不是無恥的對統治者或政客的歌功
頌德。徐復觀先生此種從民間而非從政府中發出輿論批判時政之
觀點，其實在晚明大儒黃宗羲的《明夷待訪錄》一書中已經發其
端倪，黃宗羲論及「學校」之設立的意義，曰：

> 學校，所以養士也。然古之聖王，其意不僅此也，必使治
> 天下之具皆出於學校，而後設學校之意始備。〔……〕蓋
> 使朝廷之上，閭閻之細，漸摩濡染，莫不有詩書寬大之
> 氣，天子之所是未必是；天子之所非未必非，天子亦遂不
> 敢自為非是，而公其非是於學校。是故養士為學校之一

---

[26] 同前注。

事，而學校不僅為養士而設也。

〔……〕

東漢太學三萬人，危言深論，不隱豪強，公卿避其貶議。
宋諸生伏闕搥鼓，請起李綱。三代遺風，惟此猶為相近。
使當日之在朝廷者，以其所非是為非是，將見盜賊奸邪懾
心於正氣霜雪之下！君安而國可保也。〔……〕
嗟乎！〔……〕學校之法廢，民蚩蚩而失教，猶勢利以誘
之。是亦不仁之甚，而以其空名躋之曰「君父，君父」，
則吾誰欺！[27]

黃宗羲痛思明亡天下亡的慘變之故而有《明夷待訪錄》之作，其
所論「學校」，主要指出學校除了養士之外，更重要的要旨是太
學祭酒、師儒以及太學生，必須依據良知、理性和學術，對於朝
政國事，常常提出諫言批判，特別是針對皇帝之錯誤言行，學校
中的儒家必須具備仁勇之志而直言勸諫其過失，雖有殺身之禍亦
在所不懼。再者，黃宗羲更指出此種擁有批判抗議精神的學校，
並非他的創見，乃是中國本有的儒家傳統，他特別舉東漢和宋代
的太學生為例以著明之，黃氏所言甚真，但儒家這種批判抗議政
治之風格，其實從孔子孟子就已確立了典範，是儒家的恆常不變
的傳統。

徐復觀先生堅持且標舉儒家必須批判抗議時政之腐敗黑暗，
這是儒者的天責，亦是往聖先賢一直延續而下的重要傳統精神。

---

[27] 〔明〕黃宗羲：〈學校〉，《明夷待訪錄》，收入氏著《黃宗羲全
集》，第一冊（杭州：浙江古籍出版社，2005.1），頁 10-14。

徐先生在國府退守臺灣的那個危亂之時局中，會發文而以儒家道統來批判抗議時政，乃是因為在當時，真的是有一大批釘死自己的良知理性，進而想去釘死社會的良知理性的阿諛家們，所以，他本著儒家的憂患意識而依據良知和理性發憤立說來加以廓清釐正，否則中華民族自我主體的文化原則和方向既已亡於大陸的馬列主義，難道在臺灣一個小島上還要覆滅而無孑遺嗎？

徐復觀先生在臺灣邁向學術生涯，他就本著儒家的良知而展開學術、輿論的批判與抗議，他在《學術與政治之間》的「乙集」之自序中這樣說：

> 在今日，既有人以滿身污穢的自卑心理來面對政治問題，也有人以「滿面羞慚」的自卑心理來面對文化問題。在此種人的心目中，覺得只有咒罵誣辱自己的歷史文化，才能減輕作為一個中國人的罪孽感；這恰和共產黨裏面許多人為了「丟掉歷史包袱」所作的坦白心情，一般無二。
> 政治上反自由民主者口頭上的理由，是說中國不合於自由民主，亦即是承當不起自由民主；把個人承當不起的自卑心理，投射在整個的國家身上。
> 文化上反歷史文化者的口頭理由，是說不打倒自己的歷史文化，西方的文化便走不進來；把這一代人的陰鄙墮退，一筆寫在自己的歷史文化身上。[28]

---

[28]　徐復觀：《學術與政治之間・乙集自序》，氏著《學術與政治之間》（新版）（臺北：臺灣學生書局，1980.4）。

這一段序文直率地斥責兩種人物，而這兩種人物有一個相同點，就是皆以一種滿身污穢、滿面羞慚的自我作踐的自卑心理，極盡其力地咒罵詆辱自己的歷史文化。這兩種人物，一是崇尚極權政治的馬列主義者；一是號稱為自由主義而其實是全盤西化論者。他們從五四運動以降，無論左翼或右翼，都是崇拜西化而鄙棄中國自己的文化原則和方向者。徐先生嚴正指出中華民族若無自己主體的良知理性，就不可能評判、選擇、吸收、消化中國文化以及西方文化。關鍵處是在民族的良知理性是否自己做自己的主人。他說：

> 滿面羞慚的自卑心理，使一個人在精神上抬不起頭來，這固然不能正視自己的歷史文化，同樣也不能正視西方的歷史文化。〔……〕抱著此種心理的人，多半是東張西望地混過一生，最後還是對文化交白卷。〔……〕
>
> 因此，人格尊嚴的自覺，是解決中國政治問題的起點，也是解決中國文化問題的起點。一個人，一旦能自覺到其本身所固有的尊嚴，則對於其同胞，對於其先民，對於由其先民所積累下來的文化，當然也會感到同是一種尊嚴的存在。[29]

喪失了自我民族的良知理性，這種人物必然莫名其妙地懷著滿面羞慚的自卑心理。此種人物由於失落了基本的做人之良知和理性，連一個人之存在都成問題，如何能正視自己的歷史文化？同

---

[29]　同前注。

樣也不能正視西方的歷史文化。徐復觀先生的意思，是指出有非
常非常多的現代中國知識分子之人格已墮落成沒有民族之良知和
理性，而下墮成莫名其妙地滿面羞慚地無法挺直脊樑骨的軟體動
物，一輩子不是東張西望去攀附馬列唯物論就是去吸吮全盤西化
論，落得自己墮落成王陽明所言「拋卻自家無盡藏，沿門持缽效
貧兒」的無志氣無出息的地步。[30]徐先生清楚地點明世界上沒有
哪一種民族可以空洞了自己的文化原則和方向之下，而可以真正
既明白自身是誰同時也明白他人是誰，同時，既可以護持本身的
傳統且又同時可以有效地學習會通吸收他人的文化而為己用。

　　基於對自我的良知和理性的肯定，徐復觀先生說：

> 人格尊嚴的自覺，是解決中國政治問題的起點，也是解決
> 中國文化問題的起點。一個人，一旦能自覺到其本身所固
> 有的尊嚴，則對於其同胞，對於其先民，對於由其先民所
> 積累下來的文化，當然也會感到同是一種尊嚴的存在。站
> 在人類共有的人格尊嚴的地平線上，中西文化才可以彼此
> 互相正視，互相了解。〔……〕我不認為在買辦式地精神
> 狀態下，甚至是在乞丐式地精神狀態下，能有效地吸收世

30　王陽明的〈詠良知四首示諸生〉曰：「個個人心有仲尼，自將聞見苦遮
　　迷；而今指與真頭面，只是良知更莫疑。問君何事日憧憧？煩惱場中錯
　　用功；莫道聖門無口訣，良知兩字是參同。人人自有定盤針，萬化根緣
　　總在心；卻笑從前顛倒見，枝枝葉葉外頭尋。無聲無臭獨知時，此是坤
　　乾萬有基；拋卻自家無盡藏，沿門持缽效貧兒。」見〔明〕王守仁：
　　《王陽明全集・王陽明詩集，卷二》（臺北：考正出版社，1972.5），
　　頁 87。陽明此詩啟發世人良知人本來具有，是人照應世間的生命本
　　源，由良知出發，才有世界的貞定。

　　　界文化以發展自己的文化。同時，西方人要靠這種買辦式
　　　東方人來了解東方文化，也同樣是非常可悲的事。[31]

　　自從清朝積弱不振，西方帝國主義的堅船利炮以及文化思想和意
識形態大舉入侵華夏之後，中國人的人格尊嚴很快地喪失，因而
各界各層的菁英分子大量地異化為買辦。徐先生嚴厲地指責清末
民國以降的中國菁英和知識分子，無論是盲目地執愛、諂媚馬列
共產主義的左翼或是盲目地執愛、諂媚歐美資本主義的右翼，他
們其實在西力洗腦剝髓之下已經沒有作為中國人起碼應該有的人
格的尊嚴，他們的靈魂已經掃到爛泥之中，既黑且臭，他們已經
是典型的西方文化和思想乃至於意識形態的買辦。買辦已經澈底
出賣自己的人格尊嚴，然則對於其同胞，對於其先民，對於由其
先民所積累下來的文化，怎麼可能感到是一種尊嚴的存在？如此
一來，徐復觀先生認為西化派或共產派，都是買辦者，絕不可能
解決中國的政治問題，同樣，也不可能解決中國的文化問題。

　　因此，徐先生基於他自己深受儒家常道慧命的教化，同時，
也受到黃岡熊十力先生的深刻啟發，他離政歸學之後，遂舉起儒
家的魯陽之戈，在學術和輿論中，堅定地走出一條當代新儒家的
文化思想和政治理論的論述，此論述播種在臺灣，且傳揚有效，
故對臺灣的儒家文化意識的保存與延續，影響極為深厚長遠，特
別是在臺灣有別於自稱自由主義卻實為美國式民主之政治觀，徐
復觀先生宣揚儒家道德理想主義的民主政治觀，他主張必須具備

---

[31]　徐復觀：《學術與政治之間・乙集自序》，氏著《學術與政治之間》
　　　（新版）（臺北：臺灣學生書局，1980.4）。

清明道德理性的人文精神的民主自由，才是有實質內容的民主政治。

(二)徐復觀與臺灣籍友人莊垂勝、葉榮鐘的儒家式友誼

1.莊垂勝（1897-1962）

　　《學術與政治之間》的出版，連結了這位湖北籍的當代新儒家與臺灣籍儒家的深厚誠摯的友誼。徐復觀先生與臺灣籍儒家的友誼，象徵當代新儒家與臺灣本有的批判性抗議性之儒學之間的同心之接續。

　　徐先生在其文章中提到：「我由一九四九年開始正式執筆寫文章，承亡友莊垂勝（遂性）先生的厚意，一九五六年，在與他有關係的中央書局，為我彙印成《學術與政治之間‧甲集》，一九五七年，又彙印成《乙集》。《學術與政治之間》的標題，也是他為我寫的。」[32]

　　此中提到的「與中央書局有關係」的莊垂勝，是徐先生在臺中認識的臺灣籍儒者，他說：

　　　　我是民國三十八年五月，避難來臺中的。住定後，即函在
　　　　南京認識的好友蔡培火先生，報告我的行止。蔡先生是非
　　　　常愛朋友的人，接信後即來臺中看我；並為了長期就地照
　　　　拂，特別介紹莊垂勝（字遂性）先生和我認識。我對莊先

---

[32]　徐復觀：〈港版學術與政治之間自序〉，收入氏著《學術與政治之間》
　　　（新版）（臺北：臺灣學生書局，1980.4）。

> 生初步的印象是：他的天資高，理解力強，受過時代思潮
> 的洗禮，對人生、社會問題，都有一套深刻的看法。在對
> 人的態度上，雖風骨稜稜，卻於一言一動之中，流露出他
> 的肝膽。[33]

莊垂勝在徐先生筆下，乃是不折不扣的儒家君子，有其不可變易
的人生和生命之原則，而且對於時代的脈動和新知，均能加以開
放地學習吸收，所以又不是冥頑不靈的守舊固陋派。此種人品是
徐復觀先生本有的，故能欣賞欽敬，遂成莫逆。

　　臺灣籍儒者葉榮鐘為莊垂勝寫了一篇傳記性文章，提到莊氏
是日據時代文化抗日的重要結社「臺灣文化協會」的領導階層之
一員，在「文協」展開全臺的文化演講活動中，莊垂勝以中國傳
統文化和世界新文化等理論來給予臺灣人民啟蒙開示。葉榮鐘說
到莊氏生長於世代書香之家，其父莊士哲是鹿港士紳，叔父莊士
勳是前清舉人，姑丈施仁思亦是舉人，且是出名的才子，學問淵
博，乙未割臺之際，曾募款義助抗日軍。依此，莊垂勝自幼應受
傳統儒家的庭訓。[34]葉氏說：

> 他（莊垂勝）生平熱愛民族，熱愛同胞，對於那些「漢兒

33　徐復觀：〈一個偉大地中國人地臺灣人之死——悼念莊垂勝先生〉，收
　　入氏著《徐復觀雜文——憶往事》（臺北：時報文化出版企業公司，
　　1980.4），頁143。

34　葉榮鐘：〈臺灣的文化戰士——莊遂性〉，收於氏著《臺灣人物群
　　像》，葉芸芸主編《葉榮鐘全集》（2）（臺中：晨星出版公司，
　　2000.8），頁305-315。

學得胡兒語」的「假洋鬼子」，最為痛恨。他曾有這樣的述懷：「我在國外和異民族相處時，我心安理得地當一個中國人。在國內和國人相處時，則我心安理得地當一個臺灣人。並且以能心安理得地當一個『中國的臺灣人』而覺得驕傲。」

他始終和同胞站在一起，在日人壓迫下，同胞受苦，他跟他們受苦；他並不以做一個被異族凌虐歧視的臺灣人而感覺恥辱。所以他對那些明是臺灣人，而故作姿態，表示他與一般臺灣人不同，或恥作臺灣人的敗類，深惡痛絕，不屑與之為伍。[35]

葉氏說的那種故作姿態來表示他與一般臺灣人不同或恥作臺灣人的敗類，就是指日據時期明明是中華民族的臺灣人，卻出賣人格而去攀附媚事日本殖民帝國主子的臺奸、買辦以及「皇民化臺人」。與此相對，莊垂勝是另一種臺灣人，而這樣的臺灣人在日據時代的臺灣，乃是佔大多數的，也就是一直肯定自己是中國人的臺灣人，而拿什麼來使此種肯定可以肯定？當然就是內心深處本來具有的臺灣的儒家文化意識，此文化意識從鄭延平王開臺以來就已建立，也是臺灣歷來的先賢們保存延續弘揚的中華文化原則和方向。

　　葉榮鐘在其文中引載莊垂勝於光復後的二二八事件中受冤屈而繫獄時的自輓詩：

35　同前注。

　　　自倖一門三世，無負國家民族；

　　　雖淪披髮左袵，未忘禮樂衣冠。[36]

由此證明莊氏真正以中華民族自我認同且自我期勉，所言國家民族與禮樂衣冠之大義就是基於中華文化的主體原則和方向，是儒家的禮樂文物才是臺灣人的文明，而不是日本帝國的殖民主義。

　　徐復觀先生在臺中居住，邁入大學教書和作學問的生涯，開始關心並研究儒家思想，是受到莊垂勝影響的。他提到自己弱冠之前雖然讀了一些線裝書，但青年階段，受西化風潮影響，視線裝書如寇仇，但是他十分堅持一個信念，就是自己是中國人，所以不想學全盤西化派以罵中國文化的方法來騙聲名、地位，後來他在重慶遇見熊十力，才回復對於中國文化的深層感情。[37]關於徐先生遇見熊十力先生的際遇和影響，他在一篇文章中有詳明深入的說明，他說：

　　　我決心扣學問之門的勇氣，是啟發自熊十力先生。對中國文化，從二十年的厭棄心理中轉變過來，因而多有一點認識，也是得自熊先生的啟示。第一次穿軍服到北碚金剛碑勉仁書院看他時，請教應該讀什麼書。他老先生教我讀王船山的《讀通鑑論》；我說那早年已經讀過了；他以不高興的神氣說：「你並沒有讀懂，應該再讀。」過了些時候再去見他，說《讀通鑑論》已經讀完了。他問：「有點什

36　同前注。

37　同前注，頁 145。

麼心得？」於是我接二連三的說出我的許多不同意的地
方。他老先生未聽完便怒聲斥罵說：「你這個東西，怎麼
會讀得進書！任何書的內容，都是有好的地方，也有壞的
地方。你為不什麼不先看出他的好的地方，卻專門去挑壞
的？這樣讀書，就是讀了百部千部，你會受到書的什麼益
處？讀書是要先看出他的好處，再批評他的壞處，這才像
吃東西一樣，經過消化而攝取了營養。譬如《讀通鑑
論》，某一段該是多麼有意義，又如某一段，理解是如何
深刻，你記得嗎？你懂得嗎？你這樣讀書，真太沒有出
息！」這一罵，罵得我這個陸軍少將目耽口呆。腦筋裏亂
轉著，原來這位先生罵人罵得這樣兇！原來他讀書讀得這
樣熱！歷來讀書是要先讀出每一部的意義！這對於我是起
死回生的一罵。〔……〕經他老先生不斷的錘鍊，才逐漸
使我從個人的浮淺中掙扎出上來，也不讓自己被浮淺的風
氣淹沒下去，慢慢感到精神上總要追求一個什麼。[38]

所以徐復觀先生在大陸已經有如禪門故事一般，和尚遇逢大德的
當頭棒喝而一旦開悟，他受到當代新儒家第一代宗師熊老夫子的
呵罵式的警醒而一下子良知本心與先聖先賢的儒家常道接上，讀
書不是故紙堆中活計亦非富貴敲門磚子，而是為了體證並且實證
中國的文化原則和方向的根本精神，也就是孔孟開創而代代傳承
下來的儒家義理。經過熊十力先生啟發而開悟的徐先生，在巨大

---

[38]　徐復觀：〈我的讀書生活〉，收入氏著《徐復觀文錄》（三）（臺北：
　　　環宇出版社，1971.1），頁 171-172。

國難的大變動中，有如昔年明鄭諸儒拒清一般而避赤渡海來臺，他不再是從政的少將，而是典型的懷抱批判和抗議精神的儒家之士。徐復觀先生正是以一介布衣平民儒者的身分而與也是一介布衣平民的臺灣儒者莊垂勝相逢認識。這種儒士之相遇，是乃大陸和臺灣的孔孟儒道之血脈的匯流。徐先生說：

> 來臺灣後，因經過大陸的慘痛教訓，對各種問題，自然會引起我的重新思考。在重新思考中，常常片斷地接觸到中國文化，尤其是儒家思想，而發現它有許多地方，對時代依然有其啟發性，於是便常常在文章中提到，或在口頭上提到。莊先生很喜歡讀我寫的政論文章。我的政論文章中有時以某一部分的中國文化為論據，引起他注意到五四時代，許多人會說中國文化完全是專制政治的幫兇，（此論調）是不可信的，這便引起他的興趣，並常以此為談天的材料，每談一次，兩人的結論，十有八九是相同的，這樣幾年下來，都增加了我們對中國文化的了解和信念。[39]

徐復觀先生這段話語的意思是說出他基於儒家思想的信念和莊垂勝論交，而由於莊氏亦同樣具足於心的儒家思想之信念，故能互相提升了自己對於中國傳統文化原則和方向之肯定和認同。徐先生指出，莊垂勝從四十年之後，就把自己的興趣，除種竹種菜外，專擺在中國文化——孔孟之道上面。莊氏是根據人生經驗、

---

[39]　徐復觀：〈一個偉大地中國人地臺灣人之死——悼念莊垂勝先生〉，收入氏著《徐復觀雜文——憶往事》（臺北：時報文化出版企業公司，1980.4），頁145。

社會狀況來讀書，徐先生認為莊氏所得的常較他為深切，而從文
化方面所發的憂時之慮，亦與日俱深。[40]徐復觀先生這樣品評莊
垂勝是什麼意思呢？他如此解釋：

> 他常常慨嘆地說：「我們當然要求科學，要求民主。但這
> 兩樣東西，都應當立基於光明正大、愷悌慈祥的人格之
> 上；這便應以自己的文化為修養之資。現在許多人沒有做
> 人的觀念，沒有自己是中國人的觀念，徒假民主科學之
> 名，作欺世盜名之具，真不知道為什麼現在的人心，連日
> 治時代還趕不上。」他有一次和我談到剛光復時的心境
> 說：「我們在日治時代，唱平劇、結詩社、寫毛筆字，做
> 一兩件長袍之類，不僅借以存故國之思，並且大家不言而
> 喻地，表現這才是我們的本來面目。〔……〕」[41]

當代新儒家從熊十力開始，到唐君毅、牟宗三、徐復觀，他們都
一致主張中國人一樣應該且有能力實施民主和科學，只要翻閱當
代新儒家的著作蒐尋有關論述，均明白彰著地表達了諸位大儒的
共同理念。如果欲期能夠聚焦當代新儒家關於民主和科學之主張
的共同性論述，最佳範本當推由唐君毅、牟宗三、徐復觀和張君
勱共同具名而由唐君毅先生執筆發表的《中國文化與世界宣言
──我們對學術研究及中國文化與世界文化前途之共同認識》，
這本《宣言》於一九五八年元旦正式發表於《民主評論》和《再

40　同前注，頁 145-146。
41　同上注，頁 146。

生》兩雜誌。[42]此《宣言》的第八章是〈中國文化的發展與科
學〉，表達了當代新儒家的科學觀以及中國的科學發展性；第九
章是〈中國文化的發展與民主建國〉，表達了當代新儒家的民主
觀以及中國的民主發展性。[43]其實就熊、唐、牟、徐四位當代新
儒家而言，沒有人會反對民主與科學在中國的建立和發展，他們
也都認為中國文化在歷史中雖然沒有發展出類似西方的民主和科
學，但是只要華夏民族有所自覺，就必能在中國文化中建立並且
發展民主和科學。然而，當代新儒家卻與全盤西化派不同，西化
派雖然主張全盤移植西方的民主和科學，同時，卻極盡誣蔑污詆
說中國文化中根本沒有民主和科學，而且也無法建立發展民主和
科學，所以他們全盤否定鄙棄中國文化自身的主體性原則和方
向，這樣的自我異化和自我否定的心態，在當代新儒家心目中，
當然是毫無人格，喪失做人的資格，只是欺世盜名之徒。上引莊
垂勝的話語，可知他主張民主科學都應當立基於光明正大、愷悌
慈祥的人格之上，也就是必須具有起碼的道德良知才能引領民主
科學，此觀點，是與當代新儒家的主張完全符合。而同時，莊垂
勝又提到日據時代臺灣人在自己社區和群聚中唱平劇、結詩社、
穿長袍，一則是心存故國之思，一則是不忘華夏炎黃華胄之本來
面目，這在在證明臺灣儒者仍然堅守著中國文化的主體性原則和
方向。就此點言，當代新儒家的文化意識經由徐復觀與莊垂勝兩

---

[42]　唐君毅、牟宗三、徐復觀、張君勱：《中國文化與世界宣言——我們對
　　　學術研究及中國文化與世界文化前途之共同認識》，收入唐君毅：《中
　　　華人文與當今世界》（下）（臺北：臺灣學生書局，1975.5），頁 865-
　　　929。

[43]　同前注。

位先賢的「以文會友，以友輔仁」的關係，遂與臺灣儒家的文化意識結合聯繫而為一。

2.葉榮鐘（1900-1978）

　　徐復觀先生的臺灣籍好友除了莊垂勝之外，還有葉榮鐘、洪炎秋、蘇薌雨等人。本文僅再簡介葉榮鐘並略述徐先生對葉氏的評斷。

　　葉氏女兒葉芸芸提到葉榮鐘祖籍閩南石獅，於一九〇〇年七月生於臺灣鹿港，幼時入書房讀中國典籍，並蒙當地名儒施家本教導提拔，受霧峰林獻堂資助兩度赴日留學。後來擔任林獻堂私人祕書並兼通譯，追隨林氏奔走議會設置請願運動，參加「臺灣文化協會」，投身於文化政治社會運動，葉氏長期筆耕，是《臺灣青年》、《臺灣民報》、《臺灣新民報》、《南音》等報紙刊物的作者，也常代林獻堂、楊肇嘉、陳炘等人執筆，並且出任《臺灣新民報》的通信部長兼論說委員，每週須寫社論。[44]依此，葉榮鐘從青年始就已經是日據時期居重要地位的從文化和知識上抗拒日本殖民統治的臺灣儒者。

　　葉芸芸又提到臺灣光復，葉氏擔任「歡迎國民政府籌備委員會」總幹事，在光復初期的政治真空期，發揮了相當程度的穩定作用。並與莊垂勝一起主持「省立臺中圖書館」，努力幫助臺灣人民學習中國語言文化，隨即又隨林獻堂率領「臺灣光復致敬團」訪問大陸，到南京祭拜中山陵，遙祭黃帝陵。[45]依此，葉榮

---

[44]　葉芸芸：《臺灣人物群像・編輯報告》，收入葉榮鐘：《臺灣人物群像》，《葉榮鐘全集》（2）（臺中：晨星出版公司，2000.8），頁12。

[45]　同前注。

鐘確實從日據到光復之際，堅持中華文化主體性的原則和方向；
儒家文化意識是其心中的主要根基。已故留日臺灣籍史家戴國煇
為《葉榮鐘全集》的編輯整理而寫了一篇文章，在文章近結尾處
這樣說：

> 近年來，臺灣的社會心理及社會意識隨著政局及世局的激
> 變交映出頗不尋常的「媚日」暨「哈日」之風。甚至一併
> 吹起〈狂妄的日本殖民地肯定論〉（藉用王詩琅之文題）在
> 臺之自我迷失屬性的歪風。
> 「媚日」與「哈日」軟骨症候群瀰漫於全臺灣的當今，有
> 良知的欲知鄉土歷史的真正愛國者特別需要睿智老報人、
> 藹然風範者——葉榮鐘先生的全集，當為燭照及激勵來尋
> 出正路的。[46]

戴氏撰寫這篇文章的時代，正是李登輝在位而舉國家教育之力，
以皇民化臺灣人的「媚日」和「哈日」之民族軟骨症而讓臺灣人
喪亡了本然應有的中華文化主體性原則和方向，從那個年代以
降，臺灣心靈急遽墮落，歌頌擁抱日本帝國的殖民主義，變成全
世界很難再找到的一個地方，它的人民由政治界、學術界、文化
界和輿論界瘋狂愚騃地心陷於集體被殖民虐待狂的噩夢中而至今
沒有清醒。由此對照，葉榮鐘就顯現了臺灣籍儒者之真正崇高偉
大的人格風範。臺灣有李登輝，是臺灣人民的羞恥；臺灣有葉榮

---

[46] 戴國煇：〈葉榮鐘先生留給我們的淡泊與矜持〉，收入葉芸芸主編《葉
榮鐘全集》（2）（臺中：晨星出版公司，2000.8），頁 8-9。

鐘，是臺灣人民的光榮。當今，臺灣朝野實亟需發揮弘揚葉榮鐘的精神和智德，這就是恢復臺灣應該且本來就具備的儒家文化意識而建立的中華文化主體性的原則和方向。

臺灣儒家葉榮鐘也是當代新儒家徐復觀先生的好友，徐先生提到他和臺中朋友的交誼，開始是由蔡培火先生介紹而認識莊垂勝，再由莊氏把自己的朋友，介紹成為徐先生的朋友。徐復觀先生說：「不知其人，視其友。」莊垂勝淡於名利，重行誼，尚節概，熱愛自己的民族，熱愛自己的文化。而他的朋友，多屬於此類型，而在性格上，徐先生則認為葉榮鐘較莊垂勝似乎更多一份熱情豪氣。[47]

依此，徐復觀先生心目中的葉榮鐘與莊垂勝是同一類型的人，也就是淡於名利，重行誼，尚節概，熱愛自己的民族，熱愛自己的文化的臺灣籍儒家君子，而葉氏的個性更顯得熱情豪氣，換言之，是帶有豪傑個性的儒家君子。

這位臺灣籍的儒門豪傑君子，徐復觀先生深致其懷念之情，他說：

> 民國二十六年七七事變發生，十二月十三日南京陷落，翌十四日偽華北臨時政府成立，臺灣有的人想辦法攢進偽府，成為新貴；葉先生感慨萬端，成〈索居漫興〉詩十首，一時和作的人很多，對激勵人心，發生了很大的作用。第二首是「張王李趙盡殊榮，京國人人識姓名；解得

47　徐復觀：〈悼念葉榮鐘先生〉，收入氏著《徐復觀雜文──憶往事》
　　（臺北：時報文化出版企業公司，1980.4），頁204-205。

人間羞恥事，寧從窮巷了殘生。」[48]

日本帝國發動侵華惡戰，有一批臺灣人附媚日帝而出賣民族靈魂，這批臺灣人的行徑實為漢奸，葉榮鐘賦詩加以嘲諷斥責，而同時也在詩中表現了一位具有中華文化原則和方向的臺灣籍儒家對於志節風骨的堅持。在那個時代，臺灣菁英知識分子可以分成兩類，一是依附媚事日帝的奸佞型臺灣人；一是信守實踐儒家春秋大義的忠義型臺灣人。葉榮鐘的人格表現，是明鄭以來的抗拒型儒家文化意識的踐履，此點精神正好與當代新儒家徐復觀先生的避赤來臺之志節一樣。徐先生進一步給葉榮鐘下歷史的評斷：

> 抗戰期間，臺胞的處境日益困難，葉先生的感憤也日益鬱勃。二十七年九月，葉先生在〈生涯〉詩中的句，有的是可容人痛哭，有時須忍淚歡呼。葉先生和臺灣志節之士，當時處境之艱，秉性之烈，都由這一表達了出來，因而可永垂天壤。未嘗不可使用《史記‧屈原列傳》中「雖與日月可也」的一句話來形容這一聯詩的光芒期丈。
> 葉先生以「半壁」名他的書齋，〔……〕四十多年前，他從《國朝名人詩鈔》（按當係《近代名人詩選》）上讀到過中山先生〈漢口弔劉道一〉的七律，生一種「悲壯的共鳴」；此詩的前四句是「半壁江東三楚雄，劉郎死去霸圖空，尚餘遺策艱難甚，誰與斯人感慨同」。南京淪陷後，祖國只餘西南半壁，所以便借用中山先生詩中「半壁」兩

---

[48] 同前注，頁 206。

字，以寓他悲壯的感情。[49]

日帝全面侵華，中國被迫舉國對日抗戰，這時候臺灣仍在日本殖民帝國主義壓迫下，臺灣的儒者們心繫中華祖國，深懼中國從此澈底被強權消滅，而臺灣自己又依然在日帝鐵蹄踐踏之下，他們可謂雙重煎熬，因為心靈痛苦鬱悶，故發而為詩，徐復觀先生讀葉鐘榮的詩，深感其中與屈原的失國悲憤無有不同，故認為葉氏人格的光輝與史公對屈原的評斷一樣，乃「雖與日月可也」，葉榮鐘的心性人品之志節，就如同日月一般光明無瑕。因此，半壁書齋，也是葉榮鐘感喟祖國國勢之艱難而追懷國父孫中山先生的偉大人格乃有的悲壯之命名。換言之，葉榮鐘在徐復觀先生的品鑒中，是典型的以中華文化原則和方向為主體的臺灣籍儒家，他的生命核心是儒家常道慧命的意識。而徐先生之所以能夠如此評準，亦是由於他身為一位當代新儒家，他的心志和生命亦是與葉榮鐘同一類型。這就是當代新儒家的兩條文化大道的連接，一是從孔孟下傳而歷宋明大儒的儒家仁義之道；一是鄭延平王創立而由日據時代反日本殖民主義的臺灣籍諸儒的春秋大節的道德理想主義。

五、結論

文化原則和方向的主體性挺立，關係一個民族國家的生存發展。明鄭渡海來臺，對中華民族而言，是鄭延平王及當時很多堅

---

[49] 同前注，頁 206-207。

持儒家春秋經嚴華夷之辨的儒者不願臣事異族滿清，心懼中華文化的道統命脈絕於一旦，故存故國禮樂衣冠於東海大島臺灣。由於延平王是以如此之精神開拓臺灣，故臺灣的儒家傳統特具批判和抗拒的精神，此精神在乙未割臺之後，於臺灣儒者的道義實踐中顯現而無餘。

　　一九四九年國共內戰，中國分裂，國府退守臺灣，由於中共實施馬列唯物論的共產主義之政，從根本上反對中華文化傳統價值，而與此相對因應，國府在臺灣堅守中華文化的主體原則和方向，故於國家的教育上，正面積極地推行儒家孔孟之德教。且收到相當程度的國民道德教化的功效。

　　在此環境之中，當代新儒家大儒牟宗三和徐復觀兩位先生避赤來臺，在學校和民間講求儒學儒教並且著其書交其友，以重建中華主體性文化原則和方向為志業，於是當代新儒家所標舉弘揚的儒家常道慧命終能在臺灣與自明鄭以降的特富春秋大義的抗拒批判性之儒家義理相互結合融一，因此，從大陸渡臺的當代新儒家的儒家文化意識終能因為臺灣儒家的春秋經精神的歡迎和接引而得到保存、延續和弘揚。

伍　《近思錄》從傳統到現代的文化意識

一、《近思錄》的成書

南宋乾道五年（1169），朱子四十歲，其母祝孺人逝於九月五日，十二月，往返建陽，請精於風水的蔡元定為其母擇選墓地。乾道六年，春正月，朱子安葬祝孺人於建陽崇泰里後山天湖之陽之寒泉塢。朱子於墓旁築「寒泉精舍」，以待學者，講學著述。[1]

孝宗淳熙二年（1175）。當年夏天，浙江東陽呂祖謙來精舍盤桓旬日，與朱子共讀北宋四子周敦頤、張載、程顥、程頤的語錄和著作。兩人共同從四子之書中「掇取其關於大體而切於日用者」，編成《近思錄》一書，成為理學的入門教材。束景南引李方子《紫陽年譜》曰：「淳熙二年，東萊呂公自東陽來，留止寒泉精舍旬日，相與掇周子、程子、張子書，關大體而切日用者，彙次成十四篇。〔……〕號《近思錄》。〔……〕先生嘗語學者

---

[1]　束景南：《朱熹年譜長編》（卷上）（上海：華東師範大學出版社，2001），頁405-425。

曰：『四子，《六經》之階梯；《近思錄》，四子之階梯。』以言為學者當自此而入也。」[2]

上海古籍出版社整理出版《朱子全書》收有《近思錄》，其校點人王澔指出《近思錄》雖是由朱呂兩人共同編纂而成，但此書卻屬於朱子理學的思想系統，最明顯的證據是此書成書不久，就有了朱子弟子的注釋本，而呂氏門人卻無任何相關傳注。且後代的注本更是折中朱子之說，完全體現朱子儒學的精神。

今天流傳的《近思錄》共有 14 卷，共 622 條。各篇內容，據《朱子語類‧卷 105》載有朱子之編排，依次是：1.道體；2.為學大要；3.格物窮理；4.存養；5.改過遷善、克己復禮；6.齊家之道；7.出處進退辭受之義；8.治國平天下之道；9.制度；10.君子處事之方；11.教學之道；12.改過及人心疵病；13.異端之學；14.聖賢氣象。王澔說：「自微觀而至宏觀，自灑掃應對、待人接物直至人生觀、宇宙觀等無不涉及，囊括了四子的精義，普及了理學的精神，從而為初學者提供了一本進入理學『理想國』的指南。」此即是說朱子和呂祖謙編纂《近思錄》的目的，乃是為了儒士在學習儒家之道學的路途中，有一兼賅形而上學和形而下學的儒家教科書得以循之學習而終能體悟儒家的天人合一之常道慧命，是一本必修的入門課程。[3]

讓我們看看朱子自己的說法。朱子編好《近思錄》，特別寫了一篇〈序〉，其曰：

2　同前注，頁 522-527。

3　王澔：《近思錄‧校點說明》，收入朱傑人、嚴佐之、劉永翔主編，〔南宋〕朱熹：《朱子全書》第拾參冊，《近思錄》（上海：上海古籍出版社、合肥：安徽教育出版社，2002），頁 151-158。

淳熙乙未之夏，東萊呂伯恭來自東陽，過予寒泉精舍。留
止旬日，相與讀周子、程子、張子之書，歎其廣大閎博，
若無津涯，而懼夫初學者不知所入也。因共撮取關於大體
而切於日用者，以為此編。〔……〕蓋凡學者所以求端用
力、處己治人之要，與夫所以辨異端、觀聖賢之大略，皆
見其梗概。以為窮鄉晚進有志於學，而無明師良友以先後
之者，誠得此而玩心焉，亦足以得其門而入矣。〔……〕

五月五日新安朱熹謹識。

依此序文，朱子和呂祖謙兩人發心編纂北宋四子的重要語錄文章
而成《近思錄》的目的，最主要因為覺察四子之學廣大閎博，如
大洋無涯涘，擔心青年儒子初學乍讀之際，根本不知道如何進
入，所以乃在四子之學中，選擇與體用道器均有相關的章句語錄
來編纂此書，其教育目的如朱子序言的「關於大體而切於日用
者。」以及「求端用力、處己治人之要，與夫所以辨異端、觀聖
賢之大略，皆見其梗概。」也就是儒士讀《近思錄》，應能通本
體和日用之道，且啟發儒士開端用功之處，就宜學習處己治人的
君子之方，同時也能批判異端（此處特指佛老）以及辨明聖賢人格
生命之路。而朱子和呂祖謙題此書曰《近思錄》。何以取名「近
思」？蓋源出於《論語》：

子夏曰：「博學而篤志，切問而近思，仁在其中矣。」[4]

---

[4] 《論語·子張》。

此即朱子理學之切要的為人治學工夫。儒士要博覽經典，且須堅篤心志，在讀經典求學時，應確切地就重要的宇宙性命之學的統類來向老師提問，但自己也必須在問明白之後，還要自己實心體認一番。因此，朱子取書名曰《近思錄》之意思，就是希望學子們一方面自己篤志勤勉讀四子嘉言選編，一方面亦應勤於請教老師，而在明白之後更應在心中常常反思求證，換言之，「博學」和「切問」是讀書求教這一端；「篤志」和「近思」則是反求諸心，在本心中反覆不斷就心性和宇宙的體用道器之境界而深入思惟。此「篤志」和「近思」的用心之心，不是泛泛的俗諦之薰習心而是精嚴的真諦之良知心。這樣，儒家之道學才能真正吸收而內在成為自己的生命和人格。

類似的意思，在《論語》中還有相關章句，譬如《論語》載顏淵稱頌孔子如下：

> 顏淵喟然嘆曰：「仰之彌高，鑽之彌堅；瞻之在前，忽焉在後。夫子循循然善誘人，博我以文，約我以禮，欲罷不能，既竭吾才，如有所立，卓爾。雖欲從之，末由也已。」[5]

這一章句最重要的就是「博我以文，約我以禮」。顏淵向孔子學道，孔子一樣要他認真勤奮地博求經文，但是也要求他「以禮規約」自己，這個禮規的約束是什麼意思？此即啟示顏淵不能只知泛濫無歸、毫無心志地去隨便讀書，必須能夠有一套規範矩矱來

---

[5] 《論語·子罕》。

讓自己以一定的方針而涉獵體認經文中的道理。這在朱子的意思，就是儒子讀經須先篤其志且近思，如此博學切問，方能真正在自家生命中有所受用。

　　讀書能博學篤志、切問近思，亦即能博文約禮，這樣方能培養出真實的人格氣象，這樣則「仁在其中矣。」

　　孔門重要經典《中庸》，有曰：

> 博學之、審問之、慎思之、明辨之、篤行之。有弗學，學之弗能弗措也；有弗問，問之弗知弗措也；有弗思，思之弗得弗措也；有弗辨，辨之弗明弗措也；有弗行，行之弗篤弗措也。人一能之，己百之；人十能之，己千之。果能此道矣，雖愚必明，雖柔必強。[6]

此章句之本旨就是子夏所言「博學而篤志，切問而近思」，亦是顏淵所言「博我以文，約我以禮」的進一步深化，儒家要求學子必須有一個最基本的學習之入門工夫次第，那就是此段《中庸》說的「博學之、審問之、慎思之、明辨之、篤行之。」《中庸》的作者除了明確提及此「五階段讀書工夫次第」之外，還堅決地宣稱儒家士子讀經修道的堅決勇毅地不止息的精神和實踐非常重要，非止不止息，下工夫讀經修道，必須比別人還要用心盡力，否則就不配稱為儒士。

　　朱子編著《近思錄》，在其第二、三卷，分別是〈為學大要〉和〈格物窮理〉，列於第一卷〈道體〉之後，就能明白朱子

6　《中庸‧第二十章》。

很重視學子學習儒家之道的途徑，不是空虛的玄想，而必須切實地取聖賢之經籍來認真篤志地研讀。這其實是孔子創立儒家進行教化的最基本的進路。

二、《近思錄》的北宋四子
在中國文化常道上的意義

朱子和呂祖謙何以會特別編纂北宋四子的重要語錄和著作而成《近思錄》，並非沒有根本想法而隨意之選取，換言之，朱呂兩大儒的《近思錄》編纂工作乃有其呼應歷史和時代的人文與思想之理由。當代新儒家第三代儒者蔡仁厚先生指出：

> 北宋儒學初起之時，胡安定（瑗）、孫泰山（復）、石徂徠
> （介），皆卓然有儒者之矩範，故後世尊稱為「宋初三先
> 生」。這一輩學者的精神企向，主要可以歸結為三點：
> 一是恢復師道尊嚴，重視人格教育。
> 二是重建道統的呼聲。
> 三是文化意識的覺醒。[7]

蔡先生此語重點指出五代之後宋室初建，乃有「宋初三先生」在思想學術教育上，重新喚醒中國人三大方向，一是尊師重道的人格道德倫常之教；一是重建「道統」；一是喚醒中國人的「文化

7　蔡仁厚：《中國哲學史》（下冊）（臺北：臺灣學生書局，2009），頁
　　565。

意識」。此第一個方向是孔子本有的常道慧命之教化，第二個方向是中國文化的軸心，即孔孟一脈相傳的「道統」，第三個方向則是以孔子之道為主體的中國文化意識。

蔡仁厚先生何以特別表彰「宋初三先生」？乃是因為中國長期以來喪失了孔子的儒家真常之道，到北宋之初的胡瑗、孫復、石介出來講學，才如初陽破曉，生機復甦。當代新儒家熊十力先生在〈復性書院開講示諸生〉一文中說：

> 智者哀隱人倫，要在隨順世間，彌縫其缺，匡救其惡。所謂「裁成天地之道，輔相天地之宜。」本中和而贊化育，建皇極而立蒸民。（古詩云：「立我蒸民，莫匪爾極。」）此吾夫子之道，所以配乾坤而同覆載也。莊子曰：「《春秋》經世，先王之志。」可謂知聖心矣。漢世經儒，並主通經致用，不失宗風，故漢治尚可觀。[8]

此段論述闡明孔子儒道之根本精神和實踐，乃是參贊天地化育之仁，而以乾坤之道建立人文弘規，依據之而為中國人民建立仁政王道。至漢朝，漢武帝採行復古更化的大政，以儒家經學為治國之大方針，漢儒通透五經而致政教之大用，皆是遵孔子儒道而行。換言之，漢朝以儒家五經為立國治民之大道，可遠紹孔子的儒道理想，故建立了「儒家中國」的大傳統。然而，漢之後則中國文化意識和方向有變，熊十力先生再說：

---

[8] 熊十力：〈復性書院開講示諸生〉，收入氏著《十力語要》（臺北：明文書局，1989），頁229-256。

> 魏晉以後，佛家思想浸淫社會；曹氏父子又以浮文靡辭，導士夫為浮虛無用，儒生經世之業，不可復覩。遂使五胡肇亂，慘毒生民。延及李唐，太宗雄偉，僅振國威於一時，繼體衰亂，迄無寧日。唐世士人，下者溺詩辭，上者入浮屠。儒業亡絕，猶魏晉以來之流風也。世道敝而無以持，有以也哉，禍極於五代。宋興，而周程諸老先生紹述孔孟，儒學復興。[9]

此段探究魏晉之後中國一方面受出世法的佛教影響，另一方面也遭逢虛浮空洞的文風士習的敗壞，因此，其近七百年的時代流風實屬虛玄空浮，內聖外王且經世濟民的孔孟剛健之道，從東漢末年直到五代，淪喪消散長達七世紀之久，至五代中國根本已無生人之氣。而北宋之興起最大的意義，就是承「宋初三先生」之啟蒙之後，北宋四子紹述孔孟之道，就有長夜漫漫而慧日乍出之意義。

當代新儒家牟宗三先生說到周敦頤有曰：

> 中國文化生命發展至北宋，已屆弘揚儒家內聖之學之時，此為歷史運會之自然地所迫至者。因是歷史運會之自然地所迫至，故濂溪之學，雖無師承，而心態相應，出語即合。當運會不至，面對典籍，視若無睹，即有講論，而睽隔重重。兩漢經生，固無論矣，王弼何嘗無玄思？然其心態非儒家型，故雖十分著力于《周易》，而于《易傳》之

9　同前注。

窮神知化，究不相應。〔……〕運會不至故也。至乎北宋，運會成熟，心態相應，一拍即合，故濂溪之面對典籍，「默契道妙」，一若全不費力焉。〔……〕所謂心態相應、生命相應者，實即「道德意識」之豁醒。[10]

牟先生這一大段話語，固然是說到了周敦頤出現於世，就是歷史運會之自然迫至者，也就是歷經七百年孔孟常道慧命消隱沈潛，而中國文化方向失其體用合一之剛健，且歷經唐末和五代的戰亂殺戮之慘，至北宋之際，儒家內聖之學順應天道而發乎人心，乃能應時而出，這就是周敦頤儒學創發於其時之最重要的意義。那是什麼呢？就是周敦頤「默契道妙」而豁醒中國人的「道德意識」。

其實，在同一個時期而幾乎都能「默契道妙」，以話語、著作以及教學來豁醒當時中國人的「道德意識」而讓中國人又能重返孔孟常道慧命的人文歷史之中流，何止周敦頤而已，張載以及程顥、程頤兄弟皆是如此。他們有意識地讀聖人書，教聖人之學，其治學和教育的目的只有一個，那就是建立聖道、傳揚聖學，並且教育後生如何成聖成賢。

從北宋四子重新喚醒孔孟儒家之道命之後，以聖賢人格和生命為最高目的的儒家的道、學、教就在中國正式重新建立起來。蔡仁厚先生說：

---

10 牟宗三：《心體與性體》（一），《牟宗三先生全集》（5）（臺北：聯經出版事業公司，2003），頁 337-338。

宋明儒學有六百年之發展，他們重建道統，把思想的領導
權從佛教手裡拿回來，重新挺顯了孔子的地位，使民族文
化生命返本歸位，而完成了第二度的「合」（第一度的合，
是西漢）。

他們最大的貢獻，是復活了先秦儒家的形上智慧。道家講
玄理所顯發的「無」的智慧，以及佛教講空理所顯發的
「空」的智慧，雖皆達到玄深高妙的境地，但由玄智空智
而開顯出來的「道」，畢竟不是儒聖「本天道為用」（張
子語）的生生之大道。儒家之學，一面上達天德，一面下
開人文，以成就家國天下全面的價值。[11]

蔡先生替宋明儒學進行了重要的人文歷史之判教式之定位。北宋
四子開啟了本來已有的合形而上之道和形而下之器的體用合一的
儒家之道學，從此之後，宋明理學歷經宋元明清，形成為中國人
以孔子為主體的儒家本位之中國人，中國文化第二次返本歸位，
是一個上達天德下開人文的生生大道之文化，而不是「無」或
「空」的佛家或道家之偏至型的文化，因為儒家人文化成之道德
倫常之教，才能通貫天地宇宙及於個人家國天下為一體而具有圓
滿周全之文明，偏至型的佛道兩家，雖然可以使個人心性修練至
玄深高遠，但它們卻不能齊家治國平天下，故不能成為中國人治
理國政的大憲。惟有孔孟開創傳承下來的儒家之道可以圓滿達
成。

11　蔡仁厚：《中國哲學史》（下冊）（臺北：臺灣學生書局，2009），頁
　　560-561。

依此，我們才能明白《近思錄》的重要之人文歷史之意義，因為朱呂兩大儒費心編纂的《近思錄》，就是莊嚴地表彰並繼承北宋四子重建孔孟儒家內聖外王之文化方針和文化意識之創造的貞下起元。它集中了四子的貫透形而上之道和形而下之器而為一體大用的常道智慧，復活了孔孟的人文理想，下開宋明之後近千年的中國文化和思想的中心道路。如果沒有北宋四子的儒道之生命實踐，又如果沒有南宋朱子和呂祖謙發自他們儒家道德理想主義的覺悟而整理闡揚北宋四子的孔孟常道慧命，然則，中國文化怎麼可能會有生生剛健的歷史精神之傳承？中國就會變成以「虛」和「空」為主的一種民族和國體，但若是這樣，則中國是否能夠是東亞的一個可以綿延而長達數千之久的華夏文明之泱泱大國，就會大成問題。我們今天研讀《近思錄》，其深刻內層的意義應作如是觀。

三、從「三統觀」來看《近思錄》

牟宗三先生特舉「三統說」來說明中國儒家建立的文化內容和方向，本來就有三層，他特別名之為「三統」，就是「道統」、「政統」和「學統」。

「道統」是民族文化之統，是文化生命的根源和人倫教化的綱維，個人安身立命亦須取決於此。道統之學，必然是關懷生命之學，它開顯生活的原理，決定生命之途徑。道統的意義，當代新儒家牟宗三先生在人文友會中的答問，可以簡明而知之。道統的核心就是「良知」也是「仁」。

「政統」則落在中國的政體、政道上而言，孫中山先生劃分

政治為政權和治權，就前者而言政道；就後者而言治道。而政道是安排政權的軌轍；治道是安排治權的軌轍。中國傳統儒家有其政道之理想藍圖，此即是「三代以德禪讓的公天下思想」，孔孟言必稱堯舜，就是肯定依德而傳賢的「德位主義」而不認同以兄傳弟或以父傳子的「血統主義」；前者根據道德而公天下；後者根據血統而私天下。當然傳統中國的「政統」是帝王專制政治的「私天下」，儒家只能在「治道」這一層通過官吏之治民之政而在民間社會盡力去實施親民愛民的仁政，但對於「政權」此層帝王長期以一姓一家的專制私天下之不合理專政，卻無可奈何。

「學統」就是學術之統，在傳統中國，稱為學術之統者，是國家級的經教，而它就是儒家五經之教，故與道統之教合一，所以也就是道統之教，因此傳統中國的學統與道統是一體兩面的事物。漢儒的經學到宋明儒的理學心學，皆著重倫理道德之學術詮釋和弘揚，使中國成為重德之文化，中國人往往優先「德性之知」而將「見聞之知」置於次要位置，早在孔子，就已表示此種秩序，《論語》載，子曰：「弟子入則孝，出則弟，謹而信，泛愛眾，而親仁，行有餘力，則以學文。」句子前大部分是關於德性，而最後的尾巴才說到若還有餘力的話，就可以學文，此即見聞之學也。影響所及，儒家的學統通過教育體系，特別到宋明以後的書院和社會的儒教，其主旨是道德倫理之學問和教育，即聖賢之學和教，而不是如現代著重知識和技能之教學。[12]

如果認真審讀《近思錄》，會發現此書實即北宋四子具有的

---

[12] 以上關於「三統」的詮釋，基本上是依據蔡仁厚：〈新儒家的精神方向〉，收入氏著《新儒家的精神方向》（臺北：臺灣學生書局，1984），頁 15-29。

「三統觀」而提出來的儒家就道術、政術和學術之基本觀念。四子的儒家思想是就仁義之道以及從仁義之道而發用實踐的政治層次提出了仁政王道的理想，再就是強謂儒家的教化眾民之學統，不能是異端之佛道，而必須是成聖成賢的良知之教學。

《近思錄》既然成為南宋以後重要的儒家教育的入門書，因此，其中所蘊藏的儒家本有的以仁為本的「三統」理想，遂成為宋明以降的儒家基本經義與治世之教。

牟宗三先生從傳統加以創造性轉化而提出「新三統說」。此即：「道統」之肯定：即肯定道德宗教之價值，護住孔孟所開闢之人生宇宙之本源。「學統」之開出：即轉出「知性主體」以融納希臘傳統，開出學術之獨立性。「政統」之繼續：即由認識政體之發展而肯定民主政治為必然。[13]

蔡仁厚先生進一步加以闡釋，他說：

> 內聖必通外王，是儒家的通義，但如何開出外王事功，則一直未能落實於體制。而且傳統儒家的內聖通外王，也只通向政治，講求仁政王道，至於「開物成務」、「利用厚生」的知識條件和技術條件，則一直未予直接之關心和積極之講求。數千年講學，也是以「道統」涵蓋「學統」，聖人之道與聖人之學通而為一，這雖然也很好，但知識性學問未能透顯獨立，總是文化上的大缺失。[14]

---

[13] 牟宗三：《道德的理想主義・序》（臺北：臺灣學生書局，1978），序文第六頁。

[14] 蔡仁厚：〈牟宗三先生的學術貢獻〉，收入氏著《哲學史與儒學論評：世紀之交的回顧與前瞻》（臺北：臺灣學生書局，2001），頁305-318。

的確，傳統中國儒家的「外王」之事功，只能在治道層中講求儒官能本著道德良知去養民愛民教民，可是一方面政統此層的客觀體制，一直無法開創，而且在治統此層亦缺乏「開物成務」、「利用厚生」的客觀且架構性的知識體系和科技能力。換言之，政統與治統，都只能仰賴主觀意義的「聖君賢相」的道德境界，這是一個很明顯的傳統文化上的缺失，同時，從「外延的理性表現」或「架構的理性表現」而發展出來的獨立性之知識亦即科學，也就無法充分實現，使中國儒家變成與西方的「泛科學主義」明顯相對的「泛道德主義」。此種傳統文化的缺失，是傳統儒家的思想不足的地方。此種情形，當然也顯現在《近思錄》。

因此，我們回顧省思先儒的優缺點，要提出當代之方策。蔡仁厚先生說：

> 「道統」方面：是要光大內聖成德之教，以重開「生命的學問」。
>
> 「學統」方面：要調整文化心靈的表現形態，開出知識之學，使「知性主體」從「德性主體」的籠罩下透顯出來，獨立展現認知活動以成就知識。如此，乃能使儒聖「開物成務、利用厚生」的古訓，獲得充分的實現。
>
> 「政統」方面：是要開出法制化的政道，安排政權的軌道，也即政權轉移的制度，以完成民主政體。中國傳統的政治形態，只成就了「治道」，而未能開出「政道」，所以「朝代更替，治亂相循」、「君位繼承，宮廷鬥爭」、「宰相地位，受制於君」。這三大困局二千年來一直無法解決。而民主政治的政治形態，正好可以消解中國傳統政

治的三大困局。而由儒家「民本」、「民貴」的思想，落實為「民主」體制，也本是順理成章的發展，並沒有本質上的困難。[15]

依此，現代中國若能依據當代儒家從傳統而創造轉化之理路，由「新三統」隨順以成，則須先從長期的西化之逆路而回歸到中華文化本位之軌轍，那就是以仁為中心的禮樂文統，古語稱為「道統」。而在政道方面，必須從中國儒家的公天下理想藍圖中，於政統層真能設計屬於國家和人民全體的政權，而讓所有的治理者，都歸屬於治統中的管理人或執行人，也就是「政府」，此如同企業公司，國家和人民全體，是董事會與董事長，而治統中的管理人或執行人則屬於總經理及其團隊。再者，應讓知性主體從德性主體的附翼地位脫離而具有其外延和架構理性之客觀實踐，此方能避免「泛道德主義」的弊病，因為治國護民的政治，是實學，它不是道德心的孤證而可成就，它是曲成，換言之，在仁政的真正實踐中，須賴客觀性和架構性的實學，也就是知識義的科學，而不能依賴直線式的「聖君賢相」的道德境界。其實，德性主體讓開而讓知性主體開出獨立客觀的實學，是簡單的道理，譬如醫生視病如親，他具有高貴的醫生的愛心，但此不足以治癒病人，因為嚴謹精確的醫術、精密的醫療儀器、非常有效的好藥品，這一切均屬理性發展出來的外延性和架構性之客觀知識的科學，才能達成，而擁有此科學才真能治癒病人。

　　《近思錄》是儒家之道的一個縮圖，它在當代的難題，正是

15　同前注。

儒家在當代會遭遇的困境之一。能有效回應當代，經典才是活生生的。我們讀習《近思錄》，應有如是體認。

四、結論

《近思錄》成書已八百四十年了，它標誌著中國儒家道德倫常之教在內聖外王的基本觀念和智慧。現代中國人若能虔誠一志地讀誦學習，必能培養成為當代的儒家君子，他必德學俱優，能在五倫中盡其分際。

但是，我們從現代回顧反思傳統儒家，譬如研讀《近思錄》，而依據「新三統說」來予以檢討，也不要諱言傳統中國儒家的文化缺失，此缺失當然也表現在《近思錄》中。那就是我們需要將「學統」從「德性主義」脫離出來而讓知識有其客觀的「知性主義」之獨立性，由此開出外延性和架構性的客觀專業知識，也就是各門科學領域需充分依其獨立性而發展，亦即讓「聞見之知」從屬於「德性之知」的關係轉變成兩者是平行對列之關係。同時，我們更需依據民主政治的知識專業來讓政道和治道完成其合理的安排，而不能再依賴傳統的「聖君賢相」之觀念，使現代中國能實現「民領政統」和「政府在治統」的公天下理想政治，當然，此種民主政治是從儒家民本思想中隨順發展出來的，我們可稱之為「儒家主義的民主」，而有別於西方資本主義式的民主政體。

傳統的《近思錄》之常道以及在「新三統觀」之下的當代儒家之思想和智慧，應該在中國社會中廣為流通。儒家之道與學在庶民社會的自由傳播，本來就是中國的「社統」，在今天應該更予發揚實踐。

陸　經典教育是貞定文化主體的常道教育

一、牟宗三論國族不能沒有常道

　　當代新儒家牟宗三先生（1909-1995）論中國文化的斷裂或延續，提出國家民族須自己有文化原則來自定方向，而不能將自己的文化下墮成為材料。他說：

> 本來如果一個民族仍然存在，那麼這個民族的文化總可以
> 延續下去，無所謂斷不斷。但這其中也有一曲折。若一民
> 族仍然存在，但它的文化卻不能盡其作為原則並自己決定
> 方向的責任，則此民族的文化就不能算延續下去。不能夠
> 作為原則，不能夠自定方向，則這文化就只是個材料，而
> 不是形式。因此，一個文化若只是作為材料的身分而不是
> 形式，它就不能算延續下去；若要延續下去，這文化必須
> 能決定自己的原則和方向。原則、方向即代表一個文化作
> 為形式的身分。[1]

---

[1]　牟宗三：〈中國文化的斷續問題〉，《時代與感受》，收入《牟宗三先

民族若是真正地以他自己的本質而存在，依牟先生所述，是必須這個民族能否自己主體性地制定原則而確定方向，如果不行，則縱然存在，卻只是材料之性質，失去了自己的主體能動性。牟先生解釋所謂「形式」和「材料」，他說：「材料是譯自 matter，〔……〕與 matter 相對的 form，形式，簡單地說即是它自己本身是一原則、是一方向。」[2]換言之，一個民族的文化有其「文化形式」（cultural form），它才有其自身制定的文化原則，也才能確定自己的文化方向。牟先生再說：「凡是文化，必然涵著它有自己的原則和方向，否則不能算文化。如果一個文化只賸作為材料的身分，而形式是外加的，這文化就算斷滅了。」[3]

「『形式』是外加的。」這句話真意是什麼？如清光緒二十年（1894）日本發動甲午侵華戰爭，清廷戰敗，次年乙未年（1895），中國無奈被迫割讓臺灣，從此日本帝國主義殖民統治臺灣垂五十載（1895-1945），在日本殖民統治之下，臺灣的文化形式就變成日本加諸臺灣之上的日本文化形式，它給臺灣制定日本殖民主義的原則，臺灣在此原則下成為日本殖民帝國主義南進東南亞的基地，於是日據臺灣的臺灣人喪失他們自己的主體能動性，他們無法自由制定文化原則確定自己的文化方向，甚至有一些出賣國族良知而喪亡春秋大節的臺人，反過來以日本文化形式為自己的內容而成為典型的奸佞。日據時代的臺灣，文化形式是外來的，既是外力加上來的原則和方向，臺灣人民自己的文化就淪為「文化材料」。

　　生全集》（23）（臺北：聯經出版事業公司，2003），頁 105。
2　同前注。
3　同前注。

牟宗三先生又說：

> 馬克思主義代表一種形式，那是外來的，所謂「馬恩列
> 史」，〔……〕四個都是洋鬼子，中國人在那裡呢？中國
> 四千多年的文化，從黃帝起，歷堯、舜、禹、湯、文武、
> 周公、孔子，直到現在，難道沒有一個中國人嗎？這還講
> 什麼中國文化？中國文化不是只成了材料嗎？用亞里斯多
> 德的名詞來說，這時的中國文化只是純粹的潛伏性（pure
> potentiality），而形式是外加的。這時中國文化喪失了自己
> 的原則性，自己決定方向的特性，不能作為生活的原則；
> 生活的原則是馬克思、共產主義所決定的，那麼中國文化
> 在那裡呢？這就是文化的斷滅。[4]

若就整體中國而言，民初五四新文化運動以降，有三大思想體系
在中國互相衝突鬥爭，一是「傳統文化保守主義」，一是「自由
主義」，一是「共產主義」。前者，也就是傳統文化保守主義之
中有一個後來發展最為剛健而能創造轉化者，就是「當代新儒
家」（Contemporary New Confucianism）；而後兩者都是外來的。自由
主義嚴格言在中國實現者，其實是「全盤西化論」為底盤推展的
英美式「資本主義」形態的民主政治體制，一九四九年之後，在
臺灣的國民政府推行的憲政即是此種形式。國共內戰，中共大
勝，在大陸建立共產政權，因此，牟先生所怒斥的「馬恩列史」
四個「洋鬼子」之外來意識形態，主宰了中國人的身心而變成中

4　同前注，頁 111-112。

國的文化原則和方向，中國自己垂六千年的主體性文化原則和方向死亡，而孔孟老莊之道，只是無主體生命的材料而已。一旦自身變成無主體能動性之存在，文化就告斷滅。

國家之亡有兩層意思，一是國體或民族滅亡，如迦太基被羅馬滅亡，傳說羅馬人還用犁將迦太基都城徹底鏟除犁平；一是文化斷滅，譬如古埃及文明早已滅亡，如今只剩下博物館意義的金字塔古蹟，現在埃及人的文化乃是後來的阿拉伯式的伊斯蘭教文化。從文化意義上言國家滅亡，如果只是朝代更替，既有文化形式尚存，則只是政權易姓，但明社既屋，則是亡於關外的女真族，並非中國的改朝換代，顧黃王三大儒身逢亡國劇痛，都認為這不是亡國，而是亡天下，他們的意思就是牟先生所言的文化斷滅，女真族當時是東北「夷狄」，大明朝竟然被夷狄滅亡，這樣的亡，是華夏文化的斷滅，因此其真意乃是天下被異族滅亡。

中國聖人深切告誡後人不可亡人之國，更不可被他人將自己的國家亡掉。牟宗三先生說：

> 在歷史上，由原來的存在變成不存在，這當然是個大悲劇，這在儒家來說，是大惡。亡國，一是他亡，一是自亡。亡人之國者固是大惡，而自亡者亦是罪惡，你這是大不肖的子孫。關於「自亡」，《公羊春秋》有言：「梁亡何？自亡也。其自亡奈何？魚爛而亡也。」魚爛而亡，是腐敗得不成樣子而致滅亡，這是大惡，梁之亡國就是這樣，故《春秋》大書特書。儒家正面講仁，亡人之國是大

不仁，自己亡了也是大不仁。[5]

依孔子的《春秋》之教，甲午年日本殖民帝國主義之侵華割臺，是大不仁，可是清朝居然被異國入侵而屈辱地割讓臺灣，國體若強盛剛健，異國豈有能力侵略中國割裂臺灣？根本因素乃是清朝真的是太腐敗太墮落，已經幾幾乎將「魚爛而亡」；割地賠款，無法保土護民，是大不仁。清廷抵禦不住日本入侵，臺灣乙未慘變，臺灣大儒大詩人丘逢甲於次年在粵東作詩痛曰：「愁雲極目盡成陰，飛鳥猶知戀故林。破碎河山收戰氣，飄零身世損春心。封侯未遂空投筆，結客無成枉散金。夢裡陳書仍痛哭，縱橫殘淚枕痕深。」[6]又痛曰：「春愁難遣強看山，往事驚心淚欲潸。四百萬人同一哭，去年今日割臺灣！」[7]國亡失地，在儒家的觀點，這是大不仁，是大惡。

　　一個國家民族腐敗而亡，最根本之處，乃是失掉其生存發展的「常道」。在中國，儒家孔孟之道就是常道，牟先生說：

　　　　儒家這個學問具有「常道」的性格。儒家這個學問，從古
　　　　至今，發展了幾千年，它代表一個「常道」──恆常不變
　　　　的道理。中國人常說「常道」，它有兩層意義：一是恆常
　　　　不變，這是縱貫地講它的不變性；一是普遍於每一個人都
　　　　能夠適應的，這是橫地講、廣擴地講它的普遍性，即說明

5　牟宗三：〈儒執、理性與坦途〉，同前揭書，頁128。

6　丘逢甲：〈愁雲〉，《嶺雲海日樓詩鈔》，卷二，收入《丘逢甲集》（長沙：岳麓書社，2001.12），頁192。

7　丘逢甲：〈春愁〉，同前揭書，頁199。

　　這個道理是普遍於全人類的。[8]

儒家在中國，若從孔子算起，已是延續兩千數百年的常道，它不但縱貫地具有常道性，亦即在時間中恆常不變；而就全球倫理而言，亦是橫通地、廣擴地具有人性中的恆常終極之普遍性，換言之，儒家常道可適合於中國人，亦可適合於日本人、韓國人以及各洲各國之人，只要是人，均有儒家常道所肯定的良知。

　　牟先生也標榜宋明理學家之發揚振興先秦儒學，周張程朱陸王的精神就是「體經用經，立人道之常，立人道之極，責任就是如此。」[9]此所謂「經」就是儒家的《四書五經》，也就是中國人的常道。常道不可廢，也即是儒家經典之學習、內化以及實踐之功夫不可廢，在艱難的時代，亦常依常道而護持國命和人心。譬如南宋雖然偏安，卻由於從北宋周張二程的發揚以至南宋龜山、豫章、延平及於朱子的理學系統及江西象山的心學系統之代代相傳不墜而維繫孔孟儒家常道，終能延展中國人的慧命而無失，元清兩朝，雖然是異族入統，畢竟中國文化的常道還是存在於廣土之內而為中國庶民的安身立命之堅固盤石。而就臺灣言，從一六六一年明鄭開臺始，儒家常道就在臺灣立下根基，清朝統治臺灣兩百多年（1683-1895），在臺政教以及庶民社會的文化形式，乃是朱子儒學。換言之，其常道以儒家經典教化為主。日據時期，政教屬於日本帝國的文化形式，可是臺灣人在民間歷五十

8　牟宗三：〈從儒家的當前使命說中國文化的現代意義〉，同前揭書，頁323。

9　牟宗三：〈漢、宋知識分子之規格與現時代知識分子立身處世之道〉，同前揭書，頁263。

年，基本上依然服膺儒家德教而不替，所以臺民無論在鄉野或城邑，他們在民間社會反抗日本殖民主義垂五十年，從來沒有終止。

牟宗三先生指出現代卻有異變。他說：

> 以往一般人，不論是士、農、工、商，提起聖人，沒有不尊重的，提到聖人之道，每個人都能表現相當的敬意，沒有不肅然起敬的。不但整天捧著聖賢之書的讀書人是如此表現，即使是農、工、商，亦莫不如此。但是在今天講聖人之道，就沒有這個便利。今天這個時代，先不談農、工、商，即使是讀書人亦很少有尊重聖人之道的，亦很少有了解聖人之道的。在以往，從小即讀《四書》、《五經》，今天的讀書人卻是愈往上讀，離開《四書》、《五經》愈遠。知識分子把儒家這個常道忘掉了，很難再接上去。事實上，也許農、工、商對於聖人之道還客氣些，還保留一些尊重，知識分子反而不見得有「雅量」。[10]

牟先生的感觸很正確，很合乎實情，老實說，我們如果愈深入庶民社會，也就是一般的農村、小鎮、工坊、商舖、市集，去與那些黎民百姓來往、交接，我們在今天還可以較容易在他們身上以及言行中，察覺照面到忠懇敦厚信義之德操，他們透過「三祭」之禮制，還保存著儒家的常道於日常生活世界中。倒是在大城市

---

[10]　牟宗三：〈從儒家的當前使命說中國文化的現代意義〉，同前揭書，頁324-325。

裡以及吸取現代知識愈多的知識分子、菁英階層、政府高官、政黨人物、媒體名流，甚或大學中的教授學人、大學生、研究生，在他們身上和諸言諸行，實在是不太存在儒家信念和思想的，甚而是公然反對、批評、鄙視、訕笑的。現代化或西化的衝擊侵蝕下，中國人的儒家經常之道，真的是失落衰退到非常嚴重的地步，難怪那麼多學者專家會反對讀經，因為他們基本反儒家、反常道，所以反對讀經，根本上他們是站在全盤西化的虛無主義上反對中國自身的常道。

　　在另一篇文章中，牟先生針對同樣的危機這樣說：「宋儒的學問，純粹是精神教化的文化運動，他們不只是對著宋朝的政治和立國而言，而是對整個中華民族的文化的發展而言。所以他們強調作為國家民族常數的道統。〔……〕現在有許多人，假藉一些莫名其妙、分際不對、根本不相應的辭語，如妨害自由之類的辭語，泛濫地使用之以拉掉這個常數。」[11]牟先生此處是針對著兩岸整個中國人而言，而在臺灣，特別是知識界、菁英界、政治界，一直存在一大批人，他們仇視儒家，其實也就是仇視中國文化，非得將這個常道拉掉不可。[12]臺灣如果完全喪失了從明鄭以

---

[11]　牟宗三：〈文化建設的道路——歷史的回顧〉，同前揭書，頁 345。

[12]　以最近（2014 年）在臺北發生的所謂「三月太陽花學運」而言，其本身當然是反儒家的，同時，也就反中反華，而同時也就居心要將臺灣的儒家式常道拉掉。與此政爭運動同時，在網路上面，彼等及其同路人大肆攻擊儒家，污衊儒家是奴化臺灣人的兇手，其等攻訐侮辱儒家的言論，表現出臺灣有一種人物和群體似乎對儒家具有不共戴天之深仇大恨。而這樣的人物、群體，從民國初年就已經蟻聚成團，彼等堅決反中國傳統而主張全盤西化，一九四九年之後，此風流溺臺灣，並假借西方世紀末思潮，鼓吹思想文化多元論以及去中心化、去主體性的所謂「解

降就已奠定的儒家常道，而又根本不可能洗髓換骨地取異邦他土的文化形式為自己的原則和方向，然則，這樣的臺灣就會是空洞的虛無的漂泊的文化荒島。

由上所論，我們乃可體悟讀誦儒家經典並推廣深化的經典教育，對於當代全體中國之是否剛健發展生存，十分重要，乃是中國是否具足自己的文化形式來建立文化原則和方向的關鍵。

二、經典教育的傳統

讀經不僅僅只是讀誦《四書》、《五經》而已，從廣義上說，是經典教育，就是通過儒家經典學習和教育而形成的中國人傳統的文化原則和方向之常道。

《論語》第一篇第一章，孔子說：「學而時習之，不亦悅乎，有朋自遠方來，不亦樂乎，人不知而不慍，不亦君子乎。」[13]《論語》是中國儒家成德第一經典，在它的首篇首章就提出「學習」，故儒家之德的養成，必由學習始。而所謂「學習」，實即「教學」，也就是「教育」。

後人承孔子教誨，《禮記·學記》曰：「君子如欲化民成

構主義」，依據此種意識形態，欲圖拉掉在臺灣的中國文化主體性和中心性，也就是解構在臺灣的儒家常道。此種文化思想革命，在臺灣庶民社會一時不易成功，但在培養菁英階層和知識分子的庠序教育中，卻明顯收到實功，現在臺灣的大學和研究院，其主流一昧歌頌多元論的虛無主義而反儒家常道。

[13] 《論語·學而》。

俗，其必由學乎！」[14]此處點出學習教育的目的，是君子化民成俗，也就是國家教化其人民，使其人民有人文道德的涵養，包含了德性與知性。

　　王夢鷗注釋《禮記》，指出先秦之儒家欲依禮俗儀文（其實也就是周公制禮作樂並經孔子貫注以「仁」之後的禮樂文制）來達成淑世拯人的理想。雖然禮儀可以隨時變革，但其不可變者，則是儒家用教育的方法來造就成文成德而知禮達義的國民。而此即形成《禮記》之書，其文辭，在西漢已常常為人引述，至東漢，大為流行，鄭玄加以編注而成正式之禮書。[15]

　　〈學記〉就是一篇儒家的教育規範。它說：「古之王者建國君民，教學為先。」[16]此點出國家應以教育國民為其首務，又曰：「雖有至道，弗學，不知其善也。」[17]可見古儒之教乃是為了明白體悟「至道」，何為至道？就是仁心和仁政。而教學是有設施和步驟的，其曰：

> 　　古之教者，家有塾，黨有庠，術有序，國有學。比年入學，中年校考。一年視離經辨志，三年視敬業樂群，五年視博習親師，七年視論學取友，謂之小成；九年知類通達，強立而不反，謂之大成。
>
> 　　夫然後足以化民成俗，近者悅服，而遠者懷之，此大學之

14　《禮記・學記》。

15　王夢鷗：《禮記今注今譯》（上冊）（臺北：臺灣商務印書館，1992），序文。

16　《禮記・學記》。

17　《禮記・學記》。

道也。[18]

由此可知依行政區大小等級，而設有各級學校。入學後受教，隔年有考試。而在前面七年的教育，均著重學子的德性和知性之培養和成長。七年下來，謂之「小成」。後面還有兩年的學習，則須學到「知類通達，強立而不反。」此謂之「大成」。這樣經過九年的教育，儒子才能畢業。

〈學記〉的作者認為國民經過小成和大成的教育，才能化民易俗而近者悅服、遠者懷之。此即指出古儒的教育是尊德性道問學的教育，同時注重「德性之知」和「聞見之知」的培養。

然則，中國古儒的教育課程是什麼呢？在《禮記‧經解》有所說明：

> 孔子曰：「入其國，其教可知也。其為人也，溫柔敦厚，《詩》教也；疏通知遠，《書》教也；廣博易良，《樂》教也；絜靜精微，《易》教也；恭儉莊敬，《禮》教也；屬辭比事，《春秋》教也。〔……〕其為人也，溫柔敦厚而不愚，則深於《詩》者也；疏通知遠而不誣，則深於《書》者也；廣博易良而不奢，則深於《樂》者也；絜靜精微而不賊，則深於《易》者也；恭儉莊敬而不煩，則深於《禮》者也；屬辭比事而不亂，則深於《春秋》者也。」[19]

18　《禮記‧學記》。
19　《禮記‧經解》。

據此所述，古儒的教育的教本，就是儒家的《六經》，依經典之教學，儒子學成後，會成為德性和智慧都高貴深厚的君子。

南宋朱子出，特別編注集合了《論語》、《孟子》，並從《禮記》中抽出《中庸》和《大學》兩篇而統稱為《四書》。從此，中國人的基礎之教，就是《四書》和《五經》（《樂》已佚）。可以說中國傳統的基礎國民教育就是讀經、解經並依經而做人做事之教。中國之教，必須先建立人之德性，方能善用各種知識。

熊十力先生（1885-1968）在中共建政初始，給毛澤東及其他中共高層黨人提出一部建言書，[20]一開頭就說到中華立國五千年，自有中國人自己的「特殊精神」，他的意思是如果不以這個特殊精神立國立人，則中華是無法真正建立，而中國人也是無法

---

[20] 景海峰在《熊十力全集》第五卷的〈編者後記〉提到：「《論六經》（或《與友人論六經》）實為對新政權（筆者按，即指中共於一九四九年建立的中華人民共和國）的建言，是作者於一九五一年在北京寫給董必武、林伯渠、郭沫若一封長函的擴充。全書分論《易》、《春秋》、《樂》、《禮》、《詩》、《書》六經，尤於《禮經》中的《周官》論述甚詳，大體表達了儒家社會主義的烏托邦理想。書末對新中國文化教育方針提出了許多建設性的意見。」見景海峰：〈編者後記〉，《熊十力全集》第五卷（武漢：湖北教育出版社，2001），頁 779。熊先生天真地向尊奉馬列主義唯物論的中共領袖毛澤東提出孔孟之道，而且還建議恢復支持梁漱溟先生的勉仁書院、馬一浮先生的復性書院，甚至希望中共支持恢復南京支那內學院呂逸秋重振佛教唯識宗大師歐陽竟無先生之佛學研究和教育。當然這一切均是一位大儒純潔誠真之心性之表顯，毛澤東豈有答應之可能？毛氏之反儒反孔，一生無改其志，到文革十年達其高峰，熊十力和馬一浮兩位當代新儒家大宗師均於高年不免於難。

真正站立起來的。[21]然而，何為中國的特殊精神？熊先生說：

> 余以為求中國之特殊精神，莫若求之於哲學思想。中國哲
> 學思想之正統派即儒家。《中庸》云：「仲尼祖述堯舜，
> 憲章文武。」夫言祖述而舉堯舜，則羲、農、黃諸聖皆堯
> 舜之所承，是堯舜以上皆備舉之矣。言憲章而舉文武，則
> 禹、湯乃至周公皆與文武無異道，即皆孔子所憲章可知
> 矣。孟子稱孔子集大成，其說與《中庸》相印證。儒學自
> 唐虞三代至孔子幽贊六經，始集其大成而盛行於民間，故
> 呂政坑儒生而扶蘇爭之曰：「諸生皆誦法孔子」云云，可
> 見春秋迄戰國，早以孔子為儒家之大祖也。當春秋、戰國
> 之交，諸子百家並作，而儒家居正統派之地位恆自若。
> 唐虞三代之政教化理，深入於中國社會，使人人淪肌浹
> 髓，轉相傳續，而成為中國人之特殊精神者，蓋已久矣。
> 至孔子本此精神而演為學術，其廣大淵深微妙之蘊首在于
> 《易》，次則《春秋》，又次則《詩》、《書》、
> 《禮》、《樂》諸經。莊生深於經者也，〈天下篇〉曰：
> 「《詩》以道志，《書》以道事，《禮》以道行，《樂》
> 以道和，《易》以道陰陽，《春秋》以道名分。」詳此所
> 云，其於六經各以一二字總括其旨，皆足以包通全經，含
> 藏萬理。[22]

---

[21]　熊十力：《論六經》，收入《熊十力全集》，第五卷（武漢：湖北教育
　　　出版社，2001），頁 663。

[22]　同前注，頁 663-664。

熊先生先舉《中庸》而說明孔子之道學是「祖述堯舜、憲章文武」，也就是儒家常道並不是孔子自己憑空想像創作出來的，它乃是中國非常遙古時代就已蘊生，經由遙古之「聖王」之保任護持而代代傳衍下來的國家民族之文化形式，其實如果用另一種名稱，也就是周公制禮作樂而成的「周文」。而周公之「禮樂」的文化形式，也就是周文之文化形式，傳到孔子，孔子乃將其加以整理詮釋而成為中國的經典，此即儒家《六經》。在這樣的脈絡裡，孔子之前的唐虞文武之常道，是在政治範疇中，屬於統治者貴族階級的，而經由孔子從傳統加以轉化新創，常道就變成在文化範疇中，才正式真實地屬於中國廣土眾民的，從此就不稱為唐虞文武之道，而轉換稱為孔子之道，也就是儒家常道，它的經典即《六經》，或者至宋以降而稱為《四書・五經》。

在傳統時期，中國人讀儒家經典，以孔孟之常道為生命之中柱、心靈之方針，是基本之文化原則，縱然在儒家相對暗淡沈潛的時代，譬如佛法盛行的魏晉南北朝、隋唐五代，朝廷取士以治國以及民間社會規範和家庭倫常，其實依舊是儒家常道為其根本。熊十力先生說：

> 歐化東來，吾固有學術思想似日就湮廢，余常設想今當捨舊圖新，不守其故而新生，則誠然矣，不用其故而新生，恐不應理。不守故而新生者，如米變為粥，米故也，粥新也，米守故而不變，則新粥不生矣，是知新生由不守故。然復須知新生之粥卻是用已故之米方變得來，如將故米毀盡，欲新粥生，其可得乎？〔……〕竊以為中國人之作人與立國精神畢竟在孔子六經。〔……〕

> 中國文化在大地上自為一種體系，晚周學術復興運動，此
> 時縱不能作，而搜求晚周墜緒，存其種子，則萬不可無此
> 一段工夫。中國五千年文化，不可不自愛惜。[23]

文化傳統，熊先生以「故米」譬喻，而由「故米」熬煮成「新
粥」，則譬喻文化之新生，必須以其固有傳統為基本。清末民初
中國大衰，歐風西力強勢入侵，乃有全盤西化論應運而興，主張
將中國固有傳統文化統統當作垃圾掃到垃圾桶裡，亦疾視儒家經
典，叫囂快快把四書五經丟到茅廁中。[24]反中國文化和儒家經典
的西化派，愚蠢以為可以不用故米而換成沙礫可以熬煮成新飯，
不但棄故米而取新沙煮飯，更變本加厲在鍋底加柴添火，不弄到
中國死徹，他們絕不罷休。中共尊奉馬列主義唯物論，亦屬於廣
義的全盤西化派，其建政後，更能挾政權之大勢力來進行消滅儒
家常道的自我滅絕運動。熊先生實有先見之明，深懼噩夢成真，
期盼能夠呈上《論六經》一書來勸回中共愛惜並弘揚孔子《六
經》，方能煮故米而成新粥。往後的發展，正好與熊先生的苦衷
悲願相反，故有文化大革命十年大浩劫。

　　熊十力先生反覆再三呼籲重視並重振「中國特殊精神」，其
實就是牟宗三先生所言的中國之文化原則和文化方向，而其根據

23　同前注，頁 771-775。

24　國民黨元老吳稚暉主張「無政府主義」，呼應胡適提倡白話文而輕浮地
　　說出「將線裝書丟進茅廁裏」的話。「線裝書」是指中國傳統的「經史
　　子集」，也就是傳統中華文化，吳氏認為應該將中華文化，特別是儒道
　　釋之人文教化，統統加以鄙棄。這是典型的全盤西化派的陳腔濫調。至
　　今，大陸和臺灣仍然存在此種自我刨根、自我閹割的論調。

就是儒家經典，其精神即中國之所以為中國的常道。因此，經典不可不讀誦，不可不研究。讀誦之、研究之，進而發揚之、實踐之，這樣才能貞定中國的文化主體性，有文化主體性的中國才能確保自己之在其自己（China in Itself），而中國人才真正能有其自己的文化形式在天地之中安身立命。

如上所述，「讀經」就成為天下之第一等大事。然而，我們若返歸中國歷史，實則讀經和經典教育以及經典在中國人的政治之施作、社會之內化、日常生活中的實踐，本來自自然然地就是一種常規和需求。

讓我們回歸經典之文本就能明曉讀經和經典教育，從孔子始，就以經典教育為傳道之根本。一部《論語》記載孔子甚重視經典學習，其直接而單純提到「學」這個字之章句，茲列於下：

1. 子曰：「學而時習之，不亦悅乎！有朋自遠方來，不亦樂乎！人不知而不慍，不亦君子乎！」（〈學而篇〉）

2. 子曰：「吾十有五而志於學，三十而立，四十而不惑，五十而知天命，六十而耳順，七十而從心所欲不踰矩。」（〈為政篇〉）

3. 子曰：「學而不思則罔；思而不學則殆。」（〈為政篇〉）

4. 子曰：「賜也，女以予為多學而識之者與？」對曰：「然，非與？」曰：「非也，予一以貫之。」（〈衛靈公篇〉）

5. 子曰：「由也，女聞六言六蔽矣乎？」對曰「未也。」「居，吾語女。好仁不好學，其蔽也愚；好知不好學，

其蔽也蕩；好信不好學，其蔽也賊；好直不好學，其蔽也絞；好勇不好學，其蔽也亂；好剛不好學，其蔽也狂。」（〈陽貨篇〉）

以上 5 條章句記孔子說到「學習」，而若從第 4 條章句，則能明白孔子之學，是特有所指，因為他並非胡亂泛濫而無所歸無有主旨之學習。他的學習，不是一般意思的學東學西，或學一些世俗上的事務之學，而是一以貫之的學習，而此種學習就是學習那個「一以貫之」的「一貫之道」，此即是「常道」。而若從第 5 條章句，我們可以看出孔子提到的仁、知、信、直、勇、剛等六項綱目，乃屬人之道德實踐的方向或標竿，人之待人接物必須合乎或踐履這個仁知直勇剛等德行，但如果一個人沒有切實認真地學習常道經典，沒有將經典之精神活化為自己的人文和德慧生命，則由於人在自然層次中，其稟賦有清濁粗細鈍巧等偏向，故若無經典之導引，就會陷於孔子所說之六種人格生命中的蔽塞與糾纏，而喪其德操。因此，經典常道之學習與教育是非常重要的。

對於「常道」的學習，在孔子，就已經以經典教育弟子矣。我們亦從《論語》而明之，我們發現孔子最重視《詩》、《禮》的教育，〈季氏篇〉載：

陳亢問於伯魚曰：「子亦有異聞乎？」對曰：「未也，嘗獨立，鯉趨而過庭。曰：『學《詩》乎？』對曰：『未也。』『不學《詩》，無以言。』鯉退而學《詩》。他日又獨立，鯉趨而過庭。曰：『學《禮》乎？』對曰：『未也。』『不學《禮》，無以立。』鯉退而學《禮》。聞斯

二者。〔……〕」[25]

孔子告知伯魚，必須學《詩》，通達貫澈其精神之後，儒子才有
能力「言語」；必須學《禮》，通達貫澈其精神之後，儒子才有
能力「挺立」。對於前者，朱子注釋說到：「事理通達，而心氣
和平，故能言。」依此，原來一心凝志來讀誦學習《詩經》，熟
習通貫之後，儒子才能「事理通達、心氣和平」，能達到這層境
界，才能有真正的功夫可以言說而不踰越道德之常規。對於後
者，朱子注釋說到「品節詳明，而德性堅定，故能立。」依此，
原來一心凝志來讀誦學習《禮經》，熟習通貫之後，儒子才能
「品德詳明、德性堅定」，能達到這層境界，才能有真正的功夫
可以挺立而不踰越道德之常規。王船山進一步說：「不學《詩》
則褒刺不明，而溫和之氣不洽，將無以言也。〔……〕不學
《禮》則動止無則，而莊敬之心不著，將無以立也。」[26]他亦是
從道德常規之功夫與境界來闡釋孔子的經典教育的主旨。總之，
一個君子，必須言行合於德性合於常道，養成有德有常的君子，
是孔子經典教育的目的。

　　關於學習及實踐《詩》的章句有以下等條：

　　1. 子貢曰：「貧而無諂，富而無驕，何如？」子曰：「可
　　　　也，未若貧而樂，富而好禮者也。」子貢曰：「《詩》
　　　　云：『如切如磋，如琢如磨。』其斯之謂與？」子曰：

25　見《論語‧季氏》。

26　〔明〕王夫之：《四書訓義》（上），收入氏著：《船山全書》（長
　　沙：嶽麓書社，1998），頁 895-896。

「賜也，始可與言《詩》已矣！告諸往而知來者。」
（〈學而篇〉）

2. 子曰：「《詩》三百，一言以蔽之曰：『思無邪』。」
（〈為政篇〉）

3. 子夏問曰：「『巧笑倩兮，美目盼兮，素以為絢兮。』
何謂也？」子曰：「繪事後素。」曰：「禮後乎？」子
曰：「起予者商也，始可與言《詩》已矣！」（〈八佾
篇〉）

4. 子曰：「誦《詩》三百，授之以政，不達，使於四方，
不能專對，雖多，亦奚以為？」（〈子路篇〉）

5. 子謂伯魚曰：「女為〈周南〉、〈召南〉矣乎？人而不
為〈周南〉、〈召南〉，其猶正牆面而立也與！」
（〈陽貨篇〉）

6. 子曰：「小子，何莫學乎《詩》，《詩》可以興，可以
觀，可以群，可以怨；邇之事父，遠之事君，多識於鳥
獸草木之名。」（〈陽貨篇〉）

依上所列章句，「詩教」關係學者之心性情之涵養，也關係學者
具備從事物現象之表層穿透進去把握其本質的能力，而也讓學者
可以得到豐厚多方的知識，懂得生活上的進退應對，無論是在忠
孝之實踐上或在為政的功業方面，均使學者具備應有的素養。
　　關於學習和實踐《禮》的章句也不少，茲列於下：

1. 子張問：「十世可知也？」子曰：「殷因於夏禮，所損
益可知也；周因於殷禮，所損益可知也。其或繼周者，

雖百世，可知也。」（〈為政篇〉）

2. 林放問禮之本，子曰：「大哉問，禮，與其奢也，寧儉；喪，與其易也，寧戚。」（〈八佾篇〉）

3. 子曰：「夏禮，吾能言之，杞不足徵也；殷禮，吾能言之，宋不足徵也。文獻不足固也，足，則吾能徵之矣。」（〈八佾篇〉）

4. 子入太廟，每事問。或曰：「孰謂鄹人之子知禮乎？入太廟，每事問。」子聞之曰：「是禮也。」（〈八佾篇〉）

5. 子貢欲去告朔之餼羊，子曰：「賜也，爾愛其羊，我愛其禮。」（〈八佾篇〉）

6. 子曰：「恭而無禮則勞；慎而無禮則葸；勇而無禮則亂；直而無禮則絞。君子篤於親，則民興於仁；故舊不遺，則民不偷。」（〈泰伯篇〉）

7. 顏淵喟然歎曰：「仰之彌高，鑽之彌堅；瞻之在前，忽焉在後。夫子循循然，善誘人，博我以文，約我以禮，欲罷不能，既竭吾才，如有所立，卓爾，雖欲從之，末由也已！」（〈子罕篇〉）

8. 顏淵問仁，子曰：「克己復禮為仁，一日克己復禮，天下歸仁焉。為仁由己，而由人乎哉？」顏淵曰：「請問其目。」子曰：「非禮勿視，非禮勿聽，非禮勿言，非禮勿動。」〔……〕（〈顏淵篇〉）

9. 衛靈公問陳於孔子，孔子對曰：「俎豆之事，則嘗聞之矣，軍旅之事，未之學也。」明日遂行。（〈衛靈公篇〉）

查《論語》章句，與「禮」有關係的條目最多，如上所舉有 9 條之多，《論語》中雖亦有論《書》、《樂》、《易》等章句之相關教學和實踐，但不算多，故由此可知孔子最重視的常道之教，乃是《詩》和《禮》兩種經典。而從上引條目來看，「禮教」的範疇和內容是很豐富的，包括了孔子之前的夏商周之中國古文明禮制，也是孔子當代的國家廟堂宗教祭典大禮，而亦是個人修身養性最關鍵的規約，總之，是從大的國家社會總體之文明規範禮制到小的每個人生活和生命之必須遵行的軌則。然而，其中亦表顯了一個很根本的觀念，就是國家的仁義之政、社會的美善之風以及個人內在的德心，其實不能高懸虛掛為抽象的理或光板的法，而必須貫透在一定客觀的禮制之軌轍架構中才能落實踐成。所以，常道是需要架構的禮方能具現而成為真實，否則常道只是「常道之在其自己」，若是這樣，只成為一種觀念思想遊戲，是空洞的知識，則不是孔子行道於天下的本意。

　　然而，經典固然很強調客觀架構化的軌轍規約，可是，我們也明白孔子不是橫推地建立儒家經典的客觀性實踐，而是縱貫且內在地樹立其恆常性根本，所以他說：「禮云，禮云，玉帛云乎哉？樂云，樂云，鐘鼓云乎哉？」（〈陽貨篇〉）「禮樂」當然不是外在客觀架構下的存在，所以，其充分且必要的前提，不是器物性的玉帛和鐘鼓。然則是何者？孔子說：「人而不仁，如禮何？人而不仁，如樂何？」（〈八佾篇〉）人之根本以及人文世界的根本，實在於「仁」。「仁」也就是儒家經典的核心，是中國常道的中軸，因此，經典之教，就是「仁教」，而在仁之常道教育之下，中國的文化主體方能貞定。

三、朱子與陽明的經典教育觀

　　孔子的儒家經典教育傳承連延歷兩千年，中間或有沈潛，但其中流本質總是常在，縱然在佛法興盛時期或亂七八糟的亂世，儒家經典作為中國人的生活世界之常規，並未斷絕。直至宋明兩朝，儒學復興而蔚為文化主流，其經典教育，是當時儒家最重視者，書院教育其實就是經典教育，其護持振揚儒家常道，甚有貢獻。本文為篇幅所限，謹舉朱子和陽明詮釋之。

　　朱子一生，主要都在民間興辦弘揚儒家經典教育。其相關文章甚多，茲擇其一例以明之。朱子為「徽州婺源縣學藏書閣」撰寫了一篇〈記〉，一開始就說：

> 道之在天下，其實原於天命之性，而行於君臣、父子、兄弟、夫婦、朋友之間，其文則出於聖人之手，而存於《易》、《書》、《詩》、《禮》、《樂》、《春秋》孔孟氏之籍。本末相須，人言相發，皆不可以一日而廢焉者也。蓋天理民彝，自然之物，則其大倫大法之所在，固有不依文字而立者。然古之聖人欲明是道於天下而垂之萬世，則其精微曲折之際，非託於文字，亦不能以自傳也。故自伏羲以降，列聖繼作，至于孔子，然後所以垂世立教之具，粲然大備。〔……〕[27]

---

[27]　〔南宋〕朱熹：〈徽州婺源縣學藏書閣記〉，《晦庵先生朱文公集》，卷七十八，收入《朱子全書》（24）（上海：上海古籍出版社，2002），頁3734。

天命之性就是天道，它並不高懸在天上，而是普溥在大地，其普溥是表現實踐於「君臣、父子、兄弟、夫婦、朋友」的「五倫」；「五倫」就是常道。朱子強調五倫常道雖然作為道之本身是形而上的超越絕待天體，然而它必須透過文字教育才能傳播於人人心靈而加以道德實踐在人倫日用之中，對人之在世存有言，方有其意義，否則是虛無而已，此五倫常道，由聖人將其創述為經典，此即是儒家之《六經》。

　　孔子告訴弟子說五倫常道，不是由虛無而造，而須「好古敏以求之」，此即說須從中國上古聖人（朱子所言的自伏羲以降，列聖繼作，至于孔子）代代相傳而創述下來的經典中勤敏而求之。一方面是指出必須讀誦經典，一方面則必須體會並踐履經典中的常道。然而，朱子慨歎而曰：

> 自秦漢以來，士之所求乎書者，類以記誦剿掠為功，而不及乎窮理脩身之要，其過之者則遂絕學捐書，而相與馳騖乎荒虛浮誕之域，蓋二者之蔽不同，而於古人之意則胥失之矣，嗚呼！道之所以不明不行，其不以此與？[28]

自孔孟聖人沒後，後儒就完全失去讀誦經典而踐履於人倫日用的正確之人生之路。朱子說其蔽有兩大方面，一是只如鸚鵡學語，把經典當作死文字，只知道死記誦及剿章竊句寫一大堆無用的文字垃圾；一則是將經典丟棄於倉庫儲物間的陰暗角落，天天談玄論虛，心神盲迷而奔馳在荒虛浮誕之幻域而往而不返。

28　同前注。

　　朱子是親見中國儒者之兩大迷失的，他指責的前者，是那些滿腦子科考做官追求榮華富貴的庸俗卑陋的士子；他指責的後者，是心學之輩以及佛門。在朱子的不變信念而言，孔孟經典必須用心盡心去讀誦而深入經典的常道大義，並且依此而在身心和社會中真正實踐之。既非為了做官求權位財富，亦非為了坐高牀談虛玄妄誕的境界。因此，朱子在文末殷切期盼儒子必須去除上述兩種弊端，他說：「〔……〕願學者，知讀書求道之不可已而盡心焉，以善其身、齊其家而及於鄉，達之天下，傳之後世。〔……〕」[29]所以，讀經的目的是「求道」，而不是為了外在的知識或世俗的名利或玄妙之心境的高談闊論，「求道」就是「行道」，也就是將道德心充量盡之，而以道德心之實踐，由身之善擴充之而達到家齊、國治以及天下平的大同境界，並且需將經典、天道以及這套誠意正心齊家治國平天下的儒家常道代代不斷地傳延發揚。

　　朱子對於當時一般儒子的不得其讀經之正路而有所憂患，所以他也為儒子如何讀經而有效，提供了一個功夫。朱子曰：

> 今人說要學道，乃是天下第一至大至難之事，卻全然不曾著力，蓋未有能用旬月功夫，熟讀一卷書者。及至見人泛然發問，臨時湊合，不曾舉得一兩行經傳成文，不曾照得一兩處首尾相貫，其能言者，不過以己私意，敷演立說，與聖賢本意義理實處，了無干涉，何況望其更能反求諸

29　同前注。

己，真實見得，真實行得耶？[30]

由此段朱子所述，我們明白青年學子心性之懶散輕浮以及馬虎淺薄，不是現代為然，宋朝是儒學儒教復興昌盛的時代，但與朱子同一時代的青年學子德性和學問多有甚為墮落者。讀誦經典是為了求道行道，這是生命中第一等大事，然而，朱子看到的南宋青年學子，其精神和意志，根本就是恰相背反，多屬朽木爛泥。朱子此篇文章是在滄州精舍作演講，但相信當時坐在精舍中聽講的學生未能表現認真嚴整的精神，讓朱子失望而嘆氣說：「如此求師，徒費腳力，不如歸家杜門」。意思是說統統不用在書院或精舍從師求學，都是白費氣力，乾脆打包回家算了。而，朱子話鋒一轉，他提出了簡易直截的讀經功夫論：

> 不如歸家杜門，依老蘇法，以二三年為期，正襟危坐，將
> 《大學》、《論語》、《中庸》、《孟子》，及《詩》、
> 《書》、《禮記》、程、張諸書分明易曉處，反復讀之，
> 更就自己身心上存養玩索，著實行履，有箇入處。
> 〔……〕[31]

這就是完全把外放到塵世的心猿意馬澈底收回來，拒絕一切世間的吸引和誘惑，將身心凝聚收斂在自己裡面，以二或三年為期，日日正襟危坐在書案前，反復深入地將先秦儒家經典以及北宋諸

30　〔南宋〕朱熹：〈滄州精舍諭學者〉，《晦菴先生朱文公文集》，卷七十四，同前揭書，頁 3593-3594。

31　同前注。

儒之書的「分明易曉」處，讀誦再讀誦，而由淺入深，久而熟習，自能在自家身心的實踐處得到存養玩索的功夫境界。朱子又在此篇諭學者之文的後面，意猶未足，再補了一段〈又諭學者〉，其中說到：「書不記，熟讀可記；義不精，細思可精。唯有志不立，直是無著力處。〔……〕直須反復思量，究見病痛起處，勇猛奮躍，〔……〕見得聖賢所說千言萬語，都無一字不是實語，方始立得此志。〔……〕」[32]總之，最重要的不在於讀經的外緣，而是必須於內在立志去讀，然而，立志是必須有高崖撒手躍深潭的大勇氣，立定足跟而痛去病習，真正是潛心一志地讀經讀經再讀經，方能見到千言萬語的聖人話語無一句虛假，而其究竟是真實無妄，那就是常道，就是我們身心得以安頓之根基。

　　朱子如此重視讀經，其原則和方法俱如上述，而其最有名且傳諸久遠而成為後世儒家書院的經典教育之共同規範，即〈白鹿洞書院揭示〉（又稱〈白鹿洞書院學規〉）。

　　朱子在南康軍任職時重新修建白鹿洞書院。相關史事見朱子〈白鹿洞牒〉。其文歷述白鹿洞書院之始興和中衰，略曰建成於南唐，至北宋太宗太平興國年間，學子累增至數十百人之多，朝廷特賜九經，至真宗祥符年間，擴增學館，並書「白鹿洞之書堂」六字揭於楣間，以教四方來學之儒子。可惜後來遭逢戰亂，書院衰廢，朱子特別提到南康軍廬山地區，佛寺道觀叢集興盛，而儒家書院卻僅有白鹿洞舊址一處而已。所以，遂發心將其重修整新。[33]呂東萊受朱子之請，特別撰寫了〈白鹿洞書院記〉以記

32　〔南宋〕朱熹：〈又諭學者〉，同前揭書，頁3594。

33　〔南宋〕朱熹：〈白鹿洞牒〉，收於陳谷嘉、鄧洪波主編：《中國書院史資料》（上冊）（杭州：浙江教育出版社，1998），頁70-71。

其功成，其文曰：

淳熙六年（按：南宋孝宗年號，1179 年），〔……〕郡守新安朱侯熹，〔……〕得白鹿洞書院廢址，〔……〕乃屬軍學教授楊君大法、星子縣令王君仲杰董其事，又以書命某記其成。

某竊嘗聞之諸公長者，國初，斯民新脫五季鋒鏑之厄，學者尚寡，海內向平，文風日起，儒先往往依山林，即閒曠以講授，大師多至數十百人，嵩陽、岳麓、睢陽及是洞為尤著，天下所謂四書院者也。

祖宗尊右儒術，分之官書，命之祿秩，賜之區榜，所以寵綏之者甚備。當是時，士皆上質實，下新奇；敦行義而不偷，守訓故而不鑿。雖學問之淵源統紀或未深究，然甘受和，白受采，既有進德之地矣。慶曆、嘉祐之間，豪傑並出，講治益精，至于河南程氏、橫渠張氏，相與倡明正學，然後三代孔孟之教，始終條理，于是乎可考。

熙寧初，明道先生在朝，建白學制、教養、考察、賓興之法，綱條甚悉，不幸王氏之學方興，其議遂格，有志之士未嘗不嘆息于斯也。

建炎再造，典型文獻浸還舊觀，關洛緒言稍出于毀棄剪滅之餘，晚進小生驟聞其語，不知親師取友以講求用力之實，躐等陵節，忽近慕遠，未能窺程張之門庭，而先有王氏高自賢聖之病，如是洞之所傳習道者或鮮矣，然則，書

　　院之復豈苟云哉！[34]

　　呂氏表示：宋太祖繼五代昏亂而建國，為令宋社之馨香長遠不滅，所以重文崇儒，因此儒教興、儒生起，四大書院即嵩陽、岳麓、睢陽、白鹿洞因之而發達振興。由於儒學儒教之流行，故洛陽二程以及關中張橫渠等大儒（其實還有周濂溪）推行正學、行道於世，故孔孟儒家教化遂能倡明於天下。

　　呂氏卻又提到雖然明道先生向宋帝建言應建學制、教養、考察、賓興之一套儒教之法規，但正好逢到王安石變法時期，王氏自己搞一套依己見的教育內容，故北宋諸大儒的儒家經典常道教育的理想遂被扼殺。

　　宋室南遷，從高宗始，又再重視正統的儒學儒教，然而由於世亂而教化停息一段時期，且再加上自比聖人之王安石型歪曲化的儒教之弊害，呂氏指出在南宋之初，青年儒子已經無法得北宋大儒的儒學經典常道之正解，因此，朱子重新創立白鹿洞書院，其擔負著孔孟常道的經典教育之振興和發揚，是意義十分深遠重大的。

　　就是在如此背景下，朱子經營創新的白鹿洞書院，就成為南宋儒家發展推廣儒家常道經典教育的最大象徵和代表。朱子特別為書院而撰述了一篇〈學規〉（又稱〈揭示〉），此篇〈學規〉的後記如此說：

　　　　古昔聖賢所以教人為學之意，莫非使之講明義理，以修其

34　〔南宋〕呂祖謙：〈白鹿洞書院記〉，同前揭書，頁 72-73。

身，然後推以及人，非徒欲其務記覽、為詞章，以釣聲名、取利祿而已也。今人之為學者，則既反是矣。然聖賢所以教人之法，具存於經，有志之士，固當熟讀深思而問辨之。苟知其理之當然，而責其身以必然，則夫規矩禁防之具，豈待他人設之而後有所持循哉！〔……〕特取凡聖賢所以教人為學之大端，條列如右而揭之楣間。諸君其相與講明遵守而責之於身焉，則夫思慮云為之際，其所以戒謹而恐懼者，必有嚴於彼者矣。〔……〕 [35]

儒家經典教育之主旨，在乎講明義理，由個人之自修其身而推以及人，不是為了死背章句或寫空洞華麗的美文來自我陶醉，或為了參加科考求取厚祿。換言之，儒家經典教育只有一個目的，就是在身心和家國的層面中，確實地踐履實現常道；儒家經典教育是道德的倫常教化。朱子告訴學子，為學之方無他，只在於精讀熟習並慎思明辨聖人話語而將其恆常之道內化為自己的精神，並由此擴充推拓之。於是，朱子在〈揭示〉裡如此條列儒家常道教化的綱目。[36]

　　首先，他說：

父子有親，君臣有義，夫婦有別，長幼有序，朋友有信。[37]

---

[35] 〔南宋〕朱熹：〈白鹿洞書院揭示〉，《晦菴先生朱文公文集》，卷七十四，引自《朱子全書》（24），頁3586-3587。
[36] 同前注。
[37] 其實此句源出《孟子・滕文公篇》，其文曰：「人之有道也，飽食煖

這五句是什麼？朱子說是「五教之目」，他解釋說：「堯舜使契為司徒，敬敷五教，即此是也。學者學此而已。」其意思是說五項人倫之大教即是五教之目，而這樣的人倫大教，是中國文化道德教化的最根源，在他的話語而言，就是「堯舜使契為司徒」的教民之大道。朱子認為孔孟儒家的道德常規之教，實在是一個邃古深遠的歷史傳統，無以名之，乃名之為「堯舜古聖王之德教」。而所以學之次序則有五個，即：

　　博學之，審問之，謹思之，明辨之，篤行之。[38]

朱子說明博學、審問、謹思、明辨這前四個次序，其目的是讀經而窮理，亦即研讀經典然後解悟常道。但不可停留在解悟常道而已，必須將儒家經典之常道之理，加以篤行，而所謂篤行，則是從修身出發而推拓擴充出去，以至於處事接物。於是朱子區分為三條規範：

衣，逸居而無教，則近於禽獸，聖人有憂之，使契為司徒，教以人倫：父子有親，君臣有義，夫婦有別，長幼有序，朋友有信。」中國古聖王發明並推行人倫之教，使中國人從禽獸之自然狀態而提升為道德之人文狀態。

[38]　其實此句源出《中庸》，其全文曰：「博學之，審問之，慎思之，明辨之，篤行之。有弗學，學之弗能弗措也；有弗問，問之弗知弗措也；有弗思，思之弗得弗措也；有弗辨，辨之弗明弗措也；有弗行，行之弗篤弗措也。人一能之，己百之；人十能之，己千之。果能此道矣，雖愚必明，雖柔必強。」總之，必以恆心毅力而博學審問慎思明辨篤行，一直貫徹，不可中道而廢，才能成德。

> 言忠信，行篤敬；懲忿窒慾，遷善改過。──此修身之
> 要。
>
> 正其義，不謀其利；明其道，不計其功。──此處事之
> 要。
>
> 己所不欲，勿施於人；行有不得，反求諸己。──此接物
> 之要。

修身、處事和接物，就是從內聖到外王的篤行踐成，其條目亦是從孔子和孟子之道德倫理的常道而來。

由上所述，朱子一生推行實踐儒學儒教，其基本精神就是孔孟的經典之中的道德常規之道的教化和實施。此條教育之大道並非從朱子起始，它是從孔子就已發其端而在北宋諸大儒既已覺悟體證，到南宋朱子更是加以發揚光大。中國之所以有數千年而延續不絕的文化主體，實賴歷代儒家聖賢給予千萬儒子及一般庶民的經典教育。

朱子既已如此，明儒如何，茲就王陽明之思想和實踐而略說之。

心學大儒王陽明（1472-1529），其實也不是棄置經典不去讀誦而只馳騁心性之玄想。與朱子同一時代的心學大儒陸象山亦不是如禪門只內觀心之虛靈明覺，他事實上甚重視讀誦經典並且進一步在身心實踐中體證孔仁孟義之常道。此處，我們審讀陽明先生的一篇文章，可以明白他的「致良知教」亦必須建立在經典之熟習和體證之中。他為「稽山書院」的尊經閣寫了一篇〈記〉，在其文中闡明了經典是常道的意義和內容。他說：

經，常道也。其在於天謂之命；其賦於人謂之性；其主於身謂之心。心也，性也，命也，一也。通人物，達四海，塞天地，亙古今，無有乎弗具，無有乎弗同，無有乎或變者也。是常道也。[39]

此段指明經典之文，其所表彰者就是「常道」。常道何也？其即是天命、是心性；天命賦予人，就是人之天性；而天性主乎人身，此即是本心。陽明說天命心性其實是一本，本來就是同一者。孔子說「吾道一以貫之」，孔子所言之「一」亦是指「一本而萬殊」或「理一而分殊」，以孔子之用語，就是「仁」與陽明此處說出的「心也，性也，命也，一也。」的「一」，根本上是同一指稱，而在陽明喜歡的用語，就是「良知」。它即是亙古不變且普遍同一的「常道」。

其應乎感也，則為惻隱，為羞惡，為辭讓，為是非；其見於事也，則為父子之親，為君臣之義，為夫婦之別，為長幼之序，為朋友之信；是惻隱也，羞惡也，辭讓也，是非也；是親也，義也，序也，別也，信也，一也，皆所謂心也，性也，命也。通人物，達四海，塞天地，亙古今，無有乎弗具，無有乎弗同，無有乎或變者也。是常道也。[40]

這一段陽明引用孟子的話語告訴我們，常道其實就是人皆有之的

---

39 〔明〕王守仁：〈稽山書院尊經閣記〉，收入《王陽明文集》卷一（頁 23-24），《王陽明全集》（臺北：考正出版社，1972）。

40 同前注。

「四端」，而其表現於日常事務中，就是父子、君臣、夫婦、兄弟以及朋友之間的「五倫」。這倫常的五項即是父母子女的真實親情；長官對屬僚的義和屬僚對長官的忠；夫妻之間的恩愛無渝、心地相通；長輩慈悲後輩而後輩敬重長輩的互為規範；以及友直友諒友多聞的「益友三」之大義。此五倫之精神源泉乃是從四端之本心中湧出。因此，常道不是虛懸的抽象體，它是實踐而運化的，其實踐運化，在內心言，就是人之本心的四端；就外顯言，則是五倫在人間的具體踐成。

> 是常道也，以言其陰陽消息之行焉，則謂之《易》；以記其紀綱政事之施焉，則謂之《書》；以言其歌詠性情之發焉，則謂之《詩》；以言其條理節文之著焉，則謂之《禮》；以言其欣喜和平之生焉，則謂之《樂》；以言其誠偽邪正之辯焉，則謂之《春秋》。是陰陽消息之行也，以至於誠偽邪正之辯也，一也。皆所謂心也，性也，命也。通人物，達四海，塞天地，亙古今，無有乎弗具，無有乎弗同，無有乎或變者也。夫是之謂《六經》。[41]

陽明在此段落指明儒家《六經》，就是前面所言的「四端」和「五倫」之精神、主旨的具體文本，皆各有所司，具備或呈顯人心和文明的大道正途。而無論是六部經典的任何一部，統統都發於天道天命和本性本心，而其本質其實還是那個一貫之道的「一」。

41　同前注。

> 《六經》者非他，吾心之常道也。故《易》也者，志吾心
> 之陰陽消息者也；《書》也者，志吾心之紀綱政事者也；
> 《詩》也者，志吾心之歌詠性情者也；《禮》也者，志吾
> 心之條理節文者也；《樂》也者，志吾心之欣喜和平者
> 也；《春秋》也者，志吾心之誠偽邪正者也。[42]

陽明提醒大家，無論是陰陽消息之行，或紀綱政事之施，或歌詠
性情之發，或條理節文之著，或欣喜和平之生，或誠偽邪正之
辯，都不是外在的事物，也不是文字上的事物，《六經》固然是
用文字撰述書寫出來，但其最核心根本者，也就是主體能動性的
發源處，則是「吾心之常道」。而究其實義，陽明並非分吾心和
常道為二，他的本意是「吾心即常道；常道即吾心」，這個常道
之心，就是孔子說的「仁心」，也就是陽明說的「良知」。換言
之，經典是仁心或良知外顯之真理。人不能只空洞地死背經典的
文句，而必須是以自己本有的仁心或良知來讀誦經典並依其至理
正道而行焉。

> 君子之於《六經》也，求之吾心之陰陽消息而時行焉，所
> 以尊《易》也；求之吾心之紀綱政事而時施焉，所以尊
> 《書》也；求之吾心之歌詠性情而時發焉，所以尊《詩》
> 也；求之吾心之條理節文而時著焉，所以尊《禮》也；求
> 之吾心之欣喜和平而時生焉，所以尊《樂》也；求之吾心

---

[42] 同前注。

之誠偽邪正而時辨焉，所以尊《春秋》也。[43]

在這一段，陽明先生又再回過頭來提醒，儒子若要能夠真正求得本心之陰陽消息之行，求得本心之紀綱政事之施，求得本心之歌詠性情之發，求得本心之條理節文之著，求得本心之欣喜和平之生，求得本心之誠偽邪正之辨，也就是要能夠從本心或良知為源頭而向外推拓展開本心良知的道德使之普敷於天下，則必須真正尊敬遵從《六經》，換言之，深切習得聖人傳給我們的《六經》，且依循之而實踐內聖外王之常道，此方為儒家之大功德。所以，在陽明先生，儒家必須客觀地實施經典教育，而儒子則必須主體地學習經典，這樣才能傳延恢宏孔孟常道於中國和全天下。

四、從傳統到現代的經典教育

從孔孟以降歷經朱子、陽明，我們可說經典教育就是常道教育。或疑問：「此乃是聖人以及大儒的言行和期望，如果剋就中土傳統之一般民間社會之教化是否如此？」答曰：「傳統中土之儒家經典教育乃是常規，地方上的儒官儒士莫不以推展經典教育為其職志。」本文試以清朝臺灣為例而詮釋之。

清代臺灣中部的彰化縣，設立白沙書院，史籍曰：「白沙書院，在邑治內聖廟左，乾隆十年淡水同知攝縣事曾日瑛建。二十四年，知縣張世珍重修。五十一年，被亂焚燬，知縣宋學灝改建

43　同前注。

於文祠之西。嘉慶二十一年，署縣吳性誠醵貲重新，局制較為恢大焉。」[44]此之後，彰化知縣楊桂森為白沙書院撰寫一篇〈白沙書院學規〉，其中第一條就這樣說：

> 讀書以力行為先，聖賢千言萬語，無非教人孝順父母，尊敬長上。父母，吾根本也；兄弟，吾手足也。凡讀一句孝弟之書，便要將這孝弟事，體貼在自己身上。古人如何孝弟，我便照依學將去。初始勉強，漸漸熟習，自然天理融洽，自己也就是聖賢地位。所謂人皆可為堯舜也，切無視道為高遠，自己菲薄。又切不可囫圇空讀書籍，不留心體貼，致失聖賢立教之旨。[45]

學規開頭就教儒子讀書和力行合一，而所讀的書乃是聖賢言語，也就是《四書》、《五經》，而讀誦經典的目的，不是知識之追求而是道德心之培養和道德志業的實現。楊桂森勸勉儒子要以希聖求賢為讀誦經典之目的，而且只要立乎志氣，皆可為堯舜。然而，讀誦經典卻不能馬虎虛應，不可囫圇吞棗，而全然沒有放在本心良知上體貼聖人之心，這樣就必然失掉常道之教化之功。

　　由上所述，可證明就以清朝而言，臺灣是一個移墾社會之氣氛尚濃厚的中國邊島，可是一樣重視經典教育，換言之，是重視養成士人和庶民以道德倫理為心的常道教育。因此，在其第二、第三條就說「讀書以立品為重」、「讀書以成物為急」，可證白

---

[44] 〔清〕周璽：《彰化縣志》（臺北：大通書局，未刊年分），頁143。

[45] 〔清〕楊桂森：〈白沙書院學規〉，收入〔清〕周璽：《彰化縣志》，頁143-144。

沙書院的經典教育是以成己成物為目標，成己成物是道德理想主義的宗旨，亦即儒家的常道教育。而其功夫很簡易，是這樣的：

> 讀熟畢，再將次早所應背之四書五經，本本讀熟，登於書程簿內，方可睡去。次早，將昨晚所讀之文章詩賦，四書五經，誦朗熟詠，務須讀得極熟始去先生講案，逐本背誦，〔……〕看四書二章，紛二十行，經書約二十行，有疑義，問先生。疑既析矣，須掩卷，在先生講案，〔……〕順義講去〔……〕。46

其實就是一心一志地循序讀誦四書五經，讀得熟了，有疑義，問老師，再讀誦之，覺得心內明白無疑，就主動向老師報告自己的心得。

　　或許有人會質疑說清朝臺灣彰化，是臺灣的人文薈萃之區，在此建有文廟和書院，寧不正常自然？若是偏僻之域，是否有經典教育的建設和推展？然則，本文就以澎湖列島之文教而言之。乾隆三十年，廣東三水人胡建偉（學者稱勉亭先生），由署閩縣知縣兼署福州府糧補廳陞澎湖，三十一年二月到任，任職澎湖通判，三十四年離任，在澎湖近四載，創建文石書院，並勸各聚落設書塾教授生童，且獎勵澎士文風。47澎湖列島遂成人文之鄉，不輸於臺灣本島許多地方。

　　胡建偉創建文石書院，他說：

46　〔清〕楊桂森：〈白沙書院學規〉，同前揭書，頁 144-145。
47　張光前：《澎湖紀略‧點校說明》（臺北：行政院文建會、遠流出版事業公司，2004.12），頁 13。

澎湖一隅，自入版圖，於今八十餘年，向未設有書院；
〔……〕士多秀杰，但牿於聞見，無人指授，聰明俊彥，
終於汩沒，殊可惜也。嗣於公餘之暇，纂輯諸儒入德之
方、讀書之法、作文之式，以為模範，季課月考，人品學
業漸見成效。[48]

胡氏到澎湖，發現儒子素質原本秀杰、聰明、俊彥，但非常可
惜，沒有學校和名師指導以經典而教化提升之。因此，他遂纂輯
歷來儒家聖賢之入德之方以及讀誦學習經典之方法，再加上作文
的規範等，給予當地儒生教育之、考試之，結果他們的人品學業
漸見成效。

胡氏提到讀書作文等教育方針，必有一個客觀架構來推進，
那就是創建文石書院。他說：

擇文澳之勝地創建焉，經始於乾隆丙戌之孟冬，落成於丁
亥之孟夏。中為講堂三楹，匾曰「鹿洞薪傳」，中祀朱
子、兩程子、周子、張子五賢。前則頭門三間，中架為
樓，樓上祀魁星之神。後為後堂三間，中祀文昌之神，左
右兩間以為山長住居之所。至於東西兩面，翼以書室各十
間，以為諸生讀書精舍，統榜曰：「文石書院」，文石
者，澎產也，其石五色繽紛，文章炳蔚；石之文，何莫非
人之文也，因取而名焉。[49]

---

48 〔清〕胡建偉：《澎湖紀略》，頁 116。
49 同前注，頁 117。

文石書院主祀朱子以及北宋四大儒，明白呈現臺灣澎湖列島在清代的宋朝儒學之文化原則和方向。建書室十間作為儒子研讀經典的學舍，而冀望儒子讀誦經典有成，能夠如當地文石一般地「五色繽紛、文章炳蔚」。於是胡氏為文石書院訂立了〈學約〉，共十條：重人倫、端志向、辨理欲、勵躬行、尊師友、定課程、讀經史、正文體、惜光陰、戒好訟等。前五條明顯是關係道德人品之涵養的倫理常道之教育。胡氏在其中說：「平日用功，以看書、讀書為急，每日讀書後要看書，先將白文理會一遍，次看本《註》，次看《大全》等講章。如此做工夫，則書理自可漸明，《四書》既明，則經學便勢如破竹矣。」[50]由此乃知文石書院的教育是以《四書》本文為主，並著重朱子的《四書集注》，也重視《四書大全》。胡氏認為《四書》之道理明曉之後，《五經》的常道也就自然能夠通透貫達。

　　除了上述的讀誦經典的教育之外，胡建偉又說：

　　經，經也；史，緯也。學者必讀經而後可以考聖賢之成法，則亦未有不讀史而可以知人論世者也。是《十三經》、《二十二史》，非學者所必讀之書，而為學問之根柢者哉？今國家取士，〔……〕固所以重經學也；〔……〕史學亦何嘗不重？是經之與史，有不容偏廢者也。〔……〕莫如仿歐陽文忠公限字讀書之法，準以中人之性，日約讀三百字，四年半可讀畢《四書》、《五經》、《周禮》、《左傳》諸書，依此做去，則史亦可盡

50　同前注，頁123。

　　讀也。〔……〕[51]

　　若依胡建偉，則經典教育甚至應擴大而包括《十三經》、《二十二史》，而且經史互為經緯，缺一不可，前者考聖賢之成法；後者可以知人論世。而兩者其實根本乃在於常道的真正體認和實踐。然而，畢竟一大套經史是規模很大的，因此，宜效法歐陽修的讀書法，每天讀經三百字，四年半可以讀完《四書》、《五經》、《周禮》、《左傳》，亦可同時讀盡史冊。當然，胡氏所謂讀完讀盡的這個「讀」，必須是以本心良知真切深入地讀誦研習經典。

　　唯時至現代，這種傳諸久遠的讀誦經典的常道教育基本上已經喪失。五四運動的全盤西化論，包括所謂西化派和俄化派，都是反對中國傳統文化，也不承認人心和世界具有恆定而不變的常道，他們反對且譏詆儒家之道，棄經典如敝屣。其壞學敗德之流弊，熊十力先生有一大段深論，他說：

　　　　萬化生於人心，人心正，則萬事萬物莫不一於正；人心死，則乾坤息，尚何事物可言？中國至於今日，人理絕，人氣盡，人心死。狼貪虎噬，蠅營狗苟。安其危，利其災，樂其所以亡者，天下皆是也。〔……〕[52]

熊先生撰述此文，當於五四全盤西化論甚囂塵上直至日寇全面侵

51　同前注，頁 123-124。

52　熊十力：《十力語要》（臺北：明文書局，1989），頁 462。

華之時，[53]他痛述中國已經「人理絕，人氣盡，人心死。狼貪虎噬，蠅營狗苟。安其危，利其災，樂其所以亡者」。而此種危殆，其來有自，乃知識分子之人格心性之墮落。熊十力先生痛批曰：

> 上庠教者、學者，皆士大夫也。設問此輩終日終夜所孳孳者何事？除為其一身名聲與地位及溫飽而外，其胸際果有揭然而存、惻然而感，念念與斯人痛癢相關否？其有玩心高明、萬理昭晰之一境否？或則憤政俗之弊，動激昂之情，投足黨團，高自標舉，隨順時風眾勢所趨，以改造之英自負。而是否出於惻怛之誠、公明之識、沈毅之勇，則稍有識者，當知不類。如萍無根而生；如蓬依風而轉；如菌因腐而發，終於魚爛而亡，一任彊者宰割。自清季以來，士大夫無真識定力，無實肝膽，狂昏浮亂，以迄於今，而莫知所底，吾痛心久矣！[54]

53　熊先生在其〈增訂十力語要緣起〉（見明文書局版，頁 1，同上注。）一文中說：「《十力語要》，始於乙亥在北庠時。雲謝二子錄吾筆語成帙，錫以斯名，為第一卷。丙子至丁丑，舊京淪陷前，此類集稿又盈帙。避寇攜入川，旅居璧山。鍾生芳銘集諸同志，為講習會。諸子隨時紀錄，及余手答者，又不少。倂入北來稿，已輯成語要卷二至卷四。己卯夏，攜赴嘉州，燬於寇彈。〔……〕余重入川，樓遲橋上，迻取積年舊稿，覆閱一過。多為番禺黃艮庸所選存，因屬威海王星賢彙成兩卷，次第一卷之後，又以昔時高生所記《尊聞錄》編入語要，為卷之四。〔……〕」依此，則熊先生語乃論五四至抗戰的這段時期之中國知識分子之敗德缺學之風氣。

54　熊十力：《十力語要》（臺北：明文書局，1989），頁 462。

熊先生嚴厲批判現代中國知識分子，指斥彼等無良知，無真知；如敗絮，如風蓬，真的心性死絕，麻木不仁到非人之地步。我們以熊先生這段話語來觀照現代臺灣之「上庠」的教授者流、學生者流，就以最近發生在臺北的所謂「太陽花學運」來看，其知識分子表現出來的內在性質，其實正好是熊先生痛心斥責之現象。此次表面是「學運」而在裡面實屬「政變」的幾乎已經職業化之青年知識分子之行徑，恰可以熊先生這段痛心疾首的斥責語來批判之，即：「或則憤政俗之弊，動激昂之情，投足黨團，高自標舉，隨順時風眾勢所趨，以改造之英自負。而是否出於惻怛之誠、公明之識、沈毅之勇，則稍有識者，當知不類。」

熊先生進一步申論中國知識分子何以墮落沈陷、中風狂走至無天理之坎陷而使中國人無以自救？有人說是因為現代中國之大學教育不重道德而只重知識。其實，何止於沒有道德教育，連真的知識教育也是失敗的，熊先生說：

> 方今學者，何足以言知識。〔……〕《易》曰：「君子言有物，而行有恆。」故觀其言行，而其有無知識可知矣。試一檢時下論撰，其不為浮淺混亂者幾何，惜乎八表同昏，無有能辨之者耳。〔……〕夫言之無物，由中無真見也。胸無真見，即出言浮亂。而欲其行之有恆，不可得也。恆之為言，恆於公，而不雜以私也；恆以明，而不雜以闇也；恆以健，而不雜以偷也；恆以敦厚，而不雜以涼薄也。一有雜，即失其真常之體而不恆。〔……〕行有恆，必本於言有物，故言物一語，極重要。有物之言，斷未有無恆之行。行而無恆，必其言之本無物也。今人言不

成言，而欲其行之成行，何可得乎？正學亡，大道廢，胥一世之人，而無言行可按，種類可倖存乎？〔……〕種族垂危，尤所深痛！[55]

這段痛言痛語，熊先生發之於抗戰時期，證諸今日臺灣，大學教授、學生、一曲之士以及政客者流，不正是此中所指陳的淺薄混亂而心中無恆常無真知的涼薄之徒？現代臺灣的政風、學風和社風，實甚污濁，乃是陶淵明慨歎的「真風告逝，大偽斯興」[56]的大虛假大骯髒的時代。現代中國知識分子的墮落迷失，不僅僅是良知本心沈淪的問題，而且也是五四以來，拋卻自家無盡藏，沿門托鉢效乞兒地拾西方知見之牙慧而有以致之，故有那麼眾多的知識分子，既無德性亦無學問，作為一個現代讀書人，其人格精神和志業，卻遠遠不如勤樸忠懇的老農老圃，但是若從根本上而言，則是本心的常道慧命的斷喪之故。

世風日墮與上庠教者學者之無德無學有直接關係，而此亦即現代中國遭受西力衝擊，全盤西化風潮襲捲下，自家的經典常道教育喪失之果報，因此熊十力先生遂發悲願而撰寫《讀經示要》。

《讀經示要》一書之意義何在？熊先生弟子徐復觀先生於中華民國四十九年，促成該書在臺灣重印，而撰寫了一篇〈印行

55　同前注，頁 463。

56　〔東晉〕陶淵明：〈感士不遇賦〉，收入氏著：《靖節先生集》，卷五（臺北：河洛圖書出版社，1975），頁：卷之五，第一頁。

記〉短文，其中有曰：[57]

> 竊念學絕道喪，黃炎子孫，迄無以自立。此書發前聖之微
> 言，振後生之頹志，關係吾民族命脈者甚大。因設法再為
> 印行，以待來者知所向焉。方今群言淆亂，得此書出，揮
> 魯陽之戈，以反慧日；負太行之石，用截橫流。豈曰小補
> 之哉！

此文撰於中華民國四十九年（1960）三月，四十七年（1958）臺海
發生國共之金門炮戰，中共沒有勝利，中華民國守住金馬，所以
才能在臺灣站穩腳跟，而此同時，中共在大陸全面推動「人民公
社」，以「馬列主義」硬性在中國實施共產主義的政經體制。以
在臺灣的中華民國言，往聖先賢開創傳承下來的文化主體搖搖欲
墜，而以大陸的中共政權言，更是敵視中國儒家甚至三教的文化
常道傳統，完全以「馬列唯物論」為基本文化和思想形式。在這
樣的明夷昏暗之局勢中，徐先生以一介書生之微小力氣，促成熊
十力先生的《讀經示要》得在臺灣重印問世，我們必須了解徐復
觀先生乃是以中國文化亡矣的孤臣孽子之心來作這件事的，如
此，他所說的「竊念學絕道喪，黃炎子孫，迄無以自立。
〔……〕方今群言淆亂，得此書出，揮魯陽之戈，以反慧日；負
太行之石，用截橫流。」這樣的話語，我們才能體悟其對於文化
主體性之自我建立原則和方向的深義。

57　徐復觀：〈《讀經示要》印行記〉，收入熊十力：《讀經示要》（上
　　冊）（臺北：明文書局，1976），頁 0。

　　讀經，就是經典教育，也就是中國文化的常道之教。熊十力先生闡釋了讀誦經典的常道之教的意義。他說：

> 《六經》究萬有之原，而言天道。天道真常，在人為性，在物為命，性命之理明，而人生不陷於虛妄矣。順常道而起治化，則群變萬端，畢竟不失貞常。知變而不知常，人類無寧日也。〔……〕[58]

　　《六經》就是天道，也就是常道，人類的人文治化必須順常道，亦即依據經典的道理和精神以推展實行，否則必失貞常。世事雖然變化遷移，但在變動不居中乃有一恆常不易之道，如果沒有此恆常不易之道，人文必崩毀而人將永無寧日。

> 經為常道，庶幾無疑，夫常道者，萬變所自出也。天地密移矣，而所以成其清寧者，未有改移也。人事屢遷矣，而幹濟必本公誠焉，無可苟渝也。死生誠大變矣，而存順歿寧之理，誰云可變？
> 是故學術千途萬轍，必會歸常道，而後為至。知不極乎知常，只是知識，而不足言一切智智。老氏曰：「不知常，妄作，凶！」斯篤論也。夫不悟常道，則萬物何由始？人極何由立？萬事何由貞？皆其智之所不及也。學不究其原，理不窮其至，知不會其通，則未能立大本以宰百為、

58　熊十力：〈讀經示要・自序〉，《讀經示要》（上冊）（臺北：明文書局，1987）。

體大常而御萬變，欲免於妄作之凶，其可得乎？[59]

熊先生於此進一步申論，常道在天地宇宙恆常而不壞的根本，是一切現象生化之源頭；秉之乃有公理誠道而使文明於變遷中有其不易之準則，亦是生命可資以超越有限之形體之生滅無常而歸於恆常的根據。再者，熊先生也道出學術之智慧乃源出於學術之是否具足常道，沒有常道之一切言說文字，均只是世間法或生滅法的「知識」，可能非正知正見，甚有可能是魔語邪說，若無常道而成為橫決泛濫的意識形態，則就是老子所言的不知常而妄作，妄誕者就是凶也。因此，我們不學則已，若要學習則必須學習經典，也就是學則學習常道，能如此才有慧命，中國儒子均一致學習經典而實施之，中國才能以自己的常道為文化主體的原則和方向。

於是，熊十力先生敘明其書之三講，[60]他說：

> 第一講，直明經為常道，無時可離；無地可離。奈何吾國後生，自棄寶物，不肯是究。嗟爾違常，云胡不思？

首先，是闡明經典是常道之理，在時間和空間之架構中，一切生命、心靈均不能離常道而存有。五四以降，中國士子何以自我毀棄經典常道而不願虛心謙和地研讀之，中國士子淪喪常道，自身和中國如何能貞定長存？

59　同前注。
60　同前注。

　　第二講，言治經態度，必遠流俗，必戒孤陋。尚志以立
　　基，砭名以固志。持以三畏，然後志定而足以希聖，聖者
　　道全德備，而大通無礙。故讀經希聖，非可專固自封也。
　　今當融貫中西，平章漢宋，上下數千年學術源流得失，略
　　加論定，由是尋晚周之遺軌，闢當代之弘基，定將來之趨
　　向，庶幾經術可明，而大道其昌矣。

　　這一講，熊先生主張經典教育並非食古不化之復古主義，研讀經
典，不可流於世俗孤陋窮酸老夫子習氣，必須由本心良知出發而
以敬畏天地敬畏聖人敬畏大人之敬慎誠摯之態度，立下希聖作賢
的大志而以開放會通的心境，融貫中西，平章漢宋，上下數千年
學術源流得失，略加論定，並且尋晚周之遺軌，闢當代之弘基，
定將來之趨向。在此處，熊先生固然是說明他的第二講闡揚他自
己是以開放會通的精神和廣大宏偉的襟懷來進行經典詮釋以及常
道教育，而其實也同時是以同樣的意願要求現代士子亦須如此讀
誦經典並融貫中西、平章漢宋，使儒家經典得到一個新的創造轉
化。

　　第三講，略說《六經》大義。仲尼祖述堯舜，憲章文武，
　　其發明內聖外王之道，莫妙於《大易》、《春秋》，
　　《詩》、《書》、《禮》、《樂》，皆與二經相羽翼。

　　在此講，熊十力先生特別分別舉出《六經》而闡述其義旨，但他
最重視《大易》和《春秋》兩經典，而認為此兩經典是孔子之常
道最根本的大經典，其他四經則與此兩經典相羽翼。我們如果反

溯孔子自己，則並非如此，因為孔子最重視《詩》《禮》，而且也甚重視《樂》；孟子則常提《詩》、《書》，也提《春秋》。熊先生重視《大易》和《春秋》，是呼應現代中國的人心和國族而有的傾向，因為現代中國人的扁平性生命情調亟需形而上的天道以喚醒提撕，此經典在《大易》，而中國的國族命運更需要文化民族主義的弘揚和振興，此經典則在《春秋》。因此，《讀經示要》特重此兩經，有其深刻的道理。熊先生之自序，撰於中華民國三十四年（1945），雖然日寇已到潰敗前後，熊先生仍在重慶。中國頹喪至此地步，他的心情非常沈重哀傷，他在結語喟然長嘆曰：

> 念周極而哀棲，痛生人之迷亂。空山夜雨，悲來輒不可抑；斗室晨風，興至恆有所悟。上天以斯文屬余，遭時屯難，余忍無述。嗚呼！作人不易，為學實難。吾衰矣，有志三代之英，恨未登乎大道；不忘百姓之病，徒自托於空言。天下後世，讀是書者，其有憐余之志，而補吾不逮者乎！[61]

熊十力先生在文革期間遭受紅衛兵迫害摧殘，以八十多歲高齡逝世。他的深心悲願，從一九七〇年代到今天，已經四十多年了，試問是否實現了？換言之，是否中國人已經又靈根自植，而能夠從自身的本心良知覺悟常道之重要，因此，已經復振弘揚了儒家的經典教育？

61　同前注。

　　其實，若就中共統治大陸的情形言，現在離開文革的批孔揚秦的反儒家常道反中國文化的暴政，已經很久，而鄧小平開啟了改革開放的革故鼎新之政，也已經很久，但經典教育能說有其成效嗎？其實情令人憂心不已。郭齊勇先生說大陸的中小學的語文教育根本沒有國文課，現代中國人已經好幾代人都接受反向的、負面的、糟蹋傳統文化的教育，國史教育還是疑古派的那一套意識形態。郭先生說：「孩子們需要在中小學階段接受到人文精神與價值理念的教育，然而體現中國文化基本精神的經典，在中小學語文教材中基本沒有。學生接受的關於《四書》的教育都是負面的。年輕人所談的中國文化，都是從教科書裡來的，一開口就是中國文化如何保守，如何落後，如何反動。」[62]我們讀到這一段，感覺好像大陸又回到五四時期全盤西化論囂張狂動的噩夢中，或回到如毛澤東專政時代的批孔揚秦之反儒家狂飆中。郭先生在結論中語重心長地呼籲：「現在中國大陸很多智商很高的年輕人一到美國就幹兩件事情，一是肆意咒罵中國文化，二是皈依基督教，兩者在邏輯上是一致的。因為他們沒有內在的安身立命的根基。所以我們認為大中小學的國學教育、傳統文化教育還應以中國文化的核心價值觀（五常、四維八德）為主，並以寓教於樂的方式進入體制內的教育系統中去。體制內的教育應當以中國文化為主體與本體，否則『文化認同』、『文化自覺』、『文化自信』就無從談起。」[63]依此，中國大陸的經典教育仍然同於昔年熊十力先生面臨的衰敗情形，中國人特別是高級知識階層、菁英

---

[62]　郭齊勇：〈傳統文化教育現狀的反思〉，《鵝湖月刊》，第 39 卷第 9 期，總號第 465（臺北：鵝湖月刊社，2014.3），頁 50-51。

[63]　同前注。

階層，還是堅決反中國傳統文化，甚至接受洋教轉過來反對並打擊中國三教，特別是攻訐詆譭儒家的常道慧命。郭先生主張大陸的體制教育必須返回中國文化的主體和本體，其實也就是返回到儒家的經典之道與學。不過顯然這還停留在呼籲階段，離開理想之施行，似乎還非常遙遠。

　　就臺灣來看又如何？事實上，臺灣學界反對讀經而同時反儒的言行一直都沒有斷過。臺灣的大學和研究院本來就是自由主義或假自由主義分子盤踞壟斷的場域，臺灣的知識階層和菁英階層反孔孟儒家的氣焰，長期以來沒有熄滅過，儒家其實是淡薄而弱勢的，當代新儒家，從熊十力先生到唐、徐、牟三位先生的著作，老實說，也只有我們這些當代新儒家學者閱讀，而我們是很有限的一小群，只是學群中的小眾而不是大眾，絕大多數老師、學生，包括大學中的中文系，都沒有讀當代新儒家的書籍，他們根本不在乎誰是當代新儒家，也不在乎經典就是常道，不在乎讀誦經典的重要性，更不在乎中國人需要自己主體性的文化形式來決定文化原則和方向。在中學的《中國文化基本教材》的經典教育，憑心而言，還真的是有賴當年老蔣總統的「復興中華文化運動」之時運的支持，否則以臺灣的自由主義者或假自由主義者的勢力，豈有將《論・孟》納入中學的國民教育之可能？假若下一屆的執政黨易幟，保證很快地就會取消中學的儒家經典教育，因為這個政黨的本質是徹頭徹尾反中國文化反儒家常道的。

　　然而，反對讀經教育，並非始於今日或於今為烈。民國四十一年年底（1952），徐復觀先生為了反駁那個時候的反對讀經之風潮而在《民主評論》第 23 卷第 3 期，發表了〈當前讀經問題

之爭論〉。[64]在這篇短文中，提出了儒家經典的文化常道意義。一般膚淺反傳統文化之學者譏諷讀經是復古，亦即食古不化，他加以駁斥糾正，指出歷史上沒有真正「復古」這種現象，最主要的在於「原始精神之再發現」，如宋儒不滿漢儒、清之顏李不滿宋儒，皆直接從《四書》入手，更普遍的則是接受前人的精神遺產，由「承先」以「啟後」，徐先生強調若無承先以啟後，則難道每一個人都可以把自己當作第一世祖？若是如此，就變成每一代人都是赤裸裸的猿人，那裡還有文化呢？儒家經典就是中國的古典，中國人讀誦經典實踐常道，正是承先啟後，才有中國文化可言。[65]

再者，徐復觀先生提醒大家，經典的重心不是那些歷代中的具體事件，而是背後或內在的精神，譬如古代的繁複禮儀，現代豈能運用且何必運用，應該了解孔子所說的「禮云禮云，玉帛云乎哉？」這句話的真義，就是應注重經典的恆常超越的精神而不必固執滯泥在外在的形態上。因此，中國人應該讀誦學習儒家經典，但是用心去體證慧悟經典裡面的恆常之道的精神。[66]

百多年來的現代中國人，因為飽受西力歐風之摧殘，故而自卑自棄自怨自哀，很像貧窮家的子弟，不問自家的貧窮乃由於強盜侵掠搶奪之故，反而深恨自己的父母，在自家中反這個反那個，進而反盡一切，但是絕對不反外面的事物或從外面進來的事物，而且深深愛戀之、情執之，再加上中國歷來文人追求做官的

---

[64] 徐復觀先生此文收入徐復觀：《徐復觀文錄》（二：文化）（臺北：環宇出版社，1971），頁 20-36。

[65] 同前注。

[66] 同前注。

榮華富貴，因而也挾帶著政治的穢污，少掉了清高純正的人格，令世人和統治階級予以鄙視，於是中國的真精神亦隨之受污染而被西化者輕蔑。徐先生說：

> 現在的智識分子，應從這種自反自悲中奮發起來，清理我們文化在歷史中所受的負累，使幾個頂天立地的觀念，徹底透露出來，以潤澤現在焦萎欲死的人生，而不必先憑一股淺薄瞞頇之氣，要反一切，打倒一切，輕薄一切。[67]

因此，徐復觀先生建議現代中國人應該讀經。他提出來的理由有三點：

1. 除非我們的民族精神中有自虐狂，則身為中國人，總該承認自己有文化，應該珍重自己的文化，世界上找不出任何例子，像我們許多淺薄之徒，一無所知地自己抹煞自己的文化。中國文化是一個有「統」的文化，此一有統的文化之根源就在於儒家經典。一口說不讀經，實際就是一口抹煞中國文化的主流。

2. 我們必須承認變中有常，有常才能在宇宙中歷史中取得立足點。常道是超越時間性而永遠給予人提撕指示的。經典顯示常道，可對自己的民族，永遠在精神的流注貫通中，給予鼓勵、溫暖、啟發。

3. 儒家經典對於中國人而言，並非懸空高遠的玄理，而是布帛粟菽，依靠經典，如同依靠布帛粟菽，我們才能恢復人

67　同前注。

的本性本味，換言之，我們才是真正的人。[68]

　　徐復觀先生提出這三點讀經之理由，就反證現代中國人應該為數不少是：第一，有自虐狂，不珍重甚至鄙棄自己的文化，對於自己文化和生命的本質一無所知，乃至於燒香拜外鬼而引鬼上門；第二，很多現代中國人雖然活著，但他們完全是沒有心靈和生命的定常之道的，他們一輩子只是游魂，在生死海中頭出頭沒，永無解脫，何以如此？乃因自己把常道從身心中淘空之故；第三，現代也有很多中國人拋卻賴以活命的布帛粟菽，而寧願赤身裸體或披樹葉獸皮，寧願棄稻穀麥粱卻取沙礫下鍋煮飯，永遠得不到心靈和生命的溫飽。

　　最後，徐先生提供經典教育之方策，歸納有下述幾項：[69]

1. 小學：要設計經典故事，要張貼切近而易懂的經文作為格言標語，並在週會加以講解，使學童就知道中國有經典，有聖人，而明白切身做人的道理。

2. 中學：將《四書》、《詩》、《禮記》精選若干，彙編為一篇或一本，特別規劃一門專課，或者將國文、公民課的無聊東西拿掉，將這些經典課程置入。

3. 社會：公民不論是何職業，最好人人隨手有部《四書》，更可再加一本《近思錄》，於晨昏之暇，隨意瀏覽。

4. 經典教育的關鍵不在訓詁考據而是必須在義理。而且以朱子的集注為標準，且可參酌其他宋儒的釋義，他們是真正通過道德實踐而得到的體悟，最值得學習。

68　同前注。

69　同前注。

五、結論

　　讀誦經典的常道教育，自從五四運動西潮衝擊之後，就很快喪失了。有一段長時間，海峽兩岸並無儒家經典的體制內教育。中共統治大陸，其文化形式是外來的「馬列主義・唯物論」，反儒家常道慧命是其長久以來的施政主軸，到文革浩劫達至高峰。臺灣雖然在草根土地上，保存著從明鄭和清朝以來近四百年的傳統庶民社會的儒家文教，可是因為中國菁英分子和知識階層的長時間的西化和現代化，再加上發達的都市化，儒家經典教育，其實是被嚴重地忽略輕視的，當代新儒家重要學者王邦雄先生說：「在社會急遽轉型的今天，田園被闢為工廠，農村子弟擠上都市，滾滾而來的時潮流俗，正捲走了自然的厚重景觀，也吞沒了人間的單純性情。穩定的生命浮動了，舊有的傳統流失了，似乎一切都失去了保證，而變得可有可無。人文價值動搖了，道德規範式微了，人們頗覺茫然無主，不知所歸。依我們的反省，根本之計在重振傳統儒學的人格教育，〔……〕。」[70]現代中國人其實承受兩重的異化，離開自己的經典和常道日遠，一是在較長的歷史中遭遇西化派和俄化派的反中國傳統文化主體性之左右夾擊，一是當代全球性的都市化與工業化帶來的人之心靈流離和失落。王先生此處說到的「人文價值動搖了，道德規範式微了，人們頗覺茫然無主，不知所歸。」其實是有如一個人先是已掉落到滾滾洪流中，又再陷溺在洪流中的混濁渾沌的泥沙裡，中國人先

---

[70]　王邦雄：〈弦歌不輟講《論語》─《論語義理疏解》序─〉，收入王邦雄、曾昭旭、楊祖漢：《論語義理疏解》（臺北：鵝湖出版社，1989）。

是在雙重西化大浪潮中淪喪了自身的民族常道，接著又在都市化和工業化的社會與世界中，因無經典提供的恆常穩定的生命與心靈之明燈慧日之光照，因而中無主體茫然迷途於虛無的天地之中。

　　拯救之道無方，唯一之路是及時重新中國儒家的經典教育，經典教育是貞定文化主體的常道教育。特別是在現代化亦即西化的當代，又再遭逢都市化的居住空間的異化，我們在文化主體中自己確定心靈的原則和生命的方向，必須有直接與良知本心相關聯的經典之教，我們才能獲得拯救，中國人也才能獲得拯救。

柒　鵝湖之會的讀書觀差異及其現代意義

一、鵝湖之會陸氏兄弟的兩首詩

鵝湖之會，在南宋孝宗淳熙二年（1175）。《象山語錄》記載在此次的會講中，陸氏兄弟復齋及象山作了兩首詩。兄弟兩人在家中先討論自家的觀點，復齋出發前作了一詩，象山對其兄的詩有一點意見，在出發的路上，和了復齋詩而也作了一首。復齋和象山之詩分別如此：[1]

復齋詩：

> 孩提知愛長知欽，古聖相傳只此心；大抵有基方築室，未聞無址忽成岑。
> 留情傳註翻榛塞，著意精微轉陸沈；珍重友朋勤切琢，須知至樂在於今。

---

[1] 〔南宋〕陸九淵：《陸九淵集・語錄上》（鍾哲點校，北京：中華書局，2012），頁 427-428。

象山詩：

> 墟墓興哀宗廟欽，斯人千古不磨心；涓流積至滄溟水，拳
> 石崇成泰華岑。
> 易簡工夫終久大，支離事業竟浮沈；欲知自下升高處，真
> 偽先須辨只今。

《語錄》記載在信州鵝湖寺中大家會講時，復齋唸其詩才四句，朱子看著呂祖謙說：「子壽上了子靜舡了也。」並且與復齋辯此詩內涵。接著象山唸其詩，到「支離事業竟浮沈」句時，朱子變了臉色，詩唸到最後，朱子動氣不悅。至此，雙方都很不高興，遂結束而就各自休息。[2]

鵝湖之會前，朱子、呂祖謙、張栻等知名儒者已對陸氏之學有所批評，甚至還說陸氏之學是禪，先在心中已有極不客觀的偏見。三賢於當時皆為儒學世家，名顯於世，相對言，江西陸氏則沒有煊耀的學術家世，且象山亦較年輕，故朱子、呂祖謙在鵝湖之會前其心既已帶點成見，故陸氏兄弟一開始就朗讀其詩，明顯帶有諷刺朱子的意思，故雙方不歡而散。[3]

究諸史實，鵝湖之會的主軸，朱陸雙方是不投契的，並無一般史家認為是呂祖謙為了會通兩家而成就了此會，會講之前本已不同，會講之後歧異更深。其實，何必強雞鴨之差別而以為同呢？理學與心學最主要的對立之焦點，是「心」的體證不同。鵝

---

[2] 同前注。

[3] 陳來：《朱子哲學研究》（上海：華東師範大學出版社，2000），頁354-355。

湖之會之前，會中，會後，皆是如此，這是基本哲學體認之質性差異。束景南說：

> 朱熹以心與理為二，理是本體，心是認識的主體；陸九淵以心與理為一，以心統貫主體與客體。朱熹認為理生萬物，心具眾理而應萬物，故主張即事物窮理；陸九淵認為心涵萬物，心即眾理而成宇宙，故主張離事自悟。朱熹認為理在物（氣）中，一理散為萬殊，物物各具其理，所以他主張即事即物一一窮究實理，注重講學讀書，泛觀博覽；陸九淵認為理在吾心，吾心即理，吾心便是宇宙，良知良心人所固有，所以他主張發明本心，注重反身而求的「養心」而反對一味講學讀書，認為講學是向外馳騖，戕害本心，流于支離；只有存心養心的內心自我悟求，才能見心明理，達于易簡。[4]

束氏此段論評朱陸對心之體證的入路有別，大體都對，但是他也犯了一般學者對心學誤會歧視的障蔽。陸象山並不反對講學，否則他幾乎一生精采的講學都是假的，講學有體，何嘗「外馳」？他也不反對讀書而且更勸人讀書教人讀書，只要認真讀《象山集》（《陸九淵集》），都能公允認識陸象山自幼就是認真讀書的好子弟，及其為一代名師之後，常常要求學子讀書，甚至在荊門任邊防要務，依然講學依然讀書，象山只是自己不著書不作經典注疏而已。象山是提醒沒有本心良知這個主人翁在身上的泛濫讀

---

[4]　束景南：《朱子大傳》（上）（北京：商務印書館，2003），頁357。

書及外馳不返的講學，是有害而無益的。此見解其實也是常識，我們只要稍加省思、觀照，亂七八糟的所謂講學和讀書，不是為害甚深嗎？

鵝湖之會大概沒有值得留諸史冊的論學結論，對照之下，陸氏兄弟這兩首詩遂顯其高明和淵深的氣象。當代新儒家牟宗三先生有深刻超拔的詮釋，他說：

> 觀二陸之詩，明是本孟子措辭。象山詩尤其警策挺拔。子壽詩：「孩提知愛長知欽」，明是本孟子曰：「人之所不學而能者，其良能也。所不慮而知者，其良知也。孩提之童，無不知愛其親也。〔孩提知愛。〕及其長也，無不知敬其兄也。〔長知欽〕。親親仁也，敬長義也。無他，達之天下也。」（〈盡心〉篇）。[5]

牟先生直接簡易地點出陸復齋所寫的詩，其本質就是孟子學，孟子揭舉人人從孩提之童的赤子之心而體證的良知良能，就是孝順父母恭敬兄長的天倫之基。此良知之本心具有普遍性之義，不分區域，亦不分族群，故達之天下。牟先生再說：

> 講內聖之學，自覺地作道德實踐之工夫，首應辨此本心，此是直接的本質相干的第一義。若不先正視此義，而只「留情傳注」、「著意精微」，縱許講得十分好，亦是歧

5　牟宗三：《從陸象山到劉蕺山》，收入《牟宗三先生全集》（8）（臺北：聯經出版事業公司，2003），頁 67。

出，或只是第二義以下者。故云：「留情傳注翻榛塞，著
意精微轉陸沉。珍重友朋勤切琢，須知至樂在於今。」
「在於今」者即當下即在此本心之呈現也。此詩所表現之
義理宗旨，正是孟子之矩矱，絲毫無有乖離者。[6]

呈現本心，正是孟子之矩矱，內聖之學的真義不能違背這個矩
矱，如果修學聖經賢傳，卻無正視本心良知為其基本，反而奔馳
飛鶩於注釋經文，或似無根浮萍地到處隨便講學，且所講又背離
仁義，此豈是儒家正道？此路必導盲於盲而走向榛塞陸沉。復齋
之詩的警戒之作用，或許不作用在朱子本人，但此中切中之弊
害，可在明末心學未流之墮入狂禪以及清朝乾嘉學派人格學問的
猥瑣破碎支離而見一斑。

牟宗三先生再又詮釋象山之詩，有曰：

其詩云：「墟墓興哀宗廟欽，斯人千古不磨心。」此言：
見墟墓，則起悲哀之感，見宗廟，則起欽敬之心，此種悲
哀之感與欽敬之心所表示的道德之心乃正是人之千古不磨
之永恆而相同之本心。明道告神宗曰：「先聖後聖，若合
符節，非傳聖人之道，傳聖人之心也，傳己之心也。己之
心，無異聖人之心。廣大無垠，萬善皆備。欲傳聖人之
道，擴充此心焉耳。」明道所言亦正是孟子之學。言傳
心，實只是方便言之，心焉可傳？實只是自己本心之呈
現。〔……〕此是人之所以為人之超越的本心。象山直下

6　同前注。

指出此心乃人人俱有之永恆而普遍、超越而一同之本心。
〔……〕若不知此簡易之本源，而只歧出以「留情傳
注」，重點只落於外在的知解，則便於自覺地相應道德之
本性而作道德之實踐為不相干。「支離」者，歧出而不相
干之謂，〔……〕並不是寡頭泛言博文為支離也。[7]

牟先生指明象山之詩亦是孟子的本心良知論的發揚，本心良知人
皆有之，此心乃人人俱有之永恆而普遍、超越而一同之本心，它
廣大無垠，萬善皆備，決定了人的道德倫常，從此出發的創造才
是一切有意義的有價值的中心之人文創造，否則人文根本無法建
立發展。所以，究諸人文歷史，上古聖賢依此本心良知而創造道
德文明，現今吾人亦同樣是依此本心良知來延續道德文明。道德
文明是傳承不止的，本心良知則千古今日同是一個本心良知的呈
現。讀書治學以及思維方式，若是背離了本心良知，此即是「支
離」，不僅是學術工作的支離，也是人格生命心靈的支離。

　　鵝湖之會，根本而言，由於只傳下這兩首陸氏兄弟的「心
詩」，其鮮明和顯發，遂成為鵝湖之會唯一的光輝。

二、朱子象山的讀書進路

　　鵝湖之會的朱陸論辯，沒有留下詳細的記載，從現在可以讀
到的史料來看，鵝湖會上朱陸的分歧大概是集中在治學讀書進路
之判準。朱陸對於治學讀書之本質，有其著重之不同。學者指出

7　同前注，頁 69-70。

其時反對陸象山心學的人常指責象山教人不要讀書不要講學，而且在鵝湖之會前，朱子就已主觀執定象山的教學法是「脫略文字，直趨本根」，指責陸氏之學乃主張廢棄讀書而直悟本心，[8]此種批評，形成一種刻板印象，後世淺薄之士常將譏斥象山心學是輕狂空疏之話頭掛在嘴上。

　　與批陸象山相反，亦有批朱子者，認為朱子過於著重讀書之功，而有「支離」之病。〈象山年譜〉曾有一段記載：

> 先生十三歲，〔……〕復齋因看《論語》，命先生近前，問云：「看〈有子〉一章如何？」先生曰：「此有子之言，非夫子之言。」復齋曰：「孔門除卻曾子，便到有子，未可輕議。」先生曰：「夫子之言簡易，有子之言支離。」[9]

蔡仁厚先生詮釋象山所言「支離」是什麼意思，有一段論述，他說：

> 象山所謂「支離」，實即「不相干」之謂。不相干的博學，只是與生命脫節的空議論，只是外在的閒知識。人在這方面縱然超常出眾，亦只是在真理之海中頭出頭沒載浮載沉而已。故象山常責人「粘牙嚼舌」、「起爐作灶」、

8　陳來：《朱子哲學研究》（上海：華東師範大學出版社，2000），頁358。

9　〔南宋〕陸九淵：《陸九淵集・年譜》（鍾哲點校，北京：中華書局，2012），頁482-483。

「杜撰立說」、「無風起浪，平地起土堆」。類此情形，皆是不相干的支離的虛說虛見，而非坦然明白的實理正見，故不能據之以作道德實踐。可知「支離」是單就「不能相應道德實踐」而言，並非泛指博文為支離。康德曾說人順道德自律以表現道德行為，便一切顯得單純而簡易，反之，若依他律而為，便有許多牽連而無窮複雜。象山所謂「易簡工夫」，既是落在內聖成德的道德實踐上說，則康德的話，正為象山作了明確的註腳。[10]

依此，如果泛觀群書，無所揀擇區分，或縱然是讀聖經賢傳，但從來不知讀之有何意義，抑或讀書與實踐根本是兩回事而毫不相干，此便是「支離」。世間的印刷品汗牛充棟、浩如湮海，如果沒有從內在本有的道德心來作自律而有一標準予以選取，讀書不分聖經賢傳或妄誕邪書，或是讀聖賢書，但無從體證其理，久而久之，就整個人格和氣質因而墮落成為一個逞其虛言怪論而無正知正見的虛假之人。平地起土堆的虛說邪論，以現代語言而言，即各種政治類、文化類、社會類的「意識形態」，它是會殺人的。

朱子一生的學問是「窮理以致其知，反躬以踐其實。」但窮理以致其知，是一種向外的活動，不必然可以作為反躬以踐其實的途轍或手段。此困難處，舉凡向學修道之人，包括儒釋道三教，大體多能覺察，雖勤讀經典而學聖人、神仙、佛菩薩，但若

---

10 蔡仁厚：《宋明理學・南宋篇》（臺北：臺灣學生書局，1999），頁261-262。

無本心之本來清淨，往往多有退轉和下墜。由向外窮理轉為反躬以踐實，雖然可能，但亦極不容易。朱子自己在堅苦艱難的磨練中，能夠做到「以心體之，以身踐之。」是因為在他讀書博文的後面，有一個極其剛毅的德性在其中作主，所以可以成就為儒家大德。可是朱子立教特別著重讀書窮理，然而一般人未必有他那樣強烈的敬慎戒懼之道德感以及為學不倦的強毅，便很難從讀書的外在條件來反躬以踐其實。[11]

《象山年譜》載有朱亨道一段話語，茲陳錄於下：

> 鵝湖之會，論及教人，元晦之意，欲令人泛觀博覽，而後歸之約。二陸之意，欲先發明人之本心，而後使之博覽。朱以陸之教人為太簡，陸以朱之教人為支離。此頗不會。先生更欲與元晦辯，以為堯舜之前，何書可讀？復齋止之。[12]

上舉鵝湖之會中引發的博文和約禮之輕重，有其明顯不同處。朱子認為教人應令其泛覽博觀，而後歸之約。《論語》載孔子有言「博學於文，約之以禮，亦可以弗畔矣夫。」[13]可是此句並無明示博文和約禮的先後，但如果人能先約己以禮，再博學於文，應該較適當，因為，人若無德性，卻又具有豐富廣博的知識，則很容易拿其充分的知識來為非作歹，影響支配中國一千多年官僚體

---

[11]　同前注，頁 262-263。
[12]　〔南宋〕陸九淵：《陸九淵集·年譜》（鍾哲點校，北京：中華書局，2012），頁 491。
[13]　《論語·雍也》。

系的科舉取士制度，雖然撐持中國傳統政治，但是由於動機多為進入宦途而獲得榮華富貴，士子所讀的應試科目固屬儒家經典，卻完全與求聖希賢的人生高尚志節無關，如此將聖賢經書當作利祿的渡舟船筏，從根本上敗壞了儒門道學。中國政治史已充分突顯了「先泛觀博覽」但卻少掉「後歸之約」的讀書入路之最大流弊。

(一)朱子的「讀書」──不支離

朱子的著作浩浩蕩蕩如大海，在歷代大儒家之中，他的著作是很豐富的，就文字之量而言，能與他相等級或超過他的，譬如太史公、司馬溫公、王船山、黃宗羲、熊十力、牟宗三、唐君毅、徐復觀、錢穆等前後大儒或可比之，其餘則不多見矣。由其著作之宏富，可以證明朱子是十分用心於讀書的，其甚重視讀書的博與精，才有海量之巨著傳世，亦以如此之讀書精神期勉別人。此處謹舉一文證之，朱子撰有〈通鑑室記〉，其中曰：

> 營丘張侯仲隆慷慨有氣節，常以古人功名事業自期許，不肯碌碌隨世俗上下。〔……〕未嘗以是自足也，方且博觀載籍，記覽不倦，蓋將酌古揆今，益求所以盡夫處事之方者而施之，〔……〕嘗客崇安之光化精舍，暇日新一室於門右，不置餘物，獨取《資治通鑑》數十帙列其中，焚香對之，日盡數卷，蓋上下若干年之間，安危治亂之機，情偽吉凶之變，大者提綱領挈，細者縷析毫分，心目瞭然，無適而非吾處事之方者。如是蓋三年矣，而其起居飲食，宴娛談笑，亦無一日而不在是也。室之前軒，俯視眾山，

下臨清流，〔……〕助發神觀者，尤於讀是書也為宜。[14]

上文是朱子為張仲隆的書室撰寫的文章，其內容是稱許張氏以誠敬之心深入精細地研讀司馬光的《資治通鑑》。朱子認為讀史之功在於其心能通過史事之變與不變而瞭然於「安危治亂之機，情偽吉凶之變」，而此所言安危、治亂的機微以及情偽、吉凶的變化，當然是指國家之承平或危難而言。張氏讀史關係著治國平天下的心志，而不是像今之學者專家之讀史治史，只是將史書當成一種「社會科學」或一種「人文學」的認知而已，宋人如張仲隆豈是這樣的心態讀《資治通鑑》？若是如此讀書，直同書蟲一般，朱子怎麼願意為其書室撰述一篇記文？

而在稱許張氏之後，於此文的結論，朱子如是曰：

> 予聞之，古今者時也，得失者事也，傳之者書也，讀之者人也。以人讀書，而能有以貫古今，定得失者，仁也。蓋人誠能即吾一念之覺者，默識而固存之，則目見耳聞，無非至理，而況是書先正溫公之志，其為典刑總會，簡牘淵林，有如神祖聖詔所褒者，是亦豈不足以盡其心乎？今侯有當世之志、當世之才，又能因是書以求盡其術，此豈苟然而已哉！[15]

14　〔南宋〕朱熹：〈通鑑室記〉，收入朱傑人、嚴佐之、劉永翔主編：《朱子全書》，第二十四冊（上海：上海古籍出版社、合肥：安徽教育出版社，2002），頁3703-3704。

15　同前注，頁3704。

由此明顯看出朱子非常重視書冊，因為文明歷史的得失興亡之事實和道理，均依賴書冊而傳延後世，但書冊本身是器物，真正活著的則是讀書人，是人讀書而書冊的內在精神才活過來，是人的活著的心讓器物性的書冊也活著，朱子指出人不必然讀書，而讀書人亦不必然會讀活書，其中的關鍵是在人之是否還有仁心。因此，最重要的不是書，也不是人，最重要的是人自己裏面的仁義本心。由此，可以證明，朱子主張讀書之重要，同時也勸勉儒子須好好博學於文，並非外在地無心志地讀死書，其關鍵乃在盡其仁心。

所以細心省視朱子的本意，他沒有強調只要一昧地鑽窮書冊就好。朱子在《大學章句序》如是說：

> 大學之書，古之大學所以教人之法也。蓋自天降生民，則莫不與之以仁義禮智之性矣。然其氣質之稟，或不能齊。〔……〕則天必命〔……〕君師，使之治而教之，以復其性。〔……〕然後王宮國都以及閭巷，莫不有學。人生八歲，則自王公以下至於庶人之子弟，皆入小學，而教之以灑掃應對進退之節、禮樂射御書數之文。及其十有五年，則自天子之元子眾子，以至公卿大夫元士之適子，與凡民之俊秀，皆入大學，而教之以窮理正心修己治人之道。〔……〕宋德隆盛，治教休明，於是河南程氏兩夫子出，而有以接乎孟氏之傳，實始尊信此篇，而表章之。既又為之次其簡編，發其歸趣，然後古者大學教人之法，聖經賢

傳之指，粲然復明於世。[16]

依上引文，朱子陳明古來大學教育是教天下儒子以窮理正心修己治人之道，而《大學》也就是孔門表彰大學的教學宗旨和要點的聖經賢傳。根據此論，當可明白朱子教人必須讀書之本意並非要讀書人毫無目的泛覽書籍，朱子教人讀書亦只有一個目的，那就是士子是通過讀聖經賢傳來窮天理正本心而達到修己治人的志業，窮天理正本心是道德倫理之教，有此基本的道德心性體證，才能完成人格的修養，有道德的人格之後才有資格和能力治人。可見，朱子也是肯定德性之知必須先於見聞之知的。

朱子在《朱子語類》中專篇談「讀書法」，謹舉其例來看朱子對於讀書目的之觀點：

1. 讀書乃學者第二事。

2. 讀書已是第二義，蓋人生道理合下完具，所以要讀書者，蓋是未曾經歷見得許多。聖人是經歷見得許多，所以寫在冊上與人看。而今讀書，只是要見得許多道理。及理會得了，又皆是自家合下元有底，不是外面旋添得來。

3. 學問，就自家身上切要處理會方是，那讀書底已是第二義。自家身上道理都具，不曾外面添得來。然聖人教人，須要讀這書時，蓋為自家雖有這道理，須是經歷過

16　〔南宋〕朱熹：《四書集注・大學章句序》（臺北：世界書局，1997），頁 1-3。

　　方得。聖人說底，是他曾經歷過來。[17]

以上三句，其實只是講一個道理，就是「讀書」，乃是「第二義」的事，所謂「第二義」也就是「第二序」（the second order），並不是最要緊的原則，當然不是主體，而最重要最關鍵的那個主體，則是「第一義」或「第一序」，其即是朱子所說的「自家合下元有底，不是外面旋添得來」，亦即「自家身上道理都具，不曾外面添得來」的那個最關鍵最重要的條件或主體，它是什麼呢？其實也就是儒家的基本核心，即仁義之本心良知。聖人的仁義之本心已經在事物上經歷實踐，所以聖人將其實踐的心得寫在書冊，後人讀聖人之書，其目的不在書冊的文字死背，而是藉此文字來啟發喚醒自己與聖人一樣的仁義之本心，且依之而修己治人。

　　1. 為學之道，聖賢教人，說得甚分曉，大抵學者讀書，務
　　　要窮究。「道問學」是大事，要識得道理去做人。
　　　〔……〕讀書要自家道理浹洽透徹。
　　2. 今讀書緊要，是要看聖人教人做工夫處是如何。
　　3. 讀書以觀聖賢之意，因聖賢之意，以觀自然之理。[18]

讀書並非亂七八糟、毫無宗旨去讀東西，而是讀聖人教的做人之

---

[17]　以上三句引文出自〔南宋〕朱熹：《朱子語類》（壹），收入朱傑人、
　　嚴佐之、劉永翔主編：《朱子全書》，第十四冊（上海：上海古籍出版
　　社、合肥：安徽教育出版社，2002），頁 313-314。
[18]　以上三句，出處同前注，頁 314。

道理，亦即讀書的目的是「觀聖人之意」，也就是為了讓自己的仁義本心浹洽透徹，而望能成聖成賢。所以，朱子強調讀書，固然博學於文，可是也同樣要求約之以禮。朱子又再提醒：

1. 讀書窮理，當體之於身。凡平日所講貫窮究者，不知逐日常見得在心目間否？不然，則隨文逐義，趕趁期限，不見悅處，恐終無益。

2. 人常讀書，庶幾可以管攝此心，使之常存。橫渠有言：「書所以維持此心。一時放下，則一時德性有懈。其何可廢？」

3. 初學於敬不能無間斷，只是才覺間斷，便提起此心。只是覺處，便是接續。某要得人只就讀書上體認義理。日間常讀書，則此心不走作，或只去事物中滾，則此心易得汩沒。知得如此，便就讀書上體認義理，便可喚轉來。

4. 人心不在軀殼裏，如何讀得聖人之書，只是杜撰鑿空說，元與他不相似。[19]

朱子重視讀書，但其所謂讀書的這些書冊，實指儒家《五經》和《四書》而言，讀書工夫在窮究體認義理，就是窮究仁義本心，所以說義理要在心目中，又說要體之於心，要提起此心而莫使鬆懈、汩沒。若非聖賢義理之典籍，而只是世俗一般文字書本甚至是卑陋淫穢之所謂「創作」，如何能通過讀書工夫而管攝本心體

---

19 以上四句，出處同前注，頁331-332。

認義理？可證朱子要學子認真讀書，是特有所指的，不是泛泛地要他們泛濫無歸宿、無約束地昏亂讀世俗知識見聞，朱子的讀書是通過聖人之言而將書中義理與己心義理相互印證。若無聖經賢傳可以依循，則己心難得湊泊，則容易走失墮落。

綜合上言，可以證明批評朱子的教人讀書為學之進路是「支離」，實乃甚大的誤會。若善學朱子，不可能破碎支離地讀書，當然其人格生命亦有顯發大用的本體，故亦不可能破碎支離。

(二)陸象山的「讀書」──不空疏

世人批評陸象山以「直指本心」或「醒覺本心」為學子之進德修學的根本進路是「太簡」，甚至斥之為教人不要讀書而近於禪，因而墜入空疏之病。此亦非實狀。象山很重視讀書，只是提醒學子讀書之同時須先切己自反，先自我啟發本心。一旦本來的德性喚醒，自己才有一個道德主體而成為生命之大方針，如此再追索、研究各種知識，此等知識方能成為利用厚生之良器。而追索、研究各種知識，在象山，其實也不限定書籍典冊，此世間一切有形無形之存有，皆是學習的對象和內容。

在象山的著作中有很多地方提到讀書，也常引用經籍，可以證明象山豈像朱子或後世一般世儒譏責空談心性不讀書？茲舉例證以明之。

> 大抵為學，但當孜孜進德修業，使此心於日用間戕賊日少，光潤日著，則聖賢垂訓，向以為盤根錯節未可遽解者，將渙然冰釋，怡然理順，有不加思而得之者矣。《書》曰：「思曰睿，睿作聖。」孟子曰：「思則得

之。」學固不可以不思，然思之為道，貴切近而優游；切近則不失己，優游則不滯物。《易》曰：「擬之而後言，議之而後動。」孟子曰：「權然後知輕重，度然後知長短，物皆然，心為甚。」《記》曰：「心誠求之，雖不中不遠矣。」日用之間，何適而非思也？如是而思，安得不切近？安得不優游？

至於聖賢格言，切近的當，昭晰明白，初不難曉。而吾之權度，其則不遠，非假於外物。開卷讀書時，整冠肅容，平心定氣。詁訓章句，苟能從容勿迫而諷詠之，其理當自有彰彰者。[20]

從這一段文章中，顯示一位熟習儒家經籍的陸象山，誰說心學家空談心性而束書不觀？其教人讀書，是將本心和聖人融合在一起的，是以本心讀聖人的經典，若無本心又所讀非聖人之書，則不是儒者。象山教人讀書，與朱子實同，都是將仁義本心與聖經賢傳作一個符應和融會。讀聖賢書目的是在希聖成賢。

象山要求學者讀書的例子實多，平心認真讀《陸象山集》即可證明。譬如：「雖如顏子，夫子猶曰『未見其止』。易知易從者，實有親有功，可久可大，豈若守株坐井然哉？如《中庸》、《大學》、《論語》諸書，不可不時讀之，以聽其發揚告教。」[21]教人時時必須讀《四書》且自己旁徵博引經文的象山，會是空疏太簡而近乎禪之外道而非儒家正宗耶？

20　〔南宋〕陸九淵：〈與劉深父〉，收入《陸九淵集》，頁34-35。
21　〈與戴少望〉，同前揭書，頁63。

　　但讀書必須先立乎其大，否則就會支離破碎，象山之時代，一般士子讀書不得其要領，故他特別啟發警醒之：

> 今時學者，悠悠不進，號為知學耳，實未必知學；號為有志耳，實未必有志。若果知學有志，何更悠悠不進？事業固無窮盡，然古先聖賢未嘗艱難其途徑，支離其門戶。夫子曰：「吾道一以貫之。」孟子曰：「夫道一而已矣。」曰：「塗之人可以為禹。」曰：「人皆可以為堯舜。」曰：「人有四端，而自謂不能者，自賊者也。」人孰無心，道不外索，患在戕賊之耳，放失之耳。古人教人，不過存心、養心、求放心。此心之良，人所固有，人惟不知保養而反戕賊放失之耳。苟知其如此，而防閑其戕賊放失之端，日夕保養灌溉，使之暢茂條達，如手足之捍頭面，則豈有艱難支離之事？今日向學，而又艱難支離，遲回不進，則是未知其心，未知其戕賊放失，未知所以保養灌溉。此乃為學之門、進德之地。得其門、不得其門；有其地、無其地，兩言而決。得其門有其地，是謂知學，是謂有志。既知學，既有志，豈得悠悠，豈得不進？[22]

在這麼一大段的敘述中，象山特引孔子、孟子之言，論其為學應以本心為端的觀點，象山豈叫人不讀書？儒子當然必須讀書進德修業，但必須有一個開端，那就是先求乎四端之心安在自己腔子裏面，亦即時時存養自己本來就有的良知，此即為學須先立其

---

[22]　〈與舒西美〉，同前揭書，頁 63-64。

本、先固其根，日夕不忘保養灌溉，如此才有為學之門和進德之地，此方是立志求學之方。若無存養本心良知，心已放失，卻去讀書，然則究竟是哪個「我」去讀書？不但書冊變得艱難支離，生命和心靈亦是艱難支離的。

　　或有批評象山雖亦要人讀書，可是卻只是求放心致本心的心性論之學，不是經世實用之學，這亦是不真認識象山。他說過：

> 世儒恥及薄書，獨不思伯禹作貢成賦，周公制國用，孔子會計當，《洪範》八政首食貨，孟子言王政亦先制民產、正經界，果皆可恥乎？官吏日以貪猥，弊事日以眾多，豈可不責之儒者？[23]

象山提到《尚書・禹貢》、《洪範》之「九疇」、「八政」，又引《論語》的孔子青年之從基層公務做起的記載以及《孟子》的仁政王道之論。此在在都屬於經世濟民的實用之學，而都必須細讀熟稔儒家《四書・五經》才能獲之於心而發之為文，豈能無端譏議象山之學簡陋空疏？

　　由於已先立乎仁義本心的清明剛健之道德性，故讀聖賢書，即不是「註解六經」，而是「六經註我」，[24]主體不在外在的書

---

[23]　〈與趙子直〉，同前揭書，頁70。

[24]　陸象山曰：「《論語》中多有無頭柄的說話，如『知及之，仁不能守之』之類，不知所及，所守者何事？如『學而時習之』，不知時習者何事？非學有本領，未易讀也。苟學有本領，則知之所及者，及此也；仁之所守者，守此也；時習之，習此也。說者說此，樂者樂此，如高屋之上建瓴水矣。學苟知本，《六經》皆我之註腳。」見〔南宋〕陸九淵：

冊，是在自己的仁義本心。因為自己就是主動者能動者，是生命和宇宙的存有與意義之生發之源和動力之源，故一方面擁有形而上的道體體證，一方面則亦熟習形而下的現象界之事務的施作，象山既能在書院講學接引啟發無數青年，晚年奉詔駐防邊境重邑荊門軍，其一切措施建設，亦能調度規劃得當，《行狀》曰：「荊門素無城壁，〔……〕先生審度決計，召集義勇，優給庸直，躬自勸督，役者樂趨，竭力工倍，二旬訖築。〔……〕又郡學、貢院、客館，眾役並興。初俗習惰，人以執役為恥，吏惟好衣閒觀。至是此風一變，督役官吏，布衣雜役夫佐力，相勉以義，不專以威。盛役如此，而人情晏然，郡中恬若無事。」[25]依此可證象山亦非書呆子，其治邊防重邑之行政甚務實而不空泛，亦能以仁義本心領導感化當地官民，化民成俗之功亦甚有顯績，此種高度實踐力，一則源自本心的良知良能，一則源自其心學之實用。

綜上所述，象山的用心及其教人教學之方是很明白淺顯的，此即人之為人而求學，本來就應該先立乎德性之知，但亦不能輕忽見聞之知的涵養充實，象山並沒有教人不要讀書或不要追尋認識知識，他重德性亦同樣重見聞，只是很懇切地表達人之心性的道德律是非常重要的，應是人之做人為學的端本，其觀點，其實不難明白，舉例言，在政府中擔任重要官職者，其相關的知識一定豐實深入，否則他不可能稱其官職，但大家也明白，從古至今，有層出不窮的身居高位者，卻是腐敗暴惡的大壞人，在其位

《陸九淵集・語錄上》（北京：中華書局，2012），頁 395。

25　〔南宋〕楊簡：〈象山先生行狀〉，收入《陸九淵集》，頁 391。

子上貪婪枉法或殘民以逞，這就是因為此等惡人蒙蔽良知，而其一流的知識反而成為為惡的利器。又譬如一位醫師，他有高明的醫術並非最關鍵的條件，他必須擁有仁愛的醫德之心才是真正的良醫，若徒有高明醫術，卻無視病同親的良醫之德性，則是劣等惡醫，於人世有何益處？

　　基於上段的敘述和詮釋，大體可以了解世人對於朱子和象山在鵝湖之會雙方言論的著重點之差異，不免強調得太過。而朱陸兩人的論學時候的互相誤會，如象山批評朱子支離，而朱子批評象山太簡。這些互相責難，其實都是賢者一時的意氣，有失其客觀性。

三、從現代來看朱陸鵝湖之會

　　朱子最服膺北宋程伊川的道學進路，故其教學最重伊川所言的「涵養須用敬，進學則在致知」。[26]陸象山則要求學子「直指本心」而由自身的本來德性出發，其所言：「我全無杜撰，雖千言萬語，只是覺他底在我不曾添一些。近有議吾者云：『先立乎其大者』一句，全無伎倆。吾聞之曰：『誠然。』」[27]這個先立乎其大的大，指的就是人人皆有的本心。人有此本心，才不是死人，且正是人之能動主體，象山說：「汝耳自聰，目自明，事父自能孝，事兄自能弟，本無欠闕，不必他求，在自立而已。」[28]

26　此句口訣是程頤所說，見〔北宋〕程顥、程頤：《二程集・遺書第十八・伊川先生語四》。

27　〔南宋〕陸九淵：《陸九淵集・語錄上》，頁400。

28　同前注，頁399。

能耳聰目明，此是就人之自然生命的源自天理言；能孝事父母、弟事兄長，這是就人之道德生命源自天理言，皆是原本圓成而無虧欠，皆是自己本心良知的發用。象山的本心自明自立的觀點源於古儒，《大學》釋明明德的傳文曰：「《康誥》曰：『克明德』；《大甲》曰：『顧諟天之明命』；《帝典》曰：『克明峻德』，皆自明也。」此自明者無他焉，在《大學》中曰明德，在孟子曰良知，而也就是人之仁義內在的本心。象山教人成聖成賢，其無伎倆，唯有直指本心，依此喚醒學子自己之本心之自我明明。

朱子的工夫進路是用敬涵養，可是敬不是從外面拿來涵養我們的心的，依仁義內在、由仁義行的儒家觀，本心就是敬心，敬者心也，所以敬是在內而不在外，因此應該是以本心涵養生命，去除外染而復其本來清淨。唯朱子認為人的後天薰習雜染深重，若只依氣層面的心，豈能上與天理相合？此實有疑慮，朱子特別重視經典書本的研習，藉孔孟聖人的教訓來幫助自己的心之修為，去除欲之蒙蔽而上達於性理。

我們說朱陸兩家的進德之路的差別是：朱子走的是「經教」，也就是依經文的注釋講解而教弟子為學修德，因此，朱子一生重視並實踐注經的學術與教育；象山走的是「悟教」，當然也讀書熟習經典，但教育著重弟子的自己本心的自我啟悟和醒察，故象山不著書不注經，朱子是一個大經典家的形象，而象山則是一個大心靈師的形象。

從八百四十年後的現在回顧省視朱陸之學，兩人其實都重視德性之知與見聞之知，皆明白尊德性和道問學乃進德修業的缺一不可的兩輪。只是進路的輕重不同，象山教人首先應認取本心做

主，此是孟子學，即孟子所言：「盡其心者，知其性也，知其性則知天矣；存其心養其性，所以事天也。殀壽不貳，修身以俟之，所以立命也。」[29]盡心存心的進路，在於人之本心良知的自我建立之大方針。朱子教人則認為禮義規範甚重要，人心甚易失落掉舉，故必須時刻拿敬慎來加以涵養，此種工夫重外律的護持。舉例言之：

> 大雅云：「此只是持敬為要。」曰：「敬不是閉目默坐便為敬，須是隨事致敬，要有行程去處。〔……〕方其格物時，便敬以格之；當誠意時，便敬以誠之；以至正心、修身以後，節節常要惺覺執持，令此心常在，方是能持敬。今之言持敬者，只是說敬，非是持敬。〔……〕」[30]

如果是明道、象山或陽明的說法就不是這樣，敬就是本心；本心在腔子裏就是敬了，而不是用心去執持一個敬。格物、誠意、正心、修身，莫不是本心發用，本心運作在格物上，就是物格；本心即此誠敬，就是意誠；本心居其正位，就是心正；本心修為顯發就是身修。朱子特別拿取一個敬字來說格物、致知、誠意、正心、修身的工夫次第，甚像神秀和尚教人要時時勤拂拭而莫使惹塵埃的外律，或如淨土宗的以唸佛來淨其心，在朱子，就是要求儒子拿取一個敬字來清淨其心，待心清淨，方可以上升而合於性天之理，由此才能進而治國平天下。六祖則不教人拂拭，不教人

29　《孟子‧盡心》，第一。
30　《朱子語類》，收入《朱子全書》第十四冊，頁 392。

尋求心外的佛祖，只教人復其清淨自心，象山亦同，若有一個
敬，這個敬就是本心良知之自己，不是外物，不必拿它來頭上安
一個頭來敬這個心。不須由外來加以拂拭，只要本心良知自己自
照明覺即是，齊家治國平天下的發動源頭也無他焉，依然是自照
明覺的本心良知。

　　儒家之道本是「道德理想主義」，故必重內聖，而外王事功
必須從內聖出發，有內聖之功的擔保，外王的仁政王道才守護得
住。因此，朱子理學和象山心學，固然對於心的體認有其差別，
但在德行教育上，兩者同樣都是「明明德」之教，明德既已自
明，其為學之次第則依循博學、審問、慎思、明辨、篤行之次序
而層層提升深入，並將此活用實踐在勤政愛民的治道層中之養民
教民的治理上。無論朱子或象山，其一生儒家志業，莫不是如此
施行。

　　然而，我們在現代，必須使用一種雙元對立辯證的觀照方法
來看朱陸之學在今天面臨的問題。

　　當代新儒家牟宗三先生借用《大乘起信論》的「一心開二
門」之思想進路，[31]建立「良知自我坎陷，開出知性主體」的形
上依據，以良知主體發用兩門，一是德性門，此是良知之本身，
是人之道德主體之自我覺照覺知，負責本有的仁心之感知和潤
物，在此中攝物歸心，攝所歸能而心物合一、能所泯合，整體宇
宙和本我整合成為「一本」，此路是玄智直覺。而另一則是知性

---

[31]　《大乘起信論》建立「一心開二門」的心之雙元辯證之架構，雖只是一
　　　個如來藏自性清淨心，但其作用有二，一是「心生滅門」，一是「心真
　　　如門」，前者所照是緣起緣滅的無自性之如幻法界；後者所照是清淨無
　　　染的一真法界。

門，乃是良知之本覺退後一步，而讓心所雙元的架構顯出，在此架構中，心之知性起作用，依邏輯性而建立現象的認知，在這個知性門中，安立現代化的民主政治和科學體系。牟先生根據此雙元辯證理論，由之而在傳統儒家只重「內容理性」（「理性的內容表現」、「理性的運用表現」）之外而成立「外延理性」（「理性的外延表現」、「理性的架構表現」）之客觀結構，由此安立中國現代化的兩輪，即科學與民主。

再者，牟宗三對於中國的文化和政治傳統有其「三統」之說，即「道統」、「政統」、「學統」。[32]

「道統」是傳統以降的民族文化之立命根基，此名詞是中國儒家的古典名相，用現代語意而言，就是中國人的文化意識和文化方向，有自身的民族文化意識和文化方向，才有自身的民族文化形式，如果相反，則無自身的民族文化形式，喪失了自身的文化形式，這個民族就等於滅亡，晚明大儒顧亭林和王船山所悲嘆的明亡於女真，不僅是明室之國亡，或者是明室的政統亡，而更是華夏的「亡天下」，就是中國亡掉了華夏的文化根本。所謂「文化意識」、「文化方向」以至「文化形式」的總體性，古典的儒家語意就是「道統」，一個民族如果其主體性的文化形式被消滅掉，就是其道統被亡掉。

「政統」是指執有國家之政權，其中有兩層，上層是政統，

---

[32] 關於牟宗三先生提出來的雙元理性論、三統說，本文限於篇幅，一時無法細加詮釋，其周詳之文本，可以讀牟先生的著作，如《政道與治道》、《道德的理想主義》、《歷史哲學》、《人文講習錄》等，由臺灣學生書局印行。亦收入《牟宗三先生全集》（臺北：聯經出版事業公司）。

下層是治統，傳統時代，政統就是朝廷，而其權源集中在皇帝，換言之，傳統時期的政統是指專制的君王政體。治統是指歷代中國政治中的層層官僚之行政治理的體系和內容。兩者若以傳統話語而言，則政統是「內廷」的皇帝和他的內侍近衛以及皇族，它掌有整體國家的最高統治權柄；治統是「外朝」的宰相以及佈建於從京城始而至全國的官吏體系，它以各級官衙機構來施作推展國家上下所有的行政治理業務。

儒家從孔孟就主張依仁義之道實行王道，換言之，儒家給中國建立的文化形式是孔子揭櫫的「仁道」，也是孟子加以弘揚的「仁義之道」，此道由天所命，而在人之心性言則為道德實踐義的「良知良能」。因此，以仁義為核心而以良知良能為動源的文化形式，它開展出來的文化意識和文化方向，就成為中國儒家主張的聖君賢相踐履實現仁民愛物的國家內容，也是儒家信持的通過德教而使人人皆有士君子之行的人文大化的天下格局。

基於上述，儒家自古以來就有一種理想政治的藍圖，最早出現於《尚書‧堯典》，那就是托古而美化的所謂「三代之治」，或以堯舜禹為古聖王典範，而標舉了「以德禪讓」的公天下政治形式，在《論語》、《孟子》之中，都含有此種思想。因此，在《禮記》乃有〈禮運大同篇〉揭示了儒家的「大同與小康」的政治觀或是《春秋‧公羊》主張的「據亂世‧昇平世‧太平世」的三世演化政治觀。儒家根據其仁義論和良知論，當然在政治上堅持主張君王以德禪讓的太平世之理想實現。所以，孟子宣稱人民有革命權力，儒家承認湯武革命是順天應人、弔民伐罪而拯生民於水火的大義。

一般而言，儒家的政治觀是所謂以民為本的「民本主義」，

但是如果以孔孟的原始政治觀來看，孟子說「民為貴，社稷次之，君為輕。」又說「聞誅一夫紂矣，未聞弒君也。」綜合此兩句話語，然則，儒家明顯主張在政治文明體中，人民是居於主位的主體，國家存在的意義是為了人民的生存，君王則是為了服務於人民和國家而經由德操品性的評比依禪讓制而建置的一種職位，它有一定任期，同時，它依道德而非依血統而繼承，所以從古典的民本主義逐漸發展，必然能夠演進而成為民主主義。此種循文化形式也就是循「道統」的逐漸發展，從古典的民本主義演進而建立的民主主義，乃是儒家的仁義良知論之中的道德理想主義的民主政治之形態，會與歐美自由主義思想下之民主政治之形態有其差別。

然而歷史的走向卻吊詭曲折，中國專制政體的政道，並非純粹的儒家理想的實踐，歷史性是雜駁混淆的，堯舜之古世渺遠難尋，起碼在夏王朝，君王就是父傳子或兄傳弟的血統主義的世襲，而非儒家道德主義的以德而傳賢的禪讓，德化禪讓只是觀念中的理想而血族世襲則是歷史的事實，中國傳統的朝廷根本是以武力打天下而打下來的世襲私天下，從秦政起始，秦始皇以韓非子的法家之術而強霸天下，從此中國傳統兩千年的政體是皇帝一統專制的「中央與郡縣」的結構，而從劉邦革秦之命並承之而起的漢朝開始，中國歷代政權便是「儒法並用」，也就是帝王緣飾以儒家但實以法家之專制統治術宰治天下，或也可以說帝王是在內廷以法家統治術來鞏固其家天下的專政，而讓外朝的宰相及其百官以儒家治道來治理國家，因此，政統之道的核心思想是申韓法術，治統之道的核心思想是儒家仁義，可是，治統的體系兩千年來無法在根本上進入政統的堡壘而清洗掉申韓法家的帝王宰制

術，故完全無法制衡或革除非理性而存在的血統主義的世襲皇帝，甚至皇帝可以牢籠天下士子以功名利祿，外朝百官絕大多數被權貴厚利薰習而喪失了仁義之道的良知，故治道方面亦隨之而墮落，於是亦成為皇帝一家之私專制天下的工具，因此，連外朝本有的以民為本的仁政之治道，亦多成為空想。

　　兩千多年來的中國政治就是於此極大的弔詭局勢中，儒家的王道理想始終無法實踐，孔孟期待的仁義之政的太平世公天下，只是一種儒家無法成真的幻夢，民本主義已長期遭受壓抑，更遑論儒家形態的民主主義之實現。

　　基於上面的論述，八百四十年前的朱子理學和象山心學，其仁義之心性論，是道統之傳，但在政統這關鍵，也就是關係到中國儒家真正的外王之理想藍圖，理學家和心學家，根本無法體證或實行傳統中國儒家的以德禪讓的公天下之仁政王道。反對或不接受血統世襲主義的帝王專制政治，原本是原始儒家的外王公天下政治理想的核心，十分遺憾，兩千年來從來無從實現，直至明亡於清，黃宗羲的《明夷待訪錄》才在天下道統亡於異族的慘痛下而有較深刻之省思，才提出天下非一姓一主之天下觀。因此，在此缺少上層結構合理性的政治格局中，朱子和象山的外王實踐，其實都是身任官職而在下層的治統中行其勤政愛民之治理而已，朱陸面對的宋室政治的上層政統，乃是「漆黑一團黑暗密窟」的不合理性之專制統治機器，大儒對此實亦了無對治的或更張的辦法。

　　若依牟宗三先生提出的雙元理性觀來看，傳統儒家在政道中的理性，乃「理性的運用（內容）表現」，是在已經命定的只有下層之治統而無上層之政統的半套政治中，就庶民百姓的養和教

之內容進行治理的運用（操作），這是「差序（從屬）格局」（the sub-ordination）。如果依據「理性的架構（外延）表現」，則必須設計一套對等、對蹠的政治體系，亦即「對列格局」（the co-ordination）來形成中國的政體，這種具有對列性的客觀政體之設立，是孫中山創建了民主共和的國體以後才告出現，這種政治就是政統在民，它就是國家；治統則是政府，基本上由行政、立法、司法等三權（在孫中山則是五權政府）之平等又對立的辯證關係而建立，政府不屬於一家一姓，而只是全體國民託付的管理經營的機關。此種合理性的政府，其政統和治統，有一個最高的規章，那就是「憲法」。

何以中國傳統的儒家兩千年來都無法突破政統的困局而令不合理性的血統世襲主義之帝王家天下的專制政治以一治一亂的流血方式延續不止？這亦是因為儒家多以「內容或運用的理性」來建立發展其德性主義的學統，而不是以「外延或架構的理性」來建立發展另一面的獨立的知性主義的學統，故傳統儒家的德性之知或「心真如門」很強，但見聞之知或「心生滅門」則弱或甚至很弱乃至於根本輕忽，故無論象山代表的心學一脈或朱子代表的理學一脈，都不能將知識視為一個純客觀的獨立體系，因此，儒家無法開出知性邏輯的科學之路，此種欠缺也就自然無法充分解決中國政治的只有下層的合理性而卻無合理性的上層結構的困局。

四、結語

鵝湖之會顯示儒門不免有門戶之別和儒者的意氣之爭，因為

主觀上的偏重，再加上歷史甚容易噴上來自無知膚淺之人輕妄加上的迷謬評斷之厚重霧霾，使朱子理學和象山心學好像是水火不容有不共戴天之勢。

　　其實若能平情就相關文本給予理性的釐清，當可發現兩種進路，均屬儒家治學進德之正路。

　　但法雖無病，卻不免人病，大儒的人格、心性、生命都能剛健清明，故朱子和象山各依其進路，終是儒家一代宗師。可是，末流之一為支離，一為空疏，卻是事實。惟末流終只是末流，與理學心學的堂堂正道有何相干？陽明學之末流，陽明何必負責？朱子學的末流，朱子何必負責？基督教、佛教的末流與基督、釋迦亦不相干也。

　　然而，立乎現代反觀儒家的理學心學，其實亦有其運會之限制，這種限制是中國面對西方之後對照而顯出者。朱陸之道皆屬於德性主義之學，而非知性主義之學。中國的傳統帝王血統世襲主義專制政治，雖然是儒家根本思想中反對之現象和制度，但垂兩千年無法作合理性之解決，此乃傳統儒家於知性的客觀性，一直無法積極正面地覺察，故無法自覺地使德性從其首出之位置暫退一步而讓知性之客觀性有一獨立性之突出。由於外延的架構的理性表現一直隱蔽壓抑，故科學式的知識開展不出，連帶無法發展合於客觀理性的民主政治。

捌　南宋三大儒家學派的書院精神

一、前言

　　孔孟藉講學弘道以立內聖外王，他們因才施教、有教無類，終而創造並且發揚了顯發仁義之心和實踐仁義之政的儒家。儒家的常道慧命是中華文化和歷史的核心，抽離儒家就沒有中華。孔子和孟子周遊列國，隨時隨地給弟子施以教化，其時固無固定的講學論道的場所，但後世的書院之教的精神，實由孔孟開創。而從宋起，特別是南宋儒家的弘揚拓深，儒家書院遂成為一個非常重要的傳教弘道的空間和制度。它的存在有別於官學，亦即與體制內教育不同，它在社會或民間獨立，不以功名利祿為動機為誘因，也不以「見聞之知」、「純知識」的學習積累為教學宗旨，而是教人如何成聖成賢，如何通過本心良知的開顯而使自己成就為一個光明無染的本來的人。先秦儒家以至於宋明理學家都明確知道唯有本心清明無染的光輝人格才能在政治和社會上真正實施仁政王道。

　　當代新儒家也重視書院之教化。梁漱溟、馬一浮、熊十力、張君勱等大儒都以書院來講學弘道。一九四九年之後，在臺灣，

大儒愛新覺羅毓鋆也開創「天德黌舍」──「奉元書院」，於民間社會，超脫體制之外而講論經世濟民之儒家實學，時間積六十年之功，蔚成一股人文巨流，為當代臺灣的「文化中國」本質作出很重要的貢獻，亦將回饋反哺於大陸而為中華帶起夏學重振之大功。

　　本文的目的在於簡述南宋三大儒家學派的書院精神。這三大學派是湖湘學派、考亭學派、象山學派，並且特別詮釋白鹿洞書院之義，知悉其等之書院教育的精神，末章簡單詮釋熊十力先生對於抗戰時期的復性書院之義理論述，用以呼應南宋儒家書院之道，通過疏理即能把握孔孟儒學儒教的宗旨。

二、碧泉、文定、嶽麓──湖湘學派

　　嶽麓書院學者鄧洪波教授在其書中有曰：「對抗俗學與科舉利誘之習的『講道』，何嘗不是南宋一代書院的特點。正是南宋的理學家以其特有的社會責任感，承擔著『講道』、『傳道』的歷史使命，掀起了書院復興運動，〔……〕。」[1]此處指出南宋的書院復興運動，主要是理學家心中具有講道傳道的使命感，要在民間建立場所來傳播弘揚儒家的道統與德性之知，以此對抗泛濫無歸的俗學和墮落無品的科舉。那個時代，士風敗壞，民生困頓，南宋的大儒如朱子、張南軒、呂東萊、陸象山等人，深有戒懼，認為應收拾人心、重建倫常，必須以孔孟常道來提升維繫世

---

[1]　鄧洪波：《中國書院史》（增訂版）（武漢：武漢大學出版社，2012），頁131。

道人心，他們做了很多文教工作，一方面是就官學吏治層，展開養民教民的事業，而增修拓展官學；一方面則是在社會上依自己及同道之力而建設儒家書院，在書院講道傳道。據鄧氏的說明，胡安國在南宋建炎四年（1130）湖南衡山之麓建「碧泉書堂」（或稱講舍、精舍），其後，又在衡山上建有「文定書堂」。胡安國往來兩個書堂居住、講道，並著有《胡氏春秋傳》。紹興八年（1138）安國去世，其子胡宏（五峰先生），擴建碧泉書堂為「碧泉書院」，以為會文講習之所。其時，張栻（張南軒、張敬夫、張欽夫）、彪居正、胡大原等一批年輕學者集於門下，遂開「湖湘學派」。[2] 受此影響，在紹興、隆興之際的十餘年，以湖南一地而言，就建立了九所書院，散佈於湘東湘西，儒門德教漸著成效。

　　關於入湘開創書院講學弘道的胡安國，是一位了不起的儒家，他字康侯，諡文定，福建崇安人。生於北宋神宗熙寧七年（1074），逝於南宋高宗紹興八年（1138）。他與程明道和程伊川皆無緣分，但與二程門人如謝上蔡、楊龜山、游定夫等，皆義兼師友，嘗問學於上蔡。胡安國忤逆奸臣蔡京，被除名，謝上蔡說：「康侯正如大冬嚴雪，百草萎死，而松柏挺然獨秀。」清儒全謝山則曰：「南渡昌明洛學之功，文定幾侔於龜山。」[3] 可見胡安國師承洛學而且人品高，宋室南渡，安國擔負師門儒學入湘傳揚，其功偉矣。

　　胡安國的儒學是「春秋學」，當代新儒家蔡仁厚先生說：

2　同前注，頁 134-135。
3　全氏語，引自蔡仁厚：《宋明理學·南宋篇》（臺北：臺灣學生書局，1999），頁 11-12。

文定講《春秋》，實上承北宋初期孫復（泰山）尊王攘夷
之意。文定嘗從泰山門人朱長文遊，亦算是泰山的再傳弟
子。胡氏《春秋傳》在元明兩代有極高之地位，幾與《公
羊》、《穀梁》、《左氏》三傳並列而為四。文定親身經
歷金人侵擾中原之禍亂，宋室被逼退守江淮以南，苦力支
撐一個偏安的局面；此時，「尊王攘夷」大義之發揮，實
比孫泰山的時代更為需要、更為迫切。所以文定特別倡導
「大復仇」之義，而終以「天下為公」為歸宿。[4]

胡安國的儒學，實為孔孟相傳下來的《春秋經》。他遠紹北宋早
期三先生的孫泰山之「春秋尊王攘夷」之教，而在宋室板蕩而夷
狄侵華的危局中，起了貞定國魂的重大貢獻，當然，其「春秋
教」是在碧泉書堂、文定書堂的講學中傳播延續的。而安國的書
院儒教之「尊王攘夷」、「大復仇」、「天下為公」等《春秋
經》大義，在今日臺灣的「明夷」局面中，十分具有啟發和復歸
性，而亦是「奉元書院」的主要精神。

真正在湖南衡山發揚創立湖湘學派的是胡安國的少子胡宏
（五峰）。蔡仁厚先生曰：「五峰少年時，曾隨長兄致堂問學於
龜山，後數年，二程門人侯仲良避亂荊州，五峰又奉命從之遊，
這是他早年與洛學的直接淵源。後來他優遊衡山二十餘年，『玩
心神明，不舍晝夜』，『卒開湖湘學統』。（全祖望語）」[5]依
此，胡五峰之儒學乃承繼楊時、侯師聖兩位南北宋之交的名儒，

4　同前注，頁 13。
5　蔡仁厚：《中國哲學史》（下冊）（臺北：臺灣學生書局，2009），頁
　　670。

而由此上追二程的洛學。換言之，湖湘學派的儒學儒教是從程明道、程伊川一脈傳下來的儒家正統。蔡仁厚先生說明胡五峰的思想，說：

> 五峰著《知言》一書，確能上承北宋前三家之規範而繼續開發，對於明道「識仁」之旨，體之尤為真切。故曰：「欲為仁，必先識仁之體」，「一有見焉，操而存之，存而養之，養而充之，以至於大，大之不已，與天同矣。此心在人，其發現之端不同，要在識之而已。」就良心發現之端而警覺之，這正是「逆覺體證」的工夫。從逆覺體證之充塞上，以彰顯仁心之本來如此的真體，則其永恒遍在，「與天同矣」，人能彰顯仁心真體，便是「仁者」，便是「大人」。明道云「學者須先識仁，仁者渾然與物同體」，五峰承之，從逆覺以言「識仁之體」，亦可謂之善於紹述了。[6]

蔡先生指明五峰先生在湖南衡山講學，主要是順程明道的「須先識仁，仁者渾然與物同體」的人物同此仁體而為一本的儒家思想，因而主張工夫在於逆覺體證仁心真體，這就是仁者就是大人。而此路向其實就是上追孟子的良知說。而蔡先生歸納了五峰先生的儒學進路是：「即事明道，道無不在」、「以心著性，盡心成性」。而湖湘學派的真正精神及其實踐，就是胡安國的尊王攘夷的「春秋學」再加上胡五峰的「直覺仁體」觀。此即碧泉書

6　同前注。

院最主要的儒學和儒教之成就。

五峰先生撰寫有〈文定書堂上樑文〉和〈碧泉書院上樑文〉。在〈文定書堂上樑文〉中有曰：

> 〔……〕
>
> 拋樑北，大家尚爾淹南國，春秋撥亂仲尼書，年來獻掃妖氣則。
>
> 拋樑上，道與天通自奮揚，當仁不愧孟軻身，禪心事業遙相望。
>
> 拋樑下，明窗淨几宜憑藉，道義相傳本一經，兒孫會見扶宗社。
>
> 〔……〕[7]

其中表達金人侵華，國祚南遷，而應弘揚撥亂世而返太平的孔子《春秋》大義，以此大經為掃妖靖北、光復河山的法則。儒家仁義之道，就是效法孟子，才能上臻天理，在佛教禪宗大興盛的時代，也唯有孟子仁義內在的大丈夫精神可以對它分庭抗禮。子弟和弟子們應依儒家一統之經典來匡扶社稷天下。

五峰先生的湖湘學派，根據上引的〈文定書堂上樑文〉，充分顯示是立下宏圖和深願，要發揚孔子的「春秋學」以及孟子的「性善論」、「仁義內在說」、「仁政王道論」，於湖南衡山之「南國」，立定腳跟而以書院之教化來重新建中立極，由其文可

7　陳谷嘉、鄧洪波主編：《中國書院史資料》（上冊）（杭州：浙江教育出版社，1998），頁 105-106。

見：依孔孟仁義之道來對抗佛教；依「春秋學」的尊王攘夷之教
來抗拒夷狄金人的入侵。

〈碧泉書院上樑文〉則曰：

> 上聖生知，猶資學以成其道；至誠不二，宜求仁以覺諸
> 愚。振古于斯，于今是式。弘開大業，屬在吾人。
> 〔……〕
> 〔……〕爰從兩漢而下，友道散若烟雲。尼父之志不明，
> 孟氏之傳幾絕。顏回克己，世鮮求方；孔伋論中，人希探
> 本；棄漆雕之自信，昧端木之真聞。干祿仕以盈庭，鬻詞
> 章而塞路。斯文掃地，邪說滔天。〔……〕
> 將尋繹五典之精微，決絕三乘之流遁；窮理既資于講習，
> 輔仁式藉于友朋。〔……〕惟下不窺于董圃；車喧寧接于
> 陶廬。期聖奧以翻經，立壯圖而觀史。〔……〕明治亂之
> 所由，豈榮華之或慕。〔……〕惟應誠篤，無行小慧以亂
> 大猷。各敬爾儀，相觀而善。庶伊洛之業可振於無窮，洙
> 泗之風一回于萬古。〔……〕
> 〔……〕**8**

五峰先生指出古聖賢之道須有教育才能弘揚傳承。辦學弘道是建
立碧泉書院的主旨。他也說出從兩漢以降，孔子孟子以及諸先儒
先賢的仁道實久已淪喪，士子只知追求科舉利祿之途和舞文弄墨
之風而斯文掃地、邪說橫行。因此，他立志建立書院於衡山之

8　同前注，頁106-107。

麓，呼籲有心向學的學子效法董仲舒三年不窺園以及陶靖節結廬人境躬耕南野的清高亮節而一心一志地進修以《五經》、《論孟》以及諸史，一方面以儒家的常道抗衡佛教，一方面發揚傳播北宋二程的洛學並上追於孔子之道。

　　由上引兩段胡宏有關文定書院和碧泉書院的文章，我們得悉湖湘學派的儒學儒教，面對女真侵入中華，而國局板蕩不安大道沈隱之亂世，乃是安居於湘地的山林來立穩腳跟，用書院為聚集有志有心的青年君子之空間，師生一起從認真讀經出發而喚起本心良知來弘揚北宋大儒之學，透過二程、濂溪、橫渠之德慧，往上溯源，復振孔孟之仁道和《五經》儒家大經的常道慧命。因此可以說，五峰先生承繼其父胡安國之志，其書院教育，一是喚醒儒子的本心；一是研讀北宋諸大儒特別是師承的二程之語錄文章；一是研讀先秦儒家經典和《論孟》。教育主旨不是科舉，而是重建儒家正道的高層次理論，以對抗並消彌彼時流行的出世法無外王之道的佛教，並堅定嚴華夷之防的春秋大節來重建宋朝的民族和國家的人文道德方向。

　　乾道元年（1165），湖南安撫史劉珙重建紹興元年（1131）燬於戰火的「嶽麓書院」，禮聘張栻擔任山長。於是嶽麓書院遂取代了碧泉書院，成為湖湘學派的儒教重鎮。乾道三年（1167），張南軒邀朱子專程來長沙嶽麓論學，朱子特別從閩北來湘，主要是探討胡五峰先生的儒學思想。而張朱會講，是以嶽麓為中心，並且往來於長沙的善化、城南兩書院以及衡山的南軒書院，以「中和」為主題，涉及「太極」、「乾坤」、「心性」、「察識」、「持善之序」等等重大的性理問題，雙方論學兩月有餘。是當時重要的儒家學派的會講和思辯，也是書院會講的第一次創

舉。[9]

三、寒泉、武夷、滄洲——考亭學派

　　同一個時代，朱子也是在民間建立書院而成就了「考亭學派」，學者依據朱子創設書院而將其學派的發展分為三個階段。第一階段是開創期，乾道六年（1170），朱子安葬其母於建陽的寒泉塢，在此地構築「寒泉精舍」，以供講學以及師徒歇息之用。朱子在這裡生活講學著作近八年。在寒泉精舍，朱子撰述《論語集注》、《孟子集注》、《西銘解義》等，又編纂《資治通鑑綱目》、《宋八朝名臣言行錄》等。更重要的是具有學術和道統之淵源性質的著作，也是在此精舍編注而成，即他詮釋性的《伊洛淵源錄》，以及在一一七五年，與呂祖謙合編的宋代理學最重要教科書的《近思錄》。在寒泉精舍時期，朱子的道學團隊初已形成。[10]

　　淳熙十年（1183），朱子在福建崇安的武夷山中建「武夷精舍」，一直到一一九〇年赴漳州為官止，大概在此生活講學著述近八年。這個階段，考亭學派真正形成。在武夷精舍的講學，集合了朱子最多的弟子，甚至有從遠方的外省慕道而來學習的青年儒生。淳熙十六年（1189），朱子完成了《大學章句》、《中庸章句》，於是《四書集注》的曠世巨著終於出世。在武夷精舍講學著書時期，朱子還對外互訪、會講、同遊以及大量的書信往來

9　同注1，頁136-137。

10　劉遵沂：《考亭學派》，收入劉樹勛主編：《閩學源流》（福州：福建教育出版社，1993），頁327-336。

討論，於是他的思想和理論產生了廣大的影響，不止於閩地，也
發展於當時的南宋各地。其間，朱子更在當地開拓刻書印書業，
對於儒學的發揚，甚有助益。同時，重大的儒學理論的學派論
辯，亦是在此階段完成，如淳熙十五年（1188）開始與陸象山兄
弟以書信往返論辯了「太極」問題，而從淳熙十一年（1184）到
十六年（1189）之間，他也與陳亮用書信來往激辯了「王霸」和
「義利」。無論太極、王霸、義利，都是儒家非常關鍵性的命
題，朱子建立了自己的詮釋體系。[11]

　　紹熙二年（1191），朱子移居建陽考亭，在此地居住講學，
直至慶元六年（1200）春天與世長辭。這就是最後階段。朱子於
紹熙三年（1194）構築了精舍，題匾曰：「竹林精舍」，後又更
名曰：「滄洲精舍」。朱子自號「滄洲病叟」，其〈滄洲歌〉
曰：「春盡五湖烟浪，秋月一天雲月，此外盡悠悠。永棄人間
事，吾道付滄洲。」晚年的朱子已有隱居講學而不問世事之慨
了。因為精舍在考亭，故後人稱之為「考亭書院」，而朱子儒
學，後世稱為「考亭學派」，其學術是為「道學」。[12]其德與
學，影響支配中國已八百年。

　　朱子在民間講授儒學、弘揚孔孟聖教。他教化儒子，主要是
在書院。其教育思想，茲舉〈滄洲精舍諭學者〉一文以明之：

> 今人說要學道，乃是天下第一至大至難之事，卻全然不曾
> 著力，蓋未有能用旬月功夫，熟讀一卷書者。及至見人泛

---

[11]　同前注，頁 336-344。

[12]　同前注，頁 345-364。

然發問，臨時湊合，不曾舉得一兩行經傳成文，不曾照得
一兩處首尾相貫，其能言者，不過以己私意，敷演立說，
與聖賢本義義理實處，了無干涉，何況望其更能反求諸
己，真實見得，真實行得耶？[13]

在這裡，朱子指出讀書目的只在「學道」，不是隨便學世俗之事
務，但學道則是「天下第一至大至難之事」。然而，他及目所見
的儒子有兩種情形，一是學道根本沒有恒心，不曾用心著力，經
文全然不熟；一是心中全然沒有一點經傳的修養，卻常遇人則依
己見私意而亂說儒家內容。

上述兩點朱子指責的現象，現在也是一樣。現在的菁英，不
是很多人皆經文不熟而卻又喜歡胡天胡地亂七八糟地虛說空談
嗎？

朱子又說：

不如歸家杜門，依老蘇法，以二三年為期，正襟危坐，將
《大學》、《論語》、《中庸》、《孟子》，及《詩》、
《書》、《禮記》、程、張諸書，分明易曉處，反復讀
之，更就自己身心上存養玩索，著實行履，有箇入處，方
好求師。證其所得而訂其謬誤，是乃所謂就有道而正焉

13　〔南宋〕朱熹：〈滄洲精舍諭學者〉，收入《晦庵先生朱文公集》，卷
七十四，朱傑人、嚴佐之、劉永翔主編：《朱子全書》，第二十四冊
（上海：上海古籍出版社、合肥：安徽教育出版社，2002），頁 3593-
3594。

者，而學之成也可冀矣。[14]

朱子主張儒子宜以二三年的時程，杜門不出，以恭敬誠正專一之心，反復讀經，其經典是《四書》和《詩書》、《禮記》，這是古經，再加上程明道、程伊川的語錄文章。朱子特別指出是取這些經典的分明易曉處，加以反復讀誦之，久之，可就自己身心日用來存養玩索，並實際在生活中修養生命和心性。若不如此自己發心立願依據經典來讀書明志，然則何必求師？

四、朱子修建白鹿洞書院的儒學儒教之意義

除了寒泉、武夷和考亭，朱子最發願修建並且影響後世甚深的，乃是「白鹿洞書院」。史載白鹿洞書院在江西廬山五老峰下，唐貞元中，洛陽人李渤與兄李涉隱居此處。李渤嘗養白鹿以自隨，人稱白南鹿先生，唐寶歷中，李渤為江州刺史，就其地創臺榭，以白鹿名洞，南唐時，命國子監九經李善道為洞主，號：「廬山國學」。宋初以原址置書院，與「睢陽」、「石鼓」、「嶽麓」齊名天下。太平興國七年，置南康軍，書院屬焉。皇祐中，匾曰：「白鹿書堂」，尋燬於兵。南宋孝宗淳熙六年，朱子知南康軍，訪故址，檄教授楊大法、縣令王仲杰重建書院。此即與朱子有密切關係的「白鹿洞書院」。[15]

呂伯恭，東萊先生，因朱子之請，而撰有〈白鹿洞書院

14　同前注。

15　據清光緒七年刊本《江西通志》，引自陳谷嘉、鄧洪波主編：《中國書院史資料》（上冊）（杭州：浙江教育出版社，1998），頁61。

記〉，其中曰：

> 某竊嘗聞之諸公長者，國初，斯民新脫五季鋒鏑之厄，學
> 者尚寡，海內尚平，文風日起，儒先往往依山林，即閑曠
> 以講授，大師多至數十百人，嵩陽、岳麓、睢陽及是洞為
> 尤著，天下所謂四書院者也。[16]

東萊先生指出北宋開國，剛剛脫離五代亂世，其時，學者之風崇
儉，天下也較和平，因而文教之風振興，許多儒士選擇山林田野
清幽閑靜之佳地，聚徒講授孔子儒道，他說儒家大師不在少數，
甚至多有數十百人，而四大書院遂告發展形成，其中有白鹿洞書
院。

東萊先生又曰：

> 祖宗尊右儒術，〔……〕士皆上質實，下新奇；敦行義而
> 不偷，守訓故而不鑿。雖學問之淵源統紀或未深究，然甘
> 受和，白受采，既有進德之地矣。慶曆、嘉佑之間，豪傑
> 並出，講治益精，至于河南程氏、橫渠張氏，相與倡明正
> 學，然後三代孔孟之教，始終條理，于是乎可考。[17]

東萊先生先說明宋太祖趙匡胤開國，尊重士大夫，推崇儒術，國
家有文教之風，故宋初的士人儒子皆有樸實敦篤的教養，而重視

---

[16]　〔南宋〕呂祖謙：〈白鹿洞書院記〉，收入同前揭書，頁72。
[17]　同前注。

忠義之德行。再者，在這樣的人文德化之土壤和氣場之中，乃有河南的程明道和程伊川以及關中橫渠的張載出世，他們提倡弘揚孔孟聖學，於是三代以來而由孔子集大成並予新創的孔孟儒家之德教才能得其統緒。其實這就是後來所說的「道統」。

東萊先生又說：

> 熙寧初，明道先生在朝，建白學制，教養、考察、賓興之法，綱條甚悉。不幸王氏之學方興，其議遂格，有志之士未嘗不嘆息于斯也。建炎再造，典型文獻浸還舊觀，關洛緒言稍出于毀棄剪滅之餘，晚進小生驟聞其語，不知親師取友以講求用力之實，躐等陵節，忽近慕遠，未能窺程張之門庭，而先有王氏高自賢聖之病，如是洞之所傳習道者或鮮矣，然則，書院之復豈苟云哉！[18]

此段，東萊先生感嘆地提到程明道嘗給朝廷建言一套學校教學之制度方法，包括教養、考察、賓興之學習而為一，敘論完備。惜乎王安石擅政，其以私學籠罩國家教育，北宋洛學正道遂不得於國家體制內實施。於此，我們也可發現儒學的教學本質必須合乎公道，王安石承寵於神宗，故以專斷獨裁的方式硬性在體制教育上使用其自己的經典詮釋系統，而變成王安石的孔孟之學，不是孔孟的孔孟之學，但由歷史的發展，後世誰還在乎王安石的經解？北宋四子的周、張、二程，當然屬於儒家正道，是通過歷史嚴格的檢證的，之所以傳承久遠，主因是他們的詮釋孔孟之道，

18　同前注。

乃是還孔孟之道的原來面目和內容。然而，雖然這樣，可是在當時的短時間之內，洛學依然是受到壓制的。直至南宋高宗時代，王安石派系沒落消逝，橫渠和明道伊川三先生之儒學儒教才能稍稍恢復，但對於青年儒子而言，初次接觸關學洛學之詮釋經文之語錄、文章、著作，一時實在也無法體悟理解，更河況若無良師益友的共同論學輔仁，則受制於北宋王安石私論之掩抑，如果此種障礙沒有加以解除，則白鹿洞書院的教育如何能是孔孟之大道正理？因此，白鹿洞書院以正法講論儒學是非常重要的，豈能隨便馬虎而為之。東萊先生的意思是白鹿洞書院當然必須由朱子為山長主持，才能走仁義之大路而弘揚北宋正學，並上追於孔子孟子。

這篇出自南宋大儒呂祖謙的大文章，明確地指出朱子重修白鹿洞書院來推展儒學儒教的宗旨，此有一條正路，是發揚振興二程和橫渠之儒學，其實還應加上濂溪先生之學，四大儒之學，是教中國人成聖成賢。故學習先聖先賢之道而使自己也成為聖賢，是白鹿洞書院的儒學儒教之目的。

我們應該看看朱子為此書院制訂的「揭示」，其實就是「學規」。這篇〈白鹿洞書院揭示〉，是後來中國儒家書院的基本楷模，書院的學規或院訓，其精神和原則，多由這篇朱子所撰的〈白鹿洞書院揭示〉而來。

朱子曰：

　　父子有親，君臣有義，夫婦有別，長幼有序，朋友有信。
　　右五教之目。堯舜使契為司徒，敬敷五教。即此是也，學

者學此而已。[19]

朱子一開頭就提到「五倫」，此句「五倫」之說，出自《孟子・滕文公》，但孟子之觀念，實則源於孔子。而朱子又提及所謂「堯舜使契為司徒，敬敷五教」，則又可在《尚書》[20]和《孟子》[21]找到。可證朱子白鹿洞書院的教育宗旨是以古代儒家的倫理之教為開端，他的書院教育不在知識的傳播學習，而是道德人格的養成；白鹿洞書院之教就是要求儒子實踐五倫而為君子賢人，並由此而能進一步齊家、治國、平天下。

朱子又說：

> 而其所以學之之序，亦有五焉，其列如左：
> 博學之、審問之、謹思之、明辨之、篤行之。[22]

此所言五個學習次序，其實出自《中庸》，其第二十章有曰：「誠身有道，不明乎善，不誠乎身矣。誠者，天之道也；誠之者，人之道也。誠者，不勉而中，不思而得，從容中道，聖人也；誠之者，擇善而固執之者也。博學之，審問之，慎思之，明

19　〔南宋〕朱熹：〈白鹿洞書院揭示〉，收入《中國書院史資料》（上冊），頁199。
20　《尚書》載：「帝曰：『契，百姓不親，五品不遜。汝作司徒，敬敷五教，在寬。』」此所說的「帝」是指舜。見《尚書・堯典》。
21　孟子曰：「人之有道也，飽食煖衣，逸居而無教，則近於禽獸。聖人有憂之，使契為司徒，教以人倫：父子有親、君臣有義、夫婦有別、長幼有序、朋友有信。」見：《孟子・滕文公上》。
22　朱熹：〈白鹿洞書院揭示〉。

辨之，篤行之。有弗學，學之弗能，弗措也；有弗問，問之弗知，弗措也；有弗思，思之弗得，弗措也；有弗辨，辨之弗明，弗措也；有弗行，行之弗篤，弗措也。人一能之，己百之；人十能之，己千之。果能此道矣，雖愚必明，雖柔必強。」[23]依此，讀聖賢書，在《中庸》就已指出其學習次序，博學開其端，但須接續以審問、明辨，方得明悉其理，再則更須將此道理加以堅篤地力行實踐於日用和倫常之中。

　　朱子引《中庸》之為學次序，不是世俗以為的見聞知識的學習，而是道德倫常之天理的學習，因為在《中庸》的文中，此為學次序的前面是明白指出誠者是聖人而誠之者則是賢士君子，特別啟發欲為賢士君子，則必「擇善固執之」，是著重「善」；子思撰述《中庸》，並不是說「擇知固執之」，可見五個學習次序，是與道德倫常之教的學習有關，這是成聖成賢的德教。

　　朱子接著曰：

　　　　右為學之序。學、問、思、辨四者，所以窮理也。若夫篤
　　　　行之事，則自修身以至于處事接物，亦各有要，其列如
　　　　左：
　　　　言忠信，行篤敬；懲忿窒欲，遷善改過。
　　　　右修身之要。
　　　　正其義不謀其利，明其道不計其功。
　　　　右處事之要。
　　　　己所不欲，勿施於人；行有不得，反求諸己。

23　《中庸》，第二十章。

　　古接物之要。[24]

朱子強調博學、審問、慎思、明辨，是學理的工夫，也就是博覽
群經而在章句上治學理解的次序。但學習經典而熟悉的目的，並
非只是如書蟲一般，變成一個毫無生氣窮酸陳腐的書呆子，經典
中的聖人之道是須在生命和生活中加以力行出來的。所以朱子特
別強調「篤行」之重要，他指出從「修身」（其實一說到修身，就自
然包含「格物、致知、誠意、正心」，此亦即《大學》所言心性修為的「內
聖」功夫次序。）以至於「處事接物」，就是將聖賢之道加以堅篤
而實踐顯現的場域。這方面的展開有三大方面，一是「修身」，
一是「處事」，一是「接物」。每一方面，均有修養的規章，多
從古儒經典中擷取出來。

　　「言忠信，行篤敬」，出自《論語》：

　　　　子張問行，子曰：「言忠信，行篤敬，雖蠻貊之邦行矣；
　　　　言不忠信，行不篤敬，雖州里行乎哉？立，則見其參於前
　　　　也；在輿，則見其倚於衡也。夫然後行。」子張書諸紳。[25]

忠信之言和篤敬之行，是一普世道德倫理，在中國必須如此言
行，在無儒家禮樂文教的外邦也必須如此言行，因為皆為人也。
而其實就全球各大宗教道德倫理系統而言，如基督宗教、伊斯蘭
教、佛教等，其經典不也是教人須「言忠信，行篤敬」嗎？

---

[24]　同注 22。

[25]　《論語·衛靈公》。

　　「懲忿窒欲、遷善改過」，則源出《大易》。《易・損》的〈象〉曰：「山下有澤，損，君子以懲忿窒惡。」《易・益》的〈象〉曰：「風雷，益，君子以見善則遷，有過則改。」

　　明儒來知德解釋〈損・象〉的內容說：「澤深、山高，損下以增高，損之象也。懲者，戒也；窒者，塞也。忿多生於怒心，剛惡也，突兀而出，其高如山，況多忿如少男乎！故當戒；欲多生於喜心，柔惡也，浸淫而流，其深如水，況多欲如少女乎！故當塞。忿不懲，必遷怒；欲不窒，必貳過。君子修身，所當損者，莫切于此。」[26]依來氏，忿和欲都生於心之不正，若是本心為主，則能發用而皆中節，亦即「致中和」。因此，〈損・象〉的用意是勸勉君子保有本心，則可由己出發而達至「天地位焉，萬物育焉」的生生剛健順暢之境界，然而人之本心常易受外物牽引遮蔽之影響而隱沒了本心，此時就須通過修養功夫，經常省察自心而能戒忿能塞欲，則又可復其本心之初。

　　來知德解釋〈益・象〉的內容則曰：「風雷之勢，交相助益，益之道也。善者，天理也，吾性之本有也。過者，人欲也，吾性之本無也。理欲相為乘除，去得一分人欲，則存得一分天理。人有善而遷從，則過益寡，己有過而速改，則善益增。即風雷之交相助也。」[27]按宋明理學家喜言「存天理，去人欲。」將天理人欲對舉，亦是善惡對列，認為天理之性，至善者也，而欲則視之為惡，要除之而後才純淨。其實，孟子明白說過「可欲之

26　〔明〕來知德：《易經來註圖解・慈恩本》（下）（臺北：天德黌舍，丙申年），頁 869-870。

27　同前注，頁 883。

謂善」，[28]然則，人之有性有心有情有欲，本即一本，發於天性本心之情和欲，無所謂惡。真帶來惡業者，乃後天外在之「物交物」[29]所牽引出來的薰染和構畫，《易經傳》的儒家所說的「過」是指此也，而人之能夠「有過而改」，是因為本心明覺之自我照明及自我復初。

朱子所引的「正其義不謀其利，明其道不計其功」，出自董仲舒。董氏上《賢良三策》（《天人三策》）之後，武帝以其為江都相，事易王。易王是武帝之兄，素驕，好勇。董仲舒以禮義匡正，王敬重之。久之，易王嘗問曰：「越王句踐與大夫泄庸、

28　浩生不害問曰：「樂正子何人也？」孟子曰：「善人也，信人也。」「何謂善？何謂信？」曰：「可欲之謂善，有諸己之謂信，充實之謂美，充實而有光輝之謂大，大而化之之謂聖，聖而不可知之之謂神。樂正子二之中，四之下也。」見：《孟子・盡心篇》，第七十一。「可欲」，就是可以欲想的，也就是心中有所追尋把握實現，什麼是「善」？你的心可以發出為情，形成追尋把握實現的動力，而無有過惡者，亦即不會加諸人事物之上有任何罪業。此動機、過程、結果，就是「善」。譬如「窈窕淑女，君子好逑。」這就是「可欲」，就是「善」；但是如果「踰西牆而摟東家之女」，這就是「不可欲」，就是「惡」。

29　公都子問曰：「鈞是人也，或為大人，或為小人，何也？」孟子曰：「從其大體為大人，從其小體為小人。」曰：「鈞是人也，或從其大體，或從其小體，何也？」曰：「耳目之官，不思而蔽於物，物交物，則引之而已矣。心之官則思，思則得之，不思則不得也。此天之所與我者，先立乎其大者，則其小者不能奪也。此為大人而已矣。」見：《孟子・告子篇》，第十五。本心若在自己而作主，此為大人，若本心受外物誘導而陷溺，而外物無窮，物物之誘導陷溺其心將無窮無盡，此即是「物交物，引之而已」，此種狀態，稱為「物欲」造出無底無限的罪過，故為小人之歸。

種、蠡謀伐吳，遂滅之。孔子稱殷有三仁，寡人亦以為越有三仁。桓公決疑於管仲，寡人決疑於君。」仲舒對曰：「臣愚不足以奉大對，聞昔者魯君問柳下惠：『吾欲伐齊，何如？』柳下惠曰：『不可。』歸而有憂色，曰：『吾聞伐國不問仁人，此言何為至於我哉？』徒見問耳，且猶羞之，況設詐以伐吳乎？繇此言之，越本無一仁。夫仁人者，正其義不謀其利，明其道不計其功，是以仲尼之門，五尺之童羞稱五伯，為其先詐力而後義者也。苟為詐而已，故不足稱大君子之門也。五伯比於他諸侯為賢，其比三王，猶武夫之與美玉也。」王曰：「善！」[30]，依此，董仲舒所言「正其義不謀其利，明其道不計其功」，其觀點正是源自孟子的「義利之辨」，君子求仁治國，必以仁義之道為重，是道德理想主義而不是功利現實主義。朱子開創書院儒學儒教，是孔孟之仁義正道，故特別標出大儒董仲舒的道義之至言來勸勉儒子。

朱子又引「己所不欲，勿施於人」和「行有不得，反求諸己」兩句以為儒子接物之準則。《論語》載，子貢問曰：「有一言而可以終身行之者乎？」子曰：「其恕乎！己所不欲，勿施於人。」[31]船山先生詮訓此句孔子提出來的「黃金律」之「恕」道，曰：

　　君子以一身而應天下，求之理者，必求之心。蓋吾之所用

30　〔東漢〕班固：《董仲舒傳》，《漢書》卷五十六，收入楊家駱主編：《新校本漢書并附編二種》（三）（臺北：鼎文書局，1995），頁2495-2528。

31　見《論語·衛靈公篇》。

以行者，唯此心而已。心者，情之所自出，即理之所自
定。故執一理而與天下相違者多，順一心而與天下相拂者
鮮矣。此恕所以貫萬類也。〔……〕夫恕者，推己之心以
量物之心，而予之者也。己有欲矣，有不欲矣，將何所推
也？質異而情亦異，一人之所嗜，不能以齊之數人；道不
同而志不同，賢智之所樂，不能以強之愚不肖；故恕者不
於己所欲推之，而於己所不欲推之也。〔……〕己所不欲
者，為理之不可欲，勿施焉；〔……〕己所不欲者，為情
之所不足欲，勿施焉。〔……〕如是者，一日行之，終身
行之，反之心而無尤也，質之世而無拂也。平其情，和其
氣，守之勿失焉，則庶幾其可乎！ [32]

船山先生此段詮解發揮孔子之恕道，也就是「己所不欲，勿施於
人」的黃金律，是最好的。儒家不能拿超越或光板之理來教訓君
子或小人，而必須以仁愛惻隱寬容之本心來待人處事對物，因為
超越或光板之理，自己都不要加諸己身，有所覺有所感的本心能
至，人情和事理才能顧及，人才能欣然接受。恕道也就是仁道。

「行有不得，反求諸己」，則取自《孟子》。孟子曰：「愛
人不親，反其仁；治人不治，反其智；禮人不答，反其敬。行有
不得者，皆反求諸己；其身正而天下歸之。」 [33]船山先生詮訓此
章而有言曰：

---

[32] 〔明〕王夫之：《四書訓義》（上），《船山全書》第七冊（長沙：嶽
麓書社，1996），頁851-852。

[33] 見：《孟子·離婁篇》，第四。

人君有懷集天下之大志，而欲以其身受天下之歸，其道有三：仁以正在己之好惡，而為天下之所必依；智以正在己之綱紀，而為天下之所自理；敬以正在己之矩範，而為天下之所必尊。〔……〕三者之道根諸心而必致其極，是天人孚格之原，非偶然襲取之可幸以成功也。〔……〕皆必自反也，〔……〕一皆反之於己，以內盡其心，外盡其理，則其身正矣。[34]

船山先生指出孟子此言是針對君王而說的，治國平天下，須仁智敬三德兼備，而此三德源出於本心良知，其作用是用以「正己」，而己先正矣，才能令國人天下人也歸於正，而若所有人走入正道，國才能治，天下才能平。雖然孟子是對君王作的建言，但只要是人，也應該依據仁、智、敬三德來反求諸己，並由此出發而待人處事接物。故朱子以此德目作為《白鹿洞書院揭示》的規約之一。

朱子最後作了一個總結，他說：

熹竊觀古昔聖賢所以教人為學之意，莫非使之講明義理以修其身，然後推以及人。非徒欲其務記覽為詞章，以釣聲名、取利祿而已也。今人之為學者，則既反是矣。然聖人所以教人之法具存於經，有志之士，固當熟讀深思而問辨之，苟知其理之當然，而責其身以必然，則夫規矩禁防之

34　〔明〕王夫之：《四書訓義》（下），《船山全書》（八），頁 423-425。

具，豈待他人設之而後有所持循哉！〔……〕特取凡聖賢所以教人為學之大端，條列如右，而揭之楣間。諸君其相與講明遵守而責之于身焉。[35]

儒家古聖先賢教世人為學，就是講明義理而成聖成賢，從內聖而外王，也就是修身之後，能齊家、治國、平天下。然而，朱子卻也明白他那個時代，大多數學子讀書的目的只是「務記覽為詞章，以釣聲名、取利祿而已。」換言之，就是死背經文參加科考，希望通過場屋而晉身官祿，獲得榮華富貴之後，心中哪會有人民、國家和天下？又哪會有仁義之心？所以，青年儒子既然能誠心一志登上廬山，以素樸純正之態度就讀於白鹿洞書院，就必須敬師重道而沈潛於孔孟聖人之書，好好讀誦理解，並據聖道而修身實踐。

五、象山與象山學派

心學大儒象山先生亦以書院弘揚儒家德學，淳熙十四年（1187），先生四十九歲，登貴溪應天山講學。《陸九淵年譜》載曰：「初門人彭興宗世昌，訪舊于貴溪應天山麓張氏，因登山遊覽，則陵高而谷邃，林茂而泉清。乃與諸張議，結廬以迎先生講學。先生登而樂之，乃建精舍居焉。與楊敬仲書云：精舍二字，出《後漢包咸傳》，其事在建武前。儒者講習之地用此名，

甚無歉也。」[36]依此，象山先生在江西貴溪的應天山上建築了「精舍」，居住講學。精舍者其實就是書院。

《年譜》續曰：「淳熙十五年，先生五十歲，在山間精舍。〔……〕易應天山名為象山，學徒結廬。先生既居精舍，又得勝處為方丈，及『部勒群山閣』，又作『圓庵』，學徒各來結廬，相與講學。〔……〕郡縣禮樂之士，時相謁訪，喜聞其化，故四方學徒大集。先生從容講道，歌詠愉愉，有終焉之意。」[37]由此可知，一開始是只建精舍一棟於山中，是象山先生居停之構築，再擇址而建方丈、閣與庵，接著很多學徒弟子也上山來各自選擇地點建築住屋，日夕聽聞象山先生講道。此種規模，當然已是儒學儒教的書院。

象山先生在象山書院的人格精神和講學形象如何？《年譜》曰：

> 先生常居方丈。每旦精舍鳴鼓，則乘山簥至，會揖，陞講坐，容色粹然，精神炯然。學者又以一小牌書姓名年甲，以序揭之，觀此以坐，少亦不下數十百，齊肅無譁。
> 首誨以收斂精神，涵養德性，虛心聽講，諸生皆俯首拱聽，非徒講經，每啟發人之本心也。間舉經語為證，音吐清響，聽者無不感動興起。
> 〔……〕
> 其有欲言而不能自達者，則代為之說，宛如其所欲言，乃

36　〔南宋〕陸九淵：《陸象山年譜》，收入《陸九淵集》（北京：中華書局，2012），頁499-500。

37　同前註，頁500-501。

從而開發之。至有片言半辭可取，必獎進之，故人皆感激奮礪。

平居或觀書，或撫琴。佳天氣，則徐步觀瀑，至高誦經訓，歌〈楚詞〉及古詩文，雍容自適。雖盛暑，衣冠必整肅，望之如神。諸生登方丈請誨，和氣可掬，隨其人有所開發，或教以涵養，或曉以讀書之方，未嘗及閑話，亦未嘗令看先儒語錄。[38]

由此引文可以發現，象山先生在書院講學，其在座聽講的學子是非常多的，人數數十或上百。象山先生和所有弟子皆以恭敬之心來展開儒家心學的講會。而其書院講道之關鍵不在叫人只一昧地讀書，卻是必須興發喚起本心為基礎。象山先生是一位具有人格風範和吸引力的大儒，善能因才施教而且有教無類，故其門中學子多能提升生命心性。其平居，亦甚雅致高風，觀書、撫琴、觀瀑、誦經或歌古詩詞，是豐富的人文境界之生活，每天甚至溽暑閑居，亦是衣冠整肅。弟子望之，有神人之氣象。

　　朱子曾邀象山先生去白鹿洞書院講道。束景南會集了兩家年譜而有詳述，在淳熙八年（1181）：

洪嘉植《朱熹年譜》：「子靜來訪，請書其兄教授墓誌銘。先生率僚友諸生，與俱至白鹿洞書院，請升講席。子靜以『君子小人喻義利』章發論。先生以為切中學者隱微深痼之病，請書於簡，以諗同志。」《陸象山年譜》：

---

[38] 同前注，頁 510-502。

「春二月，訪朱元晦於南康。時元晦為南康守，與先生泛
舟樂，曰：『自有宇宙以來，已有此溪山，還有此佳客
否？』乃請先生登白鹿洞書院講席。先生講『君子喻於
義，小人喻於利』一章畢，乃離席言曰：『熹當與諸生共
守之，以無忘陸先生之訓。』再三云：『熹在此不曾說到
這裡，負愧何言！』乃復請先生書其說，先生書〈講
義〉。尋以〈講義〉刻於石。先生云：『〈講義〉述於當
時發明精神不盡，當時說得來痛快，至有流涕者，元晦深
感動，天氣微冷，而汗出揮扇。』元晦又與楊道夫云：
『曾見陸子靜義利之說否？』曰：『未也。』曰：『這是
子靜來南康，熹請說書，卻說得這義利分明，是說得好。
〔……〕說得來痛快，至有流涕者。」[39]

束氏徵引了上述相關敘述，證明朱子邀請象山先生在白鹿洞書院
主講了「義利之辨」的道理，而講者是德學兼備有人格吸引力的
大師，故其感召令書院的儒子心有體悟，甚至有落淚者。象山先
生在白鹿洞書院的演講，取《論語》的「君子喻於義，小人喻於
利」章而舖陳，[40]孔子的義利之辨，由孟子加以深化發揮，[41]象

---

[39] 束景南：《朱熹年譜長編》（卷上）（上海：華東師範大學出版社，
2001），頁685-688。

[40] 《論語·里仁》。

[41] 孟子見梁惠王，魏王一見面就問說：「叟！不遠千里而來，亦將有以利
吾國乎？」孟子對曰：「王何必曰利？亦有仁義而已矣！王曰何以利吾
國；大夫曰何以利吾家；士庶人曰何以利吾身；上下交征利，而國危
矣！萬乘之君，弒其君者，必千乘之家；千乘之國，弒其君者，必百乘
之家。萬取千焉，千取百焉，不為不多矣。苟為後義而先利，不奪不

山論學講道正是「孟子學」，弘揚孟子的「仁義內在論」和「仁政王道說」，是象山心學的最核心精神。

象山先生的演講辭，後來稱為〈白鹿書堂講義〉，茲分章以釋之。

象山先生曰：

> 子曰：「君子喻於義，小人喻於利。」此章以義利判君子、小人。辭旨曉白，然讀之者苟不切己觀省，亦恐未能有益也。某平日讀此，不無所感，竊謂學者于此，當辨其志。人之所喻由其所習，所習由其所志。志乎義，則所習者必在于義，所習在義，斯喻于於義矣；志乎利，則所習者必在于利，所習在利，斯喻于利矣。故學者之志不可不辨也。[42]

象山先生扼要而指明經書的文辭是曉白的，但讀經最重要的是在「切己觀省」，若不能先立乎本心，讀書純然外在，與自身生命無關，有何意義？所以，象山先生特別挑明地說讀經的關鍵在於「辨志」。何謂「辨志」？此即必將本心來辨明自己的心思究竟擺在哪裡？問自己讀書要明什麼樣的志向？立正義的志向，就會

譬。未有仁而遺其親者也，未有義而後其君者也，王亦曰仁義而已矣，何必曰利。」見《孟子・梁惠王篇》，此章是《孟子》的七篇中的第一篇，其第一篇的第一章，可見「仁義之內聖」和「仁義之外王」是孟子的道德理想主義的核心思想。

[42]　陳谷嘉、鄧洪波主編：《中國書院史資料》（上冊）（杭州：浙江教育出版社，1998），頁 213。

喻於義；立私利的志向，就會喻於利，由此兩條路就分開了，擇義之志，是君子；擇利之志，是小人。儒家君子以本心而讀聖賢書，而小人固然也讀聖賢書，更泛覽外道雜亂之冊，因其心志壞，故讀書愈多，為惡之方法就更多樣更深沈。

象山先生又曰：

> 科舉取士久矣，名儒巨公皆由此出。今為士者固不能免此。〔……〕而今世以此相尚，使汨沒于此而不能自拔，則終日從事者，雖曰聖賢之書，而要其志之所向，則有與聖賢背而馳者矣。推而上之，則又惟官資崇卑、祿廩厚薄之計，豈能悉心力于國事民隱，以無負于任使之者哉？從事其間，更歷之多，講習之熟，安得不有所喻？顧恐不在于義耳。[43]

在此段，象山先生特別針對科舉制度之弊害而提醒儒子，若是一心汨沒於科舉，滿腦子只圖計如何得到高官顯爵，獲取豐厚俸祿，這樣卑俗貪婪的小人心志，就是熟讀聖賢經籍，又與成聖成賢的崇高心志有何相干，此種人不知大義所在，縱許為官亦不會將心放在國計民生的責任之上。於此，我們知道象山先生警誡儒子莫喪失本心良知來讀聖賢書，莫因為想參加科考而忘卻了聖賢之道。縱許是走向仕途，亦不可失去仁政愛民的原則。

象山先生又曰：

---

[43] 同前注，頁213-214。

> 誠能深思是身，不可使之為小人之歸，其于利欲之習，怛
> 焉為之痛心疾首，專志乎義而日勉焉。博學、審問、慎
> 思、明辨而篤行之。由是而進于場屋，其文必皆道其平日
> 之學、胸中之蘊，而不詭于聖人。由是而仕，必皆共其
> 職，勤其事，心乎國，心乎民，而不為身計。其得不謂之
> 君子乎？[44]

象山先生在演講結尾，特別諄諄告誡，希望儒子能嚴君子小人之辨，莫令自己淪於利欲的惡習，而應常常有惻怛自省之心，一旦發現本心習染於利欲習氣，就應痛心疾首立即清洗，而能以仁義充盈於心中。其實，依象山心學，並不是外在、後天地拿一個什麼道理來把心中薰習清洗乾淨，在象山先生的本心論，人之本心是純然至善的，孔子曰：「仁遠乎哉？我欲仁，斯仁至矣。」孟子則「道性善，言必稱堯舜。」純善的本性本心「惻然有所感，揭然有所存」，它是常惺惺活潑潑地明覺它自己，而是每人的道德本覺，因此，有如太陽，它本身是光耀而無陰暗的，大地之所以陰暗是因為烏雲煙霧的掩遮而是太陽擋住之故，所以，人之所以會喪失仁義而墮落而被惡習薰習，是因為外物的牽引和染污罷了。象山先生的講道弘儒，正是以本心之仁來鞭辟入裡、真指心地的方式，以喚醒式的教學法，將青年儒子招喚回到仁居義路上來。

象山先生在白鹿洞書院的唯一之演講，朱子有文記曰：「淳熙辛丑春二月，陸兄子靜來自金溪，其徒朱克家、陸麟之、周清

叟、熊鑒、路謙亨、胥訓實從。十日丁亥，熹率寮友諸生，與俱至于白鹿書院，請得一言以警學者。子靜既不鄙而惠許之。至其所以發明敷暢，則又懇到明白，而皆有以切中學者隱微深痼之病，蓋聽者莫不悚然動心焉。熹猶懼其久而或忘之也，復請子靜筆之于簡，而受藏之。凡我同志，于此反身而深察之，則庶乎其可不迷于入德之方矣。新安朱熹識。」[45]此中提及在場聽課的儒子皆有以切中隱微深痼之病，而莫不悚然動心焉。其所說的「隱微深痼之病」，就是指青年人的本心，有如被烏雲煙霧障蔽了的太陽，也被外物之誘惑而一時障蔽了其本來的虛靈明覺。其所說的「悚然動心」，就是指儒子聽到象山先生的直指本心的法言德語，馬上從其本心良知中自我喚醒提撕，一旦如此悚然而警覺，他們都能本然地回復本心做主矣，一旦回復，就是君子。

六、當代新儒家熊十力先生說復性書院

南宋三大儒家學派的儒家書院，是真正在社會民間的體制外儒學儒教的推展發揚並保存延續的場所。若無此種型態的書院以及大儒在其中的發心弘道和啟迪青年儒子，中國是否是孔孟道統的中國，不無疑問，非常可能會演變成佛教流行而成為中國人之最高信念之國，如同斯里蘭卡和中南半島之南傳佛教為文化主體之國。華夏之為禮樂仁義之邦，連綿兩三千年，其所以沒有中斷，宋儒之書院之教之功偉矣。

---

[45]　〔南宋〕朱熹：〈跋金溪陸主簿白鹿洞書堂講義後〉，收入同前揭書，頁214。

　　儒學儒教之書院，明儒持續不斷，陽明先生及陽明後學，正是書院講學、教育的深厚敦篤的執行者。

　　宋明兩個時代的理學家心學家的書院，其以教儒子成聖成賢的教育宗旨，在民國以後，重新振興，特別是中國國勢衰微而國運之命脈不絕如縷之際，一些當代新儒家大儒創立書院，於其中集儒子學習孔孟仁義之道，如梁漱溟先生的「勉仁書院」，如馬一浮先生的「復性書院」。

　　當代新儒家大宗師熊十力先生曾在復性書院擔任講座，他為書院撰寫了〈復性書院開講示諸生〉一文，其文甚長，此文不及詳說，謹舉一二，以見熊先生之仁心大願，亦見復性書院之真精神。熊先生說：

> 今茲書院之設，〔……〕研究的旨趣，自當以本國學術思想為基本。〔……〕以六藝為宗主，其於印度及西洋諸學，亦任學者自由參究。大通而不虞其暌；至約而必資於博；辨異而必歸諸同；知類而必由其統。道之所以行，學之所以成，德之所由立也。諸生來學於此，可不勉乎！[46]

復性書院特別針對當時體制教育之以西學為尚的西化風氣，故教育宗旨以本國學術思想為主，也就是以《六藝》為宗，此所言《六藝》其實就是儒家《六經》。其所學是道之學，而其所成是德之行，換言之，是儒門君子賢士之養成。

---

[46]　熊十力：〈復性書院開講示諸生〉，收入氏著《十力語要》（臺北：明文書局，1989），頁 229-256。

熊十力先生又說：

> 昔人有言，士先器識而後文藝。今學校教育，但令學子講
> 習一切學術，易言之，即唯重知識技能而已。至於知能所
> 從出，與知能所以善其用者，則存乎其人之器識。器識不
> 具，則雖命之求知能，其知能終不得盡量發展。必有其器
> 與識，而後知能日進，如本固而枝葉茂也。抑必器識甚
> 優，始能善用其知能，不至以知能為濟私之具也。苟輕器
> 識，而唯知能是務，欲學者盡其知能以效於世，此必不可
> 得也。[47]

北宋大儒張載（橫渠先生）曰：「大其心，則能體天下之物；物有
未體，則心為有外。世人之心，止於聞見之狹；聖人盡性，不以
見聞梏其心，其視天下，無一物非我。孟子謂盡心則知性知天，
以此。天大無外，故有外之心，不足以合天心。見聞之知，乃物
交而知，非德性所知；德性所知，不萌於見聞。」[48]橫渠先生所
言的「大心」，也就是「天心」，是由孟子所言「盡心則知性知
天」而來的，其實就是孔子所說的「仁心」。由此大心得出「德
性之知」，它不由見聞而來，是由內在本具的良知良能生生而
出，這個德性之大心，就是熊十力先生所說的「器識」。而熊先
生所說的「知識技能」，現在的學校教育只重視這個領域，此即
橫渠先生所言的「見聞之知」，正是己心外放而形成一個作用或

---

[47] 同前注。

[48] 〔北宋〕張載：《正蒙》，引自〔明〕王夫之：《張子正蒙注》（臺
北：河洛圖書出版社，1975），頁 103-104。

功能，就是「物交而知」是也。物交而生的見聞之知，亦即知識技能，亦有其正面義，即專業科學所以建立，但人若缺了德性之知的天心仁體，則此人甚有可能拿其高深博厚的知識技能以濟其私，小者影響尚小，但若是大者，如帝國主義的專業科技如此強盛，卻因此而掀動殖民侵略戰爭，殺人數千萬，像二戰的納粹希特勒和日本侵華大寇所犯下的滔天巨罪。

熊先生又說：

> 夫器識，稟之自天，而充之於學。人不學，則雖有天稟，而習染害之。故夫人之無器識者，非本無也，直蔽於後起之污習耳。擴充器識，必資義理之學，涵養德性而始能。〔……〕器識充而大，則一切知識技能，皆從德性發用。器識如模，知能如填彩；模不具，則彩不堪施。諸生顧可逐末而亡本乎？[49]

無器識，即是無德性，乃是由於為後天所起之污習所蔽使然，然正如孟子所言人必擴充推拓涵養，本心才能恆常而在，而此必由學習義理之學且有浸潤培育之功，則德性才會存養展露。因此，親師近友來研讀熟悉聖賢經典是十分重要的教育。惜乎自五四新文化運動以降，中國的體制學校之教育，卻非常輕忽經典之德教。因此，當代大學或許教出知識技能很厲害的科學家、工程師、文人、政客、教師、律師、法官等行業之一曲之士，但很可能其中有很高的比率，是缺乏根本為人應有的良知德性的，他們

49　熊十力，同注 46。

變成了「工具理性」支配宰制下的「工具」，而不是人。

　　基於上論，熊先生對於復性書院的精神提得非常高，他這樣說：

> 儒家教學者，必先立志。〔……〕即公一己於天地萬物之心之志而已。〔……〕古人立志之初，便分蹊徑。入此蹊徑，乃是聖學；不入此蹊徑，乃是異端。陽明公萬物一體之論，亦是此胚胎，此方是天地同流，此方是為天地立心、生民立命，此方是天下皆吾度內，此方是仁體。孔門開口教人，從此立腳跟。[50]

熊先生的儒家思想，是從孟子學來的，孟子說過「夫志，氣之帥也；氣，體之充也。夫志，至焉；氣，次焉。故曰：『持其志，無暴其氣。』」[51]而孟子言志，為何？其實同一章句就說出了，即所謂「不動心」；持志養氣乃是本心之不動之故，這便是為人處事接物，必先持志，而所謂持志也就是立志。儒家教學，先必立乎本心良知，此即熊先生說的立志，亦即孟子所言「持志養氣」。而熊先生又說到的「與天地同流」，亦出自孟子。孟子曰：「夫君子所過者化，所存者神，上下與天地同流。」[52]而此境界說的就是仁者的教化，其德與天地同一，此即仁義之教。再者，他又提到此儒家之仁教，是為「天地立心，為生民立命。」此句則出自橫渠先生所言：「為天地立心，為生民立命，為往聖

50　同前注。

51　見《孟子‧公孫丑篇》，第二。

52　見《孟子‧盡心篇》，第十三。

繼絕學，為萬世開太平。」[53]這種德性教育之崇高境界，是造就聖人的教育，是聖教，乃是熊十力先生對復性書院儒教精神之期許。而其實此種冀望，是孔孟以降所有儒家聖賢對廣大儒家學子的莊重要求。

七、結語

先師愛新覺羅毓鋆先生，在臺灣初始創立天德黌舍，再易名為奉元書院，於民間，其講學弘道，積一甲子的長久時間。先師講授夏學，以儒家古經為中心，並旁及於道家和諸子，並且也重視史學。其重道與事雙重合一之學問進路，其講仁義之心必連著論仁義之政；其有儒家《大易》與《春秋》之高深之理，而同時，卻又能印合現實中國歷史與當前的實事實物，以寄託經世濟民之實學的理想。

當代大儒，先師只推崇熊十力老夫子，肯定熊先生之道能上溯孔子而對《大易》和《春秋》而能作到當代性的創造性詮釋。其實，先師亦是如此，老人家講學弘道，直追孔子，甚少談宋明理學心學，其學甚有「古學派」之風。而先師六十多年的書院講學，事實上，是將華夏數千年之正學，又給予復振且生發了新的生命，當代中國，以書院講學弘道而達到九五飛龍之天德者，是在奉元，是先師與天地合德的夏學。

---

53 〔北宋〕張載：《張載集》（臺北：漢京文化事業公司，1983），頁376。

玖

從終極關懷論儒家的宗教倫常
──古代與唐君毅

一、宗教的終極關懷──基督宗教和佛教詮釋

　　生活在日常世界的人，都必在其生命際遇中遭逢「界限經驗」，而促使其往「內在」和「超越」的兩層境界尋求「在世存有」（being-in-the-world）的意義與真實。[1]無論古人今人，亦不論大都會中現代化之都市人或婆羅洲、亞馬遜、剛果熱帶雨林心臟區域的荒野人，其心靈一旦落在此種追尋和逼臨，就可說已經進入了宗教性的情境，換言之，無論個人生存的時空結構於何時、在何處，人的心靈都具有其「內在性與超越性」，而無法以已有的現實世界、現象世界或可經驗的世界，作為其心靈寄託之所，或肯定為究竟的實在。人永遠不能只安住或交代其自己於此現實世俗界中；人總是要求從此現實世俗界的外層而向心靈中內在

---

[1]　沈清松：〈科技時代的宗教與終極信仰〉，收入氏著《解除世界魔咒──科技對文化的衝擊與展望》（臺北：時報文化出版企業公司，1984），頁135-168。

化，或從此現實世俗界而向超越界提升化，也就是讓生命既內在且超越，是以產生向內或往上而無限性之神聖嚮往，此即宗教的生發。[2]

上言的宗教之情，就是生命和心靈試圖超越「自己之有限」以及「有限之自己」的企盼和盡力。這裏面存在著人對於「存在」和「天地」的最重要之關心。讓我們讀一讀蒂里希（臺灣中譯田立克，Paul Tillich, 1886-1965）的文章。他先引一段《新約‧路加福音》：「耶穌和門徒繼續他們的旅程，來到一個村莊。有一個女人，名叫瑪大，接待耶穌到自己家中。她有一個妹妹，名叫瑪利亞。在耶穌腳前坐著聽他講道。瑪大伺候的事多，心裡忙亂，就進前來，說：『主啊！我的妹妹留下我一個人伺候，你不在意嗎？請吩咐她來幫助我。』耶穌回答說：『瑪大！瑪大！妳為許多的事思慮煩憂；但是不可少的只有一件；瑪利亞已經選擇那上好的福分，是不能奪去的。』」〔10:38-42〕[3]蒂里希接著詮釋說：「耶穌對瑪大所說的這些話屬於《聖經》中最有名的話語之列。瑪大和瑪利亞已經成了對人生可能採取的兩種態度的象徵，成了人以及整個人類之中的兩種不同力量的象徵，成了兩種不同關切

2　唐君毅：〈宗教信仰與現代中國文化〉，收入氏著《中國人文精神之發展》（臺北：臺灣學生書局，1974），頁337-399。

3　《新約聖經‧路加福音》這一段原文如此：「他們走路的時候，耶穌進了一個村莊；有一個女人名叫馬大，接他到自己家裏。她有一個妹子名叫馬利亞，在耶穌腳前坐著聽他的道。馬大伺候的事多，心裏忙亂，就進前來說：『主啊！我的妹子留下我一個人伺候，你不在意麼？請吩咐她來幫助我。』耶穌回答說：『馬大！馬大！妳為許多的事，思慮煩憂，但是不可少的只有一件；馬利亞已經選擇那上好的福分，是不能奪去的。』」（路加福音，第十章：38-42）。

的象徵。瑪大牽掛著許許多多的事情，但所有這些事情都是有限的、初級的和暫時的。瑪利亞就關心一件事，但這件事卻是無限的、終極的和持久的。」[4]蒂里希這一段話語，就是指出耶穌藉瑪大和瑪利亞給世人區分了兩種人生之路，一是對雜多現象的關心，這種關心是有限性的；一是只對那個「唯一」關心，這種關心是無限性的、終極性的、持久性的。

瑪利亞對於唯一的無限性、終極性、持久性的關心，蒂里希稱之為「終極關切」（臺灣稱為「終極關懷」）。他說：

> 在我們的生活中和人類的生活中有無數值得關切的事，一般來說，它們都需要專注、獻身和激情。但它們都不要求「無限的」專注、「無條件的」獻身和「終極的」激情。它們是重要的，對於你、對於我、對於整個人類來說常常是十分重要的，但它們並不具有「終極的」重要性。因此，耶穌稱讚的不是瑪大而是瑪利亞。瑪利亞選擇了正確的事情，〔……〕唯一需要終極關切的事情。[5]

蒂里希這一段話語所說的那一些雖然重要卻缺乏無限性、無條件性、終極性的事，乃就是世俗界、現世界中的生活現象，也就是一般販夫走卒在乎而求取的柴米油鹽以至達官貴人在意且追索的榮華富貴。這是瑪大的生命形態。而瑪利亞的生命形態則是「終極關懷」。

4　〔美〕蒂里希（Paul Tillich）：《蒂里希選集》，（下冊）（何光滬編、李人玉譯，上海：三聯書店，1999），頁814。

5　同前注。

在基督宗教而言，耶穌肯定的瑪利亞的終極關懷的生命形態，就是一心向超越的神聖無限者的歸依和堅信，這就是只一心信仰上帝的宗教情操；上帝就是無限性、無條件性、終極性的唯一。

蒂里希是基督宗教的新教神學哲學大師，他提揭的「終極關懷」，確是人之在世存有的「一大事因緣」。雖然他是以基督教的語言而陳明之，卻在佛法裏面看得到同一種倫常關懷。茲引《妙法蓮華經》（以下簡稱《法華經》）說之：

> 諸佛世尊，唯以一大事因緣故，出現於世。〔……〕諸佛世尊，欲令眾生開佛知見使得清淨故，出現於世；欲示眾生佛之知見故，出現出世；欲令眾生悟佛知見故，出現於世；欲令眾生入佛知見道故，出現於世。舍利弗，是為諸佛以一大事因緣故出現於世。佛告舍利弗，諸佛如來但教化菩薩，諸有所作，常為一事，唯以佛之知見示悟眾生。舍利弗，如來但以一佛乘故，為眾生說法，無有餘乘，若二、若三。[6]

《法華經》宣稱的「一大事因緣」正是佛為眾生而出現於世，這個大事是「唯一」的大事，那就是佛要給眾生開示佛的知見，因而在世間演說佛法，期望眾生一心聽聞佛的開示之後因而能夠悟入佛法。經文強調開示眾生的佛法只有一個，稱為「一佛乘」，沒有其餘，更不必說有什麼「二乘」或「三乘」。

6　〔姚秦〕鳩摩羅什譯：《妙法蓮華經・方便品第二》。

　　此處所言「一佛乘」的「一」，就是唯一而不與多對的那個「一」，換言之，佛法正是超越生滅相對的現象世俗法之終極性無限性無條件性之「唯一」，在佛教，稱之為「佛性」、「真如」、「菩提」等。真正的佛弟子，他們當然擇取類似瑪利亞之生命形態而不是瑪大的形態。經文又說：

> 舍利弗，過去諸佛〔……〕為眾生演說諸法，是法皆為一佛乘故，是諸眾生從諸佛聞法，究竟皆得「一切種智」。舍利弗，未來諸佛當出於世，〔……〕為眾生演說諸法，是法皆為一佛乘故，是諸眾生從諸佛聞法，究竟皆得「一切種智」。舍利弗，現在十方無量百千萬億佛土中諸佛世尊，〔……〕亦為眾生演說諸法，是法皆為一佛乘故，是諸眾生從諸佛聞法，究竟皆得「一切種智」。舍利弗，我今亦復如是，知諸眾生有種種欲，〔……〕而為說法，舍利弗，如此皆為得「一佛乘一切種智」故。[7]

《法華經》申說過去現在未來的十方無量諸佛皆為開示眾生而無止息地宣說「一佛乘」。此處所說實即通過無量的時間和無限的空間之一佛乘之說法，來點明佛法的無限性、無條件性以及終極性。同時，佛於此段經文亦直接說出一佛乘之內容就是「一切種智」。

　　「一切種智」就是「佛性」、「真如」、「阿耨多羅三藐三菩提」等，其實也就是那個「無限性」、「無條件性」、「終極

7　同前注。

性」。就佛門言，其信仰者盡其一心去學習體證「一佛乘」，其最後的境界就是這個「一切種智」在自心中終極地開發出來，以佛弟子言，此修為進路和內容，亦是宗教的「終極關懷」，對比基督宗教，是瑪利亞而不是瑪大的生命形態。

我們可以再以《大方廣圓覺修多羅了義經》（以下簡稱《圓覺經》）的經義進一步掌握佛門的終極關懷。在《圓覺經》，特別標出一個關於那個終極性無限性無條件性的唯一之佛心佛性，稱為「圓覺」，經文如此說：

> （佛言）善男子，無上法王有大陀羅尼門，名為「圓覺」，流出一切清淨真如、菩提涅槃及波羅密。教授菩薩，一切如來，本起因地，皆依「圓照清淨覺相」，永斷無明，方成佛道。[8]

何為「大陀羅尼門」？《辭海・陀》的「陀羅尼」條，這樣說：「梵語，總持之義。有『法陀羅尼』、『義陀羅尼』、『咒陀羅尼』、『忍陀羅尼』四種。法、義二陀羅尼，謂於佛之教法及諸法之義，總持不忘也；咒陀羅尼，謂於佛菩薩之祕密真言總持弗失也（祕密真言，即咒陀羅尼，亦單稱陀羅尼或咒）；忍陀羅尼，忍者，安定義，謂於法之實相，安住而不動心也。」[9]據此所述，則大陀羅尼門，即最偉大的陀羅尼之法門，當然包括了上述四個陀羅尼而為一，這就是能總持佛法與一切法，而且知悟佛法與一切法

8　〔唐〕罽賓沙門佛陀多羅譯：《大方廣圓覺修多羅了義經》，卷上。

9　「陀羅尼」見：《辭海・陀》（臺北：臺灣中華書局，1975），頁3060。

的無上法門，這個能夠總持佛法與一切法的無上法門是什麼？依經文，就是「圓覺真心」，從此圓覺的真心中流出「清淨真如」、「菩提涅槃」以及「波羅密」的空智。我們不在此處深入討論佛學名相，但無論是「清淨真如」、或「菩提涅槃」或「波羅密」，都從大陀羅尼門的圓覺真心展顯而現，更可以說即是圓覺真心的如如自己，具有超越的神聖性以及終極的永恆性，是佛弟子終身最為關懷的工夫和境界，所以是他們的「終極關懷」。

基督教強調瑪利亞只是一心信仰耶穌而無有動搖就可以得到救贖。佛教在工夫上，則著重通過修養而得此清淨圓覺心。在佛教，世界萬法之存在，是由心取識而顯發，依佛法，心只是一個，但作用下的心卻有瑪大之心和瑪利亞之心的二分，即《大乘起信論》所言「心真如門」和「心生滅門」之顯發，前者是真心，後者是習心；兩者是辯證的互動之存在，前者顯則後者隱；反之亦然。佛弟子的終極關懷是如何？請見經文如是說：

> 我今此身，四大和合，〔……〕皆歸於地；〔……〕皆歸於水；暖氣歸火；動轉歸風。四大各離。今者妄身，當在何處？即知此身，畢竟無體。和合為相，實同幻化。〔……〕善男子，彼之眾生幻身滅故，幻心亦滅；幻心滅故，幻塵亦滅；幻塵滅故，幻滅亦滅；幻滅滅故，非幻不滅。譬如磨鏡，垢盡明現。善男子，當知身心，皆為幻垢，垢相永滅，十方清淨。〔……〕[10]

10　同注8。

四大和合的身體，不僅僅純指肉體生理之身，乃是我們凡俗一般的順應自然性和動物性的身體情欲，這種層級和結構的肉身與欲心，是世人在塵世之中由生到死的動力，它驅使世人於生死海中頭出頭沒而成為有限的、有條件的且非終極性的暫時生命形態。《圓覺經》啟發佛弟子必須以否定的進路，先看穿肉身欲心乃「地水火風」之「四大」因緣和合而有，「四大」一旦分離，此順應自然與動物之性而存在的身心，終歸虛幻，換言之，就是有限、有條件，而必消滅而沒有終極性。那麼，佛家的修為應以圓覺真心看透這一切的無實在性和虛假性，以不斷的層層否定，一直到最終極的「非幻者」之無可否定。無可否定就是終極的肯定，此謂之垢盡明現的無限的、無條件的而終極性的心，它之照映而現的世界，就是十方清淨的世界，佛家稱此心為「佛心」，其照映而現的世界就稱為「淨土」。

對於佛心和淨土的永恆不息的追求，即佛門的終極之宗教關懷。

完全一樣的佛法，在其他經典中亦有陳述，如《維摩詰經》中記世尊對寶積菩薩說：

> 菩薩隨其直心，則能發行；隨其發行，則得深心；隨其深心，則意調伏；隨其調伏，則如說行；隨如說行，則能迴向；隨其迴向，則有方便；隨其方便，則成就眾生；隨成就眾生，則佛土淨；隨佛土淨，則說法淨；隨說法淨，則智慧淨；隨智慧淨，則其心淨；隨其心淨，則一切功德淨。是故，寶積！若菩薩欲得淨土，當淨其心，隨其心

淨，則佛土淨。[11]

在此經文中，佛開示寶積菩薩，最關鍵處是在於人的心之作用，一開始，必須使己心復其平直，就是心須直道而思而行，依此而展顯演發，其表現出來的就是心的深度，也就是從深深的心之本質中而能調整隨順於真如佛心，以此真如佛心為眾生弘法佈生，令眾生超脫世間習染而成就其佛性，如此，娑婆塵世由於眾生皆已淨化其心，由此自然照映而呼應出來的就是清淨的佛國，此稱為佛土淨。

因此，在這段經文中，有一個意思，即其根本是：世人的心乃是最關鍵的主動源頭，在這個源頭啟動自我淨化，一旦淨化，會有雙向共生的效果，即本心的佛性清醒和清淨，同時，世間也隨之同時清醒和清淨。

《維摩詰經》的直心深心與佛國的同步淨化觀，在後世的佛教，實為共法。我們且讀一讀《六祖壇經》，經文曰：

> 人有兩種，法無兩般；迷悟有殊，見有遲疾。迷人念佛求生於彼，悟人自淨其心。所以佛言隨其心淨則佛土淨。〔……〕凡愚不了自性，不識身中淨土，願東願西，悟人在處一般。所以佛言隨所住處恆安樂。使君（指韋璩）心地但無不善，西方去此不遙；若懷不善之心，念佛往生難到。〔……〕念念見性，常行平直，到如彈指，便覩彌陀，使君但行十善，何須更願往生？不斷十惡之心，何佛

---

[11] 〔姚秦〕鳩摩羅什譯：《維摩詰經・佛國品第一》。

　　即來迎請？若悟無生頓法，見西方只在剎那；不悟念佛求
　　生，路遙如何得達？[12]

　　六祖此段開示以雙元對照法呈明兩種生命形態，有如蒂里希引
《路加福音》的經文而說的「瑪大」和「瑪利亞」的生命之基本
差異。其一是凡愚之迷人，其一是清明之悟人；前者在世俗中不
識自心的清淨佛性，所以在世間忙亂無方地找尋其以為的「西
方」，而後者則依本具佛性而自我清淨，因為是清淨本心作主，
所以當下臨在就是「佛國」。沒有純善之心而求的「西方」，是
虛假不真的；而純善之心的發用，當下就是在清淨佛國境界。

　　六祖開示的，實等同蒂里希詮釋《福音書》中耶穌對於世人
的雙元二分之法則，瑪大雖亦信主，但她的心靈天天是在有條件
性、有限性、暫時性之情況中，其關切者是外在的浮泛的追求和
滿足，包括了她以為的以此忙亂紛擾的心思之表達和呈現就可以
得到主的拯救。而事實不然，耶穌只肯定一心凝志的瑪利亞，因
為她的心唯一的專志就純然定在主的真理話語，世間一切的雜多
紛紜，根本不在她的心中；瑪利亞的一心專志，才是獲得基督之
救贖的必要性。與此相同，惠能啟發韋璩以及聽法信眾，唯有以
一心專志而無限地、無條件地呈明既內在於自身且又屬於超越於
萬法的佛性，這才是，也唯一是成道成佛的終極關懷。

　　依佛法，雙元二分的心，是發生兩種差異世界的根本動能。
六祖說：

12　〔唐〕惠能：《六祖壇經‧疑問品第三》。

(1) 佛向性中作，莫向身外求。自性迷即是眾生，自性覺即是佛。慈悲即是觀音，喜捨名為勢至，能淨即釋迦，平直即彌陀。

(2) 人我是須彌，邪心是海水，煩惱是波浪，毒害是惡龍，虛妄是鬼神，塵勞是魚鱉，貪瞋是地獄，愚癡是畜生。[13]

上引文的(1)就是呈現無限、無條件、終極的宗教之神聖之境。而(2)則正好相反，呈現有限、有條件、非終極的俗務之凡塵之境。而其關鍵端在世人的心，若能以本心而行，就是神聖之境，若只能以迷心而行，則就是凡塵之境。世人之心雖然只是一個而沒有二、沒有三，關鍵卻是在作用上的悟或迷，悟則神聖，迷則凡塵。

　　將世人的生命形態作雙元兩分，而於此中顯示如蒂里希所言的「終極關懷」，在基督宗教和佛教，依據我們的論述，都是一樣的。

二、儒家的宗教終極關懷——古典的詮釋

　　儒家長期被視為只是中國人社會層次和政治層次的道德教化，缺乏宗教性的高邁和超越，所以，它並無宗教的終極關懷，換言之，在儒家裏面，沒有對於無限性、無條件性以及終極性的生命之存有本身之關心和實踐。

13　同前注。

　　其實這樣的認知十分錯謬。外國人士有如此誤會，具有種種文化、思想以及政治上的因素，但是中國人也曾經存在這種錯誤的觀點。當代新儒家唐君毅先生對此有一個批評，他指責道：「五四運動時代領導思想界的思想家，多是一些崇拜科學民主，在哲學上相信實用主義、唯物主義、自然主義的人，故其解釋中國之學術文化，亦儘量從其缺乏宗教性方面看。而對中國之舊道德，則專從其化為形式的禮教風俗方面看，而要加以打倒。於是亦視中國之倫理道德，只是一些外表的行為規範，而無內在之精神生活之內容者。至後來之共產主義者，因其為先天的無神論者，並只重道德之社會效用者，更不願見中國文化精神中之宗教性之成分，而更看不見中國之倫理道德之內在的精神生活上的根據。」[14]

　　上引這一段話語有兩個重點，一個重點說出中國五四運動的理性主義之啟蒙運動，帶來中國的是實用主義、唯物主義、自然主義、科學主義以及民主主義，其實就是「現代性」（modernity）之意識形態。「現代」（modern）是去神聖化而宣揚、信仰世俗性的時代，它本來就是反對宗教的，它在現代化的流行大潮流中，本來就在全球的各地掀起去宗教、去超越、去形上、去內在以及去中心的運動，「五四運動」在這個現代性中，以理性主義

14　唐君毅：《中國文化與世界》，收入氏著《說中華民族之花果飄零》（臺北：三民書局，1974），頁 119-180。按：《中國文化與世界》全名為《中國文化與世界——我們對中國學術研究及中國文化與世界文化前途之共同認識》，是由唐君毅、牟宗三、徐復觀、張君勱等四位當代新儒家共同具名撰述發表的一個文化宣言式的文本，但其實執筆人是唐君毅先生。

的力量在中國推動全盤西化論，中國文化中的宗教性，當然是故意視而不見而加以貶抑，或更進一步加以打倒消滅。另一個重點則指出反對或輕視中國文化的宗教性，其實就等於是反對或輕視儒家的宗教性。

我們應該跳脫五四時期的淺薄啟蒙運動，而返回傳統的深度睿智加以省思。

在《中國文化與世界》之文化宣言中，唐君毅先生解釋中國宗教的性質，提及中國古代文化中，並無一獨立如希伯來的「猶太——基督」宗教文化傳統，所以沒有像希伯來一樣的祭司僧侶組織和結構之傳統，當然不會發展如西方那種制度的宗教。[15]然而，唐先生接著表示上述之意思，並不意謂中國人先天缺乏宗教性的超越之感情或宗教精神，中國人並不是只有現實界的道德律法和倫常條規。唐氏說：「中國民族之宗教性的超越感情，及宗教精神，因與其所重之倫理道德，同來源於一本之文化，而與其倫理道德之精神，遂合一而不可分。」[16]這就是說中國人的宗教性與其倫理道德性是和合為一而存在呈顯的，不必有一個獨立的教會組織和獨立的僧侶團體，雖然沒有，卻不是說中國人就沒有宗教文化和精神。唐先生進一步解釋：

> 中國《詩》、《書》中之原重上帝或天之信仰，是很明顯的。〔……〕而祭天地社稷之禮，亦一直為後代儒者所重視，歷代帝王所遵行，至民國初年而後廢。而中國民間之

---

[15]　同前注，頁135。

[16]　同前注。

　　　　家庭，今亦尚有天地君親師之神位。說中國人之祭天地祖
　　　　宗之禮中，莫有一宗教性的超越感情，是不能說的。[17]

《詩》、《書》經典記錄的上古中國人的禮樂文明，其中明白提
到上帝、天帝、天等，且亦載有祭祀天地神祇的各種活動、規範
和贊頌之歌辭。此宗教之禮，數千年來為儒家遵行不替，雖然今
天中國已不再是帝王政體，沒有天子來行祭天大典，可是於今兩
岸依然由國家來行祭黃帝以及忠烈英魂等重大祭儀，而且民間依
然盛行祭天地社稷祖先，形成為中國民間的宗教和節慶。在這些
祭祀中，亦具有行祭者的神聖莊嚴之心，此種神聖莊嚴之心事實
上，也是一種終極關懷的心，它也是宗教的超越感情。

　　唐君毅先生復說：

　　　　在中國人生道德思想中，大家無論如何，不能忽視，由古
　　　　至今中國思想家所重視之天人合德、天人合一、天人不
　　　　二、天人同體之觀念。此中之所謂天之意義，自有各種之
　　　　不同。在一意義下，此天即指目所見之物質之天。然而此
　　　　天之觀念，在中國古代思想中，明指有人格之上帝。即在
　　　　孔孟老莊思想中之天之意義，雖各有不同，然無論如何，
　　　　我們不能否認他們所謂天之觀念之所指，初為超越現實的
　　　　個人自我，與現實之人與人關係的。[18]

17　同前注，頁 136。
18　同前注，頁 137。

無論是天人的合德、合一、不二或同體，都指向人之心靈和生命之超越與內化的一種和諧融合的境界，此境界是中國人生道德思想的核心價值，它既以人向天而超越內化為主旨，當然，它具有宗教中的終極關懷，乃無疑義。且在上古中國思想中，天明白是具有擬人性格的上帝之名，如儒家經典《詩》、《書》中之所稱，甚至《禮記》的篇章也多有祭祀上帝之天的記載。而先秦儒家和道家的天，都是人之心靈和生命超越個體我、肉身我以及俗世之人際關係網絡而趨向神聖性、永恆性、終極性的表達，具有宗教取向，十分清楚。

以上所述乃引自唐先生在《中國文化與世界》的文化宣言中之關於中國有宗教的敘述。其所論述是否為真，我們可從儒家古典加以印證。

《中庸》記孔子所言：

> 鬼神之為德，其盛矣乎！視之而弗見，聽之而弗聞，體物而不可遺。使天下之人齋明盛服，以承祭祀，洋洋乎如在其上，如在其左右。《詩》曰：「神之格思，不可度思，矧可射思！」夫微之顯，誠之不可揜如此夫！[19]

孔子的宗教觀十分清楚明白，如果細讀《中庸》，當可發現孔子以及儒家具有兩層的宗教敬祀的神聖對象，最高者就是「天」或「天命」，《中庸》一開始就稱頌「天命」，且直接地說「天命之謂性」，此「性」，實指人之本心，其本質與本文上述《路加

19　《中庸・第十六》。

福音》中的「瑪利亞之心」以及本文所引佛經中所說的「真如清淨心」，並無不同，都是終極者、無限者、無條件者。在《中庸》，從天所命的這個「天心」，是往上往內而呼應照映著「天」的，「君子戒慎乎其所不睹；恐懼乎其所不聞」；不睹不聞之境，就是一種超越的存有，是「唯一」，不是現象界、人間世的雜多和繁冗，然而它卻不是虛無，對人言，它是那個「一」的隱微，如同一切宗教的最高者，如基督或如佛菩薩，彼之對世人來說，不都是既隱且微？一般世人以其凡塵的肉身和肉心，豈能有所睹有所聞？其次，《中庸》亦記錄了孔子宗教觀念的第二層，那就是「鬼神」。鬼神，在孔子，亦是天之所命的一種存有，亦具有某種超越、神聖、神祕的性質，唯有通過一心的虔敬以祭祀之方，在「感應」的連結之路中，人與鬼神才有某種相知相感。

　　古代儒家在宗廟空間中行其誠一敬謹的祭祀，表達中國人對於天帝以及鬼神界的溝通交流之宗教形態。《中庸》連續地記述這方面的意思，以史筆的方式記錄孔子的祭祀之話語，孔子從舜開始，談及周文、周武以迄周公，彼等皆以宗廟祭禮而延續發揚著文化之正道。在最後面，孔子曰：

(1) 武王周公，其達孝矣乎！夫孝者，善繼人之志，善述人之事者也。春秋，修其祖廟，陳其宗器，設其裳衣，薦其時食。

(2) 宗廟之禮，所以序昭穆也；序爵，所以辨貴賤也；序事，所以辨賢也；旅酬下為上，所以逮賤也；燕毛，所以序齒也。

> 踐其位，行其禮，奏其樂，敬其所尊，愛其所親；事死如事生，事亡如事存，孝之至也。

(3) 郊社之禮，所以事上帝也；宗廟之禮，所以祀乎其先也。明乎郊社之禮，禘嘗之義，治國其如示諸掌乎！[20]

上引文的(1)指出後人建立祖廟，且在每年春秋兩季整修之，在其中行其祭祀祖宗之大禮，並善繼先祖先宗的志業，善述先祖先宗的大事，這就是「孝」。依此，孔子發揚而為中國人傳繼的宗教有一個很重要的崇祀，那就是「祖先崇拜」，這種形態的宗教，世人是通過在天上的祖宗和地上的禮樂文制之溝通而使地上的人文有一存在的貞定與穩固。這是一種天上的神與地上的人的和諧融合而為一的宗教形態。

上引文的(2)，依朱子解，[21]宗廟中的神祖牌上列有「左昭右穆」，乃祖先依世代而排序，因此，在世的子孫在宗廟中舉行祭祖大典以及其他宗族之大事時，亦仿效昭穆之序，依長幼尊卑以及官爵之次序而安排位置，更依其等在各種公領域中的貢獻和功績來安排在宗廟中行禮時的任務，因為這是可資以為榮耀的呈現，宗廟行祭圓滿完成後，大家聚餐共飲，亦必普及於族人中的賤者，以示先祖先宗和族中領導群的仁德。

上述表明中國儒家的祖先崇拜的宗教，它的實踐精神亦是藉祭禮而溝通連接了天上的祖宗和地上的子孫之神與人兩種存有而為一，在地上活著的子孫，依據天上的祖宗之存有的位序來建立

---

20 《中庸・第二十》。
21 〔南宋〕朱熹：《四書集註・中庸章句》。

世間社會的人之倫常位序。此亦屬神人和諧融合為一之宗教形態的表顯。孔子說「事死如事生，事亡如事存」，就是要求世人事生死和存亡的陰陽兩界的心須是同一且是唯一的本心，這個本心，在孔子，就是「仁心」；仁心是儒家的終極關懷。

　　上引文的(3)，我們引今人蔣伯潛的詮釋：「郊，是祭天；社，是祭地；祭天地，就是奉事上帝。宗廟裏所供的是祖先；宗廟之禮，就是祭祀祖先。禘，是天子在宗廟中最重要的大祭；嘗，是每年秋天所行的常祭。〔……〕天地是人之本，祖先是生之本，祭祀天地祖先，同是不忘本，同是一種敬鬼神的誠意。〔……〕」[22]據此，則中國人祭上帝、祭天地、祭祖宗，根本就是以最誠敬之本心來感念追懷人之存有的大本大根，這種追本溯源的祭祀文化，是中國人以及儒家的宗教。

　　熊十力系統的當代新儒家之三位傑出儒者唐君毅、牟宗三和徐復觀三先生，前兩位具有豐厚高遠的形而上學之認同，從形上之道統的體證，肯定儒家的宗教精神以及宗教施設的超越終極意義，唯獨徐先生反對形上學、反對本體論，因此，他亦反對中國儒家之文化道統中的宗教成分，他在《中國人性論史》的專章中，貶抑或否定中國上古的帶有宗教意義的禮樂文制，他認為上古中國人文精神之躍動，乃是宗教的衰退與轉化；中國和儒家是人文的而非宗教的。[23]基於這個觀點，徐先生在其〈從命到性

22　蔣伯潛：《語譯廣解學庸讀本》（臺北：啟明書局，未標明出版年分），頁 22。

23　徐復觀在〈周初宗教中人文精神的躍動〉、〈以禮為中心的人文世紀之出現，及宗教的人文化——春秋時代〉兩篇論文中，明明白白表達了他認為中國上古宗教經儒家的努力而有所人文化或已然轉化而趨於衰退。

——中庸的性命思想〉一文中，將我們上引的《中庸》之有關鬼神、宗廟等祭祀之理和禮的載記，一股腦排除出去，認為是「禮家雜到裏面（《中庸》）去的。」[24]

《中庸》本屬《小戴禮記》的一章。我們都知道《大小戴禮記》充滿了古代宗教和祭祀的規範和思想的文本。從其豐富的宗教和祭祀文本來看，中國和儒家的宗教精神以及宗教實踐，是清清楚楚而存在的歷史事實。

茲引《郊特牲》加以進一步說明。其有曰：

> 社祭土而主陰氣也。君南鄉於北墉下，荅陰之義也。日用甲，用日之始也。天子大社必受霜露風雨，以達天地之氣也。〔……〕社所以神地之道也，地載萬物，天垂象。取財於地，取法於天，是以尊天而親地也，故教民美報焉。家主中霤，而國主社，示本也。[25]

古中國人的祭祀以祭天地為重，「社祭」是秋收祭祀土地之宗教節日，依陰陽的觀點，土地是坤道，屬陰氣，主祭的國君或天

此兩文收入氏著《中國人性論史・先秦篇》（臺北：臺灣商務印書館，1969），為該書第二章、第三章。其實，中國的宗教在社會上層的深受儒教薰習的菁英分子以及下層的庶民百姓，從上古到現在二十一世紀，都沒有衰退消亡或非宗教的人文化。徐先生之對中國宗教的反對或貶抑的觀點，與他強烈的歷史經驗實證之為學進路以及不喜形上論存有論之思維方式息息相關，但他的中國或儒家的消除宗教觀或貶抑宗教觀，似乎不合乎歷史事實。

24　徐復觀：《中國人性論史》，同前注，頁 106。

25　〔西漢〕戴聖：《禮記・效特牲》。

子，必須立乎社壇的北墉下，面對且承受著來自南方之陽光，此空間方位象徵天子或君王是溝通大地與上天的媒介或橋樑，經由天子或君王之發政施仁，天地人因而和諧為一，此即仁政王道。而古儒認為社壇是象徵土地的，所以，必須承收從天而降的霜露風雨的潤澤滋養，如此方可使土地之陰氣可以得到上天之陽氣的沖和融會，這才合於「天垂象而地載萬物」以及「取法於天而取財於地」的雙元合一的天地法則，依據上述，在秋天社祭的宗教禮儀中，中國古人顯示出一種虔心一志地重視天地和諧之大自然法則的神聖性祈求。世人祭拜天地，謂之「尊天親地」，其目的是「教民美報」，美報的對象是誰？就是生養萬物的上天和大地。其雖然是「社祭」，卻是通過對於土地之祭祀，其敬心之誠也上達乎天。或說這只是針對天地的宗教，並非終極性、無限性、無條件性的最崇高神聖者的崇拜，實則不然，因為，經文稍後有一句話語這樣說：「天垂象，聖人則之。郊所以明天道也。〔……〕萬物本乎天，人本乎祖，此所以配上帝也。郊之祭也，大報本反始也。」[26]郊祭與社祭相對，是在天壇行祭天之大禮，上天給世人展佈各種大自然法則，謂之「天象」，世人特別是實施仁教和仁政的聖王賢臣，務必效法上天展佈的重大自然法則，譬如順四季節氣以推動農作，就是其中一大法天的行政。祭天正是以宗教形式來表達法則上天的意思。而郊祭、社祭以及祭祖，其宗教徵向其實都是對配在最高處、最終極的位格且屬唯一而無可比照的上帝。換言之，上帝在中國古代宗教中，是無有形象的、是無可對照的超越者神聖之本身，如同基督宗教的上帝及佛

26　同前注。

教的「法身佛」一樣，中國儒家古典中的上帝，亦是終極者、無限者、無條件者，中國人是通過祭天地和祖先之祭禮，才能以他最崇敬誠一的心來感應到在其誠心中的上帝。這樣的宗教情操，與基督教、佛教的終極關懷而有的清淨高貴之境界，沒有差別。

三、孔子之道一以貫之

在上一章，徵引了《中庸》和《禮記》來詮釋中國和儒家具有宗教倫常以及其祭祀規範。此處則不妨從《論語》來加以引證，因為《論語》最近孔子，可代表孔子的原本思想。

本文一開始，引基督神學家蒂里希提出的宗教信仰的核心「終極關懷」的宗教詮釋學觀點，在其論述中說到兩姐妹瑪大和瑪利亞的生命形態之二分性，代表了世人的兩種類型，瑪大縱然在心上也視耶穌基督為主，可是她在日常生活中總是為世間的雜多事務纏縛，因此，她的心靈要能棲息於清淨寧靜的本心狀態，真是十分困難，而她妹妹瑪利亞則相反，因為她是一心凝志於清淨寧靜的本心狀態而能真切地聽聞基督的道，因而得到靈魂的真正救贖，在瑪利亞象徵了真基督徒，而瑪大則象徵了只是基督教徒。

孔子的教義也有對弟子說出二分性的生命形態。《論語》載：「子謂子夏曰：『女為君子儒，無為小人儒。』」[27]朱子注釋此章句曰：「儒，學者之稱，程子曰：君子儒為己，小人儒為人。謝氏曰：君子小人之分，義與利之間而已，然所謂利者，豈

必殖貨財之謂？以私滅公，適己自便，凡可以害天理者，皆利也。子夏文學雖有餘，然意其遠者大者或昧焉。故夫子語之以此。」[28] 據此，為己心之體悟為目的而進修儒道者，是君子儒；為社會之功利為目的而進修儒道者，是小人儒。謝氏認為子夏雖屬孔門七十大賢之一，但是實昧乎孔子仁道的無限與無條件之境界。由此詮釋，乃可明白孔子對於儒學之進修者，實有兩種生命形態的判析，追求生命和心靈之清明的安頓，才是儒之君子，換言之，這條進修之路是邁向仁心的貞定恆一的大路，在孔門，是其終極關懷。

再引王船山的訓義：

> 古之為教也，使人為君子而已矣。〔……〕常以道之不明不行為吾性中之缺陷，而必求所修之，以盡其性分之所固有、職分之所當為者，則君子之儒也。女所當為者此也。其學之博，則以致吾之知，而無不知之恥；其行之正，將以善吾之行，而無失行之慚；皆引而刻責於身心，君子之所以為君子也。[29]

依船山，孔門的君子之進德修業，不在於外在世間的雜多之功利目的，博學和正行的主旨無他焉，它只有唯一的目的，就是使自己完成為道德純一的君子。這樣的體認和踐成，是道德倫常之生命形態，而與外在世間的事業沒有關係。換言之，通過朱子和船

28　〔南宋〕朱熹：《四書集註・論語集註・雍也》。

29　〔明〕王夫之：《四書訓義・論語六》，收入《船山全書》，第七冊（長沙：嶽麓書社，1996），頁454。

山的詮釋，明白孔子勸勉子夏不可以雜多的事業性來看待儒學儒教，儒學儒教是君子成己之德的終極性智慧，這點呈現了孔子之道的宗教內蘊。

　　君子儒的成德進路，只在於把握「一」，而不在於俗學的雜多。《論語》：

> 大宰問於子貢曰：「夫子聖者與？何其多能也！」子貢曰：「固天縱之將聖，又多能也。」子聞之曰：「大宰知我乎？吾少也賤，故多能鄙事。君子多乎哉？不多也。」〔……〕 [30]

孔子是一位多才多藝多學的人，這大概是當時人的認識，且大宰和子貢都以孔子「多能」為其是「聖人」的條件。孔子的回應則是明白地說在人世間的多才多藝多學之多能，其實都是有限的、有條件的，而不是終極的。「聖」之標準不在於「多」，君子之道是在於「多」嗎？孔子說君子之道「不在於多」，即「不多」也。然則，那就應是不與「二」、不與「三」對的「唯一」。

　　另有一個章句：

> 子曰：「賜也，女以予為多學而識之者與？」對曰：「然！非與？」曰：「非也，予一以貫之。」 [31]

---

[30]　《論語・子罕》。

[31]　《論語・衛靈公》。

子貢認為孔子是博學多聞而體悟仁道，也就是子貢如同一般世人都以為從知識的雜多豐冗之學習可以體悟到生命和心靈之最終極的真理。孔子明白告訴子貢並不是靠雜博的知識領域之多學就能體悟仁道，而應是以「一貫之道」才能體悟那最終極的大道——「仁」。

　　或者，再從另外一章來加以明白。

　　　子曰：「參乎！吾道一以貫之。」曾子曰：「唯。」子
　　　出，門人問曰：「何謂也？」曾子曰：「夫子之道，忠恕
　　　而已矣！」[32]

曾子悟道的層次高，屬於「終極關懷」型的孔門弟子，他一聽夫子說到「吾道一以貫之」，由於他是以其清明本心聽聞，所以立即就能如實感應而體證夫子之所言，乃是說到了無限的、無條件的終極境界，遂如響呼應而馬上回答：「唯」，而他體證了孔子的一貫之道是什麼？就是「忠恕」，此即發乎本然清淨的仁心的內外之方，內證是忠，同時，其外達是恕。此點澈底透明的認同，是對儒家的最高之宗教性的掌握。

　　如果我們熟讀《論語》，孔子的超越且內在的宗教精神，非常清楚，他的仁之無限、無條件以及終極性，瞭然朗朗，明白呈現。世人的禮樂文制若是缺少剛健清淨之本心，就一切無意義，此即孔子說的「人而不仁，如禮何？人而不仁，如樂何？」以及「禮云、禮云，玉帛云乎哉？樂云、樂云，鐘鼓云乎哉？」的意

---

[32]　《論語・里仁》。

思。可是，相反地說，從仁心發出而具現在世間的各種禮樂文制及其運作，卻亦是一樣重要的，禮樂文制及其運作，多屬宗教祭祀本身或與其相關的人文活動。在《論語》中記載了不少孔子的宗教信念以及參與宗教祭祀等具體活動，表達了儒家的基本宗教倫常，筆者已有論文詮釋。[33]

四、當代新儒家唐君毅的儒家宗教倫常

　　古代儒家的宗教思想和倫常，當代新儒家唐君毅先生有其善繼和詮釋。他說：

> 儒家雖罕言上帝存在問題，但也未嘗反對人之出自仁心而祈禱上帝，如湯之禱雨於桑林，郊祀之禮中之祈天之助，使五穀豐登，國泰民安，固為儒家所許。但不以祕密之法，如巫術，以邀天地鬼神之福。先秦儒者不否認上帝之存在，孔孟承接中國古代的宗教精神，而更進一步，不在其不信天，而唯在以人之仁心仁性顯天心天性。此即立人道以見道，《中庸》所謂「肫肫其仁，淵淵其淵，浩浩其天」就是此意。〔……〕中國儒家以盡心知性以知天的天人合一之教來包容天地人，形上形下為一體，而開創出生命之宇宙、精神之宇宙的生機世界觀，由此而建立了儒家

的天德宗教。[34]

唐先生上文所言有兩重意義，一是以「湯之禱雨於桑林」來說明
上古中國人以最虔敬之一心祈禱上帝，其目的並非為了一己之
私，而是為了民眾的基本生存。這個重點，不在強調祈禱的儀
式，其核心是突出商湯的仁心仁性，唯有此仁心仁性才能祈禱於
上帝而為上帝所聽到而應許。同樣的宗教倫常在《尚書》中可以
找到。武王克殷後兩年生重病，太公、召公建議用卜卦來消除武
王病情，周公認為卜卦不妥，是故立壇設齋，進行莊嚴的祭天祭
祖的宗教大典，敬告太王、王季、文王（周人之宗教觀點，聖人型的
先祖是在上帝左右的，祭告祖宗就是祭告上帝）。其祝文主要的意思是願
以自己來代替周武王，請三位先王選擇他，讓他離開世間去天上
事奉先王們，而讓武王繼續在世間為仁君行仁政，簡單說，就是
祭天祭祖而由他自己來取代武王而死，以其死來延長武王年壽。
周公將此祝禱之文存入金縢之櫃之中，次日武王就病癒了。[35]經
文繼續說到周公將此以己代替的祝禱文存入金縢之櫃，並且保持
機密，王及二公等貴族皆不知曉。武王後來死了，周公攝政，管
叔及其弟弟們乃散流言說周公將會不利幼沖繼位的成王而篡奪王
位，周公東征，在東方滅管叔、蔡叔、霍叔，費時兩年。其時，
謠言洶洶，都在傳說周公就要弒君而篡奪，周天子及眾人皆深懷
畏懼。此時，經文記錄了一事，其內容如下：

34　唐君毅：〈中國之宗教精神與形上信仰──悠久世界〉，《中國文化之
　　精神價值》（臺北：正中書局，1953），頁31-34。

35　《尚書‧金縢》。

> 秋，大熟，未穫，天大雷電以風，禾盡偃，大木斯拔，邦
> 人大恐。王與大夫盡弁，以啟金縢之書，乃得周公所自以
> 為功、代武王之說。二公及王，乃問諸史與百執事，對
> 曰：「信。噫！公命，我勿敢言。」王執書以泣，曰：
> 「其勿穆卜。昔公勤勞王家，惟予沖人弗及知，今天動
> 威，以彰周公之德。惟朕小子其新逆，我國家禮亦宜
> 之。」王出郊，天乃雨。反風，禾則盡起。二公命邦人，
> 凡大木所偃，盡起而築之，歲則大熟。[36]

這是一大段宗教神話，我們讀之，以科學而觀，會認為乃非事實，是一種迷信。但宗教話語中，卻常常隱藏著間接的事實，其一就是自然氣候的現象可能是存在的，秋天在關中平原，正好是中國北方和南方的大氣系統勢力交綏之際，臺灣農曆九月常有「九降風」，就是氣旋發達之季節，突然狂吹從天而陡降的大風，民間稱之為「九降風」，在周公被懷疑而成王懼畏的那一年秋天，渭河平原忽然大風吹襲，將田裏成熟麥禾吹倒並且吹拔許多巨木。此種氣候異變是有可能的。宗教帶有神祕性，就在此種巧合，即是重大的人文事象恰好遇見重大的自然事象，人們非常自然會歸其解釋於自然事象背後的鬼神或上帝的意志，此亦反映了中國古代人非常重視農業的成敗，往往為了農業生態之發展而作宗教啟示。

　　再者，金縢之書的宗教性也反映了真正能感動上帝和先王者，不是占卜或算命等邀天祈福之舉動，而是在於信者是不是真

---

[36] 同前注。

正以唯一誠敬之心來臨在重大事件，在此例子中，周公的誠敬之心真正的對象是武王之安危，而不是冥冥中的福報，此即上引唐君毅先生文中說到的「仁心仁性顯天心天性」，他認為仁心之上達天心而為一體，這才是中國宗教的最高境界。《尚書・金縢》所要呈現的宗教精神是在此處。

依上所述，唐君毅先生肯定的儒家宗教之終極關懷，是人以仁心與天之天心和合為一的實踐。此由孟子而來，孟子曰：「盡其心者，知其性也；知其性，則知天矣。存其心，養其性，所以事天也。殀壽不貳，修身以俟之，所以立命也。」[37]朱子注釋之而言：

> 〔……〕「存」，謂操而不舍；「養」，謂順而不害；「事」，則奉承而不違也。「殀壽」，命之長短也。「貳」，疑也；「不貳」者，知天之至，修身以俟死，則事天以終身也。「立命」，謂全其天之所付，不以人為害之。〔……〕愚謂：盡心知性而知天，所以造其理也；存心養性以事天，所以履其事也。不知其理，固不能履其事；然徒造其理而不履其事，則亦無以有諸己也。知天而不以殀壽貳其心，智之盡也；事天而能修身以俟死，仁之至也。智有不盡，固不知所以為仁；然智而不仁，則亦將流蕩不法，而不足以為智矣。[38]

37　《孟子・盡心》。

38　〔南宋〕朱熹：《四書集註・孟子集註・盡心》。

朱子是宋大儒，理學家著重講天理心性說，其天側重理，而缺乏先秦儒家仍然帶有的古代宗教的宗教性的神聖意味。孔子常常呼喚天禱求天，其宗教神聖性的話語十分明顯，到離開他五百年的孟子，此種話語就淡薄了。但縱然如此，並不表示上古儒家沒有宗教企向的精神。孟子這段章句，前面的盡心知性知天的「知」，是性理天理的理的知悟；而後面的存心養性事天的「事」，其實根本就是「事奉」的意思，就是以心性的清淨德性的修為來事奉天道、事奉上天，甚至事奉上帝，亦可。其重點不在究竟是天道呢？是上天呢？還是上帝？其究竟義其實就是那個關係著宇宙、生命、心靈、存有的無限性、無條件性以及終極性。唐君毅的關懷正是此所言的宇宙、生命、心靈、存有的無限性、無條件性以及終極性，存心養性事天只在此處才有意義，才能實踐，除此之外，並無存心養性事天的可能。

　　以上述的宗教倫理為出發點，終極關懷之工夫之所及，就會有一個宗教之落實踐履之現象，那就是「聖顯」（hierophany），這個概念是宗教現象學家默西亞・伊利亞德（Mircea Eliade, 1907-1986）創造詮釋的，他指出人類在大地上擇址安居、建立家屋、城市以及神廟，必有一種宗教上的必須過程，天地之間，包括了大自然種種物以及人文的種種物，往往會被人加以聖化。一切存在物給予聖化，才具有存在於世的存在性，否則與人自己無關，此種宗教點化的現象，稱為「聖顯」。[39]聖顯的例子甚多，在在皆是，如中國農民對於他們的田地、作物、耕牛、山川以及天地

---

[39]　〔美〕伊利亞德（Eliade, M.）：《聖與俗──宗教的本質》（楊素娥譯，臺北：桂冠圖書公司，2001），頁61-64。

的風調雨順之氣候狀況，都給予虔敬畏惕之心情而在各個節日中加以祭祀，就是中國農村中的聖顯，又有如中國儒者對於文廟、賢良祠以及大儒、忠臣、烈士的墓園之整理和敬祭，亦屬宗教之情的聖顯。

通過聖顯作用，中國人的宗教有其上天下地的整全之廣泛性，唐君毅先生說之詳矣。筆者前面引到《中庸》中的「鬼神之為德，其盛矣乎！」那一段話語，朱子這樣詮釋：「程子曰：『鬼神，天地之功用，而造化之跡也。』張子曰：『鬼神者，二氣之良能也。』愚謂：以二氣言，則鬼者陰之靈也，神者陽之靈也；以一氣言，則至而伸者為神，反而歸者為鬼，其實一物而已。〔……〕『洋洋』，流動充滿之意。能使人畏敬奉承而發見昭著如此，乃其『體物而不可遺』之驗也。」[40]朱子徵引程子和張子的解釋，鬼神就是氣的陰陽曲伸的變化，故人一旦「齋明盛服」而誠心一志地進行祭祀的時候，鬼神陰陽之氣，就會有所感應而在祭者以及祭場之上下左右流動充滿。

朱子以及程子、張子皆以「氣」的概念形容鬼神。這是中國人的傳統用語，它不是物質的空氣，亦非純粹的心靈，它其實是某種心物的相感應而形成的「場域」之呈顯，凡可見的與不可見的，或是世人與鬼神是在此場域的倫常中有一種有機的整合，於是鬼神之氣乃在具有宗教心靈的人那裏，體物而不遺，此處所述，若用伊利亞德之話語，其實講的就是通過宗教儀禮和心靈而對自然界和人文界的存在物、存有者加以「聖顯」。

基於上言，古代中國的宗教聖顯而應予祭祀者，有其三本，

40　〔南宋〕朱熹：《四書集註・中庸章句》。

此見於《大戴禮記》：「禮有三本：天地者，性之本也；先祖
者，類之本也；君師者，治之本也。無天地焉生？無先祖焉出？
無君師焉治？三者偏亡，無安之人。故禮，上事天，下事地，宗
事先祖，而寵君師，是禮之三本也。」[41]有天地才有萬物生命之
存在；有先祖才有子孫之繁衍；有君師才有文治和教化。如果沒
有此「三本」，怎麼可能有世人之文明和生存，一切均將歸於空
無。所以，祭祀追懷天地、祖先、聖君臣以及先師，這就是依據
中國儒家所言之「氣」的聖顯而來的宗教終極關懷及其倫常。唐
君毅先生就是根據上述而提出中國儒家的「三祭」之宗教觀，即
祭天地、祭祖先、祭君師聖賢。他說這個三祭形成了中國傳統生
活規範中的「天地君親師」之教，向天地敬祭，就是敬祭「天地
乾坤之德」、「天地造生承載萬物之德」；向祖先敬祭，就是敬
祭「自然生命的本源」；向君王敬祭，就是敬祭「人的群體生活
的表現」；向老師和聖賢敬祭，就是敬祭「人格、人文世界」。
[42]唐先生說：

> 三祭之致祭時，吾所求是吾之生命精神之伸展，上達於超
> 現實的已逝之祖宗、聖賢及整個天地，而順承、尊載祖
> 宗、聖賢和天地之德。如此敬終如始，並致於悠久，使天
> 地與人，交感相通，而圓滿天人的關係。[43]

---

[41]　〔西漢〕戴德：《大戴禮記・禮三本》。

[42]　唐君毅：〈中國之宗教精神與形上信仰〉，《中國文化之精神價值》
　　　（臺北：正中書局，1953），頁 31-34。

[43]　唐君毅：〈宗教信仰與現代中國文化〉，《中國人文精神之發展》（臺
　　　北：臺灣學生書局，1974），頁 337-399。

三祭是讓自己的最虔誠專一的心帶領自己的生命精神，無條件
地，往無限、終極的超越且神聖之祖先、聖賢、天地的聖顯之境
界中上而達之。在這個宗教崇敬的上達過程和結果，即是我們自
己與天地、祖先、聖賢的神明融合為一。能夠融合自己與三祭之
神明者，即孔子所言之仁心是也。唐君毅先生說：

> 仁心發展至極，則可于人我之仁心之相感通處及萬物之化
> 育上見天心。仁心發展至極，必要求人精神之不朽，並肯
> 定永恆之正義。〔……〕唯依充量發展之仁心而言宗教信
> 仰，則不能謂只有耶穌一人為獨生子，不能有永恆的地
> 獄，亦不能有外在於人之仁心之天心神心。〔……〕必須
> 于人之仁心聖心中見天心，以真肯定仁心聖心天心之不
> 二，〔……〕仁心是自個體人上說，聖心自個人仁心完全
> 實現說，而天心則自諸聖同心一心上說，而顯于人我之仁
> 心交感處及天心之化育中者也。依人之仁心而求與死者有
> 精神上感通，順人之仁心之先表現為孝，故必有祭祖，順
> 人之仁心必尊聖賢，故包含祭聖賢，連對天心之祭，
> 〔……〕皆所以通神明之道，亦充達吾人之仁心以澈幽
> 明，而無所不至其極之道也。[44]

仁心正如唐先生所言，它是天地鬼神世人之共同核心，因為仁的
「惻然有所感、揭然有所存」之對於一切萬法存有之感通和潤

---

[44] 唐君毅：〈與勞思光先生論宗教書〉，收入氏著《中華文化與當今世界
補編》（臺北：臺灣學生書局，1988），頁 262-266。

澤，所以，宗教的終極關懷，依唐君毅對儒家天地人三才和諧為一的智慧，乃必然是橫向通達所有生命，而縱向則貫澈一切幽明，換言之，從古代儒家到當代新儒家唐君毅，其終極關懷的宗教仁心之光輝和靈明乃是無所不至其極的。

　　所以，唐君毅先生表達出來的中國儒家的宗教倫常具有一個整全性，也就是其終極關懷之對象是自然界和人文界的總體，是其形體也是其精神，是兩者總體整合顯發出來的氣場和神韻。這點與基督宗教的終極關懷唯有堅信基督和上帝不同，與佛教的終極關懷視萬法唯空亦有所不同。

　　在總體整合的自然與人文兩界的終極關懷中，唐先生的宗教倫理有其珍貴的特色。茲徵引其有關中國祠廟的敘述。唐先生說到他家鄉成都有很多祠廟，如南門外有崇祀諸葛武侯的武侯祠，西門外有崇祀杜甫的草堂祠，北門外有昭覺寺，城外西南有二仙庵、青羊宮，城中有縣文廟、省文廟和關岳廟。[45]從成都一城的祠廟和寺觀就可看出中國人的宗教信仰的普及與常態。再者，祠廟祭祀聖賢、佛菩薩以及來自天上、地上並及於自然世界和人文世界的多元神仙，同時又特具有與自然環境和諧共榮之美。唐先生提到：「中國之祠廟，必向平面之空間伸展，恆有園林以繞之，並常建於山明水秀之地，孔子說智者樂水、仁者樂山；周濂溪由草不除以知生意；程明道由魚以知萬物之自得之意。〔……〕祠廟之倚山傍水而興建，〔……〕而我們自己在徘徊瞻仰而興起崇敬之心，念先生之風，山高水長，〔……〕」[46]依此

---

[45]　唐君毅：〈中國之祠廟與節日及其教育意義〉，《中華人文與當今世界》（下冊）（臺北：臺灣學生書局，1975），頁 576-599。

[46]　同前注。

所述，在中國人的宗教空間中，其殿宇內的神祇包括了天地、聖賢、祖先，而其外部空間則是大自然氣韻生動而美的場域，所以宗教的聖顯空間就包容了從神祇到世人以至自然之總體。再者，透過祠廟祭祀而延伸出中國人的宗教性節慶，唐君毅先生說：

> 中國之節日之連著自然的氣節的變化，與人間之種種倫理關係。如三月三春草生，便踏青祭祖先；五月五夏水漲，便划船，紀念屈原之忠君愛國；七月七巧節天清望星，同時遙念牛郎織女之兒女之情；八月十五天更清，便賞天上團圓月，同時有家庭的團聚；九月九秋深氣爽，便登高，同時敬祝高年的老人都活到九十九歲。此皆見中國的節日之一方與自然之節氣變化配合，一方並有倫理意義。[47]

此處得見中國人節慶中的宗教倫常，是自然與人文整合而為一的。茲將其季節依序而排列如下：

1. 三月三春草生——踏青掃墓祭祖。→孝之道。
2. 五月五夏水漲——划龍船紀念屈原。→忠之道。
3. 七月七七巧節——青年男女的純真愛情。→愛之道。
4. 八月十五中秋——家庭團圓和樂。→齊家之道。
5. 九月九重陽日——祝福老人快樂長壽。→敬老尊賢之道。

觀乎上面所列，左欄是自然環境的年年循環的節日，中國人均加以聖顯而有其宗教祭祀的意義，其中都含有或是天地之神祇，或

---

[47] 唐君毅：〈中國文化與現代化問題答問〉，《中華人文與當今世界》（下冊），頁 724。

是歷史之聖賢，或是列祖列宗，中國人均投注以虔心敬德。而右欄則是對應於自然環境的節日而有重要的人文意義，綜合起來，就是中國儒家發揚實踐的道德倫常。

　　唐君毅先生自己就是在如此的儒家宗教倫常中成長的。他懷念他父母在他少時常帶他去遊草堂祠、武侯祠、青羊宮，無論是在武侯、杜甫、黃山谷、陸放翁、老子等神像前，他父親總是帶領著少年唐君毅祭拜行禮。唐先生追憶認為他今天還能對中國古人有一厚道的心情來加以尊敬，乃是幼年時期其父母要他對聖人神仙心存恭敬而培養出來的德操。[48]

　　成長於中國儒家宗教倫常的唐君毅先生有一段話語，謹引載於下：

> 我十六歲才回鄉，以前從未上墳，亦無祖宗之觀念。記得祖母在時，她從故鄉到成都，總是帶一本家譜。每見我無聊，便說你何不看看家譜。我覺非常好笑，家譜有什麼好看呢？而且我十三四歲時，便看了新文化運動時反對跪拜的文章，故以後回鄉，亦不再去上墳，祭祀時亦不跪拜，若以此為奇恥大辱。
>
> 到我父親逝世，才知祭祀跪拜，乃情不容己。後來回鄉，便總要去上墳，晨昏亦親在天地君親師之神位及祖宗神位前敬香。我同時了解了人類之無盡的仁厚惻怛之情，皆可由此慎終追遠之一念而出。[49]

---

[48]　唐君毅：〈懷鄉記〉，同前揭書，頁 842-849。
[49]　同前注。

人類之無盡的仁厚惻怛之情，皆由此慎終追遠之一念而出。其實，倒過來講也可以，即人之慎終追遠之一念，皆由此無盡的仁厚惻怛之情而出。兩者一而二、二而一，都是深深存在於人裏面的唯一純淨的本心，它本身是無限的、無條件的，也是終極的，此稱為「仁厚惻怛」；它自己必具現在對於天地、祖先和聖賢的致敬之禮的實踐之中，此稱為「慎終追遠」。青年以後的唐君毅先生痛遭父親逝世之悲慟，才喚醒了那個本有的仁心，因而體證了中國儒家三祭精神，這是一個整全圓滿型的終極關懷之宗教倫常。

五、結語

儒家的終極關懷具有宗教的聖顯作用，但它與基督教和佛教的實踐形態，有同有異。相同處都必須以凝聚為唯一的一心而純然清淨超然無二的方式，將自己全然歸屬於那最高的神聖，此純然清淨超然無二的一心，基督教是那個「瑪利亞之心」，佛教是「真如佛心」，而儒家則是「仁心」。相異處在於基督教和佛教的終極神聖只縮斂於「一點」，前者是上帝，後者是佛。儒家則沒有這個縮斂的「一點」，而是通天貫地並及於列祖列宗、往聖先賢統統均整合為一的神聖共同體，其聖顯受廣大悠久的中國人的認同和崇敬。

此種特有的儒家宗教倫常，從古代到當代新儒家唐君毅，都是一貫一致而沒有變異、沒有中斷。我們可以這樣說：如果中國的儒家式宗教倫常已不再維持其傳統形態和精神，那就是儒家傳統的消逝，也就是中國文化的宗教傳統核心的斷滅。

拾　古代、朱子與當代新儒家的鬼神觀和祭祀觀

一、前言

世界各文明體，自古就有其鬼神觀以及相關聯的祭祀觀和活動，此種現象就是田立克所說的「終極關懷」。中國文明傳承久遠，從古代直至現代，各思想學派包括了儒、道、陰陽等家以及從統治菁英層至被統治庶民層，都有其鬼神觀及對待鬼神之方，而延伸為一定的祭祀。

本文主要討論儒家的鬼神觀及其祭祀觀。行文由古代始而至朱子並及於當代新儒家。

二、鬼神

儒家自古就有其鬼神觀念和信仰，《中庸》載：

> 子曰：「鬼神之為德，其盛矣乎！視之而弗見，聽之而弗聞，體物而不可遺。使天下之人齋明盛服，以承祭祀，洋洋乎如在其上，如在其左右。《詩》云：『神之格思，不

可度思，矧可射思。』夫微之顯，誠之不可揜，如此
夫！」[1]

朱子注釋，引程伊川和張橫渠的話。程子曰：「鬼神，天地之功
用，而造化之跡也。」張子曰：「鬼神者，二氣之良能也。」[2]
伊川認為「鬼神」是天地的功用；「功用」就是有所作用而顯發
流行，而天地作用其實不是指天地之本體，而是指天地之德用，
故應以「陰陽」理解之，而其所言的「造化」乃是指創生萬物的
「造化者」，也就是「乾元道體」，或稱「仁體」、「誠體」，
就是大化流行之「本體」。而此所言「跡」者，就是此乾元道體
生化的流程和變化而有的氣和質，此在橫渠之言，即「二氣之良
能」。如此說來，程頤和張載都是一樣地說鬼神的，所謂「鬼
神」，是形而下的現象，伊川用「功用」或「跡」言；橫渠則以
「二氣」言，也就是「陰陽」二氣。

　　朱子如何說「鬼神」？他說：

　　　　以二氣言，則鬼者陰之靈也，神者陽之靈也；以一氣言，
　　　　則至而伸者為神，反而歸者為鬼，其實一物而已。「為
　　　　德」，猶言性情功效。鬼神無形無聲，然物之終始，莫非
　　　　陰陽合散之所為，是其為物之體，而物所不能遺也。其言
　　　　「體物」，猶《易》所謂「幹事」。〔……〕「洋洋」，

1　見《中庸》，第 16 章。
2　程、張二子之言，出自朱子注，見〔南宋〕朱熹：《四書集注》（臺
　　北：世界書局，1997），頁 35。張子此句在〔北宋〕張載：《正蒙·
　　太和》，收入《張載集》（臺北：漢京文化事業公司，1983），頁9。

流動充滿之意。能使人畏敬奉承而發見昭著如此，乃其
「體物而不可遺」之驗也。孔子曰：「其氣發揚於上為昭
明，焄蒿悽愴，此百物之精也、神之著也。」正謂此爾。
〔……〕「誠者」，真實無妄之謂，陰陽合散，無非實
者，故其發見之不可揜如此。[3]

朱子認為陰氣之靈現者，就是「鬼」；陽氣之靈現者，就是
「神」。或如此理解：氣的前伸為「神」；歸返為「鬼」。「鬼
神」就是「氣」的向前往後的動態，所以，「鬼神」也者其實就
是「氣」之脈絡中的狀況，而人亦是這個脈絡中的一種狀態，人
仍然是「氣」的顯現罷了。然而人與鬼神仍有不同，人有形有
聲，而鬼神則無形象無聲響，惟人與鬼神之本質一樣是陰陽和合
聚散之氣；聚而有形有聲就是人，散而無形無聲就是鬼神。因
此，鬼神的真實之存有性，不是鬼神，而是陰陽。朱子認為「陰
陽」是「物」的本質，也就是「存有」的本質；在陰陽聚散流變
中，鬼神才具有實存性，離陰陽變化，無鬼神可言。

　　晚明大儒王夫之延伸推拓朱子的思想而詮釋「鬼神」，他
說：

萬物之消長亦已著矣，而不有其微焉者乎？天地之化育有
其體矣，而不有其用焉者乎？若此者所謂鬼神者也。[4]

船山認為天地化生萬物，此種生化有其本體，雖然沒有明指，但依儒家言，就是仁體天道，或就是誠體乾道。但若只是從生生不息的萬物來看，其從無而有又從有而無，不斷地流行變遷，我們透過感官而覺識到的此種萬物，只是形形色色的表象和遷化而已。船山提醒我們，感官只能及此，而更須以心來體察那個隱微之幾；此隱微之幾的發用，就是「鬼神」。王夫之再曰：

> （鬼神）往來也無心，而自有其靈爽，則有性情矣；其生殺也無跡，而固有其成能，則有功效矣。是鬼神之德也。夫其為德，則豈不盛乎！無一物焉而非其所寓也，無一處焉而非其所在也，無一時焉而非其所行焉，則天下之至盛者矣！[5]

德者就是行，即其道發行顯現之意。船山認為鬼神不像人有形相有聲音，亦找不到其「心」，但鬼神是有往來變化的，是動態的，故有其靈爽不昧的性情，亦有其生息不止的有無變動，可是我們的感官卻無法察覺。雖然人之感官不能察覺鬼神的存在，可是船山則認為鬼神顯現之德行，卻洋洋乎充滿於天地之上下左右，充滿於一切地方以及所有物之中，而且也無時不是如此。船山明顯地不是視鬼神為一個一個之物體，而是視之為「氣」；惟有陰陽之氣的大用，方能無物不寓、無所不居、無時不在。船山體會的那個「盛」，就是此陰陽生化之氣的狀態。此充盈而無缺漏的鬼神之德行的發用，即孔子所贊嘆的「鬼神之為德，其盛矣

5　同前注。

乎！」的意思。船山甚至認為一切生命有其體段、生死、功能，亦有其無方之變化，這一切都是鬼神在一切生命之內在而為其本體，才具有的。因此，鬼神雖然無形無象無聲，但生命卻是存有，所以，透過一切生命的形象聲的表現，我們可以追溯其深微的內在而體察「鬼神」。[6]船山復曰：

> 夫鬼神本微也，故不可得而見，不可得而聞也，而其無物不體，無處不流動充滿，無時不降格人心，則莫有顯於此者。蓋陰陽合散，實有其氣，則必實有其機；實有其機，則必實有其理。實有其理者，誠也；而氣機之發不容已也者，誠之不可揜也。然則天下之理誠有於中，未發雖無發見之形，已發雖無一成之節，而自然立之為大本，行之為達道，無須臾之離於人心，而修之為禮樂刑政，建之為位天地、育萬物者，其又孰得而揜之哉？幽明初無二理，在善體者不使有遺焉而已。〔……〕在君子而費有其隱焉，在鬼神而微則必顯焉，則唯誠而已矣。[7]

船山此段論述很明白地說出人與鬼神的感應和溝通，其本在於誠一之道。而其實，鬼神的本質就是生生大化流行不已的生機，顯現出來的一切生命現象，隱於其中之幾微即此陰陽之氣的鬼神。人與萬物是明，鬼神是幽，兩者原即一本而兩顯，不是分裂對立的不統一的雙元，人應修其仁心而發用於禮樂刑政來實踐仁德，

6　同前注。
7　同前注，頁148。

如此，君子之道就是鬼神之道；鬼神之道也就是君子之道，兩者實則一也，就是「誠」，其體幾微，而其發用則明白暢達。

再返視朱子對鬼神和祭祀的論述。《朱子語類》卷三，是朱子與弟子論述「鬼神」的專輯，表達了朱子對於鬼神的理解。他一開始就告訴弟子，鬼神事，是「第二著」，它無形無影，難理會，不需枉費心力去探索，人應就「日常緊切處使工夫」。他說：「子曰：『務民之義，敬鬼神而遠之，可謂知矣。』人且理會合當理會的事，其理會未得底，且推向一邊。待日用常行處理得透，則鬼神之理將自見得。」[8]朱子的意思是說所謂「鬼神」，不是第一義，而只是第二義，也就是說鬼神不是主體，主體是在鬼神的內部，含藏於鬼神的內部有其本體，我們不需在鬼神的表象中打轉追索，因為它是無形無相的，然而祂的根本為何？以下茲列朱子說「鬼神」數則藉以明之。

> 神，伸也；鬼，屈也。如風雨雷電初發時，神也；及至風
> 止雨過、雷住電息，則鬼也。[9]

朱子將天地之中的大自然現象之發生、停止，譬如風吹雨落、閃電打雷，視為「神」；風雨停止、閃電逝雷聲息，視為「鬼」。這樣說鬼神，其實說的是大自然現象中的氣候變化，由此推擴，則朱子是以萬象的生生滅滅來說生是「神」而滅是「鬼」。主體變成自然生態而所謂「鬼神」只是自然生態的變化之形容詞。

8　〔南宋〕朱熹：《朱子全書》（第十四冊）（上海：上海古籍出版社，2002），頁153-154。

9　同前注，頁154。

> 鬼神不過陰陽消長而已，亭毒化育，風雨晦冥，皆是。在
> 人則精是魄，魄者鬼之盛也；氣是魂，魂者神之盛也。精
> 氣聚而為物，何物而無鬼神？[10]

朱子認為鬼神只是陰陽二氣的消長，萬象包括生物或無生物；有機物或無機物，此一切大化流行，皆是陰陽消長、乾坤變化。因此，鬼神也者，就沒有什麼值得奇怪的，只不過是十分平常的生滅不已的自然變動而已。人亦在此大結構之中，人有精氣，精就是魄，此即鬼；氣就是魂，此即神；人本身就有鬼神的存在。再者，萬象萬有均有其精氣，是因為精氣之凝聚才成物的，由此看，萬象萬有之內在均有鬼神居焉，或如此說，即：一切存在，均是鬼神的顯發。

> 鬼神只是氣，屈伸往來者，氣也。天地間無非氣，人之氣
> 與天地之氣常相接，無間斷，人自不見。人心才動，必達
> 於氣，便與這屈伸往來者相感通。[11]

朱子認為天地萬物皆是氣之存有，包括鬼神、人、物，統統是存在於天地之一大氣之中，是此氣的總體整全的表顯。人與天地鬼神之氣是恆常交融接合為一體的，一般人平時因為眼睛看不見氣，所以也看不見鬼神，但只要心動，必能有所感通天地之氣，當然亦就能感通鬼神。

10　同前注。

11　同前注。

　　由上言知道人與天地鬼神的感通並非依賴氣，而是以心來感通的。人心最關鍵，朱子說：「人心平鋪著便好，若做弄，便有鬼怪出來。」[12]人心必須正直，這樣才能感通公平正直的鬼神，相反地，人心若是歪邪的，必然感通鬼怪出來作祟使壞。

　　朱子於此區分出正直鬼神和歪邪鬼怪。應以正直之心來感應正直之鬼神。有問：「上古聖賢所謂氣者，只是天地間公共之氣。若祖考精神，則畢竟是自家精神否？」朱子答曰：

> 祖考亦只是此公共之氣。此身在天地間，便是理與氣凝聚底。天子統攝天地，負荷天地間事，與天地相關，此心便與天地相通，不可道他是虛氣，與我不相干。〔……〕聖賢道在萬世，功在萬世。今行聖賢之道，傳聖賢之心，便是負荷這物事，此氣便與他相通。〔……〕人家子孫負荷祖宗許多基業，此心便與祖考之心相通。〈祭義〉所謂「春禘秋嘗」者，亦以春陽來則神亦來，秋陽退則神亦退，故於是時而設祭。[13]

依此，所以關鍵是在人之本心有感應鬼神的能力，因為人在天地之中，是以理和氣而凝聚的。天子治理天下，其氣與天地之氣相通，其心與天地之心相感，故天子以郊禮祭天；子孫則與祖考一氣相通，故以嘗禮祭祖，是以子孫之心感通祖考之心，因而上下幽明而一貫。朱子此段話語甚重要者在於「聖賢道在萬世，功在

12　同前注，頁 155。
13　同前注，頁 170。

萬世。今行聖賢之道，傳聖賢之心，便是負荷這物事，此氣便與他相通。」其義旨與孟子是相同的，孟子說：「舜生於諸馮，遷於負夏，卒於鳴條，東夷之人也；文王生於岐周，卒於畢郢，西夷之人也。地之相去也，千有餘里；世之相後也，千有餘歲。得志行乎中國，若合符節；先聖後聖，其揆一也。」[14]舜與文王在世的時代距離千歲之久遠，但其聖人之心志卻是一貫，古聖之道一脈相傳於今聖，其關鍵便是「先聖後聖，其揆一也」，乃是同一本心。換言之，朱子的鬼神觀和祭祀觀，是根據天理和陰陽之一貫之道，所以，祭祀之行事，上自天子而下至庶民，皆是以虔敬不二的由天而命之仁心來崇祀同樣是陰陽和合的鬼神，包括天地、聖賢與祖先。

三、祭祀

夏朝遙遠，史蹟甚闕，殷商始，可徵之史，才有一定軌轍可循，據史家言，殷人甚重視宗教，故以祭祀和鬼神為文化重心。在其信仰中，「帝」或「上帝」是宇宙最高主宰，擁有最高權威。祂掌控天時、人事，也左右人類賴以維生的農業。祂可以降禍福予人王以及城邑。日、雲、風、雨、雪諸師，就是上帝所命的使者，商王死，升天賓於帝所，在帝之左右。

殷人這樣的上帝觀，與猶太人的耶和華何其相似。但殷人的宗教卻又不是一神論，除了上帝，還有大自然的大地、山川的諸神，是他們的崇祀對象。另外，又有東南西北的四方之空間方位

---

[14]　《孟子・離婁》，第二十九。

神。

　　祖先崇拜更重要，商王祭祀的對象包括先王、先妣、多祖、多妣、多父、多母、多兄等人鬼。其實就是歷代列祖列宗。而祭禮多種且複雜，有獨祭一人的，亦有合祭若干人的，也有只祭先王及直系先王的配偶的。宗廟於建築過程中，如奠基、設柱礎、安門、落成等，均需行祭。

　　人與鬼神的溝通，用占卜行之，對於未來的天時、人事應如何對應處理，殷人均常用占卜向上帝、鬼神、祖先求得答案。[15]

　　如上所言的殷商的宗教中的祭祀和鬼神，到現代中國民間社會的崇拜和鬼神，其性質沒有根本的改變。依然拜天神地祇人鬼以及四方之神，也一樣重視擇良辰吉時進行譬如築造的大事，且一定進行祭儀，而且現代社會也流行各類占卜。

　　當代新儒家徐復觀先生則進一步指出從殷轉到周，在宗教鬼神觀中，有了一個關鍵性的精神和觀念之變化，那就是上帝和各型鬼神之所以具有超越性和神聖義，是由於「敬」的道德內容，也就是周人祭祀之鬼神，含有道德之條件，以有無「敬德」來作為天上的「帝」和人間的「王」的基本內容。中國的宗教觀，與基督教、佛教不一樣，徐先生說：

　　　　一般宗教，多有「此岸」、「彼岸」、「今生」、「來世」之說。而神的賞罰權威，常行之於彼岸，或行之於來世。這一方面可以暫時給不幸者以精神的安慰，與最後的

15　以上關於殷人的宗教祭祀，依據蕭璠：《先秦史》，收入傅樂成主編《中國通史》（臺北：長橋出版社，1979），頁 68-69。

希望；同時也可免得因此岸、今生的各種不幸，而牽涉到
神自身的權威。殷代的宗教，雖說也有帝廷及其臣正的存
在，但〔……〕只是漠然地存在。加以神與王的直接關
係，神的一切賞罰，皆須於此岸行之、今生行之；更無天
堂、地獄、往世、來生等可資閃避之地。於是王之失德同
時即是神之失靈。〔……〕殷末因紂的失德而神威已經掃
地。[16]

徐復觀先生指出中國的鬼神觀，與其他宗教不相同，沒有空間和
時間的雙元對立性，其他宗教設有「彼岸」的天堂、地獄，彼與
「此岸」的現實世界對立；亦設有「來世」，此未來世與「今
生」對立。中國從殷商始，人與上帝、鬼神皆同在此一元之世
界，由於上帝鬼神不可見，所以殷商之王及其大臣是否有德，就
直接反映了上帝鬼神是否有德。徐先生也提及西周厲幽時期政治
腐敗，故天帝之權威性乃隨之而墮落，於是「宗教性的天」遂演
變成「道德法則性的天」，著重的不是天的神祕，而是著重天的
德行。而在中國人的習俗上依然保有諸神祇眾人鬼，且彼等已經
直接參與人世之事，但這些鬼神雖然多元複雜，但卻都必須以人
文道德的精神加以統一，鬼神固然眾多，但其性格則統一於道德
法則之中。[17]

　　此種依據道德來貞定鬼神而建立祭祀原則的宗教觀，在《禮
記》中有其明白的表達。舉例而言，如：

[16]　徐復觀：〈以禮為中心的人文世紀之出現，及宗教之人文化〉，《中國
　　人性論史》（臺北：臺灣商務印書館，1994），頁41。
[17]　同前注，頁51-53。

> 夫聖王之制祭祀也：法施於民則祭之；以死勤事則祀之；
> 以勞定國則祀之；能禦大菑則祀之；能捍大患則祀之。是
> 故厲山氏之有天下也，其子曰農，能殖百穀，夏之衰也，
> 周棄繼之，故祀以為稷；共工氏之霸九州也，其子曰后
> 土，能平九州，故祀以為社。[18]

由上所言，合於聖王制定的標準而成為神祇來接受萬民代代崇祀
者，他必須在道德實踐上有很大的功勳才有資格。上引〈祭
法〉，乃是周之禮樂文制之中的祭祀之規章，無論是「法施於
民」、「以死勤事」、「以勞定國」、「能禦大菑」、「能捍大
患」，都是指那位人物曾經盡其仁誠忠義而為國家社會以及庶民
百姓求取生存和生活的大利益。這樣的人物，是根據其道德之極
大之實踐才能成神的。〈祭法〉中規定的祭祀規範，就是中國歷
來的鬼神之所以有資格被世人崇祀的標準，無此規範而有的標
準，卻有廟宇得到庶民祭拜的血食馨香，則此為「淫祀」，是歪
邪不正的魔魘，在儒家的禮規，不得列為鬼神來加以祀拜，在傳
統時代，各層儒吏於其轄區，一定查清楚地方廟宇，不合〈祭
法〉的稀奇古怪之招搖迷信的淫廟，一定毀掉禁絕。又曰：

> 社所以神地之道也。地載萬物，天垂象。取財於地，取法
> 於天，是以尊天而親地也，故教民美報焉。家主中霤而國
> 主社，示本也。唯為社事，單出里；唯為社田，國人畢

作。唯社，兵乘共粢盛，所以報本返始也。[19]

祭祀，是所以「神地之道」，所以「尊天親地」而「教民美報」；亦所以「示本」，所以「報本返始」。此有一個關鍵，就是天地、家屋以及田地，均有恩於我們人類，因此都必須加以崇敬報酬而予以禮敬祭祀。又曰：「萬物本乎天，人本乎祖，此所以配上帝也。郊之祭也，大報本返始也。」[20]因為一切生命包括我們人類，都來自於天命，人類都以祖宗為根源，所以，「聖王」亦規定了「郊祭」，其主旨就是表達對於「報本返始」最崇高的敬意。所以對於祭祀，孔子說：「三日齋，一日用之，猶恐不敬。」[21]孔子指明祭祀天地鬼神，其最關鍵處就是敬意，祭前三天修身養心而致齋，以摒除雜念，到了祭典之時，仍然惟懼惟慎，深怕不夠虔誠。

　　敘論至此，可以發現從上古以降而至朱子，儒家的鬼神觀和祭祀觀，實有其一貫性。朱子就是依此一貫傳統而編纂了《家禮》。在其〈通禮〉的「祠堂」一節，一開頭就說：「今以報本反始之心，尊祖敬宗之意，實有家名分之守，所以開業傳世之本也。」[22]此在宗祠祭祖的基本精神，就是儒家的尊德性之誠敬仁愛之心。而在〈祭禮〉的「四時祭」一節，其程序先是：前期三日齋戒，前一日，設位陳器，省牲，滌器、具饌；厥明夙興，設

---

[19]　《禮記·郊特牲》。

[20]　同前注。

[21]　同前注。

[22]　〔南宋〕朱熹：《家禮》，《朱子全書》（第七冊）（上海：上海古籍出版社，2002），頁875。

蔬果酒饌；質明，奉主就位。[23] 這些程序，都是在虔敬一心之情
形下進行的，因為如此才能感應祖先，祂們才會降臨。主人是主
祭者，而家人則為參與的從祭者，大家都必須齋明盛服、畢恭畢
敬，且每人的行走方向和站立的位置，都有一定而不能紊亂。於
是，主祭先升自阼階，搢笏焚香，出笏恭請祖先之神主出就正
寢，此時主祭須恭讀〈請神文〉，接著就是參神、降神、進饌等
儀式，然後舉行「初獻禮」。[24] 於是主祭下跪恭讀祝文，其文
曰：

> 維年歲月朔日子，孝元孫某官某，敢昭告於皇高祖考某官
> 某君，皇高祖妣某封某氏，氣序流易，時維仲春，追感歲
> 時，不勝永慕，敢以潔牲柔毛、粢盛醴齋，祗薦歲事，以
> 某親某官府君，某親某封某氏祔食，尚饗！[25]

初獻後，有亞獻、終獻，合而謂之「三獻禮」。後面還有行禮程
序，最後辭神、納主、徹、餕。如此才是圓滿完成在宗祠中的祭
祖之典禮。而祭祀的重心最重要的不在於祭品豐盛與否，而是主
祭者和從祭者全體，亦即子孫們，是不是虔敬地以其本心來與祖
先有上下幽明一貫的感通。所以，朱子特別囑咐曰：「凡祭，主
於盡愛敬之誠而已，貧則稱家之有無，疾則量筋力而行之，財力
可及者，自當如儀。」[26] 能盡心一志以愛敬之誠參與祭祀，才是

---

[23]　同前注，頁 937-938。

[24]　同前注，頁 938-939。

[25]　同前注，頁 939。

[26]　同前注，頁 941。

重點。

　　朱子大弟子亦是女婿黃榦為朱子的《家禮》撰述〈書後跋〉，其文曰：

　　昔者聞諸先師曰：「禮者，天理之節文，人事之儀則也。」蓋自天高而地下，萬物散殊，禮之制已存乎其中矣。於五行則為火，於四序則為夏，於四德則為亨，莫非天理之自然而不可易。人稟五常之性以生，則禮之體始具於有生之初，形而為恭敬辭遜，著而為威儀度數，則又皆人事之當然而不容已也。聖人因人情而制禮，既本於天理之正。隆古之世，習俗醇厚，亦安行於是理之中。世降俗末，人心邪僻，天理埋晦，於是始以禮為強世之具矣。先儒取其施於家者，著為一家之書，為斯世慮至切也。晦庵朱先生以其本末詳略猶有可疑，斟酌損益，更為《家禮》。務從本實，以惠後學。蓋以天理不可一日而不存，則是禮亦不可一日而或缺也。先生教人，自格物、致知、誠意、正心以修其身，皆所以正人心復天理也。則禮其可緩乎？迨其晚年，討論家、鄉、侯、國、王朝之禮，以復三代之墮典。〔……〕則是書已就，而切於人倫日用之常，學者可不盡心與？〔……〕是書之作，無非天理之自然，人事之當然，而不可一日缺也。見之明，信之篤，守之固，禮教之行，庶幾有望矣。[27]

---

[27] 〔南宋〕黃榦：〈書晦庵先生家禮後〉，收入《朱子全書》，同前揭書，頁 945-950。

禮，依朱子和黃榦，是天理節文，也是人事儀則。一切存有者的存有之動靜，均具禮制於其中，所以天地有五行五方，氣象有春夏秋冬四季節氣，德行有元亨利貞仁義禮智。因此，在人言，必須是「形而為恭敬辭遜，著而為威儀度數。」否則即有違天理而成為非人。在醇厚古風陶冶中的古人，其生命心性原本就安於天理中，故不需制禮以規範之，但後世之人風俗日壞而澆薄，人世間天理堙沒不彰，人心因而失其真常而邪僻，古儒懼人失德而世亂，故取施用於家的天理，形而為禮文，這就是上古的禮書，依循之而有祭法祭義祭儀，而得以崇祀追尊天地、聖賢、祖先。如此，世人方能與天地陰陽鬼神相融為一，形上形下以及幽明境界感通和諧。朱子纂修《家禮》，將上古之崇敬鬼神安頓陰陽之禮，予以重新，俾使後世得而有禮可循，依之進行祭祀，人心和社會方能安祥吉利。所以朱子的鬼神觀和祭祀觀，不是高懸的神學理論，也不是叫世人用出世的態度去祈求而上天堂或入涅槃，而是必然將鬼神與世人共同存有於大德生化的陰陽氣場，就在周遭的生活世界中，人與鬼神也與天地一體而相融，而貫透三者為一本的，是天理和仁心，因此，祭祀的精神也就是天理和仁心；而天理就是仁心，仁心就是天理；在天曰理，在心曰仁。

四、當代新儒家的鬼神觀和祭祀觀

由上所論，可以說中國儒家影響決定下的中國傳統鬼神觀和祭祀觀，從上古先秦儒家以降直至紫陽朱文公，都是一致的，時至現在，當代新儒家依從儒家傳統的常道慧命，亦有其鬼神觀和祭祀觀，而亦可上溯朱子而至孔子。

　　唐君毅先生認為中國宗教思想中有一個特色，表現於鬼神觀。他說：

> 人精神之不朽而成為鬼神，其鬼神非只居天上，而實常顧念人間。〔……〕在中國之宗教思想中，則以人之死而歸而為鬼。然鬼非歸於天上，而一去不還。偉大之人格之鬼，必鬼而神。鬼為歸為屈，為人之精神之屈而入於幽，如卷而退藏於天地之密。神則為往而再來，為死後之人之精神之重伸，而出於幽，以達於明，以放而彌六合。凡人格偉大者，其鬼必神。神必顧念世間，而時求主持世間之正義，與生人相感通。〔……〕即使人死後不朽之靈魂，不當成為一去不還者。[28]

　　唐先生認為人死後歸返於他所在的境地，這就稱為「鬼」，此種說法承繼古義而來，但他又認為鬼並非回到天上或黃泉而永離人間，他說鬼是就人死後之精神卷而退藏於密而言，但還有另一情形，就是死後的精神卻又可以從幽微之地而向外伸展，成為光明彌合於天地之中，這就是「神」，此種說法亦是承繼古義。而唐先生更進一步認為唯有偉大人格者才必然是神，祂並非一去不返，而總是顧念世間，時時主持世間之正義，因此，與活著的人有所感通。

　　唐君毅先生之鬼神觀，所謂神在世間主持正義，而與人相感

---

[28]　唐君毅：〈中國之宗教精神與形上信仰——悠久世界〉，《中國文化之精神價值》（臺北：正中書局，1979），頁 465-466。

通，此種信念即表現在中國人的民間宗教信仰，如岳武穆或關壯
繆皆於死後而成為萬人永遠崇祀的正義之大神，是中國人之武
聖，兩者之為武聖，是因為他們的忠義之實踐和犧牲。唐先生又
說：

> 中國固有思想，多信造化日新而不用其故（伊川語），於
> 是先後之秩序不可亂，故初無祖宗再投生為子孫之說。人
> 死而成鬼神，則人之生有如何之規定性，其為鬼神，亦有
> 如何之規定性。夫然，而後鬼神之不朽，乃生人之德行或
> 生命精神之全部，如其所如，以保存於天地間而未嘗散
> 失。鬼神之進德，亦當賴其與生人作不斷之感通。由此感
> 通，不僅鬼神，可有裨益於生者；而孝子慈孫，亦可以其
> 誠敬之心，使祖宗鬼神，得向上超度，而日進於高明。
> 〔……〕凡謂鬼神之有真實意義者，皆恆對其理或對其
> 氣，視為可以與生人相感通，而有裨益於生人者。[29]

佛教有些經典會說一切六道眾生都可能曾經是我們無窮前生的父
母，舉例言之，如《大乘理趣六波羅蜜多經》有曰：「菩薩摩訶
薩亦復如是，發菩提心觀於十方，六趣四生皆是我之宿世父母
〔……〕」[30]因此之故，佛家禁人殺生食肉，就是因為爾所殺害
且噉之的牲畜，很有可能是爾某一生中的父母。佛家之所以有此
種思想，是由於佛家相信生命輪迴。然而，儒家卻沒有此種生命

29　同前注，頁 466-467。
30　〔南北朝〕罽賓國三藏般若譯：《大乘理趣六波羅蜜經・發菩提心品》
　　（臺北：方廣文化事業公司，2016），頁 55。

歷劫而不斷輪迴之論，而是如唐先生此處提到的觀點，即他引程頤所說：「造化日新而不用其故」，亦即天道大化流行而萬物生生不息，此一切萬物有生有滅、有來有去，也就生滅一次矣，也就來去一次矣。個體存有物不會輪迴而重新再重複，譬如孔子不會輪迴到宋朝投胎為朱子。唐先生自己也說「人死而成鬼神，則人之生有如何之規定性，其為鬼神亦有如何之規定性。」此句話語猶如孔子對子路之言，子路問死，子曰：「不知生，焉知死？」問事鬼神，子曰：「不能事人，焉能事鬼？」[31]此句並非表示孔子是無神論者，相反，孔子是具有深厚的鬼神觀的，他告訴子路須通透幽明兩界，須知悟「生」，就能通達而知悟「死」；須先能事「人」，才能事「鬼」。在孔子，生死連貫為一體；人鬼也連貫為一體，而我們是生生之人，所以，開端在人之生，而從人生實義自然能體悟死和鬼的意思，而人生實義就是仁，在仁的包容中，生死同一、人鬼同一。在《論語》中，記「鄉人儺」，也就是鄉人為了驅鬼而舉行「儺祭」，孔子特別穿著上朝的官服立乎其家廟的阼階之上，其目的是防患鬼物侵犯祖先。[32]此記載，反映孔子有其莊重的鬼神信念。又《中庸》載有孔子說到參與祭祀的心，是這樣的：「鬼神之為德，其盛矣乎！視之而弗見，聽之而弗聞，體物而不可遺。使天下之人，齋明盛服，以承祭祀，洋洋乎如在其上，如其左右。《詩》曰：『神之格思，不可度思，矧可射思！』夫微之顯，誠之不可揜如此

---

[31]　《論語·先進》。

[32]　《論語·鄉黨》，其有曰：「鄉人儺，（孔子）朝服而立於阼階。」儺，就是傳統宗教中驅逐厲鬼疫鬼的儀式。

夫！」[33]鬼神是氣，我們的五官無法看到、聞到，但祂們如其所如地在我們的上下周圍存在，鬼神與我們是以誠敬之心而感通。依此可證唐君毅先生的鬼神觀和祭祀觀，其精神與信念，與孔子乃是一以貫之的。

所以，孔子直至唐君毅先生，他們的鬼神觀一致，人之生命有如何的規定性，則其死後而成為鬼神，就有如何之規定性，換言之，鬼神之道是什麼呢？那就是人之道；人道即仁義乾坤之道，故鬼神的存在之道也不能離開仁義乾坤之道。

當代新儒家的祭祀觀則有「三祭」的說法。三祭就是「祭天地、祭祖先、祭聖賢。」唐先生說：

> 中國傳統之宗教性的三祭，不重祈求而特重報恩，故此祭中之精神，為一絕對無私之向上超升伸展，以達於祖宗、聖賢、天地，而求與之有一精神上之感通。而其使人心靈之超越性無限性得表現之價值，則與一切宗教同，而此所祭者中，包含自己之祖宗，自己地方或自己所特崇拜之聖賢人物，則表示一對於「我之個體之特殊存在，與所祭者之特殊的生命精神之關係」之重視。〔……〕而使我之祭之精神，更易於當下充實飽滿於我與所祭者之關係中。[34]

唐先生於此所言「三祭」，重視的是祭祀者對於祖先、聖賢、天地的由下而上、由明而幽的無限及誠一之心靈的感通。同時，三

33　《中庸，第十六章》。

34　唐君毅：〈宗教信仰與現代中國文化〉（下），《中國人文精神之發展》（臺北：臺灣學生書局，1974），頁 385-386。

祭也重視祭祀的主體我和自己敬拜的鬼神之氣的一貫的特殊性，換言之，行祭的對象是主體之我所面對、臨在的祖先、聖賢、天地，此即孔子所言的「非其鬼而祭之，諂也。」的意思，傳統時代的儒家在地方上出仕，不准庶民隨便給奇奇怪怪而未入祭義之鬼神立祠祭拜，也是此種觀念下的行政措施。

關於儒家強調的「鬼神」和「三祭」，當代新儒家蔡仁厚先生亦有闡述。關於鬼神，蔡先生談到「靈魂不滅」：

> 「靈魂不滅」這個觀念，大體可以從兩種型態來表示：其一，是承認一個鬼神世界：中國的傳統是有鬼神觀念的。人們常如此認為：一般人死後成為鬼，仁人君子與忠孝節義之士則可以成為神明。人的生死，正是彼世界（鬼神）與此世界（人間）的一個來回。《禮記·祭義篇》說：「眾生必死，死必歸土，此之謂鬼。」《說文》也以人所歸為鬼，而有「鬼者，歸也。」的說法。人死之後，既仍然可以和祖先同在以得其歸依，那也就沒有什麼可怕了。所以中國人繞著祖先的墓園走一走，看一看，或者躺在祖墳旁邊休息一下，都會得到一種「慰情」之滿足。[35]

蔡先生此言鬼神，與古儒以及唐君毅先生的觀點完全一致。特別是他提到祖宗墓園，子孫祭掃並照料祖墳，而有祖先與子孫之心的相感應而得幽明兩界的慰情，是中國人特有的鬼神和宗教情

---

[35] 蔡仁厚：〈儒家精神與道德宗教〉，收入氏著《新儒家的精神方向》（臺北：臺灣學生書局，1984），頁 50-51。

操。蔡仁厚先生敘說的此種慰情，牟宗三先生在其《五十自述》
一書中也有訴及，他說：

> 我的村莊是處在環山的一塊平原裏，村後是我們牟氏的祖
> 塋，周圍砌以磚牆，範圍相當大。〔……〕白楊蕭蕭，松
> 柏常青；豐碑華表，綠草如茵；苔痕點點，寒鴉長鳴。
> 〔……〕一到那裏，便覺清爽舒適，那氣氛好像與自己的
> 生命有自然的契合。〔……〕夏天炎熱鬱悶，那裏卻清涼
> 寂靜，幽深邃遠，那不是蒼茫寥廓的荒漠，也不是森林的
> 濃密，所以幽深邃遠也不是自然宇宙的，而是另一種意
> 味。[36]

牟先生追懷其故鄉山東棲霞牟家疃牟氏墓園，云及墓園並不恐
怖，而是「清涼寂靜，幽深邃遠」，此種感應，不是源於自然宇
宙的，而是源於如同蔡仁厚先生所言的「慰情」。上下兩代的當
代新儒家對於祖先之宗教情懷，其實是相同的，而此種心情，是
中國儒家的慎終追遠地崇祀祖先的傳統。

　　基於上言，儒家的「靈魂不滅」的觀點是人死後稱為「鬼」
而歸返其最終歸宿的祖先身旁，此種歸宿，有如回返家鄉一般的
感情，其實與佛教所言回到淨土或基督宗教所言回到天堂，並無
不同。

36　牟宗三：〈在混沌中成長〉，收入氏著《五十自述》（臺北：鵝湖出版
　　社，1989），頁3。

其二，是創造不朽的價值以得永生：〔……〕人把自己的精神心靈，化為德、化為功、化為言，於是他的生命便隨著他所創造的價值而垂於久遠了。他永遠活在後人的心裏，〔……〕人縱然不要求自己永生，至少我們希望聖賢能夠永生。但只是希望，還不足以滿足我們深心的要求，於是又立廟宇、塑金身、立神主，祭之、享之、祀之、敬之。所以聖賢孝子忠臣義士，都能俎豆馨香，血食千秋，我們都把他們看做不朽的神明。[37]

立德、立功、立言的「三不朽」，亦是靈魂不滅。此種靈魂不滅的意思不是指個體我，在己死後，還有一個「神我」或「神識」，仍然在天地宇宙中存在，並過著其死後的生活。此是指道德的不朽，是指聖賢人格永遠在世人的心中而被尊崇，且其思想、觀念亦仍然正面積極作用於世上，譬如孔子、朱子、陽明等大儒之仁義之德和學，依然是中國人的文化、心靈的中心。再者如忠烈殉節以及開疆衛民之士，譬如許遠、張巡、岳飛、文天祥、黃道周、陳元光、王審知、鄭成功等，都成為大神而受後世萬民馨香崇祀，他們之所以成神乃合於《禮記・祭法》，而一般庶民祭拜這些民族神祇時，不是視為木頭偶像，而是在內心中確實感應祂的如在上下左右而栩栩如生之存在。蔡仁厚先生之論述，正是從古代到當代儒家的共義。

關於三祭，蔡先生說：

---

[37]　同注 35，頁 51。

儒家的道德宗教精神，具體地表現在中國的禮教之中，禮教的形式雖已衰微，但它內涵的思想精神，仍然活躍在文化心靈之中。在此，我們〔……〕只就它最能顯示宗教精神的「三祭」之意義，來作一個反省和考察。

一、祭天地：這裏所說的「天」，不是天文學上的天，而是有意志的天，在以前也常稱之為「上帝」。〔……〕又轉為形上實體的意義，而說天道、天命、天理、天德等。這表示「天」有豐富的內容。因而，許多具有不同類型的宗教情緒的人，都可以從不同的方面對它引生誠敬，而來尊信它。〔……〕這裏所說的「地」，也不是地理學或地質學上的地。中國人自地是大地生機，是持載之德。《中庸》說「天覆地載」，地能持載萬物，這就是地的偉大。中國文化也正表現「載」的精神，〔……〕能包容各種宗教與文化真理，這就是「地德」。天為乾、為父；地為坤、為母。天在上，地在下，而中國文化精神不但能上達天德，也能下開地德。天德成始，地德成終。終始條理，金聲玉振，而後大成。[38]

在這一段，蔡仁厚先生是以《中庸》和《易》兩部儒家經典來說明中國人對於天地之德的感應、懷恩。此種詮釋，當然是儒家的上層思想而有的對於天地之生生之德的誠敬之思，但就一般庶民社會言，他們崇敬天地之宗教祭祀，是將天視為皇天，轉而為天帝、天公之最高神祇，此在道教就是玉皇大帝；而將地視為后

---

[38]　同前注，頁 55-56。

土，轉而為土地公、福德正神等，屬於大地之神祇，關係到庶民的農耕、聚落等直接的日常生活之平安和樂豐足。前者是大傳統，後者是小傳統，兩者有一個一貫之道，就是對人而言，天地之存有意義無他，即生生養護之大德。

> 二、祭祖先：天地創生萬物，是一切生命之始，而祖先則直接給予我們生命，〔……〕祀敬天地和祖先，同樣都是「報本返始」、「慎終追遠」的精神。我們〔……〕如果承認生命的可貴，那麼，中國人之敬祀祖先，就無疑的是一種非常高貴的傳統。〔……〕「齋明盛服，以承祭祀」，根本不是一般祈福消災的心理，而是致誠敬以徹通幽明的限隔，頌祖德以期子孫之繼述光大。這種縣縣穆穆的深摯情懷，既表示精神生命的擴展與延伸，同時也是一種人神交通的精神生活。[39]

蔡先生所述中國傳統的祭祖先，最重要的精神是「報本返始」、「慎終追遠」，也是盡致子孫對祖宗之德的誠敬之心，藉此來徹通幽明的限隔，並且期待此祭祖的禮儀和誠心能夠將祖先的令德感召活在世上的後人並傳諸長久而能光大之，此即所謂「光宗耀祖」之真義，所以，在儒家的祭祖先的宗教性中，並無祈福消災的功利心態，而純然是道德倫理的一種崇祀之禮樂。蔡先生此處所言，其實其核心精神亦是朱子修纂《家禮》的本旨。

---

[39] 同前注，頁 56。

　　三、祭聖賢：天地是宇宙生命之始，祖先是個體生命之
始，聖賢則代表文化生命。聖賢人物之所以值得崇敬，就
在於他們以自己的生命、德性、智慧，開發了人類精神無
限向上之機，使人反求諸己，就可以覺識到生命中莊嚴神
聖的意義。聖賢立人倫、興教化，為人類安排了一個精神
生活的軌道，開闢了一個精神心靈的領域。他所提揭的文
化理想，也為民族文化指出了一個正大的方向，而使之有
文化慧命之永恆相續。〔……〕當我們面對聖賢的時候，
那種莊嚴肅穆的心情，就直接地使我們個體的生命，和民
族文化生命的大流通在一起。[40]

蔡先生指出天地和祖先是在自然和個體的生命之大流中使我存
在，但人之所以異於禽獸，人之不純然只是自然洪荒中的一種生
物，而具有人文價值之存有性，乃是因為古聖先賢代代相傳創造
的人倫道德和文化智慧給予的。後人何以祭聖賢？並非將聖賢看
成是可以趨吉避凶的大神，而是在文化方向和文化意識的大江巨
河之中，能夠使自己從自然天地之生物性中向上躍升，完成一個
質的轉換，而成為人文道德倫常之文化人。世界和生命之所以有
意義，是因為這個質之變化，其關鍵性是歷史長河中的聖賢起了
創造性而有的。就儒家言，周公制禮作樂以成「周文」，這才是
中國之最重要的意義創造，再由孔子賦予了內在恆常核心價值，
此即以「仁」為中心的中國人文道德倫理。孔子之後的聖賢皆在
此正道之脈絡中剛健永續地傳揚。祭聖賢的崇祀，其意義就是尊

---

[40]　同前注。

崇敬重此條仁義正道的剛健永續性。從古代到朱子以迄當代新儒家，其道一也。

五、結論

　　現代性的核心精神是去鬼神觀和去祭祀觀。所以，愈是現代性的社會，也就愈是工業科技發達的國家，或愈是產業繁榮、人口眾多的大城市，由於世俗化的衝擊和洗刷，其宗教性就愈衰退，生活中的神聖性就愈消逝。因此現代化下或城市化下的人之宗教心和神聖心也就愈來愈淡漠、陌生，很多現代城市文明人已無鬼神信仰也無祭祀了。

　　一個不尊重也不感通天地、聖賢和祖先鬼神的社會，而且也不知道制作禮儀來定期虔心一志地祭祀的人群，必定不能敬重愛護天地、生命、文化和歷史。此即現代世界人心的異化以及由此演化生出來的生態、文明的雙重危機和困境之重要原因。

　　中國儒家的鬼神觀和祭祀觀，不是迷信，它是一種仁愛之德的實踐。從孔子到朱子以至當代新儒家，在他們的智慧和道德中，依據仁心而來感通鬼神並且虔誠行祭而得到天神地祇人鬼的陰陽之氣的和合，這是一種核心價值。在扁平蒼白的當代，儒家的鬼神和祭祀的思想，很值得珍惜，應予以復興。

拾壹　中國政道的傳統理想和問題及現代民主：熊十力、徐復觀和孫中山

一、前言

　　中國儒家的理想政道出現於《尚書·堯典》的「禪讓政治說」，它表現了依據「聖賢之德」來公開薦舉政權掌握和執行者的政統觀，而且天下亦不是只由此政權領導一人裁斷處理，而是必須充分聘任各種德能兼備的人才來治理天下的各個領域之大事，在一段時間之後，天下的政權須傳賢而不是傳子，故是堯傳了舜，舜又傳了禹，表明了政權以聖賢傳聖賢乃是原則而不是特例，因為「三」是象徵多數。[1]此種理想政治觀，我們可稱為

---

[1]　《尚書·堯典》，載堯舜禹的以德傳位的故事，堯舜禹不必然是確定的個人，且〈堯典〉之成文，亦是「三代」之後的時代，但我們不能如民初的「疑古學派」把古史統統推翻認為虛造。〈堯典〉是儒家的政治文化之德治主義的理想型，在其中表達了以德傳賢的政道觀，主張集體對領導者之考驗以及政道與治道區隔且執政有一定任期之政治思想。惜乎此種政治理想兩千年不得實現。

「德治主義」的「公天下」。但《尚書》後面卻又記載了大禹之後變成傳子而首開中國王朝的「夏」，乃是指出中國上古，在政治的現實面，其實是私天下的「血統主義」；公天下只是儒家政治之「理想型」，堯舜之古義，乃是儒家託古而提出來的完美政治形式，其實，夏之前渺遠難證，是部落氏族紛立的文明體系而已，而從夏朝開始一直到清朝，中國的政治現實是一家一姓血統世襲的君主專制政道。

雖然政治的現實是私天下，但儒家並沒有丟棄其公天下的理想政治觀念。所以，在《禮記‧禮運》載有孔子之言：「大道之行也，天下為公，選賢與能，講信修睦。」[2]選賢與能有一前提，那就是「天下為公」，換言之，選舉賢能之士，是為了「公天下」而不是「私天下」的政治，故非在帝王專制下的選任官吏而已，其選舉賢能，乃是指依據選舉方式公選出德能兼具的治理天下之統治者而言。孔子修《春秋》，孟子和司馬遷都指出其志乃在否定私天下體系的天子、諸侯、大夫等統治階級，而主張太平世的公天下之理想政治形式之實現。

總之，中國政道的傳統儒家理想，十分清楚，主張天下為公，由聖賢之人，依據公眾選舉，以德得位，並以德而禪讓大位且有任期。然而中國的政道現實是以力取位的「血統世襲主義」之帝王專制政體。

兩千多年來的傳統儒家，久而久之，其實已經忘記公天下的真正意義，那就是消除專政統治階級而實踐「人人皆有士君子之行」的政統在民而無君的此種民有政權的政治，傳統儒家只以為

2　見《禮記‧禮運》。

仁政王道是指「聖君賢相」的政治體制，其實這只是孔子所說的「六君子」的「小康世」。

此種遺忘上古儒家公天下的政道而不知或不敢直接指明專制皇權之不合道統、違背政統，是包括程朱陸王等大儒的，只有黃宗羲有意識地說「天下是天下人之天下」，明白政統不應屬於一家一姓之私產，但也只是如千古暗夜之一點微光，旋起旋熄。

進入現代，當代新儒家和開明的革命家孫中山先生才真能掙脫傳統的拘絆，可以真正看見孔子的天下為公的公天下理想政治之精神和內容。

本文嘗試略論當代新儒家熊十力先生、徐復觀先生的中國儒家之政道觀點以及中國傳統政治問題的評述，並討論其等對於現代中國之民主政治之看法，再論及孫中山先生的《民權主義》的權能區分之民權政制之規劃。

二、熊十力論儒家公天下政治觀和革命權

熊十力先生晚年之學術思想歸宗儒家《大易》和《春秋》，前者以「乾元」為主旨而後者以「春王大一統」為主旨，兩者整合儒家內聖外王的「以仁為體」的一貫之道。基於此理念，熊先生遂有其大同太平觀的理想型之政治觀點。在其多部著作中皆明此種政治理想型之思想。本文謹取其中相關的論述段落而明之。熊十力先生說：

> 《春秋》以道名分，何耶？秦以後奴儒，皆以正名定分，為上下尊卑之等，一定而不可易。此緣維護帝制之私，不

　　惜厚誣經義。至可恨也。[3]

熊先生認為孔子修《春秋》，在其中的名分大義，根本不是為政權世襲的「血統主義」而立，他認為秦以後，儒家在帝王專制政治之宰制之下，皆成為「奴儒」。

　　然則，《春秋》大義何在？熊十力先生曰：

　　太史公在漢初，治「公羊學」，古義未墜。其言聞諸董生，《春秋》貶天子、退諸侯、討大夫，以達王事而已云云。古訓「王」者，往義；王事，言天下所共同向往之事，如《易》之〈比〉卦，明萬物互相比輔而生，〈同人〉之卦，明人類當去私而歸大同，〈禮運〉言天下為公，事變無窮矣，畢竟向此大道而趨，是謂王事。[4]

熊先生提出司馬遷引董仲舒之言《春秋》之大義，是為了「達王事」，也就是主張政治的理想是萬物互相比輔而生，去掉私天下而歸於公天下。換言之，天下不屬於一家一姓而是屬於天下人的天下，此種理想政治，就是孔子心中的「王事」。又說：

　　《春秋》撥亂世，而反之正。貶天子、退諸侯、討大夫，曰貶、曰退、曰討，則革命之事。所以離據亂而進昇平，

3　熊十力：《論六經》（臺北：明文書局，1988.3），頁5。
4　同前注。

以幾于太平者，非革命，其可坐而致乎？[5]

據《春秋》，則中國政治欲從「據亂世」而上升到「昇平世」，最後希望臻於「太平世」的公天下之治，必須進行革命才能完成。

熊十力先生認為孔子主張以革命方式來追求公天下的政治理想之實現。他說明「君臣名分」之害，他說：

> 夫「名分」者，當群品未進，而統治階層以是整肅眾志，使其安于處卑，而無出位之患也。故名分為封建社會思想之中堅。一切文為、制度，無一不與名分攸關。乃至心有所思，口有所議，罕有超于其時眾所共守之名分，而脫然獨往者。吾儕讀漢宋群儒之經注或文集，及其立朝章奏，隨在可見名分二字，為其思想界之根底。漢以來二千數百年，社會之停滯不進，帝制之強固不搖，雖原因不一，而名分之束縛吾人，未始非主因也。[6]

熊先生此處所言「名分」，切莫誤會是儒家所說的道德倫常的「五倫」，而是從封建政治到帝王政治關係到統治者之專政的一種政治上的強制性規則或教條。在名分之規約中，封建時期的貴族和平民涇渭分明，不可違禮而僭越；帝王專制時期，帝王貴冑與士農工商是具有鴻溝的不同類型群體，兩者之名位分際是清楚

而不可更動的。甚至連人民階層中的士農工商亦有一定的禮法規範，故長期禁止商賈衣絲乘車。熊先生指出從封建以至專制時代的兩千數百年，在名分禁錮下，中國社會遂停固不進。

先秦儒家並非就安於此種外在約束的君臣名分，孟子就弘揚革命之大義，他說過：「民為貴，社稷次之，君為輕。」[7]也說過：「賊仁者謂之賊，賊義者謂之殘；殘賊之人謂之一夫。聞誅一夫紂矣，未聞弒君也。」[8]荀子說過：「奪然後義，殺然後仁，上下易位然後貞。」[9]荀子也認為對於獨夫，在下者有權奪而殺之，將統治和被統治階級的位置上下改易，此乃是仁義之事。熊先生在此種先秦儒家的理想政治觀之基礎上，乃曰：

> 昔者孟子生當戰國，憤秦人以暴力圖霸。（古之霸者，猶今云帝國主義者。）乃盛倡賤霸之論，所以改革名分，振弱小之餘氣，扶人道於將傾，功亦鉅哉。孟子，「公羊春秋學」也，故能知孔子筆削之意。莊生獨與天地精神往來，脫名分之桎梏。將使萬物各暢其性，蓋得力於《春秋》者深矣。[10]

依此，熊十力先生認為先秦孟子儒家和道家莊子皆受《春秋》的張三世觀之影響而主張「公天下」。基於此，熊先生提出一個觀點：

7　見《孟子・盡心下》。
8　見《孟子・梁惠王下》。
9　見《荀子・臣道》。
10　熊十力，同注3，頁7-8。

漢以後奴儒，媚事皇帝。其釋《春秋》及群經，乃盛張名分。以摧抑群黎。遺毒既深。而《春秋》本旨遂長晦。莊生言《春秋》道名分者，即史公所云貶天子、退諸侯、討大夫等義也。其道名分，所以破除之也。名分破，而後小民解縛；去奴行，則養之以同德；掃陋習，則誘之以求知；勵勇任，則安之以樂利。《春秋》張三世，其由升平而進太平也，則有群龍無首，平等一味，各得其所之盛。[11]

專制政治的統治者與被統治者的「君臣名分」，經由《春秋》的貶天子、退諸侯、討大夫的革命而打破之後，從升平世上升到太平世，那就是一種「見群龍無首，吉」的全民平等之社會的實現。

　　熊先生認為儒家的政治理想是要打破政治社會的階級的，那就是真正民主的「大同世」或「太平世」。但依《禮記・禮運》，現實上還是存在一種具有階級的「小康世」政治形式。熊先生曰：

〈禮運篇〉，其言小康之治，頗贊禹、湯、文、武、成王、周公六君子之盛績。六君子於「據亂世」得致小康，其事誠不易，其功未可薄。而孔子所當之世，猶未離據亂，亦不便遽捨六君子之禮教。（小康之世，正是封建思想，其禮教，即以上下尊卑之名分為主旨。）故刪定《尚書》，以存

11　熊十力，頁8。

六君子之績，使來者得有所考鑒。[12]

所謂「六君子」，是從夏禹君王之位傳子而非傳賢的政權世襲血統主義開始的，其「禮」正是封建政治的禮樂文制，不是以德傳承的禪讓公天下的理想政治。何以稱為「小康」？是因為六君子是「賢能之君」的代表或象徵，還能勤政愛民，且後之離據亂而進升平，由升平而趨太平，是自小康開始。所以孔子就此點乃加以肯定。

若依據這樣的觀點，然則，中國從封建到帝王專制時代的兩千數百年之政治，若是遇到「賢君能臣」為民造福的時代，譬如「貞觀之治」、「康熙之治」等較富強承平的時期，就可稱為「小康世」或是「升平世」。但離開孔子的「大同世」、「太平世」的境界依然甚遠。

熊十力先生遂取〈禮運〉的「小康世」之文而加以解釋，強調六君子之體制不是孔子的政治理想形態之「人人皆有士君子之行」而「見群龍無首吉」的公天下之儒家義的民主政治，故不足為後世法。[13]熊先生接著闡釋曰：

六君子之為禮也，其要歸，在信義仁讓，誠為生人常道，不可或渝者，但其禮制，猶未能蕩除階級。此乃據亂世之制度，非天下為公之大道也。故孔子之書，首堯舜，因堯舜不以天下為一家私產，故托堯舜之事，用明天下為公之

12　同前注，頁 110。
13　同前注，頁 110-112。

> 道，〔……〕六君子者大都因時立制，非可為萬事不易之
> 常法。〔……〕東周以後，孔子於《詩》，言革命；於
> 《春秋》，言升平、太平之治。〔……〕余以為升平、太
> 平之治，必由信義仁讓，而後可幾。[14]

依此，封建政治和專制政治的小康世、升平世的禮樂文制，均非
孔子儒家的理想型，東周以後，孔子見天下為公的大道不行，故
乃而主張人民革命的權利。

　在本文所引述的熊先生之文章中提及「群龍無首」，其來自
《易・乾・用九》，熊十力先生對此特有其體悟，他說：

> 見群龍無首者，於大用流行，而特舉乾之方面以言。則見
> 眾陽俱為君長，更無有超越眾陽而為首出之上神者，故以
> 群龍無首象之。如〈乾〉卦，自初九，九二，乃至上九，
> 是謂眾陽。且不獨〈乾〉卦而已，「坤」之元即「乾
> 元」。是〈坤〉卦六爻，所表之一切動端，或一切物事，
> 皆「乾陽」隱為之主。「坤陰」非離「乾陽」而獨在也。
> 六十二卦，皆陰陽相待成變。而凡陰皆以陽為主。（陰為
> 質，而陽為神；遍運乎群陰之中而為其宰者，陽也。）故〈乾〉卦
> 眾陽，已統攝六十三卦之陽，易言之，六十四卦，三百八
> 十四爻，所表一切動端，或一切物事，莫非「乾元」也。
> 故以群龍象眾陽焉。既以一切動端，或一切物事，而皆見
> 為「乾元」。則非獨不承認有超越萬有之上神，即亦不可

---

14 同前注，頁 112-114。

離現象而覓本體，乃即於一切現象而識本體。故為群龍無
首之象。[15]

此大段敘論，是熊先生詮釋「乾」之「用九」之文的觀點，一切
萬有，包括人在內的所有生命心靈，都是「乾元」的圓成實現，
他又以大海水和眾漚的即體即用來形容。「譬如於甲漚，而識其
體即是大海水；於乙漚，而亦識其體即是大海水。乃至無量漚，
皆然。由此譬況，可知無有超脫現象而獨尊的本體，頗與群龍無
首義符。」[16]《易·乾》之「用九」，說出一切存有（beings）均
是完全的「陽」，也就是在每一存有，都能顯現完滿的「乾
元」，換言之就是完滿的「仁體」，如同「大海水」是由無量
「海漚」集聚而成，而每一漚就具有完滿的大海水的本性。

　　上述熊先生之論，是從本體宇宙論的觀點而說的，在《易》
就有如此體用合一而以用顯體的意思。而這樣的觀念若是落實在
人文政治上而言，那就如熊先生的說法：

復次以治化言，則人道底於至治之休。其時，人各自治，
而亦互相為理；人各自尊，而亦互不相慢也；人各自主，
而亦互相聯繫也；人各獨立，而亦互相增上也；人皆平
等，而實互敦倫序也。全人類和諧若一體，無有逞野志，
挾強權，以劫制眾庶者。此亦群龍無首之眾。《春秋》太

15　熊十力：《讀經示要》，下冊（臺北：明文書局，1987.9），頁 655-
　　656。
16　同前注，頁 656。

平，《禮運·大同》皆自乾元之義，推演而出。[17]

熊先生此論，若依儒家《易》、《春秋》、《禮運·大同》的理想政治的思想，則中國的政道必實現「人人皆有士君子之行」。此句乃董仲舒語，他說：「教化流行，德澤大洽，天下之人人有士君子之行。」[18]因此，儒家的民主政治，其重點是在「教化流行」和「德澤大洽」，也就是人文道德的教育已然普及深入廣被於全體中國人的身心，到此境界，就是一種無有「統治階級」和「被統治階級」的平等自由的政治形式，它是從仁義之道發展規畫出來的中國儒家「道德理想主義」的民主政治，當然有政府的制度和結構，可是操作者不是高高在上的專制者統治者，而是全體公民之公務人員。

熊先生認為儒家的政治理想是要打破政治社會的階級的。他取〈禮運〉而言「小康世」和「大同世」的差別，而真正的太平大同之理想政治形態，是一個沒有統治階級和被統治階級的雙層結構的社會，而應該是政治由公民而掌握、運作，而此公民則必須是有道德涵養且有豐富知識的國民。

儒家或孔子的大同世的公天下政治思想，熊十力先生是如上這樣詮釋而肯定的。而其中也帶有「革故鼎新」的革命觀。在《論語》中，也有孔子的「三變」，亦即孔子從肯定六君子小康世而漸變為主張革命而進至大同世或太平世的大道之行、天下為公的公天下。

---

[17] 同前注，頁 656-657。

[18] 〔漢〕董仲舒：《春秋繁露》卷第六，〈俞序，第十七〉（臺北：河洛出版社，未注出版年分）。

先師愛新覺羅毓鋆先生在其講課中有曰：

> 孔子的思想在《論語》中有三變：
> 1.「郁郁乎文哉！吾從周」。崇拜。
> 2.「久矣！吾不復夢見周公矣」。起疑。
> 3.「吾其（豈）為東周乎？」孔子在東周而不助東周，乃
> 另有所為，為其新王思想。《春秋》「以魯當新王」，否
> 定當政者。
> 〔……〕
> 孔子作《春秋》，貶天子，退諸侯，討大夫。《春秋》志
> 新王。[19]

先師毓老師之詮釋《論語》的孔子對周政的禮樂文制的三變，最
後於《春秋》經中提倡「新王」，可以支持熊十力先生論述的孔
子公天下之儒家型民主政治觀，亦即「道德理想主義的民主政治
思想」。

三、徐復觀論中國政道的儒法思想
及其糾結的問題

徐復觀先生是最直接主張中國應該實踐民主政治的當代新儒
家的代表性學者。他對於傳統中國兩千多年的帝王專制政治，有

---

19 愛新覺羅毓鋆：《毓老師講論語》（下）（陳絅筆記，臺北：中華奉元
學會，2015.4），頁 287-288。

十分尖銳的批判，但他卻不是「全盤西化論」者之如垃圾一般鄙視丟棄中國傳統文化。西化派鼓吹的西方資本主義形態的民主政治，以兩黨的選舉來操作國家的治統，其中以公民通過國會制定的法律來進行政黨政治的遊戲，但參政者是不必論及德性和學問的，只要有選票的支持即可。此種政治在臺灣已是一個現在進行式甚至已是完成式，政客的唯權謀數術而不顧念道德倫常，是非常稀鬆平常的情況。且在此種形式的政治影響中，「民粹」之風甚囂塵上，若以中國儒家古語來說，就是已至「小人道長，君子道消」的狀態。

　　徐復觀先生的民主政治觀是「道德理想主義的民主政治」，在臺灣有別於西方資本主義文明體制下的標榜「自由主義」的民主政治觀。因為徐先生首先肯定了「道統」觀念。他說：

> 文化是人類歷史之共同蓄積。只要承認文化，總得承認其由歷史而來的文化之「統」。「統」即是傳承。〔……〕中國近代政治領導人物中，堂堂正正提出「道統」者是孫中山先生，但誰也不能否認他是中國民主運動中的偉大領導人物。中國專制帝王之御用智識分子，總是通過其各式的開科取士的「門生」而始能達到若干目的。〔……〕但開科取士之與道統無關，以至中國真正讀書人的一貫看不起任何形式的科舉。〔……〕我不能說談道統即是政治的民主，〔……〕但可以斷言真誠談道統的人，他對於自己國家民族的歷史，對於比他早死了幾千年的為了文化真切用過一番苦心的先哲，總是多一種親切之情、虔誠之感、謙敬之意。這較之以一種陰狠狂妄之氣，不問青紅皂白，

> 一口抹煞他自己的祖宗，罵自己的祖宗一錢不值的人們，
> 其在政治上，當更容易接近民主。這些陰狠狂妄之徒所以
> 談民主自由，是因為真正權力不在他手上，聊以此作個人
> 生活興趣的擋箭牌。假定這些人一朝權在手，則充其陰狠
> 狂妄，有「統」皆非的想法，便非大大的焚坑一陣不可。
> 所以我主張不談文化則已，一談文化便應該談「統」。我
> 並且希望有些人出來斷然以道統自任。[20]

徐先生在這一大段論述中提出「道統」，是點明任何文化民族必
有其傳承的統緒，否則不可能延續發展文化民族的命脈和特色。
中國儒家提出「道統」，而儒家從其道統為核心，故有中國儒家
主張的以民為主體的理想政治觀，而此種以民為主體的理想政治
觀發展之下，才能於今日的中國推展出合乎中國道統的民主政
治。徐先生特別舉出領導國民革命而推滿兩千多年帝制開創亞洲
也是中國第一個民主共和之國體的孫中山先生，他因為深悉並敬
重中國文化統緒，故能堂堂正正提出中國的「道統」，更是在此
中國傳統的文化之大道中，建立屬於中國自己的民主共和的政
道。徐復觀先生更明白斥責所有反中國文化和道統的那些「陰狠
狂妄」的人，都是虛假的民主政治的鼓吹者。徐先生此文所斥責
的對象，其實就是民初新文化運動以降的那批「全盤西化論」
者，他們以「自由主義」的信徒自居，全盤詆謗罵詈侮蔑中國傳
統文化和儒家道統，而甚膚淺輕浮地橫引西方資本主義文化下的

---

[20] 徐復觀：〈儒家精神的基本性格及其限定與新生〉，收入氏著《儒家政
治思想與民主自由人權》（蕭欣義編，臺北：八十年代出版社，
1979.8），頁 47-48。

選舉形式之政治制度而無限上綱成為所謂他們宣傳的「普世價值」的「民主政治」，但此輩既能「以一種陰狠狂妄之氣，不問青紅皂白，一口抹煞他自己的祖宗，罵自己的祖宗一錢不值」，則以此卑劣之人格，當然不會敬天地畏鬼神，也不會尊重一切文化歷史的價值，此種「陰狠狂妄」之徒，如何能真正敬重愛護當前的自己同胞的民主主體性？

徐復觀先生在此明白區分了兩種形態的「民主」，一是他主張的具有「道統」的民主，這是從中國儒家道統文化傳承而新創的民主政道和治道，其中含容著孔孟的仁義之道，這才是真正有深度有慧命的中國人應該有的民主政治。相對地，從五四運動就喧囂而塵揚的假西方「自由主義」之名，但卻只是威儡於西方帝國殖民主義之勢力而侵入中國的西方「資本主義」之那一套「兩黨議會政治」，其實只是各種有力者權勢的競技場，譬如在英美以及亞非很多新興國家甚至在現今臺灣施作的此種極庸俗化的政治制度，其中豈有「道」？豈有「在親民」？[21]

對於本文所指的在中國的「自由主義者」，徐先生這樣批判：

> 標榜自由主義的這一支，完成其解體作用之後（按：即是說將中國傳統文化儒家價值解體），或者加入政府中去做並不十

---

[21] 在先秦儒家的經典中，《大學》一開始就說：「大學之道，在明明德，在親民，在止於至善。」「親民」是政治的施行仁政，教育的實行仁教；為政必須以民為主，而以仁義之道進行護民、愛民、養民、教民之政。大學之道，包括了道統、政統與學統的儒家三統。由此調適上遂能開出理想的現代中國的民主政治。

> 分自由的官，或者關在房子裏考據；實際上放棄了解體過
> 程以後應有的思想建設工作。漸漸對社會，對青年，失掉
> 了思想上的影響。〔……〕他們承西方經驗主義的末流，
> 絕對排斥理想主義，〔……〕，他們既排斥理想主義，結
> 果是無形中取消了思想。[22]

徐先生指出五四以降在中國反中國傳統文化儒家價值的這些號稱
為「自由主義」之徒，由於德性和思想兩缺，有些趁勢跑進「國
民政府」裡面做大官，有些只能蹈循清朝考據學末流而關著房門
而在廢紙簍中作那種無關痛癢的無關於經世濟民之廢物型之假學
術。[23]

　　總之，徐先生弘揚民主政治，也主張中國應該實踐民主政
治，其意思是應從中國儒家之道統為核心而開出的「中國形態和
內容的民主政治」，這其實就是「道德理想主義的民主政道與治
道」。

　　徐復觀先生釐清世人的偏見，世人常常將中國專制政治歸因
於儒家。但從秦政開始的專制，其思想根源其實是法家。徐先生
曰：

> 儒家思想形成後，政治情勢，由封建向專制演進；在長期

22　徐復觀，同前揭書（蕭欣義編），頁53。

23　然而，1949以後，西化派跑到臺灣，假借自由主義和民主政治之名，
　　攫取政治和學術的高位，在臺灣這數十年來，政治已是西化而成為美日
　　尾巴的政治，學術和教育也已成為西化以美日為模式的無主體性的或仍
　　然食清代考據者牙慧之虛無之學術和教育。

的專制氣氛與利害關連之下，凡與專制不相容的成分，常得不到正當的解釋、發揮，例如儒家中的民主思想。有與專制容易混淆的部分，如父子之親，君臣之義等，便容易受到過分的宣揚渲染，以至被專制的要求所滲透而發生質變。[24]

徐先生說明先秦儒家思想形成，本來就有它的系統中已具足的屬於中國道德倫理意義下的民主思想，而此民主政治理想型，在本文上述熊十力先生的論述中已經陳明。但中國政治的實際發展，卻又是幾乎與儒家的理想政治觀同步而從封建制度走向專制制度，此兩者都是「血統主義」的一家一姓世襲之私天下，故公天下的儒家「德治主義」之理想，完全落空。而在中國政治思想體系，徐先生點明與專制有關的是法家，由於此種影響，使儒家思想在政治社會上的意義和作用，連帶也受到扭曲污染。徐先生說：

在先秦的儒家倫理思想中，絕對找不出片面義務性的「三綱」之說。三綱之說，乃出自韓非子的「三順」思想，經過長期專制下的醞釀，到東漢正式採入於作為儒家通論的《白虎通義》之中，而始戴上儒家的帽子。自此之後，本來與儒家思想，有本質上的區別的三綱之說，一變而成為儒家思想的骨幹。這是儒家在專制政治的氣壓下，受到專

制思想——法家思想滲透的顯明例子。[25]

在先秦儒家思想中，倫理綱常的人際關係，都是建立在互動關係上的。譬如：「齊景公問政於孔子，孔子對曰：『君君，臣臣；父父，子子。』公曰：『善哉！信如君不君，臣不臣；父不父，子不子，雖有粟，吾得而食諸？』[26]蔣伯潛釋之有言：「景公名杵臼，齊君，景是諡法。魯昭公末年，孔子遊歷齊國，景公問政，當在此時，孔子對他，只不過『君君，臣臣；父父，子子。』八個字。這八個字，就是說為君者，要盡君道，為臣者，要盡臣道；為父者，要盡父道，為子者，要盡子道。」[27]此章，孔子對齊景公論政，直截了當提出政治和家庭的倫理是一種互動關係，君要盡仁君之責，臣要盡忠臣之責；父要盡慈父之責，子要盡孝子之責。孔子並沒有只要求臣、子盡其責任，而不要求君、父盡其責任。而且在對話中，景公並不會如秦政以後的專制帝王認為直接要求帝王，是一種冒犯違逆的大不敬。再者，如孟子也有更加明白的政治的相對互動之倫理觀，《孟子》載：「孟子告齊宣王曰：『君之視臣如手足，則臣視君如腹心；君之視臣如犬馬，則臣視君如國人；君之視臣如土芥，則臣視君如寇讎。』」[28]孟子多麼乾脆明白指出政治倫理關係是互動的，君臣不是絕對的支配者宰制者與被支配者被宰制者的關係，而是一種

25　同前注。

26　《論語·顏淵》。

27　蔣伯潛：《廣解語譯四書讀本·論語》（臺北：啟明書局，未刊年分），頁181。

28　見《孟子·離婁》，第三十一章。

互助合作將有利於國家和人民的政治做好的工作關係。這種倫理是工作職場的長官和屬僚之關係，在現代社會也是如此，雙方可依契約和道義而結合。

　　但是依徐先生的說法，到了東漢，儒家的政治理想，也改造了，他所舉的《白虎通義》中的「三綱」，是「君為臣綱，父為子綱，夫為妻綱」，此乃出自東漢班固《白虎通‧三綱六紀》，要求人臣、人子、人妻必須絕對服從君王、父親、丈夫。此種支配者宰制者和被支配者被宰制者的絕對上下倫理關係，並不是孔子孟子的儒家觀點，它雖然被後世之人以為是儒家綱常，但卻是內法外儒的屬於法家專制統治術的教條規約。或者只能說是被高度扭曲污染的卸用型儒家思想，而非孔孟之仁義常道的本質。

　　徐復觀先生告訴我們：

> 　　法家是我國古代的極權主義。此一思想，首先在秦國取得長期實驗的地盤，隨秦國勢力的擴大而法家遂成為百家爭鳴的殿軍，並憑藉現實政治之力而居於思想的統治地位。韓非及由韓非所代表的著作，實已集法家之大成。他們不僅要把人的物質生活，完全歸納於政治嚴格控制之下，使其成為統治者的工具；並且要把人的精神生活，也納入於政治嚴格控制之下，使人們的思想言論，只能成為統治者的應聲蟲，這便是他們以吏為師的真正意義。他們既對於避世的隱士，認為是脫離了政治控制的不軌之民，要加以殺戮；則對於懷抱異見，甚至以異見與統治者爭是非的人，當然更覺得非殺不可。此一政策的澈底實現，即是秦

　　　政的焚書坑儒。[29]

法家才是中國傳統兩千多年的專制政治的思想根據。它的專制政治是將一切人民的身體和心靈都要嚴格管制在統治者那裏，雖然暴秦是其典型，但自漢以後，歷來的專制朝廷的基本政治，在政統方面，權源是帝王，而治統方面，臣僚系統的任免亦出自帝王之權力。孔孟儒家的公天下的選賢與能之德治主義的政治，原本主張政統和治統均須依賢能而公推來組織政府，此種理想，根本沒有實現，後世儒家只能在治理民政方面，亦即治道之層面，出任官職，行其愛民教民之政而已，連大儒都不明白「政統在君」的「血統世襲主義」之不合理。此因素不能不歸因於「內法外儒」或「陰法陽儒」的政治意識形態和內廷外朝格局之久遠浸透愚化中國人心而使然。由於有此浸透和愚化，後世儒家不免會從護持人民的利益之「德治主義」的政道，偏滑墮落出去，而變成站在專制帝王的跟班的立場去維護專制主的自私之「血統主義」的政道。徐復觀先生對此種異化及其引生的悲劇，有一番痛論：

> 儒家的政治思想，〔……〕總是站在統治者的立場去求實施，而缺少站在被統治者的立場去爭取實現，因之，政治的主體性始終沒有建立起來，未能由民本而走向民主，所以只有減輕統治者毒素的作用，而沒有根本解決統治者毒素的作用，反常易為僭主所假借。[30]

29　徐復觀，同前揭書（蕭欣義編），頁 268-269。

30　同前注，頁 66。

儒家推舉堯舜聖王典範，浸假久之而使後儒以為實際的帝王亦有堯舜聖王，甚至以為依靠勸諫之功可以使凡庸昏昧殘暴的帝王有朝一日提升為堯舜聖王型的好帝王。儒家忽視了「堯舜」只是先秦儒家創設的一種公天下德治政治的「理想型」，但就一個血肉之軀的自然人之帝王而言，實在不可能期望他能夠在政治塵土中擺脫血肉身軀的拘絆和限制而昇華為純精神性純道德性的「聖王理想型」。換言之，在政治格局中假設帝王可為或應為聖君或賢君，實在是一種錯誤的假設，應該這樣說，就是人類的政治本來就不應該設立帝王君主為統治者的。

　　徐復觀先生又說：

> 舊儒家一面須對政治負責，而一面未能把握政治的主動，於是儒家思想，常在政治中受其委曲，受其摧殘，因而常常影響到儒家思想的正常發展，不斷的產生許多出賣靈魂的盜竊之徒。〔……〕如東漢末年，唐代末年，明代末年，少數宦豎，覺得一般對政治主持風節清議（即今日之所謂輿論）的書生，與他們「口含天意」者脾胃不合，殺戮之酷，只有今日極權主義者才可比擬。因有黨錮之禍，遂使聰明才智之士，逃於玄、逃於佛，而中原淪於夷狄。有濁流之禍，遂產生馮道這一類的典型，而五代生人之道絕。[31]

先秦之後的儒家既不能真正實踐公天下的太平世或大同世的政治

---

[31] 同前註。

理想，而在現實上，中國是帝王依法家之術施行的專制政治，它不是依聖賢之德來進行的政權禪讓，而是以血統世襲而建立的非理性的政權，所以，儒家已不可能掌握「政治的主動」，卻又要背負替帝王治理天下的成敗之責任，動輒得咎而常常遭受帝王及其爪牙犬狼集團的摧殘迫害。往往在朝廷末期，所有善類屠殺一空，庶民亦九死一生，故言「五代生人之道絕」。因此，中國菁英在亂世若不作忠烈貞節之士，就多往道和釋之門中尋求清虛或般若之解脫，而道釋兩家卻無法在現實的政治和社會中，架構地革除敗亂而振興新局，因此，中國的昏亂殘酷殺人之政，常常會發生，常常牽延甚久。此原因就是孔孟先秦儒家的仁義之道的公天下民主政治之理想，沒有真正實踐之緣故。

　　雖然中國政治的現實史有此一大曲折，但儒家的真正理想並沒有死絕，歷代儒家依然在專制體制中，盡量將儒家的政治理想給予補救。徐復觀先生說：

> 中國政治思想，除法家外，都可說是民本主義，即認定民是政治的主體。但中國幾千年的實際政治，卻是專制政治。政治權力的根源，係來自君而非來自人民，君才是政治主體。〔……〕中國過去，政治上存有一個基本矛盾問題，政治的理念，民才是主體；而政治的現實，則君又是主體。這種二重的主體性，便是無可調和對立。對立程度表現的大小，即形成歷史上的治亂興衰。於是中國的政治思想，總是想解消人君在政治中的主體性，以凸顯出天下

的主體性。[32]

徐先生指出中國政治的雙重主體性，一是帝王為政治權力之源的此種專制主體性；一是人民為政治的道德目的的此種民本主體性。其實前者就是法家的，而後者就是儒家的。帝王愈是專政，則人民愈是痛苦，而中國的衰亂往往引生自帝王的專制政治。儒家努力的事，便是盡其力量來解消或減少人君在政治上的主體性，相對，則凸顯天下的主體性，而徐先生此處所言「凸顯天下的主體性」的意思也就是說：「天下的主體性在於天下人」，或是說：「天下者乃天下人之天下也」。徐先生又指出中國的民本政治之理想，是要求帝王的德性修為而不是他的智能。他說：

> 儒家道家，認為人君之成其為人君，不在其才智之增加，而在將其才智轉化為一種德量，才智在德量中作自我之否定，好惡也在德量中作自我之否定，使其才智與好惡不致與政治權力相結合，以構成強大的支配欲。並因此而凸顯出天下的才智與好惡，以天下的才智來滿足天下之好惡，這即是「以天下治天下」，〔……〕人君自身，遂處於一種「無為的狀態」，亦即是非主體性底狀態。人君無為，人臣乃能有為，亦即天下乃能有為，這才是真正的治道。〔……〕只有把人君在政治中的主體性打掉，才可保障民在政治上的主體性，這才是中國政治思想的第一義。〔……〕這才解除了政治上的理念與現實的矛盾，才能出

---

[32] 徐復觀：〈中國的治道〉，收入前揭書（蕭欣義編），頁218。

現一種「萬物並育而不相害」的太平之治。[33]

依徐先生上論，以儒家道家的真正之理想，中國不應該出現專政有為而具有主體性的帝王，因為此種專政有為而又有主體性的帝王，若其個人才智愈高，則其支配、宰制天下的慾念和施作便會愈強愈繁，可是卻無任何客觀機制可以加以管控導引，則國家天下焉有不傷之理？此種觀點，其實是「虛君主義」，也就是雖有帝王，但他卻是「恭己正南面」的無為之君，只以一種道德的高度而成為國家的象徵，政權的主體性則在天下人，換言之，國家主權是在庶民百姓，由庶民百姓自己來治理國家。

徐復觀先生檢討中國傳統政治之儒法分歧以及由於法家的介入而影響了儒家以民為本的政道之純粹性。另一方面，徐復觀先生是眾所周知的一位同情並肯定民主政治中的「自由主義」之當代新儒家。但其實他對於「自由主義」，有他自己的儒家式的體會，而不必是從西方傳過來的「自由主義」。徐先生認為「自由」並不是西方文明中的特產，他說：「自由主義的名詞，雖然成立得並不太早；但自由主義的精神，是與人類文化以俱來。只要夠稱得上是文化，則儘管此一文化中找不出自由主義乃至自由的名詞，但其中必有某種形態，某種程度的自由精神在那裏躍動。否則根本沒有產生文化的可能。」[34]在此，徐先生指出文化的創造和產生，必須有該文化之創造和產生者的自由精神在躍動才行，所以，自由是與人文同時俱來的。此論甚諦，因為人文創

33　同前注，頁 219-220。

34　徐復觀：〈為什麼要反對自由主義〉，收入前揭書（蕭欣義編），頁 284。

造產生於心靈和生命的主體能動性，此種主體能動性就是他的自由，換言之，必由人之他自己認同的才會從他自己心靈和生命中創造產生出來。[35]

　　基於上言，「自由」和由此衍生出來的「民主」，就其抽象義而言，具有所謂「普世價值」，但此種普遍性，卻必須連帶於每一文明社會和國家的具體文化和觀念系統中才會真正有其意義。英國的自由民主，是從英國的人文歷史脈絡中發生的；美國的自由民主則是從美國的人文歷史脈絡中發生的。因此，中國自己的自由民主之政治理想的實現，當然須在中國的人文歷史脈絡中才能發生而存在。徐復觀先生的「自由主義」之信念，不是舶來西化之物，他是從中國人文精神中提撕出來的與中國民本政治觀到民主政治觀的重要思想。徐先生說：

　　　就我國來說，自由一詞，首見於《漢書·五行志注》，佛典中更多言自由，至南宋而自由成為社會流行的俗語，然這皆與今日所言之自由，無直接之淵源。周初開始發生人之吉兇成敗，不決定於天命而決定於人之德不德的思想，

---

[35] 中國的儒釋道是中國人的文化，成為中國人的「三教」，其本質即此「自由」。儒家的仁（乾元）具有創生義，仁（乾元）生萬物，在儒家，這個創生萬物的仁（乾元）也就是「本心」，由此本體義的仁心創造萬物，能創造就是自由；佛家亦說：「萬法唯識所變」或「萬法唯心造」，萬法即一切現象物，最終是識或心的變現，能變現存有，就是自由；道家說：「人法地，地法天，天法道，道法自然」，故人以自然為法，而自然在人心中就是自由。

> 此乃中國文化中自由精神之最初覺醒。[36]為中國文化奠定
> 基礎的孔子，他刪《詩》、《書》，訂《禮》、《樂》，
> 並作《春秋》以「貶天子，退諸侯，討大夫」，他所根據
> 的當然是自己的良心理性，而不是什麼外在的權威。
> 〔……〕根據自己的良心理性以選擇符合自己良心理性的
> 政治對象。〔……〕他教人的最高目的是求仁，〔……〕
> 要人自作主宰。[37]

徐先生認為周文王確立下來的以道德而決定天命的那個人文精
神，就是中國的自由精神的最初覺醒，此即是孔子所贊歎的「郁
郁乎文哉」的「周文」，而周文是中國文化的根基，其核心是源
發於良知理性的自由意志，此自由的良知理性，孔子將它收入每
一人的內在，而說出自由意志源發於本然的「仁」。就是通過每
人的內在本有的仁之自由意志，必然會要求合乎良知理性的政
道，而此種道德理想主義的政道，也就是中國儒家古典如《春
秋》、《尚書》、《禮運》的主張革命權利以及透過選賢與能的
方式和政權依德禪讓的方式而建立發展的儒家形態的民本主義以
至於民主主義的政道。

　　徐先生又說：

36　周初道德之人文精神的覺醒，徐復觀先生有專論論述甚具創見，可讀徐
　　復觀：〈周初宗教中人文精神的躍動〉、〈以禮為中心的人文世紀之出
　　現，及宗教的人文化──春秋時代〉，收入氏著《中國人性論史·先秦
　　篇》（臺北：臺灣商務印書館，1994.4），頁15-62。

37　徐復觀，蕭欣義編，頁286。

到了孟子，特提出「至大至剛」底自由精神的最高表現，
所以他認為「富貴不能淫，貧賤不能移，威武不能屈」，
才可稱為「大丈夫」。大丈夫乃對「妾婦」而言，人不願
為妾婦，使當為大丈夫，便當具有這種高貴底自由精神的
品格。儒家是從德性上來建立積極底人生，因而自由精神
在這一方面成為積極的表現。[38]

孟子「言必稱堯舜」，換言之，他是肯定支持以德禪讓的德治主
義之公天下政治思想的，他自己也說過他的道是承繼並發揚孔
子，認同弘揚孔子的《春秋》之大同世思想，而且他也明白主張
人民對暴君的革命權。孟子所言「大丈夫」和「妾婦」是特別針
對政治中的君子和奸人而言的，儒家強調政道的發用須依據良知
理性，這即是仁政王道，是大丈夫所行事；若無良知理性，就是
暴政霸道，是妾婦所行事。中國的古代政治，有大丈夫，也有妾
婦；但是當代西方號稱為自由主義的兩黨代議形式的所謂「民主
政治」，其實充斥著數不盡的「妾婦」。

　　討論至此，我們已清楚徐復觀先生的觀點，他認為現代中國
必須發展民主政治，而「民主」的核心是「自由」，但中國自己
發出來的具有自由精神的民主政治，與西方形態有其不同。他
說：

自由精神，在西方是先在知性中躍動，在中國則是先在德
性中躍動。但自由精神，必須伸展到政治中去，必須在政

---

38 同前注，頁 287。

治中有了具體的成就，然後其本身才成為一明確的體系，並對於知性德性的自由，提供以確切不移的保證。〔……〕政治自由，須要知性底，尤其是德性底自由作根源，須要由德性底自由而吸取其營養。〔……〕人類最大的災害，對人性最大的壓抑，常常是來自政治。所以自由精神在德性中知性中的活動，必定要與政治碰頭，必定要求政治從屬於每一個人，因而也處於每一個人的良心理性的控制之下，使政治成為每一個人的工具，而不是任何個人成為政治的工具。[39]

西方的民主政治是以「知性」為其自由意志的核心，而徐先生則主張中國發展的民主政治，除了「知性」之外，更須以「德性」為其自由意志之核心。現代中國的政治，如同徐先生所說「必定要求政治從屬於每一個人，因而也處於每一個人的良心理性的控制之下，使政治成為每一個人的工具，而不是任何個人成為政治的工具。」這個關鍵，不在於知性來決定，而是在於每一個人的良心理性來決定。什麼是民主政治的「知性」？那就是政統和治統的架構，如「三權分立」和「政黨」等組織，依法律而運作，而什麼是民主政治的「德性」或「良心理性」？那卻不是架構和組織，卻是每一個現代國民和公民從人文歷史的心靈與生命之教化長養出來的內在之性質。因此，依據徐復觀先生的觀點，中國現代民主政治，必須從中國儒家的仁義之道的教化中發展出來；中國的民主政治之內在性自由精神源於孔孟之「良心理性論」，

---

[39]　同前注，頁 287-288。

至於民主政治的操作用的架構和組織，則是外延性的構築，此外延性的構築依一個原則而建立，即政統屬於全體人民，治統是政府，它由人民授權而行使治理國家的功能。這樣的人民和政府中的人員，必須是德性和知能都充分養成並且實踐的人。

四、孫中山的民權主義

當代新儒家與孫中山先生有其淵源，青年熊十力是革命黨人，支持孫中山先生領導的國民革命，且親身參與了武昌一帶的革命組織和運動，也參與了起義，並曾於護法時期在粵追隨孫中山先生。郭齊勇先生在其《熊十力年表》中述之甚詳，據郭先生記載，一九○一年，光緒二十七年，時十七歲的熊十力先生讀王夫之、顧炎武、黃宗羲書，結識了王漢、何自新，而有革命之圖。十九歲時，熊先生投新軍的武昌凱字營第三十一標當兵，白天上操練武，夜間讀書看報，並在軍隊和學堂之間，與王漢、何自新等人活動，認識宋教仁、呂大森、劉靜庵、張難先、胡瑛，並與黃興等人建立的華興會聯繫。一九○五年，光緒三十一年，王漢刺殺清大臣鐵良，失敗被害。次年，熊先生參加由劉靜庵、何自新等在武昌成立的日知會，同時也參加同盟會，他自己更組織並主持黃岡軍學界講習會，宣傳並組織革命，事泄遭通緝，隱匿鄉間。光緒三十三年（1907），日知會被查封，劉靜庵等人被捕，何自新逃出，與熊先生一起出沒於江西德安、建昌一帶。宣統三年（1911），熊十力先生時年二十七歲，十月十日武昌起義爆發，十三日，黃岡光復，熊先生參與其事，後出任祕書，又赴武昌任湖北都督府參謀。民國六年（1917），孫中山先生領導護

法運動興起，秋天，熊先生從江西入湖南參與民軍，不久與天門白逾桓赴粵，佐孫中山幕。[40]

依上所述，我們明白當代新儒家的開創宗師熊十力先生不只是一位窮究天人之學的大儒，其當代新儒學的剛健創造性精神，乃是連著現代的民主共和的革命實踐而來的，換言之，熊先生之學，並不是只在學院和書冊中探索儒家內聖之道，它是從外王的新踐履中給予了儒家之常道慧命以全新的意義和價值，熊先生的革命實踐精神和依此而體認儒家的外王之道，從他的《讀經示要》、《十力語要》、《原儒》、《論六經》等著作中都可以讀到。那就是中國的政治必須從傳統的民本而邁入新生的民主。唐、徐、牟三位熊十力先生的高足，受老師的感召和影響，對於孫中山先生亦是十分敬重的。

唐君毅先生說：

> 「中華共和國」之名，首見於鄒容之《革命軍》一書。〔……〕此書是章太炎為他作序。一九零四年孫中山在美印發此書，一萬一千冊，以宣傳革命。後來同盟會之宣言，才有恢復中華、建立民國之二宗旨。〔……〕孫中山先生之較洪秀全進步處，一在他雖有洪之民族主義，亦是一基督教徒，但只以基督教為個人之內心信仰，而不以之為政治上之指導原則。二在他承認政治制度的客觀性，知道基本民權的重要，所以他能讓位與袁世凱，只要能保存

40　郭齊勇：《熊十力年表》，收入氏著《天地間一個讀書人——熊十力傳》（臺北：業強出版社，1994.11），頁274-276。

> 民國之國體。三在他於一九零五年前之《民報・發刊辭》
> 中，即注意到現代社會中之土地與資本集中的問題，並看
> 到此一問題，在中國尚無西方的嚴重，謂中國如預為之
> 計，可以一舉而同時完成政治革命與社會革命，而走到西
> 方社會的前面。〔……〕所以他在同盟會之四大宗旨中，
> 除驅逐韃虜、恢復中華、建立民國之外，特加上平均地權
> 一項。此即他後來之《民生主義》中之平均地權、節制資
> 本的張本。至於其重視基本民權，則成其《民權主義》。
> 其〔……〕提出孔子之天下為公，中國之王道政治及民族
> 道德，如忠孝仁愛信義和平等，則成其《民族主義》。[41]

　　唐先生指出孫中山先生的革命之重大意義，是在中國政治史中，
首次實行公天下的革命，將政權歸給全民，換言之，也就是完成
黃宗羲說的「天下者天下人之天下也」的企盼嚮往，從此除去兩
千多年的帝王專制而完成了傳統儒家無法完成的由民本主義開始
而到民主主義實現的理想。更重要的則是，孫中山先生並未徒托
空言，而是的確創作了民主共和的政治之客觀架構的藍圖《三民
主義》。其《民族主義》，是承繼發揚儒家的「道統」；而《民
權主義》則關係民主共和的中國的政道與治道的權能區分的客觀
性設計，其精神和原則的主軸來自中國儒家理想；《民生主義》
是一套養民致富的經世濟民之方策，其內在本質亦源於儒家傳
統。

---

[41] 唐君毅：〈中國現代社會政治文化思想之方向，及海外知識分子對當前
　　時代之態度〉，收入氏著《中華人文與當今世界》（下）（臺北：臺灣
　　學生書局，1975.5），頁 632-633。

徐先生也說到孫中山先生，他說：

> 我國大一統的政治格架，是根據反自由的法家思想所建
> 立。兩漢知識分子對法家思想和制度所作的不斷底鬥爭，
> 實際即是向政治爭取自由的鬥爭；此一鬥爭，以宦官所造
> 成的黨錮之禍而告一個悲慘的結束。於是自由的精神，始
> 終在政治中伸長不出來，因而使整個文化，使整個民族底
> 生命力，都在政治抑壓之下，不曾得到應有底正常底發
> 展。由此，我們不難了解中山先生所領導的以民主共和為
> 國體，以完成憲政為政治目標的國民革命，在我國歷史發
> 展上所佔的偉大意義。中山先生是把中國文化中的自由精
> 神，經二千餘年的艱辛而未能在政治中實現的，一旦使其
> 實現。〔……〕他革命的目的若不是為了實現在政治中的
> 自由，便不能解釋他廢除專制，實現民主的堅決主張。
> 〔……〕《三民主義》是對政治的具體主張，〔……〕
> 《三民主義》的目標，是為了各種自由（包括政治中的個人
> 自由）的實現。《三民主義》，中山先生自己說得很清
> 楚，是以民為主的民治、民有、民享的主義。民治、民
> 有、民享，是把傳統的開明專制的愛民、養民、教民倒轉
> 過來，使被動之民，成為主動之民。[42]

徐先生說出中國傳統專制政治，源自壓制人之基本自由的法家。

---

[42]　徐復觀：〈為什麼要反對自由主義〉，同前揭書（蕭欣義編），頁
288-289。

以前的儒家曾經以「言論自由權」來抗爭專制政治，結果是慘遭殺戮的高壓摧毀。從東漢之黨錮之禍以後，垂兩千年，中國人民在政治上並無真正發乎主體性的自由。直至孫中山先生的國民革命之創立民主共和國體，才是首次行使人民的革命權為中國人民爭取到中國文化中本來就具有的基本自由權利。徐先生提到孫中山先生的《三民主義》，是一個為了給中國實現民主共和國體的具體主張，它將政統還之於全民而不再私屬於一家一姓的帝王，並且中國政治的目的是「以民為主的民有、民治、民享」。這樣的理想，不只是民本主義而是民主主義，同時，孫中山先生的公天下之政治理想，原本在孔孟之道中就已具備，兩千多來年，它只在典籍中成為祖宗代代傳承下來的「遺教」，但孫中山先生以革命的剛健手段將此「遺教」實現於天地之中。

　　上述是兩位當代新儒家唐、徐兩先生對於孫中山先生的睿智之肯定。我們就以孫中山先生的思想來看中國現代民主之理想。學者認為孫先生開創「民權主義的民主政治」，其主張有幾點，第一是中國要真正實行民權，必須徹底革命，消除徹底做皇帝的思想；第二是提出「權能分開」的思想及實施辦法；第三是堅持人民政治地位的平等和自由。[43]以下依據孫先生的《民權主義》加以闡述。

　　孫先生學習西方現代學術，所以，他對於「政治」就有與傳統中國的政治概念不一樣的體會，而且也新創了一個詞，稱為「民權」。他說：

---

[43]　茅家琦等：《孫中山評傳》（南京：南京大學出版社，2010.3），頁784-787。

> 「民權就是人民的政治力量。」[44]

> 「政治」兩字的意思，淺而言之，政就是眾人的事，治就
> 是管理，管理眾人的事便是政治。有管理眾人的力量，便
> 是「政權」。今以人民管理政事，使叫做「民權」。[45]

孫中山先生淺顯地道出「政治」就是人民自己管理自己的事，具
有管理的力量，稱為政權，因為不是帝王來管理人民，故不是
「君權」，而是人民自己來管理人民大家的事，擁有此種力量，
所以稱為「民權」。換言之，孫先生明白說出「政統在民」而已
不可也不能再「政統在君」。這就是中國第一次含理念和行動為
一的真正之「民主政治」的實現。

　　然而，中國古代沒有「民權」的觀念嗎？孫中山先生不以為
然，他說：

> 根據中國人的聰明才智來講，如果此時應用民權，比較上
> 還是適宜得多。所以兩千多年前的孔子孟子，便主張民
> 權。孔子說：「大道之行也，天下為公」，便是主張民權
> 的大同世界，又「言必稱堯舜」，就是因為堯舜不是家天
> 下。堯舜的政治，名義上雖然是用君權，實際上是在行民
> 權，所以孔子總是信仰他們。孟子說：「民為貴，社稷次
> 之，君為輕」，又說：「天視自我民視，天聽自我民

44　孫文：《民權主義》，收入氏著《三民主義》（臺北：正中書局，
　　1956.1），頁 75。
45　同前註。

聽」，又說：「聞誅一夫紂矣，未聞弒君也」。他在那個
時代，已經知道君主一定是不能長久的，所以便判定那些
為民造福的人就稱為「聖君」，那些暴虐無道的人就稱為
「獨夫」，大家應該去反抗他。由此可見中國人對於民權
的見解，在二千多年以前，已經老早想到了。[46]

依此所述，孫先生的民權觀實即源於孔孟的公天下和革命的思
想，他認為先秦儒家的那種德治主義的禪讓政權而建立的公天下
大同世之仁政主張，雖無「民權」一詞，但就是他在其主義中宣
揚的「民權」。孫先生此種論述，清楚地是上接孔孟一脈相傳的
天下為公之政治理想，因為若依孔孟和其他重要的儒家經典所有
的政治之理想觀念，儒家的政道和治道，一定是根據公開推舉之
方式而選薦出德能兼備的聖賢型的人來居於國家領導之位的，以
今日的話語而言，是「主權在民」的政治。然而，儒家的古典形
態的「主權在民觀」，只停留在理想主義之觀想中，並未真正在
中國兩千多年的歷史中實現。孫中山先生說：

> 中國自古以來，有大志向的人，多是想做皇帝，像劉邦見
> 秦始皇出外，便曰：「大丈夫當如是也」。項羽亦曰：
> 「彼可取而代也」。此等野心家代代不絕。當我提倡革命
> 之初，來贊成革命的人，十人之中，差不多有六七人，是
> 有一種帝王思想的。但是我們宣傳革命主義，不但是要推
> 翻滿清，並且要建設共和。所以十分之六七的人，都逐漸

---

[46]　同前注，頁 83-84。

> 被我們把帝王思想化除，但是其中還有一二人，就是到了
> 民國十三年，那種做皇帝的舊思想，還沒有化除，所以跟
> 我來做革命黨的人，常有自相殘殺的，就是這個原故。我
> 們革命黨在宣傳之初，便揭出民權主義來建設共和國家，
> 就是想要免去爭皇帝的戰爭。[47]

「打天下做皇帝」的中國專制思想根深蒂固，連追隨孫中山先生
國民革命的革命黨豪傑，居然高達六七人仍然是為了爭江山做皇
帝或封王封侯而來參加推翻清朝的革命的。甚至到民國十三年，
也就是孫中山先生病逝的前一年，革命黨同志居然還有人懷抱野
心要做「民國皇帝」，豈不令人驚奇中國的專制帝王的遺毒真是
十分深沉。孫先生面臨這樣的難局，百折不回，還是堅持發揚
「民權主義」，為的就是要在教育上，洗刷現代中國人心靈中的
帝王專制基因，期能夠喚醒儒家本有的公天下之仁政理想，而在
中國建立民主共和之國家。

　　雖然現代的「民主政治」之思想和學理是從歐洲東傳中國，
孫先生青年就留學外洋，當然也吸收了西方的政治學術和思想，
但是他為現代中國建立的民主共和，卻有源於中國儒家的傳統。
孫中山先生明白各國的文化歷史特性不一樣，所以不能像全盤西
化論者以為可以完全丟棄中國自己的傳統而全心去接受歐洲的文
化體系和價值。現代中國的公天下民主政治，必須是在中國自己
的文化歷史脈絡結構中去創建的。孫先生說：

47　同前注，頁 89-90。

中國幾千年以來，社會上的民情風土習慣，和歐美的大不相同，中國的社會既然是和歐美的不同，所以管理社會的政治，自然也是和歐美不同，不能完全倣效歐美，照樣去做，〔……〕把外國管理社會的政治機器，硬搬進來，那便是大錯。〔……〕管理物的方法，可以學歐美，管理人的方法，還不能完全學歐美。〔……〕中國今日要實行民權，改革政治，便不能完全倣效歐美，便要重新想出一個方法。〔……〕我們能夠照自己的社會情形，迎合世界潮流做去，社會才可以改良，國家才可以進步。[48]

孫先生領導國民革命和二次革命的時期，也是中國全盤西化派十分囂張的時代，但孫先生雖然學洋歸來，卻不是那種仰洋人鼻息而食洋人牙慧的西化派，也不是一位食古不化的守舊派，他是以中華文化為本位而能健康地引入並會通歐美文化之精華入中國而中國之的大政治思想家，他的文化思想之態度與古代的佛教大師如唐玄奘大師或當代新儒家如熊十力先生、徐復觀先生、牟宗三先生、唐君毅先生是一樣的。他說「中國的社會既然是和歐美的不同，所以管理社會的政治，自然也是和歐美不同，不能完全倣效歐美。」這是完全正確的，因為在文化地理學或文化人類學上，早就告訴我們，抽象的普遍性法則，存在於自然現象，譬如「電」提供「燈光」，在美國和中國，是一樣的，但就人文現象言，愛情固然全人類者一致，可是歐洲人的「羅密歐與茱麗葉之愛」和中國的「梁山伯與祝英臺之愛」則具有他們各自的感人內

---

[48] 同前注，頁 144-145。

容和意義，兩者不能比較高底，不能互調，否則會失去意義，換言之，人文的價值是具體存在於文化歷史和社會的結構脈絡，不能抽離地說一種空泛的抽象的理。孫中山先生說的「管理物的方法，可以學歐美，管理人的方法，還不能完全學歐美。」就是此意，譬如汽車製造，可以學歐美，開車技術亦是一樣，但政治社會制度，就不能照本宣科而全盤移植。

　　孫先生基於上述的觀點，他舉出西方的「代議政治」之流弊。他說：

> 照現在世界上民權頂發達的國家講，〔……〕得到了多少民權呢？〔……〕不過是一種選舉權和被選舉權，人民被選成議員之後，在議會中可以管國事，凡是國家的大事，都要由議會通過，才能執行，如果在議會沒有通過，便不能執行，這種政體叫做「代議政體」，所謂「議會政治」。[49]

孫先生所說的「代議政體」或「議會政治」，在他演講《民權主義》的民國初年，中國民智未開，大多數國人是不明白的，但在今天，此種政治形式和操作，已經是稀鬆平常之事，特別在臺灣，數十年來運作的所謂「民主制度」，其實就是此種從歐美搬過來的兩黨政治之議會政治。在臺灣，絕大多數人民還以為通過政黨而選出議員來監督官員或者立法，這就是最高的普世價值，很多政客常常拿此種代議政治以驕國人，向大陸炫耀吹牛。

---

[49]　同前注，頁 137。

可是數十年前孫中山先生早就看出這種政治的墮落，他說：

> 中國革命以後，是不是達到了「代議政體」呢？所得到的
> 民權利益究竟是怎麼樣呢？大家都知道現在中國的代議
> 士，都變成了「豬仔議員」，有錢就賣身，分贓貪利，為
> 全國人民所不齒。各國實行這種「代議政體」，都免不了
> 流弊，不過傳到中國，其流弊更是不堪聞問罷了。大家對
> 於這種政體，如果不去聞問，不想挽救，把國事都付託到
> 一般「豬仔議員」，讓他們去亂作亂為，國家前途是很危
> 險的。[50]

孫先生所譏斥的「豬仔議員」，在臺灣的現在立法院，不就是充
斥著此種無德無智的代議士嗎？像新院會的「時代力量」之五位
新科立委，在立法院的質詢真可說是醜態畢露，表現出既不專業
且無德性的墮落腐敗現象。而不勤政愛民卻明的暗的中飽私囊的
惡立委，則比比皆是。

　　其實，「豬仔議員」的問題出在「豬仔」，而不是「議
員」，因為亦有「豬仔官員」、「豬仔教授」等。本來皆是人
也，人皆性善，人皆可為堯舜，奈何人而成為「豬仔」，這還是
儒家兩千數百年來提出來的關鍵問題，那即是「尊德性，道問
學」的人之教養是最重要的，但德性和學問卻在「議會政治」中
失落，若只有政黨選舉的形式，但卻無基本的人文道德的教養，
此種政治怎麼會有高尚的品質？等而下之，不但不是「代議政

---

[50] 同前注，頁 137-138。

治」，而會下萎為「暴民政治」。

孫中山先生為中國的民主共和建立的政制是人民有權政府有能的權能區分之一套制度。他說：

> 在我們的計劃之中，想造成的新國家，是要把國家的政治大權，分開成兩個，一個是「政權」，要把這個大權，完全交到人民的手內，要人民有充分的政權，可以直接去管理國事，這個政權，便是「民權」；一個是「治權」，要把這個大權，完全交到政府的機關之內，要政府有很大的力量，治理全國事務，這個治權，便是「政府權」。人民有了很充分的政權，管理政府的方法很安全，便不怕政府的力量太大，不能夠管理。〔……〕根本上，要分開「權」與「能」，把政治的大權，分開成兩個，一個是「政府權」，一個是「人民權」。〔……〕就是把政府當作機器，把人民當作工程師。[51]

孫先生大概是中國兩千數百年來將「政府權」和「人民權」明白區分並說出前者是「能」，是最好的「機器」；後者是「權」，是最完全的「工程師」的「權能區分論」的第一位大政治實行家暨思想家。在儒家「六君子小康世」的觀點中，「聖君」是完全的「權者」，而「賢相」是功效高的「能者」，在此種架構中，人民完全是既無權亦無能的消極的存在，若逢好君臣的承平時代，中國人民就僅僅是由統治階級給予幸福的「天民」，若正好

---

[51] 同前注，頁173-174。

相反，君既暴而官且貪，則中國人民就淪為「青年散而之四方，老弱婦孺轉死乎溝壑」的難民，命運比畜牲野獸還遠遠不如。

　　然則，此種權能區分而「主權在民、政府有能」的民主共和之客觀政治制度和架構，孫先生有一套設計。他說：

> 在人民一方面的大權，是要有四個政權，這四個政權是「選舉權」、「罷免權」、「創制權」、「複決權」。在政府一方面的，是要有五個治權，這五個治權，就是「行政權」、「立法權」、「司法權」、「考試權」、「監察權」。用人民的四個政權，來管理政府的五個治權，那才算是一個完全的民權政治機關。[52]

此即孫先生為民主共和國的政制之客觀架構性設計，後來的制憲，就稱為「五權憲法」。他自己就對「人民權」有所說明：

> 第一個是選舉權，〔……〕第二個就是罷免權，〔……〕這兩個權是管理官吏的，人民有了這兩個權，對於政府之中的一切官吏，一面可以放出去，又一面可以調回來，來去都可以從人民的自由。[53]

孫先生設計的人民之選舉權和罷免權，在此雖是指選出官吏以及罷免官吏，這是指選出或罷免總統、省長、縣長、市長、鄉鎮長

52　同前注，頁 178。
53　同前注，頁 176。

等全國各級之政府首長而言，並不是選舉或罷免各級政府機關裡的「胥吏」，中國如此廣大，吏之數甚為龐然，當然不能用選舉罷免之法。再者，各級議員也必須是人民選舉罷免的對象。

> 其次的就是法律，所謂有了治人，還要有治法。人民要有什麼權，才可以管理法律呢？如果大家看到了一種法律，以為是很有利於人民的，便要有一種權，自己決定出來，交到政府去執行，關於這種權，叫做創制權，這就是第三個民權。若是大家看到了從前的舊法律，以為是很不利於人民的，便要有一種權，自己去修改，修改好了之後，便要政府執行修正的新法律，廢止從前的舊法律，關於這種權，叫做複決權，這就是第四個民權。[54]

以上孫先生規劃的是人民行使創制法律和複決法律的兩大民權。此種關係到法律的權力，是兩大層面，一是國家最大法，也就是《憲法》，是由政權機關行之，在實行上的機構，就是「國民大會代表」。而一般的法律之設計，是由治權機關的立法院進行的，可是政權機關的「國民大會代表」有權去加以審察，若認為有問題，亦可以去進行其複決權。

然而，孫中山先生的民權政治之藍圖，在他生前並沒有實現，民主共和國的憲法，是在抗戰之後制訂的，雖然基於孫中山先生的《民權主義》而創制，但其中亦有某種程度的扭曲或改變。學者王德昭說：「五權憲法的輪廓，曾見於《中國同盟會會

54　同前注，頁 176-177。

務進行之秩序表》，於〈善後之務(三)・憲法自治〉項下，列行政、議政、審判、考試與監察等五目。〔……〕在中山先生發展完成的民權理論中，政權（四權）和治權（五權）應有相互為用之妙。政權對於治權有課責之效：觀其成效、課其責任，以定法的存廢、人的去留。治權對於政權則有相成之效：政府的考試權，為人民的選舉權的輔佐；政府的立法、司法兩權，為人民的創制、複決兩權的輔佐。」[55]以後的中華民國之政治，雖然號稱為遵照孫中山先生的民主共和之理想而實施，但顯然在真正的操作上，並不是依據孫先生的理想來實踐，特別是臺灣的政治現實是愈來愈走向如法國式的雙首長制之政黨代議制，孫中山的政權和治權分開而政權課責治權，治權輔佐政權的此種規劃藍圖，已經完全喪失，在現代臺灣，實施的只是歐美資本主義國家的三權分立的很俗氣的政治制度。

如果依據孫中山的民權主義，在治權機關裡的官員和議員，固然由人民立於政權機關之權力而選舉出來，但兩者還必須經過「考試」，合格之後，才能有權利擔任此項職務。在孫中山遺教中，這種雙重保障，是很清楚的。王德昭說：「求考試權的獨立，便是要除卻選舉任官的『盲從濫選及任用私人的流弊。』其方法，是使『將來中華民國的國民，必要設獨立機關，專掌考選權，大小官吏必須考試，定了他的資格，無論那官吏是由選舉的，抑或由委任的，必須合格之人，方得有效。』」[56]王氏引孫先生的話語，由此看出孫先生主張中國的官吏，無論是用選舉

---

[55] 王德昭：《孫中山政治思想研究》（香港：商務印書館，2011.6），頁62。

[56] 同前注，頁65。

的，譬如總統、省長、縣長，或是委任的，譬如內政部長、教育
部長，都必須由國家加以考試，通過考試才有資格出任其職。這
種設計是用考試來考察官吏的德性和能力。但顯然後來的民主共
和國之政治現實，並沒有依據孫先生的理想。孫中山先生設計的
「考試」，對象也包括了代議士，不僅僅是官吏，王德昭特別徵
引孫先生於一九一六年在杭州陸軍同袍社的演講，孫先生曰：

> 共和國家，首重選舉，所選之人，其真實學問如何，每易
> 為世人所忽。故黠者得乘時取勢，以售其欺。今若實行考
> 試制度，則一省之內，應取得高等文官資格者幾人，普通
> 文官資格者幾人，議員資格者幾人，就此資格中，再加以
> 選舉，則被選舉之資格，限制甚嚴，自能真才輩出。[57]

由此可見，民主共和國的各級代議士，若依孫先生的本來構想，
必須通過國家考試，考核了品德、學識之水準之後，才有資格出
來競選。然而，現實上的臺灣之民議代表，根本不需由人民給予
德學雙重的考核，他只要有勢力有錢財，根本不必管什麼基本的
道德或專業的知識，照樣擔任議員，而致使臺灣的代議政治腐敗
庸俗而喪失了民主政治之理想性。

五、結論

古代儒家雖然在經典中提出以德禪讓而選賢與能之公天下大

---

[57]　同前注，頁 69。

同世太平世之政治理想形式。可是從孔孟開始，並無法思考出一套客觀的公天下之政道制度來架構地實現之。數千年來，君為統治階級而民為被統治階級，臣僚體系則為統治者治理被統治者的工具性存在。

傳統時代，嘗試從從制度面思考而思有一種架構性的實現儒家之仁政理想，是晚明大儒黃宗羲。其在《明夷待訪錄》一書中，的確能以架構式的思考來思考並得出他認為「天下者天下人之天下」之公天下政道。他說：「三代之法，藏天下於天下者也；後世之法，藏天下於筐篋者也。」[58]此話語指出梨洲以「三代之政」是將天下歸之於天下人而不是納於一姓一家之私有。顯然，黃宗羲已有政權不可屬於私家所有之觀念。似乎是具有主權在民的政治思想？但事實上不然，他雖然說：「三代以上有法，三代以下無法」，並批判「後之人主，既得天下，然則其所謂『法』者，一家之法，而非天下之法也」。[59]而且，觀諸《明夷待訪錄》，可以看到梨洲分章論中國政治體系中的君臣、宰相、政道之大法、具有輿論批判政治之權力的學校、科考取士之標準和方式、首都和方鎮等布局、土地政策、兵制、財政金融經濟、公務員，最後是最畸形的「宦官」問題。從其書的分章，看出黃宗羲具有客觀架構有系統地討論中國政治制度及其內容。[60]由於他大力批判「三代以下」的人主無公天下之大法，好像他的客觀架構式的論述政治制度，是不是已經從民本主義而邁入民主主

---

[58] 〔明〕黃宗羲：《明夷待訪錄》，收入氏著《黃宗羲全集》（第一冊）（沈善洪主編，吳光執編，杭州：浙江古籍出版社，2005.1），頁6。

[59] 同前注。

[60] 同前注，頁1-47。

義？其實不是如此，因為黃宗羲只以「小康世」的「六君子」為楷模，換言之，是以「聖君賢相」型的仁政王道為其標準，以聖王政治來愛民、育民，在此框架中，人民是消極者、被動者，不是政治的主體性。如果依此思想發展，中國或會走向「君主立憲」型，因為梨洲的「政權在君」的觀點仍然很堅固。

與此相較，當代新儒家從中國儒家傳統中的「堯舜禪讓典範」而非「六君子世襲典範」往上提升為天下為公的公天下之現代版的民主政治，這在思想上是一個「復其初」而又向上躍升的大進步。唯有提升到大同世太平世的公天下政道觀，才能避免兩千多年的法家專制政治之弊害，也可超脫儒家於政統受制於帝王而只剩下只能在治統之行政層次作一種有限的修補隙漏之治事的大遺憾。

唯當代新儒家只是在學統上開創「新外王學」的儒學學者或思想家，他們都不是政治的創造者行動者，他們也沒有架構性地撰述或設計民主政治的客觀制度之藍圖。真能在客觀制度面經過革命行動以及深思熟慮而架構性地為現代中國的民主共和政治，建立一套「主權在民、政府有能」的「人民權」和「政府權」的國體和政體，使現代中國可以清楚有效地運作實現民主政治，這位偉大的現代中國儒家外王理想實踐者孫中山先生，他是兩千數百年自孔子以來的第一人。

拾貳　道統・文化意識・孫中山的民族主義

一、道統

當代新儒家牟宗三先生提出「三統」說：

(一) 道統的肯定，此即肯定道德宗教之價值，護住孔孟所開闢之人生宇宙之本源。

(二) 學統之開出，此即轉出「知性主體」以融納希臘傳統，開出學術之獨立性。

(三) 政統之繼續，此即由認識政體之發展而肯定民主政治為必然。[1]

牟先生在其「三統說」中首列「道統」，且以此為孔孟儒家創成弘揚發展的「人生宇宙之本源」。而儒家文化和思想，經過兩千多年的歷史之演衍，已經是中華文化的主脈。

最早提到「道統觀」的人是唐朝韓愈，他說：

---

[1]　牟宗三：《道德的理想主義・序》，收入《牟宗三先生全集》（9）（臺北：聯經出版事業公司，2003），頁：序之9。

> 吾所謂道德云者，合仁與義言之也，天下之公言也。
> 〔……〕夫所謂先王之教者，何也？博愛之謂仁，行而宜
> 之之謂義，由是而之焉之謂道，足乎己無待於外之謂德。
> 〔……〕斯吾所謂道也，〔……〕堯以是傳之舜，舜以是
> 傳之禹，禹以是傳之湯，湯以是傳之文武、周公，文武、
> 周公傳之孔子，孔子傳之孟軻，軻之死不得其傳焉。[2]

韓昌黎提出一個很重要的觀念，那就是「先王之教」。其實，若
就堯舜禹湯古聖王言，那種遙遠的上古時期，乃是「政教合一」
的社會和文明，因此，韓愈所言「先王之教」的性質應是「先王
之政教」，但是他有一個自覺，那就是在政教之中，身為儒家，
應該明白須以人文道德教化為首出之義，而不是將人文道德之教
化附庸在君王之政治牢籠之中而失去「道」的超越性。「先王之
教」，就是「仁義之道」。它在上古形成了從「聖王傳統」至
「聖人傳統」之演變，先是由聖王傳之，此是「堯舜禹湯古聖
王」典範，到孔子而迄於孟子，已是平民傳道，而非古王庭通過
政治的政教之傳，故是聖人的道業之傳。由上古聖王而至於孔孟
聖人之傳承的「先王之教」，其實就是「仁義之道」，就是「道
統」。

　　韓愈之論，並非於史無據。他認為「道統」至孟子逝後就千
年無傳。孟子主張「仁義內在」和「仁政王道」，說「仲尼之
徒，無道桓文之事者」，[3]而且他是「道性善，言必稱堯舜。」[4]

2　〔唐〕韓愈：〈原道〉，收入呂晴飛主編：《韓愈》（上）（散文唐宋
　　八大家新賞，1）（臺北：地球出版社，未注出版年分），頁 12-26。

3　《孟子・梁惠王篇》，第六。齊宣王問曰：「齊桓晉文之事，可得聞

孟子以繼承孔子之仁道而自許，在《孟子》最後一章明白揭示，孟子曰：

> 由堯舜至於湯，五百有餘歲，若禹皋陶，則見而知之，若湯，則聞而知之。由湯至於文王，五百有餘歲，若伊尹萊朱，則見而知之，若文王，則聞而知之。由文王至於孔子，五百有餘歲，若太公望散宜生，則見而知之，若孔子，則聞而知之。由孔子而來，至於今，百有餘歲，去聖人之世，若此其未遠也；近聖人之居，若此其甚也。然而無有乎爾！則亦無有乎爾！[5]

孟子表現了深刻的文化歷史意識，他也是將中國文化之精神核心溯源上推到堯舜禹湯等古聖王，因而肯定了「先王之政」。但孟子也表達了一個觀念，那就是歷史有遠古、中古、近古和近代之時間流程，遠古的聖王堯舜禹湯以及中古的聖王文王，就當下言，只有聽聞其德而已，然而，孔子卻不是遠古中古的遙不可及的聖王，在時間上說，他是那麼現代；在空間上說，他也是如此比鄰，而孔子之道卻不是「先王之政」，因為孔子並未執有「政

手？」孟子對曰：「仲尼之徒，無道桓文之事者，是以後世無傳焉。臣未之聞也；無以，則王乎！」孟子不願談霸術，而只願對齊王談王道，也就是仁政，而其中心精神，就是道統。

4　《孟子‧滕文公篇》，第一。孟子「道性善」，就是提揭仁義之心；「言必稱堯舜」，就是弘揚仁義之政。前者是內聖，後者是外王，內外合一，其中心精神就是道統。

5　《孟子‧盡心篇》，第八十四。

統」，故孟子願學習願繼承的乃是聖人的「聖人之道」而非君王
的「先王之政」，這就是仁義，也就是「道統」。

　　由此，孟子已自覺地體悟中國的「道統」，並非在君王殿宇
中存在生發的，自從孔子歸返曲阜，「刪詩書，訂禮樂，贊周
易，修春秋」，從事並完成了華夏的以仁為主體的文化學術之整
理創新的工作，這就是《六經》，由此始，中國才真正有其恆常
中心的「經」，而中國之文化、政治、思想、學術以及社會方有
其基本方針，依據《六經》而有中國文明，此核心性即是「道
統」，孔子之後「道統」才真正建立，中國的本體，才真正完
成。孟子早年周遊諸侯國，在「政道」上，其志不行，晚年返
魯，在民間撰述《孟子七篇》，他立志承繼並實踐的孔子之仁
說，也就是「道統」。

　　「道統觀」至朱子更加以確立。朱子在〈中庸章句序〉曰：

> 《中庸》何為而作也？子思子憂「道學」之失其傳而作
> 也。蓋自上古聖神，繼天立極，而「道統」之傳有自來
> 矣。其見於經，則「允執厥中」者，堯之所以授舜也；
> 「人心惟危，道心惟微，惟精惟一，允執厥中」者，舜之
> 所以授禹也。〔……〕蓋嘗論之，心之虛靈知覺，一而已
> 矣，而以為有人心道心之異者，則以其或生於形氣之私，
> 或原於性命之正。〔……〕一則守其本心之正而不離也，
> 從事於斯，無少間斷，必使道心常為一身之主而人心每聽
> 命焉。則危者安，微者著，而動靜云為，自無過不及之差
> 矣。
> 夫堯舜禹，天下之大聖也，以天下相傳，天下之大事也；

> 以天下之大聖，行天下之大事，而其授受之際，丁寧告
> 戒，不過如此，則天下之理，豈有以加於此哉？自是以
> 來，聖聖相承，〔……〕既皆以此而接夫道統之傳。[6]

於此，朱子認為堯舜禹古代聖王的「道心」代代相傳而由後來的
聖王賢臣，也就是商湯、文武、伊尹、周公等繼承的人文禮樂教
化之傳衍，這就是「道統」。而朱子又曰：

> 若吾夫子，則雖不得其位，而所以繼往聖，開來學，其功
> 反有賢於堯舜者，〔……〕惟顏氏曾氏之傳得其宗，及曾
> 氏之再傳，而復得夫子之孫子思，則去聖遠而異端起矣。
> 子思懼夫愈久而愈失其真也，於是推本堯舜以來相傳之
> 意，質以平日所聞父師之言，更互相演繹，〔……〕其憂
> 之也深，故其言之也切；其慮之也深，故其說之也詳。
> 〔……〕所以提綱挈領，開示蘊奧，〔……〕再傳以得孟
> 氏，〔……〕以承先聖之統，及其沒而遂失其傳焉。[7]

朱子顯然與韓愈的取捨有同有異，相同之處是他也肯定「道統」
是從堯舜禹三代聖王之傳統而傳承下來，但其異處，則在於朱子
卻認為聖人孔子之道德教化之道賢於古聖王之政治之道，在此
處，朱子真正將「道統」的位置提升起來而高於「政統」；「道
統」必須永遠高過或超越「政統」。從孔子始，「道統」是由聖

6　〔南宋〕朱熹：〈中庸章句序〉，收入氏著《四書集注》（臺北：世界
　　書局，1997），頁 21-23。

7　同前注。

賢相傳而非君王傳承，而其實，「六君子」[8]之後更無聖君賢王矣。朱子也認為「道統」從孔子傳曾子、子思而再傳孟子。

　　韓愈慨嘆孟子之後「道統」斷絕不傳，而他顯然以「道統」之承繼自任，其之後，「道統」在晚唐及五代十國的亂世，潛隱而不彰，浮在中國文明思想和社會之上層者，是出世法的佛學佛法或是避世法的神仙道家。世之運會，需至宋朝的朱子才能明白地再重新提出「道統」。朱子說：「程夫子兄弟者出，以續夫千載不傳之緒，以斥二家似是之非。蓋子思之功，於是為大，而微程夫子，則亦莫能因其語而得其心也。」[9]而程夫子兄弟，指的是北宋於河南洛陽一帶講學傳儒的程顥程頤兄弟，朱子的意思是說由於「洛學」的接續振興發揚孔孟之學，否則「二氏」之論必影響中國，中國剛健之人文精神一定衰頹，則中國之「道統」不保。此種觀點以及內涵，朱子在另外一篇序文中言之甚明：

> 蓋自天降生民，則既莫不與之以仁義禮智之性矣。〔……〕及周之衰，賢聖之君不作，學校之政不修；教化陵夷，風俗頹敗。時則有若孔子之聖，而不得君師之位，以行其政教。於是獨取先王之法，誦而傳之以詔後世。〔……〕三千之徒，蓋莫不聞其說，而曾氏之傳，獨得其宗，〔……〕及孟子沒而其傳泯焉。〔……〕所以惑世誣

8　所謂「六君子」是孔子在《禮記‧禮運》說的「小康世」，已不是以德禪讓的聖王政治，而是血統世襲的君王政治，「六君子」是說這些統治者雖然依血統世襲，但他們是賢明君主或輔臣，指夏禹、商湯、文王、武王、周公、成王。見：《禮記‧禮運》。

9　朱熹：〈中庸章句序〉。

民，充塞仁義者，又紛紛雜出乎其間，使其君子不幸而不得聞大道之要，其小人不幸而不得蒙至治之澤；晦盲否塞，反覆沈痼。以及五季之衰，而壞亂極矣。天運循環，無往不復；宋德隆盛，治教休明。於是河南程氏兩夫子出，而有以接乎孟氏之傳。〔……〕[10]

朱子點明了孟子所說「四端」的仁義禮智，人人天生就具足於本心，是本來的天性，依此而行政教，實為古聖王相傳的人文發展，但周文疲敝、禮崩樂壞。晚周時期，政治腐敗、諸侯爭狠、教育墮毀、民風澆薄，值此亂世，已無聖王之政。孔子無政權、非君王，但興起於民間，取「先王之法」加以闡揚並予以創新的詮釋，即是在禮樂文制之中注入了「仁」。孔子之仁道，才是「道統」，而由曾子及後之孟子接續。朱子有一觀念，就是孔子時期之周衰，是「道統」頹弱的第一時期，而孟子時期以及其後，則是「道統」頹弱的第二時期。第一時期，是春秋的周文毀墜；而第二時期，則是戰國時代的邪說暴行有作處士橫議，並且直至後來的道佛二氏之論的泛濫。朱子認為因有河南程明道伊川兄弟之振興喚醒孔子之學，故「道統」於是再次興盛。

朱子推崇二程兄弟，認為孔孟之「道統」傳至他們身上，程頤稱讚其兄有曰：

先生為學，自十五六時，聞汝南周茂叔論道，遂厭科舉之

---

[10]　〔南宋〕朱熹：〈大學章句序〉，收入氏著《四書集注》（臺北：世界書局，1997），頁 1-3。

業，慨然有求道之志。未知其要，泛濫於諸家，出入於老、釋者幾十年，返求諸《六經》而後得之。明於庶物，察於人倫；知盡性至命，必本於孝悌；窮神知化，由通於禮樂；辨異端似是之非，開百代未明之惑。秦漢而下，未有臻斯理也。

謂孟子沒而聖學不傳，以興起斯文為己任。〔……〕[11]

程伊川指出程明道於少年初學時期，就已聽聞周濂溪講論儒家之道而有體悟，因而放棄科舉，一心從學向道，走上弘揚孔孟儒道的人生志業。[12]其實，伊川自己也是如此，朱子撰〈伊川先生年譜〉有曰：「先生名頤，字正叔，明道先生之弟也。幼有高識，非禮不動。年十四五，與明道同受學於舂陵周茂叔先生。」[13]

其實，二程兄弟後來的開創理學中的洛學，而影響後世，特別是湘學、閩學，非常深遠，這乃是兩兄弟之自學自勵，從先秦儒家《六經》中體悟有得而成就，其等被後世認為承續並弘揚「道統」，似乎不是因為周濂溪之學，但他們少年時期能有機緣向周濂溪問學問道，而受到周濂溪的啟發，應是事實。

朱子認定二程接續「道統」，程明道有文曰：

---

[11]　〔北宋〕程頤：〈明道先生行狀〉，收入《二程集》（一）（臺北：漢京文化事業公司，1983），頁638。

[12]　蔡仁厚曰：「明道，名顥，字伯淳，河南洛陽人。〔……〕明道十五六歲時，曾奉父命與弟伊川問學於周濂溪。後來深造自得，成為一代大儒。」見蔡仁厚：《宋明理學‧北宋篇》（臺北：臺灣學生書局，1999），頁219。

[13]　〔南宋〕朱熹：〈伊川先生年譜〉，收入《二程集》，頁338。

道之不明，異端害之也。昔之害近而易知，今之害深而難
辨；昔之惑人也乘其迷暗，今之惑人也因其高明。自謂之
窮神知化，而不足以開物成務，言為無不週遍，實則外於
倫理，窮深極微，而不可以入堯舜之道。[14]

程顥指出佛教之理論高明玄妙，能吸引世人，但最大的問題是它
雖然「窮神知化」，但卻不能「開物成務」；它雖然「言為無不
週遍」，但卻「外於倫理」；而且其談論出世法可以「窮深極
微」，可是卻「不可以入堯舜之道」。由此可以明白，在北宋時
期，佛教佛學因其哲學之深微和高妙，真的足以聳動人心，否定
人間的積極性而只求出離世間，程明道批判中國人若是如此歸入
釋教，則中國必無外王法可言，亦無五倫之行，絕非「堯舜之
道」。明道之申論，就是宣揚「道統」。

　　《宋史》在〈道學傳〉中這樣品評程頤：

頤於書無所不讀，其學本於誠，以《大學》、《語》、
《孟》、《中庸》為標指，而達于《六經》。動止語默，
一以聖人為師，其不至乎聖人不止也。張載稱其兄弟從十
四五時，便脫然欲學聖人，故卒得孔孟不傳之學，以為諸
儒倡。其言之旨，若布帛菽粟然，知德者尤尊崇之。[15]

程伊川的經典就是《四書五經》，他依此而求自己能成聖人，也

---

[14]　程顥此文引自《宋史》，見《宋史‧道學傳》，楊家駱主編：《新校本
　　　宋史并附編三種十六》（16）（臺北：鼎文書局，1994），頁 12717。
[15]　《宋史‧道學傳一》，同上注，頁 12720。

以此而教弟子，使他們也能成聖成賢。換言之，程伊川以及其兄明道之治學教人，並非知識的傳播和獲取，也不是要離此世間求他界的出世法之教，而是直接返回孔子的聖教。此種儒家之教化，不是「山珍海味」，而是日常人們維生不可缺的「布帛菽粟」，是常道慧命，不是玄談虛說。程氏兄弟的洛學，就是傳承發揮「道統」之學。

然而，孔孟、韓愈、二程皆無正式連道與統而為「道統」一詞。「道統」之詞見於朱子，而強調「道統之傳」，則首出於黃榦（勉齋）。他為文曰：

> 有太極而陰陽分，有陰陽而五行具；太極、二五妙合而人物生。賦於人者秀而靈，〔……〕物之生也，雖偏且塞，而亦莫非太極、二五之所為。此道之原之出於天者然也。聖人者，又得其秀之秀而最靈者焉。於是繼天立極，而得道統之傳，故能參天地，贊化育，而統理人倫，使人各遂其生，各全其性者，其所以發明道統以示天下後世者，皆可考也。[16]

黃榦從太極陰陽五行而說人物皆秉道而生，而其中之理，是由「聖人」以繼天立極之德而得「道統」之傳。他如同往聖前賢一樣，認為「道統」從堯舜一脈而傳之於孔子，並由孔子一直傳到孟子。接著，他則曰：

---

16 〔南宋〕黃榦：〈聖賢道統傳授總敘說〉，收入〔明〕黃宗羲：《宋元學案·勉齋學案》，沈善洪主編，吳光執行主編：《黃宗羲全集》，第五冊（杭州：浙江古籍出版社，2005），頁432。

及至周子，則以誠為本，以欲為戒。此又周子繼孔孟不傳
之緒者也。至二程子，則曰：「涵養須用敬，進學則在致
知。」又曰：「非明則動無所之，非動則明無所用。」而
為四箴，以著克己之義焉。此二程得統於周子者也。先師
文公之學，見之《四書》，而是其要則尤以《大學》為入
道之序。蓋持敬也，誠意、正心、修身，而見於齊家、治
國、平天下，外有以極其規模之大，而內有以盡其節目之
詳。此又先師之得其統於二程者也。聖賢相傳，垂世立
教，燦然明白。〔……〕[17]

黃榦如同前人，只以為孔子只是接續周公，亦即只是接續周公制
禮作樂的「周文」。若只是這樣，孔子也就僅是平常人而不會是
大成至聖先師。孔子對於周公傳承創造的周文，雖有傳承，但於
周公有極大的不同，其一是周公代表統治貴族階級，其禮樂文制
是有階級性的，而孔子卻代表平民，是眾生平等，人之差別只是
道德上的君子小人之分，故孔子儒家的禮樂文制，是普及一切人
的；其一是孔子新創人人皆有而本於天命的「仁」，孔子所言的
「仁遠乎哉？我欲仁，斯仁至已。」之本然具足的仁心，孔子之
前的周文或堯舜沒有此種說法。我們今日說「道統」，是「仁之
道統」，此由孔子始。黃榦在其文章此段提到了周濂溪，他認為
周濂溪傳接了孔孟之「道統」，並將「道統」傳給二程子。

　　黃榦沒有區分程氏昆仲，但他顯然是以程伊川為「道統」的
傳承者，因為他引的話語，是弟弟程頤所說，由小程子傳「道

---

[17] 同前注，頁 433-434。

統」予朱子。此條路線之肯定，是正確之論，因為朱子雖尊重明道，但真正相應的卻只是伊川。此處關鍵，牟宗三先生論斷之詳矣，可讀《心體與性體》。

二、文化歷史意識

當代新儒家第三代重要學者劉述先先生指出宋儒在學理上真正創立了「道統論」，在其時代思潮的對立中，他們是面對了佛老二氏，宋儒的確是受到二氏之學的刺激而認為不能在傳統的窠臼之內固步自封，所以程朱大儒們多出入於道釋有年而後歸返《六經》，乃知吾道自足，如二程昆仲以及朱子，都是這樣，此種學習歷程證明宋代程朱大儒都是心胸開闊、不拘門戶的豪傑之士，不是固陋守舊而抱殘守缺者，但他們也明白孔孟之道的基本精神亦絕不可失，所以，朱子從學於李延平，向他問儒家之常道而有體悟之後，就明白在那個時代，他必須在文化和道術之中，釐清儒家與二氏特別是佛教之差異分疏。所以才有堅定的「道統論」。[18]

「道統」之論，現代有另外的提法，雖然不像宋明儒以「道統」為一個重要的儒家思想關鍵詞，但當代儒家也有「道統」的觀念和堅持。

如上之論，程朱理學吸收了佛道兩家的理論，故三教有其同處，但劉述先先生點出儒佛之差別，他說：「依儒者之言，則人

18　劉述先：〈道統之建立與朱子在中國思想史上地位之衡定〉，收入氏著《朱子哲學思想的發展與完成》（臺北：臺灣學生書局，1982），頁416-417。

倫日用不可廢，仁義禮智根於心，性理之實即本之於生生而不容
已之天道。其體用本末，皆與佛氏迥異。」[19]所以，宋之理學居
於儒家的立場，強調的是人倫日用不可廢，仁義禮智根於心，這
個關鍵，與佛氏完全不同，而且理學家視天地與心性皆為天道生
生不已的發用流行，此與佛氏主張的世間一切法如幻如滅，是完
全不一樣的觀念。

　　劉述先先生再指出宋儒的深刻之文化歷史意識，他說：

> 我們可以看到宋儒與先秦儒的連貫性。把時間推回到遠古
> 正是先秦儒的一貫作風，所謂仲尼祖述堯舜、憲章文武是
> 也。〔……〕孔子相信這裡有一條一脈相承的線索，所以
> 說殷因於夏禮，所損益可知也；周因於殷禮，所損益可知
> 也，〔……〕。孟子更演繹出一套五百年必有王者興的歷
> 史哲學觀。宋儒所繼承的正是這一類的觀念。〔……〕千
> 聖相傳，只是此心，以心印心，自然不難了解聖人的命意
> 所在。〔……〕孔子〔……〕述而不作，信而好古，孔子
> 是真心嚮往堯舜的盛世，所繼承的是文武周公的理想，而
> 這是把道德融貫入現實政治的理想，朱子所崇信的也還是
> 同樣的理想，〔……〕，朱子堅強的信念的真正根源是在
> 千聖相傳之心，以及此心所把握之實理，這些是用切問而
> 近思的方式，當下即可以體證的道理，不是時代淹遠不可
> 追索的上古遺跡。[20]

19　同前注，頁 420。
20　同前注，頁 421-422。

劉先生這一大段敘論很清楚集中地說到了儒家非常重視文化歷史意識，文化歷史的理解，不是那種實證主義的「科學一元論史料學派」以為存在一種「絕對客觀主義的歷史」。儒家從孔子以降一直到宋儒，固然都承認「殷因於夏禮，所損益可知也；周因於殷禮，所損益可知也」的歷史之器物層、制度層之客觀性，但他們更主張肯定文化歷史的巨流之中，其最關鍵核心者乃是「千聖相傳之心」，這是道德良知之主體心，世世代代「以道德心印證道德心」，唯有此路，才是中國文化歷史真正得以相傳幾千年而不滅之故。

　　當然，此處劉述先先生之言，其古語就是「道統」，但是突顯了文化歷史的意識之脈絡傳承之意思。同時，他也畫龍點睛地說明此文化歷史意識的中心即是「仁」。他指出宋儒的中心理念就是天道人道之共同根本的生生之仁，而此觀念乃是孔子之終極關懷。所以，中國文化歷史意識從孔子歷宋明儒家而一路傳承至現代，就是主張天地宇宙和人心人性之剛健生生而不息的仁道。[21]

　　另外一位重要的當代新儒家蔡仁厚先生認為所謂「道統」就是「民族文化之統」，是文化生命的根源和人倫教化的綱維，個人安身立命必須取則於此，中國人由「道統」來開發生命之學，且依據此生命之學而開顯「生活的原理」和「生命的途徑」。[22]

　　蔡先生先闡釋「生活的原理」。他說：

　　　　它只是一個「怵惕惻隱之心」，〔……〕也就是孔子所說

21　同前注，頁 422-423。

22　蔡仁厚：〈新儒家的精神方向〉，收入氏著《新儒家的精神方向》（臺北：臺灣學生書局，1984），頁 19。

的「仁」。仁，就其為德而言，它是生生之德；就其為理而言，它是生生之理。說得更具體一點，它就是人之所以為人的「本」。本立而道生，因此，它能顯發而為人生的大道──生生之道，亦同時就是我們的自救之道、救國之道、救文化之道。孟子說：「道一而已」。這個「一」，正是就「仁」而說的。自救、救國、救文化，必須救活而使它生存下去，這就必須要有一個能夠「使之生、使之活」的「生活原理」。[23]

蔡先生指出生活的原理，在中國，就是儒家闡揚的「怵惕惻隱之心」，也就是孔子的「仁」。而仁心即是生生之德、生生之理。《易》曰：「天地之大德曰生。」[24]儒家視天地宇宙的目的性功用就是生命的大生廣生及其生生不息。這是中國人之為人之生活目標和方向，尤其在亂世末法的時代，人更應依據仁心生道而「自救、救國、救文化」。這就是中國人在儒家思想指引下的生活之原理。

　　蔡仁厚先生接著再對上述之言有進一步的闡揚，他說生活原理是就「人」來說的：

　　中國人一向都是自覺地「把人當一個人看」（所以說仁者人也），而不是「把人當一個物看」（所以特嚴人禽之辨）。因為一旦「視人如物」，便必會抹煞人性、糟蹋人品、破壞

---

[23]　同前注，頁 19-20。

[24]　《易・繫辭傳》。

人倫、毀滅人道，而淪為「動物世界」。〔……〕那末，「反物化」，豈不正是天經地義的事？而且，文化的演進過程，亦可以說正是一個反物化的過程，否則，人同於物，哪能創造文化價值？而現代人卻偏偏把「人」作動物看，拚命地要把人拖入動物群中去討生活。[25]

古代的亂世，用傳統話語而言，是道德沈淪，人同禽獸；現代的末法，用現代觀點來看，則是人之物化並趨於動物性而下萎。從五四新文化運動的全盤西化浪潮大作之後，中國知識分子高舉反儒的旗幟，鄙棄儒家如垃圾敝屣而後快，他們的徹底反儒以及全盤西化的態度後面，其實就是「視人如物」，他們認為這樣才是生命回歸自然性，才是解放人性，結果正合於孟子所斥責的「洪水猛獸」之橫決天下的不仁不義之亂局。蔡先生又再將現代的物化性，區分為兩種，一是思想心靈上的物化；一是日常生活上的物化，兩種物化是深沈徹底的物質至上主義，它消磨人之向上之意志，也腐蝕人之道德心靈。

蔡仁厚先生再闡說「生命的途徑」。他說：

「生命的途徑」，是本乎生活原理決定出來的道德實踐的軌轍，和人生努力的方向。這可以分為兩面來說：(1)主觀方面是成己，成就德性人格，是要求與天道天德合而為一，以達到天人合一、天人和諧的境地，這是一種「通上下」的縱的實踐。(2)客觀方面是成物，成就家國天下，

---

[25]　同注 22，頁 20。

是要求與天下民物通而為一，以達天下一家、萬物一體的
境界，言是一種「合內外」的橫的實踐。[26]

此段話語是用現代語來說古典語「內聖外王」，主觀方面的通上
下之縱貫實踐，就是儒家的內聖功夫和境界；客觀方面的合內外
之橫通實踐，就是儒家的外王功夫和境界。而如果依傳統用語，
蔡仁厚先生所論亦是中國儒家「道統」的普遍實現，在今日特別
是中國長期受到西力侵略衝擊的情形下，是期望重新振起「道
統」而使中國人均能以「道德主體」的自由意志而樹立根本，若
現代中國人之人人皆可依據「道統」來樹立道德主體意志而站
立，也就等於是「中華民族自己做自己的主」，如此，就等於是
中國人的德命與中國的文化生命合流，此即文化歷史意識之延續
和弘揚。

　　關於上引劉述先和蔡仁厚兩位先生的觀點，當代新儒家牟宗
三先生提出「常道」來加以闡釋。他說：

儒家的義理和智慧具有「常道」的性格。儒家，從古至
今，發展了幾千年，它代表一個「常道」——恆常不變的
道理。中國人常說「常道」，它有兩層意義，一是恆常不
變，這是縱貫地講它的不變性；一是普遍於每一個人都能
夠適應的，這是橫地、廣擴地講它的普遍性，即說明這個
道理是普遍於全人類的。[27]

26　同前注，頁 20-21。
27　牟宗三：〈從儒家的當前使命說中國文化的現代意義〉，氏著：《政道

牟先生用「常道」這個詞，是指發展了兩三千年的儒家之道理。
他特別指出儒道有兩層，一是縱貫的在時間上的永恆不變之價
值，一是橫通的在空間上的普遍相同之價值。孔子提出的
「仁」，或《中庸》提出的「誠」，或《易》提出的「元」就
是。實則，這「常道」的縱貫和橫通形成的立體架構和脈絡，就
是「道統」。

牟宗三先生接著說：

> 在以往的時代中，〔……〕不論是士、農、工、商提起聖
> 人，沒有不尊重的，提到聖人之道，每個人都能表現相當
> 的敬意，沒有不肅然起敬的。〔……〕但是在今天講聖人
> 之道，就沒有這個便利。今天這個時代，先不談農、工、
> 商，即使是讀書人亦很少有尊重聖人之道的，亦很少有了
> 解聖人之道的。在以往，從小即讀《四書》、《五經》，
> 今天的讀書人卻是愈往上讀，離開《四書》、《五經》愈
> 遠。知識分子把儒家這個常道忘掉了，很難接得上去。[28]

牟先生所言傳統時代，聖人之道是全民敬重學習的，就是「常
道」，這個「常道」的文本就是《四書》、《五經》，也就是堯
舜孔孟之道的經典，此即傳統的話語所說的「道統」。但是現代
人特別是西化的知識分子已經不讀或鄙視《四書》、《五經》，
亦即丟棄了中國文化思想的「常道」，換言之，「道統」至現代

與治道・新版序》，收入《牟宗三先生全集》（10）（臺北：聯經出版
　事業公司，2003），頁：序之3。
[28]　同前註，頁：序之4-5。

中國而絕。牟先生面對現代中國的「道統」斷絕，是很傷懷的，他說：

> 這個時代的人喪盡了廉恥，所以，一個民族糟蹋文化生命，同時就牽連著糟蹋民族生命。什麼叫做糟蹋文化生命呢？在這裡所表現的即是人無廉恥。〔……〕人們有自由，法律上保障人的獨立人格，承認人的尊嚴。有了自由，人即須負責任。再深一層說，人有道德意志、自由意志，才能談有氣節、有廉恥的問題。〔……〕孟子說得好：「所欲有甚於生者，所惡有甚於死者。」〔……〕要承認人有自由意志，才能表現「所欲有甚於生者，所惡有甚於死者。」[29]

牟先生在此所說的是什麼？他的重點是指現代中國因為全盤西化興起的反傳統文化的狂飆巨浪，而讓中國人的氣節和廉恥意識斷送掉了。而歸根究本地說，就是在西化浪潮的襲捲之下，中國儒家的「道統」或「常道」，已然失落隱沒。這就是「文化生命的糟蹋」。

現代中國的道德倫理之觀念信仰系統，遠的淵源是孔孟之道，而近的淵源是宋明儒學。此即上章所論述的「道統」的那個「統」；統者統緒、系統也。因此，如果講求我們現代中國的文化生命之統緒或系統之淵源，則必上求之於宋明。牟先生說：

---

[29]　同前注，頁：序之 8-10。

　　宋明理學家主要就是要喚醒道德意識，〔……〕宋明理學
家之所以重視道德意識，主要即因他那個社會背景、時代
背景就是唐末五代的那個「無廉恥」。人到了無廉恥的地
步，人的尊嚴亦復喪盡，這就成了個嚴重問題，亦即謂文
化生命沒有了，就影響你的自然生命。〔……〕文化生命
摧殘得太屬害，你的自然生命也沒有了。〔……〕廉恥不
可喪盡，不可任意地躐喪。人的生命不可完全感性化，完
全形軀化，完全軀殼化，〔……〕就是老子所說的「五色
令人目盲，五音令人耳聾，五味令人口爽，馳騁畋獵令人
心發狂。」人的生命不能完全感性化，即表示隨時需要文
化生命來提住，代表文化生命的廉恥、道德意識，更不可
一筆抹殺，不可過於輕忽。所以理學家出來，儘量弘揚儒
家，對治唐末五代的無廉恥而講儒家的學問。[30]

　　宋明理學的核心是提振民族的文化生命之道德心性的，牟先生舉
「廉恥」來作為代表，而實則是「禮義廉恥」之「四維」，古語
有言：「禮義廉恥，國之四維；四維不張，國乃滅亡」，[31]因為
宋代儒家返顧唐末五代的中國人最大的敗壞墮落，就在於無禮義
無廉恥，亦即幾乎將人之良知道德完全毀棄，所以，宋儒喚醒啟
蒙當時的君王、士大夫、儒子以及庶民，最主要的就是中國文化
生命之中的道德意識。宋儒的對照是唐末五代之亂局，而牟先生

30　同前注，頁：序之 11-12。

31　禮義廉恥四維，首見於《管子・牧民》；而「禮義廉恥，國之四維；四
　　維不張，國乃滅亡。」則見於北宋歐陽修編修的《新五代史・雜傳》，
　　是議諷五代的無恥宰相馮道的。

以古論今，他痛責現代是一個非常感性化、形軀化、軀殼化的時代，在這種「順軀殼起念」的物欲主義的時代，時風不在乎良知道德，不在意人有沒有禮義廉恥。牟宗三先生主張亟需恢復中國的文化生命之意義和生機，此即儒家「常道」，也就是「道統」。

　　換過另外一種論述來闡釋中國儒家「道統」、「常道」在今天之重要意義。牟宗三先生諄諄警戒而論到「中國文化的斷續」之危機，其實，此斷續就是「道統」或「常道」的斷續危機。牟先生如是曰：

　　　　本來如果一個民族仍然存在，那麼這個民族的文化總可以延續下去，無所謂斷不斷。但這其中也有一曲折。若一民族仍然存在，但它的文化卻不能盡其作為原則並自己決定方向的責任，則此民族的文化就不能算延續下去。不能夠作為原則，不能夠自定方向，則這文化就只是個材料，而不是形式。因此，一個文化若只有作為材料的身分而不是形式，它就不能算延續下去；若要延續下去，這文化必須能決定自己的原則和方向。原則、方向即代表一個文化作為形式的身分。〔……〕凡是文化，必然涵著它自己的原則與方向，否則就不能算文化。如果一個文化只剩作為材料的身分，而形式是外加的，這文化就算斷滅了。[32]

---

[32]　牟宗三：〈中國文化的斷續問題〉，收入氏著《中國文化的省察》（臺北：聯經出版事業公司，1983），頁 1。

就中華民族而言，什麼是民族文化的原則和方向而可以成為自己創立的文化形式？那就是本文前面論述的「道統」、「常道」、「文化生命」、「文化歷史意識」，名詞雖多，但其實就是孔孟開創以儒家仁義之道為中心的中華文化本位。牟先生認為中國文化有斷滅的危機，那是因為現代中國自五四新文化運動掀起的滔天巨浪式的全盤西化派的反中華傳統，也就是反道統、反儒家、反孔子、反中國自身的文化形式而造成。自民國初年的反傳統中國文化之狂焰漫天燒起後，中國就沒有了屬於中華民族自己應有的中國文化之原則和方向，而變成是西方人來替中華民族作決定，所以，中國文化在無法當家作主的情形下，成為自家主體性被淘空剝光的一具無文化靈魂的空洞軀殼。

三、孫中山的民族主義

孫中山先生創述《三民主義》，其核心精神就是為中國人再找回「道統」、「常道」，孫中山先生的思想與其國民革命，其內在的動力其實就是中華文化本位，也就是本文上述兩章所強調的以儒家之「道統」為核心而在中國文化歷史之長河中形成的意識。大史家錢穆先生在抗戰時期撰述的《國史大綱》這樣說：

> 在此艱鉅的過程中，始終領導國人以建國之進向者，厥為孫中山先生所唱導之三民主義。三民主義主張全部的政治革新，與同、光以來僅知注重於軍備革命者不同。三民主義自始即採革命的態度，不與滿洲政府狹義的部族政權求妥協，此與光緒末葉康有為諸人所唱保皇變法者不同。

> 三民主義對當前政治、社會各項污點、弱點，雖取革命的
> 態度，而對中國已往自己文化傳統、歷史教訓，則主保持
> 與發揚，此與主張全盤西化、文化革命者不同。[33]

錢先生在這段敘述中的第一點，指出孫中山先生領導國民革命，
創述《三民主義》，是一種關連著文化與政治總體的革故鼎新之
運動，與同、光之時期的只注重浮面而無根的追求堅船利炮之軍
備改革完全不同；第二點則指出孫中山先生的排滿之革命，是秉
持實踐孔子《春秋經》的「嚴華夷之辨」的文化民族大復仇之大
義的革命運動。因為女真統治中土兩百多年，在儒家「道統」來
看，它以異族狹隘的部落政權來統治華夏民族，用傳統的話語而
言，就是「夷狄猾亂華夏」，基於儒家的「常道」觀，孫先生帶
領興起的國民革命之精神，正是上章所言的，必須中華民族自己
有自己的文化原則和方向，才能建立中華民族自己的文化形式，
此乃《三民主義》的《民族主義》之基本精神。而第三點則指出
孫中山先生的《三民主義》是堅持並且肯定中華文化本位的思想
體系，它與同一時代的全盤西化派以及文化革命派截然有別。

　　但是，孫中山先生革命以及其思想並不是一種將傳統文化的
一切都視為精華的固陋顢頇之守舊主義。中國的文化歷史有好亦
有壞，有其陰暗面也有其光明面，故取其優而去其劣，是孫先生
的《三民主義》之重要原則。當代新儒家中的思想史大家徐復觀
先生說：

---

[33] 錢穆：《國史大綱》（下冊）（臺北：臺灣商務印書館，2014），頁
　　913。

> 我國大一統的格架，是根據反自由的法家思想所建立。兩
> 漢知識分子對法家思想和制度所作的不斷底鬥爭，實際即
> 是向政治爭取自由的鬥爭；此一鬥爭，以宦官所造成的黨
> 錮之禍而告一個悲慘的結束。於是自由的精神，始終在政
> 治中伸長不出來，因而使整個文化，使整個民族底生命
> 力，都在政治抑壓之下，變成了纏足的小腳女人，不曾得
> 到應有底正常底發展。[34]

徐先生直接指明中國文化歷史中有其幽暗慘刻的方面和內容，此
源自反自由的法家而來的專制，雖然兩漢的知識分子依據經學的
儒家精神和意志，向此專制幽暗性不斷地鬥爭，但終究悲慘地終
結。徐先生在許多論文中都強調中國傳統時代的君主專制政治對
中國人之文化歷史和生命心靈，發生了很深沈的壓抑和扭曲，使
中國人本有的自由性，得不到正常的生長。中國的自由性，保存
在道家的崇尚和追求山林自然的逍遙式之生活與生命姿態，也保
存在儒家在民間社會透過書院之儒學德教以及把儒家之禮樂傳播
普敷於庶民社會之中而延續。在此背景下，徐復觀先生遂說出孫
中山先生的偉大，他說：

> 我們不難了解中山先生所領導的以民主共和為國體，以完
> 成憲政為政治目標的國民革命，在我國歷史發展上所佔的
> 偉大意義。中山先生是把中國文化中的自由精神，經二千

---

[34] 徐復觀：〈為什麼要反對自由主義〉，收入蕭欣義編，徐復觀著《儒家
　　政治思想與民主自由人權》（臺北：八十年代出版社，1979），頁
　　288。

餘年的艱辛而未能在政治中實現的，一旦使其實現。中山
先生自身若是缺乏這種自由精神，便不可能有他百折不回
的革命動力；他革命的目的若不是為了實現在政治中的自
由，便不能解釋他廢除專制，實現民主的堅決主張。[35]

此段敘述點出了兩個重要性，一是中國在兩千多年的專制政治
下，終於由孫中山先生領導的國民革命而一舉推翻，讓中國文化
歷史中本有的自由性，得到解放。中國專制政治的不合理，在思
想上首先為文而痛述者是晚明大儒黃梨洲，他歷經明亡而天下亡
的慘變之後，在其名著《明夷待訪錄》裡，能夠體察「天下」並
非一家一姓的私產，而說出「天下者，天下人之天下也。」因此
之故，梨洲先生提出宰相制、學校制；希望建立一個客觀的相權
來治理天下，此在宰相制，而亦有一個超然的意見輿論之機構來
監督批判現實政治，此在學校制。[36]但他仍然以為國之有君王，
是不可變更的祖宗傳下來的國家之法規，仍然無法脫離傳統「小
康世六君子」的觀點。

　　在黃宗羲之後發動排滿革命的是太平天國，但洪秀全根本仍
然滿腦子都是皇帝之私慾，且以毀棄中國的「道統」為其建立國
體之基礎，豈能不敗亡？真能以儒家「春秋大義」來推動革命而
在政治文化上追求中國的「大同世」或「太平世」之理想者，是
孫中山先生。由這一點而言，徐先生此段敘述的另一重要性，就
是顯發孫中山先生具有儒家的「常道」精神，也就是孫先生具有

35　同前注。

36　〔明〕黃宗羲：《黃宗羲全集‧明夷待訪錄》。

中國儒家的文化歷史意識，有一堂正的中國的文化原則和方向，故其革命和創立民主共和之國體，乃是合於中國本有的文化形式。

　　徐復觀先生再又說：

> 形成三民主義的精神基底的，難說不是中山先生的自由主義的精神？三民主義的目標，難說不是為了各種自由（包括政治中的個人自由）的實現？三民主義，中山先生說得很清楚，是以民為主的民治、民有、民享的主義。民治、民有、民享，是把傳統的開明專制的愛民、養民、教民倒轉過來，使被動之民，成為主動之民。[37]

徐先生說出《三民主義》的精神基礎是「自由主義的精神」。此處不可誤會以為孫中山先生及其《三民主義》的思想源自歐洲資本主義發展的那種「自由主義」，如果是這樣，孫中山先生就是一位不折不扣的「全盤西化派」。其實徐復觀先生是指中國儒家的仁義內在而發展出來的仁政王道，真正的性質，是「道德理想主義」之下充分實現的大自由，《尚書》提揭的「以德禪讓」論、[38]《易傳》所言的「見群龍無首吉」[39]以及《禮記》所說：「大道之行也，天下為公，選賢與能，講信修睦。」[40]等儒家古典中言及的政治，都是儒家本有的「大同世」或「太平世」的人

37　同注 34，頁 288-289。
38　見《尚書・堯典》。
39　見《易・乾・用九》。
40　見《禮記・禮運》。

民大自由之境界，孫中山固然使用林肯所說的「民治」、「民有」、「民享」三詞來建立其《三民主義》標竿，而其本質是從中國儒家之「道統」理想發展出來的。

　　王曉波先生認同胡秋原先生的觀點，[41]認為五四新文化運動以來，中國的西化派其實有兩種，一是「白色西化派」，一是「紅色西化派」，王先生說：「五四運動之後，新文化運動遂分裂為資本主義與社會主義的紅白二色。〔……〕『西化派』是『師夷之所長以化為夷』，沒有自己文化的主體和目的，〔……〕如胡適、陳序經的『全盤西化』，及文革時期的『中國文化馬列化』。」[42]王先生說：

　　　　檢視一百多年來中國的思想和歷史，「白色西化派」失敗了，「紅色西化派」也失敗了。在思想上，「白色西化派」對西方資本主義的價值和意識型態從來沒有批判的能力，「紅色西化派」對馬列主義向來也只能奉之為聖經教

---

[41]　現代臺灣有一位特立獨行的思想家、史家、政論家胡秋原先生，他認為從清末到民國以來一百幾十年，中國菁英分子的思潮區分成三類，一是「傳統派」，一是「西化派」，一是「俄化派」，其所言之「傳統派」其實是頑固守舊的保守國粹派以及其他肯定中華傳統文化思想為主的學派，譬如學衡派或當代新儒家，當代新儒家堅守中華文化道統而又能理性地吸收消化西學，而胡先生所言之「俄化派」，就是王曉波先生所言的「紅色西化派」。見胡秋原所著之書《一百三十年來中國思想史綱》（臺北：學術出版社，1973）。

[42]　王曉波：〈中山先生雖死，中山主義決不死──《孫中山思想研究》的自我告白〉，收入氏著《孫中山思想研究》（臺北：問津堂書局，2003），自序。

條。只有孫中山作為一個思想家，他肯定資產階級的民主，但卻批判其「間接民權」；他肯定盧梭的人權論，卻反對其「天賦人權」；他肯定馬克思是「病理學家」，卻批評馬克思不是「生理學家」；他承認社會有階級，卻反對「階級鬥爭」，而主張「階級合作」；他主張「以俄為師」，卻反對「蘇維埃」制度；他反對中國的專制傳統，卻肯定傳統的「修、齊、治、平」的政治哲學。只有孫中山在紅白西化派和傳統文化之間能卓然獨立，探索著中國的道路。[43]

王曉波先生的論點確能把握孫中山先生的《三民主義》立乎中華文化本位的立場，孫先生對於五四以來的兩型西化派思想，提出了批判，換言之，他不接受兩型西化派的主張，即「資本主義入中國而中國被資本主義化之」或「馬列主義入中國而中國被馬列主義化之」；他是堅守中華本身的文化形式的政治家、思想家，孫先生依據中國文化歷史的「常道」而吸收西方思想、文化、學術，在他來說，應該像印度佛教「入中國則中國之」一樣，歐洲東傳的資本主義和馬列主義也應該是「入中國而中國之」。《三民主義》的原則和方向在此，它以中華儒家思想為中心而以開放的態度吸收歐洲一切進步的學術和思想。

　　孫中山先生的民族主義思想有前後變化，但前後雖有差異，卻均合乎儒家的「春秋論」。在辛亥革命之前，他的民族主義思想是「反滿」，簡單而言，就是「反滿的民族主義」。說到底，

---

[43]　同前注。

此前期，孫先生的民族主義主張「驅逐韃虜，恢復中華」。[44]此時的孫先生領導國民革命之目的就是要推翻「異族女真」對中國的專制統治，此時孫先生是「大漢民族主義」，與朱元璋領導漢族來推翻蒙古族的元朝，性質是一樣的。

孫先生在《民報》創刊一週年的演講中有說：

> 民族主義，卻不必要什麼研究才會曉得的。譬如一個人，見著父母總是認得，決不會把他當做路人，也決不會把路人當做父母；〔……〕我們漢人就是小孩子，見著滿人也是認得，總不會把來當做漢人。這就是民族主義的根本。[45]

孫先生拿一種淺顯的比喻來講漢族和滿族不是同一個民族，相對漢族言，滿族就是異族，若用傳統的「春秋大義」的名詞來說，漢族是「華夏」，而滿族是「夷狄」。在另外一篇講辭中，孫先生又說：

> 今請進而論民族主義，中華民族者，世界最古之民族，世界最大之民族，亦世界最文明而最大同化力之民族也。然此龐然一大民族則有之，而民族主義則向所未有也。何為民族主義？即民族正義之精神也。唯其無正義、無精神，故一亡于胡元，再亡于滿清，而不以為恥，反謂他人父，謂他人君，承命惟謹，爭事之恐不及，此有民族而無民族

[44] 茅家琦等：《孫中山評傳》，第十章，徐梁伯執筆（南京：南京大學出版社，2010），頁 588。

[45] 同前注，頁 588-589。

　　　主義者之所謂也。[46]

於此，孫中山先生仍然是站在漢民族的立場而指責自己這個民族來向缺少民族主義，無「民族正義之精神」，因為這樣，故初亡於蒙古再亡於女真。沒有民族正義和精神，如果用傳統儒家的話語而言，就是喪失了華夏民族的文化歷史意識，失去了自己的文化形式，亦即沒有了「常道」沒有了「道統」，故異族的女真或蒙古入關而做主於中國，漢民族就俯首貼耳，變成了事奉「夷狄」的奴才。此句話語，孫先生一則明白斥責漢民族自身的文化精神的墮落，一方面也明顯地表達了「嚴夷夏之大防」的儒家「春秋大義」之觀念。

　　孫先生在《民族主義》的講辭中，明白地批判了「保皇黨」，他說：

　　　中國的民族主義，〔……〕已經失去了幾百年，我們革命以前，所有反對革命很厲害的言論，都是反對民族主義的。〔……〕只看見對於滿洲的歌功頌德。〔……〕近年革命思想發生了之後，還有許多自命為中國學士文人的，天天來替滿洲人說話。〔……〕說滿洲種族入主中華，我們不算亡國。〔……〕不過是歷代朝廷相傳的接替，可說是易朝，不是亡國。〔……〕這些人不獨是用口頭去擁護滿洲人，還要結合一個團體叫做保皇黨，〔……〕所有保

46　同前注，頁589。

皇黨的人，都不是滿洲人，完全是漢人。[47]

孫先生反對康有為梁啟超為首的保皇黨，乃是從漢滿的「華夷之辨」的民族主義出發的，因為，縱許到了清末那個時代，滿族幾乎都已漢化，可是這個清政權，與其他中國歷史中的漢民族朝廷不同，錢穆先生批判式地貶斥為「部族政權」，因為清自順治入統中國以後，一直到慈禧太后擅斷的光緒時代和末代清帝的宣統三年（1911），清人從來不願與漢人平等共事治國，清朝之一切政教、文化、社會、經濟、軍事之施為，都有猜防漢人的作用和架構在，錢先生也批判了保皇黨，他說：

> 康有為實在沒有看清楚，他以為只要光緒皇帝聽他話，變法就變得成。這是他的大錯誤，這個錯誤也就是錯誤在他沒有像西洋人般懂得政治上的所謂「主權」的觀念。他不懂得當時的中國政治，是滿洲「部族主權」的政治。掌握主權的是滿洲人，哪裡是像他所謂的「皇帝專制」呢？他誤認為中國傳統政治只是皇帝專制，故而以為只要皇帝聽我話，便可由「皇帝專制」一變而為「皇帝立憲」。〔……〕梁啟超也如康有為，〔……〕不曉得在他當時，這一制度之後面，還有一個力量在擁護、在支持。不是皇帝一人就可以專制，皇帝背後有他們的部族，滿洲人在擁護這皇帝，才始能專制。〔……〕若要把滿洲部族這集團

---

[47] 孫文：《三民主義·民族主義》，第三講（臺北：正中書局，1956），頁28。

　　打破，就非革命不可。[48]

　　由錢先生的史論，就可知道孫中山先生何以反對康梁的保皇黨，乃是因為不可能以君主立憲方式來解決清朝的滿族權貴統治層之壓迫庶民百姓以及積弱不振而勢必被列強分裂滅亡的危機，清朝的大問題不在於清帝個人，更不在於將清帝變成立憲制皇帝就可解決中國危機，是因為清朝的權源是由滿族八旗王公貴族的腐化特權集團把持的，孫先生看準了這個關鍵，故從傳統儒家的「春秋大義」直斥女真的部族主義，就是夷狄之道，站在華夏之立場，在那個土崩魚爛、黎民哀苦的艱危階段，既然和平無望，則必須用武力加以推翻。

　　然而，孔孟的民族主義是「文化主義」的開放式民族主義，並不是從封閉式的「血族主義」而來的，此在孔子的話語中已顯示出來，譬如《論語》載曰：「子欲居九夷，或曰：『陋，如之何？』子曰：『君子居之，何陋之有？』」[49]又，子曰：「道不行，乘桴浮于海，從我者，其由與？」子路聞之喜，子曰：「由之好勇過我，無所取材。」[50]由此可見孔子認可到邊陲的非華夏的四夷之地去開展文教，亦可讓他們成為有人文道德教化之人。同時，就儒家的《春秋》經的思想來說，儒家主張「夷狄入中國則中國之」的民族文化可以轉化提升之觀點，基於此種儒家之「文化民族主義」觀，孫中山先生的後期的民族主義觀點是明顯

48　錢穆：《中國歷代政治得失》（北京：九州出版社，2014），頁 172-173。

49　《論語・子罕》。

50　《論語・公冶長》。

地從漢滿對立而變成「五族共和論」，此即「中華民族」之稱的由來。

孫先生並非復仇主義式的排滿革命者，他曾說：「曾聽人說，民族革命，是要盡滅滿洲民族。這話大錯。民族革命的原故，是不甘心滿洲人滅我們的國，主我們的政，定要撲滅他的政府，光復我們民族的國家。這樣看來，我們並不恨滿洲人，是恨害漢人的滿洲人。〔……〕我們決無尋仇之理。〔……〕」[51]所以孫先生的國民革命並非狹隘的種族主義的復仇主義，而具有儒家的「王者師」或「仁者師」弔民伐罪以拯生民於水火的意思。辛亥革命成功後，孫中山先生開始從漢民族提升擴大而主張「中華民族」。他說：

> 夫漢族光復，滿清傾覆，不過祇達到民族主義之一消極目的而已。從此當努力猛進，以達民族主義之積極目的也。積極目的為何？即漢族當犧牲其血統、歷史與夫自尊自大之名稱，而與滿、蒙、回、藏之人民相見以誠，合為一爐而冶之，以成一中華民族之新主義。〔……〕五族云乎哉？夫以世界最古、最大、最富於同化力之民族，加以世界之新主義，而為積極之行動，以發揚光大中華民族，吾決不久必駕美軼歐而為世界之冠。[52]

---

[51] 引自王德昭：《孫中山政治思想研究》（香港：商務印書館，2011），頁89。

[52] 引自王曉波：《孫中山思想研究》（臺北：問津堂書局，2003），頁209。

依此當知孫中山先生之深悉中國的文化主義的民族融合史，中國的民族發展史其實是不斷地融合而形成新成分之過程，上古有「諸夏」與「四夷」的互動而逐漸融合，譬如楚本為荊楚，秦亦是孤秦，吳、越本屬邊陲，但漸次地融合而為上古的華族，後稱漢族。至魏晉南北朝時代的數百年，北方少數民族入侵中原，建立各期政權，其等皆為「胡人」，但日子一久，終於融入漢民族的大熔爐中而成為一個體系的民族。此即各氏族、種族之入中國而中國之的中國民族融合史。而此依據華夏之道而將四夷入中國而中國之的開放式民族主義，是儒家的主張，故孫中山先生的創立「中華民族」論，是合乎儒家「道統」的。

在儒家的「常道」中有「大同世」（「太平世」）之主張，孫中山先生的「五族共和」的中華民族之民族主義，具有「大同世」（「太平世」）理想。他說：

> 五大民族，同心協力，共策國家之進行，使中國進於世界第一文明大國，則我五大民族共同負荷之大責任也。〔……〕使文明日進，智識日高，則必能推廣其博愛主義，使全世界為一大國家，亦未可定。〔……〕欲泯除國界而進於大同，其道非易，必須人人尚道德、明公理，庶可致之。〔……〕我五大種族皆愛和平、重人道，若能擴充其自由、平等、博愛之主義於世界人權，則大同盛軌，豈難致乎？[53]

---

[53]　同前注，頁 209-210。

這一段孫先生的中華民族促進大同世界說，其思想不必源於西方，因為歐洲人彼時根本就是國家主義的侵略帝國主義，不可能有這種大同世界觀。孫先生的大同觀，是來自儒家的理想。讓我們徵引《禮記‧禮運》的文章於下：

> 孔子曰：「大道之行也，天下為公，選賢與能，講信修睦，故人不獨親其親，不獨子其子，使老有所終，壯有所用，幼有所長，矜寡孤獨廢疾者，皆有所養。男有分，女有歸。貨惡其棄於地也，不必藏於己；力惡其不出於身也，不必為己。是故，謀閉而不興盜竊亂賊而不作，故外戶而不閉，是謂『大同』。」[54]

對照之下，我們可以肯定孫中山先生民族主義中的五族共和成為中華民族，並且促進大同世界之實現，此種「道德理想主義」的理念，是源自儒家的大同思想。孫先生晚年撰寫的有名書法，就是〈禮運大同篇〉，可證儒家的「大同世」（「太平世」）之仁政王道的「道統」觀，為孫中山先生所繼承。

孫先生的民族主義重視「民族的道德」。他說：

> 大凡一個國家所以能夠強盛的原故，起初的時候都是由於武力發展，繼之以種種文化的發揚，便能成功；但是要維持民族和國家的長久地位，還有道德問題，有了很好的道

---

[54] 《小戴禮記‧禮運》，此段文章，是大同世之內容，世稱〈禮運大同篇〉。此文之後則是「六君子小康世」之篇，乃是君主血統世襲的政治制度，在儒家，此制度是不得已的次選，但亦須為明君賢相。

德，國家才能長治久安。[55]

中國從周秦漢唐一路下來，史上各個朝代，均以武力建國，似乎沒有例外，其初國力強盛是因為兵強馬壯，但古諺有云「馬上得天下，但不可馬上治天下」，因此「武功」之後，需賴「文治」；所謂文治就是孫先生所言「種種文化的發揚」。而儒家既有武功文治且亦重視道德，此種思想在儒家經典中很平常，《孟子》載齊人伐燕，取之，諸侯將謀救燕。宣王問孟子如何是好？孟子這樣回答：

> 臣聞七十里為政於天下者，湯是也，未聞以千里畏人者也。《書》曰：「湯一征，自葛始，天下信之。東面而征西夷怨；南面而征北狄怨。曰：奚為後我？」民望之，若大旱之望雲霓也。歸市者不止，耕者不變。誅其君而弔其民，若時雨降，民大悅。《書》曰：「徯我后，后來其蘇！」[56]

在這段經文中，孟子論及商湯興師滅夏而一天下，其革命是順天應人的，包括了武功征伐，也有和平文治，故歸市者不止，耕者不變，而天下庶民百姓視商湯來征有如大旱之望雲霓，而商湯前往該地弔民伐罪，當地人民視之如時雨降下一般大悅，此即表示革命、建國、治國的核心乃是道德。然而，若就儒家的基本思想

55　孫文：《三民主義・民族主義》，第六講，頁63。

56　《孟子・梁惠王》，第十七章。

來說，則文治與道德是比干戈武力之征伐來得重要的，《論語》載魯權臣季氏欲圖出兵顓臾，冉求和子路因為在季氏家任家臣，故見孔子商量此事，孔子十分反對。孔子曰：

> 丘也聞有國有家者，不患寡而患不均；不患貧而患不安。蓋均無貧，和無寡，安無傾。夫如是，故遠人不服，則修文德以來之，既來之，則安之，今由與求也，相夫子，遠人不服，而不能來也，邦分崩離析，而不能守也，而謀動干戈於邦內，吾恐季孫之憂，不在顓臾，而在蕭牆之內也。[57]

此孔子之言，是甚著名的和平主義的儒家宣言，世人如果不服或者邦內庶民不寧，治國者不應用軍事暴力去一昧壓制，而應該好好地平均資源和財富，這是經濟之事；若又不支持或反抗，就應修文德以招徠之，這個文，就是文治；這個德，就是道德。儒家的仁義之道，是以文德來修齊治平的。顯然，孫中山先生的民族主義，受到儒家的影響，所以特別強調文治和道德。

孫先生又曰：

> 從前中國民族的道德，因為比外國民族的道德高尚得多，所以在宋朝，一次亡國到外來的蒙古人，後來蒙古人還是被中國人所同化；在明朝，二次亡國到外來的滿洲人，後來滿洲人也是被中國人所同化。因為我們中國的道德高

57　《論語‧季氏》，第一章。

　　尚，故國家雖亡，民族還能夠存在，〔……〕且有力量能
　　夠同化外來的民族，所以窮本極源，我們現在要恢復民族
　　的地位，除了大家聯合起來做成一個國族團體以外，就要
　　把固有的舊道德先恢復起來。[58]

孫先生認為由於中國固有的道德高尚，因此，雖然被關外異族蒙
古和女真滅過，但漢族終究用文化道德的力量反過來將入主中原
的異族予以同化。再者，他也認為中華文化的固有道德，不但是
中國人保存國家的良方寶鎧，而且也可以拿此固有道德去同化四
周外邦。孫中山先生所言的固有道德，其實就是儒家「道統」或
儒家「常道」，核心是仁義，而此種依仁義之道來護國並且化夷
的觀念，就是孔孟的王道思想。

　　然而，何謂固有道德？孫中山先生有其理解：

　　中國固有的道德，首是忠孝，次是仁愛，其次是信義，其
　　次是和平。這些舊道德，中國人至今還是常講的，但是現
　　在受外來民族的壓迫，侵入了新文化，那些新文化的勢
　　力，此刻橫行中國，一般醉心新文化的人，便排斥舊道
　　德，以為有了新文化，便可以不要舊道德。[59]

孫先生在此很明白地主張中國人應以儒家開創延續下來的道德為
自己民族國家的精神核心。他說「這些舊道德，中國人至今還是

---

[58]　孫文：《三民主義・民族主義》，第六講，頁 63。
[59]　同前注。

常講的。」此即「道統」、「常道」的意思，也就是到現代，先聖先賢創建並世代弘揚傳承的「道統」、「常道」，亦即中國人自己的文化形式，中國人依然是擺在心中並成為生活軌轍。而顯然，孫先生看五四新文化運動的反傳統及西化，他是反對且厭惡的，因為他視外來的西方文化勢力之進入中國是一種「橫行」。

除了積極肯定儒家固有德目之「八德」之外，孫先生也說：

> 正心誠意修身齊家的道理，本屬於道德的範圍，今天要把他放在智識範圍內來講，才是適當。〔……〕自失去了民族精神之後，這些智識的精神當然也失去了。正心誠意的學問是內治的工夫，〔……〕從前宋儒是最講究這些工夫的，讀他們的書，便可知道他們做到了甚麼地步。但是說到修身、齊家、治國，那些外修的工夫，恐怕我們現在還沒有做到。[60]

《大學》的內聖外王之次第，孫先生說本屬於「道德範圍」，但是今天應該將此工夫實踐次置於「智識範圍」，這樣的認知，正是牟宗三先生在其「新三統」論中提到的現代中國人應該讓宋明儒以來的要求儒者以「致良知」追求聖人道德境界為首出的情形，讓開一步而能讓人的「知性主體」呈顯出來，具有獨立性而建立客觀知識體系，此即建立一個具有客觀和外延的「架構性理性」來安立知識系統，如今日的種種自然科學和社會科學。[61]因

60　同前注，頁 68。

61　關於牟宗三先生這方面的論說，本文不及詳細引述，請見牟宗三先生的著作，如《道德的理想主義》、《政道與治道》等。

此，孫先生體認到必須超越宋明儒的重德性而忽略見聞的「道統」、「常道」觀，要加以新的生命和意義，因此，必須讓中國儒家的道德理想主義的內聖外王之道，也具有知識的認知性，換言之，也必須依據社會科學的進路來加以研究發揚。

復次，宋明儒實則非如孫中山先生以為的忽視修身、齊家、治國、平天下的外修，宋明儒亦重外王事業，他們也循為官之路在朝廷或在各地實行親民愛民之治理，或也重視在民間社會中的「施善與教化」的實務。[62]但孫先生的意思，乃是指傳統中國儒家沒有從民本主義而上升到民主主義，若依牟宗三先生的用語，則是傳統儒家沒有在政統上力爭「政統在人民」的合理性而擊破取消「政統在君主」的不合理性。此種扭轉和實踐，是孫中山先生在國民革命中建立了民主共和政體之後，才在形式上有所實現。由此點而論，孫中山先生正是用政統實踐之功來為現代中國建立了現代儒家「常道」。

四、結語

孫中山先生的民族主義，並非西化之產物，雖然他在國外的日子遠比國內多，且又是自幼就在外國讀洋書的中國新知識分子，可是他卻不像民初以來很多西化派完全將中國文化和儒家「常道」鄙棄而只拾西人知見之牙慧，而讓中國墮入文化形式喪亡的精神心靈空虛的慘境，西化派正如陽明先生所言「拋卻自家

---

[62] 無論宋之理學家或明之心學家，他們其實都重視治統方面的實務型治理，譬如照顧人民的農耕、建設地方社區的學校、建立義會以備天災時之救濟。此在很多學者著作中都有論述闡揚，本文不及徵引備注。

無盡藏，沿門托缽效貧兒」，若將中國兩千多年來的「常道慧命」鄙棄，則中國人將一無所有，成為飄泊的孤魂。

　　孫先生是政治家、革命家、思想家，他與當代儒家一樣，都能認同孔孟一脈傳承下來的「道統」，當代新儒家從學術思想上重建了「道統」，並將中國道統與中華民族的文化意識整合為一。但孫先生與當代儒家們不一樣，他是投身於國民革命，而將「常道」用革故鼎新建立民主共和的方式，予以傳承並且實現，再給予新的意義。這種以政治革命的方法來弘揚「常道」，讓「道統」以新的生命之姿態重生新生，是兩千年來大儒們未曾實踐的，孫中山先生以革命的非常手段，新建了中國人的民主共和政體，孫先生的偉大貢獻，即在這點上顯出，他不只是了不起的大政治家，也是最特出的一位當代大儒。

國家圖書館出版品預行編目資料

沈思儒家：儒學儒教的鉤深致遠

潘朝陽著. — 初版. — 臺北市：臺灣學生，2017.07
面；公分

ISBN 978-957-15-1733-9 (平裝)

1. 儒家　2. 儒學　3. 文集

121.207　　　　　　　　　　　　　　106012360

沈思儒家：儒學儒教的鉤深致遠

著　作　者：潘　　　　朝　　　　陽
出　版　者：臺　灣　學　生　書　局　有　限　公　司
發　行　人：楊　　　　雲　　　　龍
發　行　所：臺　灣　學　生　書　局　有　限　公　司
　　　　　　臺北市和平東路一段七十五巷十一號
　　　　　　郵　政　劃　撥　帳　號：00024668
　　　　　　電　話　：(02)23928185
　　　　　　傳　眞　：(02)23928105
　　　　　　E-mail：student.book@msa.hinet.net
　　　　　　http://www.studentbook.com.tw
本書局登
記證字號：行政院新聞局局版北市業字第玖捌壹號
印　刷　所：長　欣　印　刷　企　業　社
　　　　　　新北市中和區中正路九八八巷十七號
　　　　　　電　話　：(02)22268853

定價：新臺幣六五〇元

二　〇　一　七　年　七　月　初　版

12164
ISBN 978-957-15-1733-9 (平裝)